Mag. Gertraud Priller
Riedauerstraße 23
A-4910 Ried i. I.

GUTHMANN PETERSON
Buchmacher und Verleger
Berlin – Wien – Mülheim a. d. Ruhr

Leben mit provisorischer Genehmigung

**Leben, Werk und Exil
von Dr. Eugenie Schwarzwald
(1872–1940)**

Eine Chronik von Hans Deichmann

CIP-KURZTITELAUFNAHME DER DEUTSCHEN BIBLIOTHEK
Leben mit provisorischer Genehmigung : e. Dokumentation zu Leben u. Werk von Genia
Schwarzwald (1872 - 1940) / - Berlin; Wien; Mülheim a. d. Ruhr : Guthmann-Peterson, 1988
ISBN 3-900782-02-4

Gestaltung des Umschlages   Atelier Art, Wien
Druck- und Buchbindearbeiten   Leykam Druck, Graz
© Verlag Wolf Peterson 1988   Alle Rechte vorbehalten.
ISBN   3-900782-02-4

Inhalt

Vorwort	7
Teil I	**11**

1. 1872–1900   *11*

1. Geburts- und Jugenddaten	11
2. „Das Mädchen aus den ukrainischen Wäldern"	14
3. Genia Schwarzwald über und von sich selbst	17
4. Von Czernowitz nach Zürich	22
5. „Der Stützsprung aus dem Fenster"	25

2. 1900/1901: Beginn in Wien   *31*

3. 1901–1938: Die eigene Schule   *39*

1. Genia Schwarzwald und die k. u. k. Schulverwaltung	43
2. Genia Schwarzwald über Erziehung	46
3. Der Aufbau der Schwarzwaldschen Schulanstalten	49
4. Bisher Erreichtes: Brief an den Kultusminister vom 31. März 1904	52
5. Aus dem Hauptkatalog vom 27. Juni 1902	62
6. Die Behörden beurteilen die Schule	65
7. Die Jahresberichte der Schule (1901 bis 1913)	67
8. Errichtung eines Reform-Realgymnasiums für Mädchen (1910)	70
9. Der Gebrauch von Hilfsbüchern	72
10. Genia Schwarzwalds neue Wohnung: Josefstädterstraße 68 (1909)	73
11. 10 Jahre Schule (1911)	75
12. Singen	76
13. Kokoschka, der Zeichenlehrer (1911)	77
14. Die „Semmeringschule" (1912)	78

15. Letzter Drosselungsversuch der Schulbehörde (1913) — 85
16. Kriegsbeginn 1914 — 86
17. Genia Schwarzwald über Pädagogik — 87
18. Der Prospekt der Schwarzwaldschen Schulanstalten von 1915 — 92
19. Die Schülerinnen — 100
20. Die „Rechtsakademie für Frauen" (1916/1917) — 105
21. „Chemischer Fachkurs für Frauen" (1916) — 106
22. Vortragszyklus des Architekten Loos (1916) — 110
23. Arnold Schönberg: „Seminar für Komposition" (1917) — 110
24. 1914–1919: Die Zeitungen berichten — 118
25. Landerziehungsheim Harthof (1918) — 122
26. „Jugendsorgen" (1919) — 122
27. „Schulfrühling" (1919) — 125
28. Der Verein Schwarzwaldsche Schulanstalten (1922) — 128
29. Professor A. Mayer und Professor J. Weissel berichten (1952) — 130
30. 25 Jahre Schwarzwaldschule (1926) — 131
31. Koedukation im Realgymnasium (1924) — 133
32. „Nicht ‚Rat': die Jugend hilft sich selbst" — 135
33. „Orplid an der Havel" (1928) — 137

4. 1914–1938: Sozialarbeit — **139**

1. Appell von Genia Schwarzwald am 24. August 1914 — 140
2. Chronologie 1914–1928 — 141
3. „Wiener Kinder aufs Land!" (1916) — 145
4. „Gemeinschaftsküchen" (1917) — 153
5. Sommerferienheime – Landheime (1914–1938) — 163
6. Horte und Tagesheimstätten — 163
7. Heime für Erwachsene — 172
8. Sommerheim Seeblick – Grundlsee (1920–1938) — 175
9. Die Jugend hilft den Alten (1921) — 186
10. Die „Österreichische Freundeshilfe" in Berlin (1923–1927) — 187
11. „Sprechstunde" (1901–1938) — 200

5. 1900–1939: Dr. Hermann Schwarzwald — **205**

6. Genia Schwarzwalds Briefe — **215**

   1. An Freunde — *217*
   2. Für, an und über Künstler — *224*
   3. Über Hitler und über die Juden — *227*
   *4. Über Faschismus in Deutschland
      und Austrofaschismus in Österreich* — *233*

7. 1938–1940: Im Exil — **241**

   1. Vorbereitung der Vortragsreise nach Dänemark — *242*
   *2. Vorahnen des Zusammenbruchs:
      Ein Brief an Karin Michaelis* — *242*
   3. Im Exil — *247*
   4. Die Auflösung der Schule — *249*
   5. Hermann Schwarzwald endlich in der Schweiz — *253*
   6. Hermann Schwarzwald stirbt am 17. August 1939 — *260*
   7. Briefe des letzten Jahres — *261*
   8. Genia Schwarzwald stirbt am 7. August 1940 — *265*

8. Chronik des Buches und des Chronisten — **267**

Teil II

Artikel von Genia Schwarzwald — **273**

   1. Autobiographisches — *275*
   2. Pädagogisches — *287*
   3. Sozialarbeit — *305*
   4. Gesellschaftskritisches — *316*
   5. Erzieherisches für Groß und Klein — *322*
   6. Zeitgeschichtliches — *338*
   7. Verschiedenes — *354*

Teil III

Stimmen zu Genia Schwarzwald — **369**
Namensverzeichnis — *380*

Gewidmet all' denen,
die von ihr im Lieben bestärkt wurden,
und denen, die es noch werden ...

Vorwort

Dieses Buch soll Heutigen und Zukünftigen das Bild einer außergewöhnlichen Frau und ihres vielseitigen, ganz ihren Mitmenschen gewidmeten Wirkens in Wien von 1900 bis zu Hitlers Einfall in Österreich vermitteln und wachhalten. Vieles von dem, was Dr. Eugenie Schwarzwald in fast vier Jahrzehnten unermüdlicher Arbeit wollte und verwirklichte, hat auch heute seine Gültigkeit als Beispiel und vieles auch noch als Zielsetzung.

Jemand regte an, dem Buch den Titel »Vorwegnahme« zu geben, und in der Tat hat Genia Schwarzwald (oder »Fraudoktor«, wie sie allenthalben genannt wurde) sehr viel von dem vorweggenommen, daß uns Gegenwärtigen als selbstverständliche »Zutaten« unserer Gesellschaftsordnung erscheint, sowohl auf pädagogischem, als auch auf sozialem Gebiet, und schließlich auch in den Beziehungen der Menschen untereinander. Sie selbst mußte sich allerdings, vor allem in den ersten zwanzig Jahren ihres Wirkens, fast ausschließlich mit »provisorischen Genehmigungen« begnügen, besonders seitens der öffentlichen Institutionen; begeisterte Zustimmung kam ihr nur von denen, die ihre Zukunftshoffnungen teilten.

Aus der Auswahl von Dokumenten des in den letzten Jahren zusammengetragenen und dem Wiener Stadtarchiv übergebenen »Dr. Eugenie Schwarzwald-Archivs« entstand eine Selbstdarstellung von Genia Schwarzwald und ihren Zeitgenossen; der verantwortliche Chronist hat - von ganz wenigen unvermeidbaren Ausnahmen abgesehen - jedwede Wertung dem Leser überlassen.

Ehe sich der Leser »an die ihm zugedachte Arbeit macht«, verlohnen sich einige Streiflichter auf die Lebensumstände der ersten Jahrzehnte unseres Jahrhunderts, Lebensumstände, welche Genia Schwarzwald mit bewundernswerter Unermüdlichkeit und allen ihr zu Gebote stehenden, meist selbst erfundenen Mitteln zum Besseren zu wandeln trachtete. Da geht es ihr als erstes um die Stellung der Frau. Sie war keine aktive Frauenrechtlerin, aber bei allem, wofür sie eintrat und das sie konsequent verwirklichte, tat sie alles, um den Frauen zu ihren allzulange vorenthaltenen Rechten zu verhelfen.

Zu Beginn des Jahrhunderts waren die Frauen ohne Wahlrecht; das allgemeine Wahlrecht wurde den Männern 1907, den Frauen erst 1919 zugebilligt; wählen durften vorher nur Großgrundbesitzerinnen. Vermögensrechtlich waren die unverheirateten Frauen zugunsten ihrer Väter, die Verheirateten zugunsten ihrer Ehemänner verfügungsbeschränkt. Das Gleiche galt von ihren Kindern. Volljährig waren Frauen und Männer erst mit dem 24. Lebensjahr. Bis in die ersten Weltkriegsjahre hinein gab es viel Arbeitslosigkeit ohne Arbeitslosenunterstützung. Eine staatliche Altersversorgung gab es nicht; private Altersversicherungen begannen zaghaft um 1906, aber auch nur beschränkt auf einige wenige Kategorien von Arbeitnehmern. Um 1880 herum kam es zur Schaffung von Gewerkschaften, die aber mittels eines restriktiven Vereinsrechts in Schach gehalten wurden; Gewerkschaften mit der heutigen Wirksamkeit gibt es erst seit 1919. Heute unvorstellbar schlechte Arbeitsbedingungen, endlose Arbeitszeiten, Frauen- und Kinderarbeit, primitivste Wohnverhältnisse, die sich erst nach dem Ersten Weltkrieg durch die großartigen Initiativen der sozialdemokratischen Stadtverwaltung besserten, waren die Normalität für den größten Teil der Bevölkerung.

Was konnte man vor diesem Hintergrund für das Schul- und Bildungswesen erwarten?! Bis zum von Genia Schwarzwald 1909 erkämpften Realgymnasium für Mädchen, welches man mit einer Maturaprüfung abschließen konnte, gab es in Wien nur eine andere »höhere Schule«. Die Universität blieb in vielen Fakultäten den Mädchen - nur Gasthörerinnen waren zugelassen - bis 1919 verschlossen; wer ohne Einschränkung studieren wollte, muße ins Ausland gehen.

Wo in diesem Buch Dokumente und Quellen ohne Angabe des Autors zitiert werden, ist Genia Schwarzwald die Verfasserin. Eine Chronologie der Dokumente und insbesondere der von Genia Schwarzwald verfaßten Artikel konnte oft nicht respektiert werden, denn sie selbst und ihre Zeitgenossen haben häufig »systemlos« über Vergangenes berichtet. Insbesonders gilt dies von den recht spärlich dokumentierten Jahren vor 1900, bevor Genia Schwarzwalds eigentliche Laufbahn begann.

Das »Dr. Eugenie Schwarzwald-Archiv« verdankt sein Entstehen dem großen Interesse und der Hilfsbereitschaft vieler!

Hans Deichmann

Teil I

Eugenie Nußbaum
Dr. Eugenie Schwarzwald
Genia
»Fraudoktor«

»Für mich sind die Menschen durchsichtig, ich sehe was sie denken, ich sehe was sie fühlen, noch bevor sie gedacht und gefühlt haben.«*

»Man muß das Gute tun, damit es in der Welt ist.«**

1. 1872–1900

1. Geburts- und Jugenddaten

In Polupanowka/Galizien wurde Genia Schwarzwald zur Mittagstunde des 4. Juli 1872 geboren. Ihr ganzes Leben lang freute es sie, daß der 4. Juli auch das Datum der amerikanischen Unabhängigkeitserklärung von 1776 gewesen ist (zur Jugendzeit von Genia Schwarzwald galten die USA als Bannerträger einer ersehnten Freiheit). Polupanowka war ein kleines Dorf inmitten der ukrainischen Wälder, in der Nähe der Kleinstadt Skalat, ungefähr 120 km nördlich von Czernowitz, nahe der damaligen österreichisch-ungarisch/russischen Grenze (siehe die beigefügte Karte; es erforderte einiges Beharrungsvermögen, um schließlich im Wiener ›Kriegsarchiv‹ die Generalstabskarten aus der Zeit vor 1914 dingfest zu machen).

---

* »Fraudoktor« (Genia Schwarzwald über ihre »Sprechstunde«) zur Verfasserin Merete Bonnesen, Politiken, 29. Oktober 1928
** Brief an Karin Michaelis vom 31. Juli 1931

Es ist nicht gelungen aufzuklären, warum die damalige Eugenie Nußbaum der Universität Zürich »Czernowitz in Östereich« als Geburtsort angegeben hat. Vorhanden sind jedenfalls drei Wiener Meldezettel aus den Jahren 1909, 1916 und 1917, alle von Dr. Hermann Schwarzwald mit dem Geburtsort »Polupanowka, Galizien« ausgefüllt.

In der Tat hat Genia Schwarzwald ihre Kindheit - mit Ausnahme des 4. Volksschuljahres - und ihre Jugendjahre bis zu ihrem Züricher Studium in Czernowitz verbracht. Wahrscheinlich glaubte sie sich deshalb berechtigt, das galizische Dorf als Herkunftsort zu übergehen.

Nun überlassen wir es zunächst Karin Michaelis*, der Altersgenossin von Genia Schwarzwald und von 1910 bis 1940 ihre innigste Freundin, zu beschreiben, wer Eugenie Schwarzwald eigentlich war. (Es handelt sich um einen zum 25. Jahrestag der Schwarzwaldschen Schulanstalten (1926) in Kopenhagen und in Wien veröffentlichten Artikel.)

---

* Karin Michaelis (1872-1950): dänische Schriftstellerin mit einer erfolgreichen und vielfältigen Produktion von Romanen für Erwachsene und Kinder, kämpfte für die Achtung der Menschenrechte, wo immer sie auf der Welt verletzt wurden. Eugenie Schwarzwald und Karin Michaelis begegneten einander 1910 und von da ab verband sie eine innige Freundschaft; Karin Michaelis hat zu verschiedenen Zeitpunkten viele Monate in Wien im Hause ihrer Freunde Schwarzwald verbracht.

2. »Das Mädchen aus den ukrainischen Wäldern«

»Genias Wiege (es bleibt umstritten, ob sie eine Wiege besaß) stand irgendwo in den Urwäldern Polens; Königsadler flogen über ihrem Kopf; Falken sahen von den höchsten Ästen der Bäume auf sie herab; Nachtigallen sangen über ihrer Wiege, lehrten sie singen.

Ich kenne sie, denn ich bin mit ihr zur Schule gegangen, beinahe; nur daß meine Wiege in einer kleinen dänischen Provinzstadt stand. Daß ich doch nicht mit ihr zur Schule ging, schmerzt mich heute noch. Sie hätte mir geholfen, das große Einmaleins und die so schwierige Konjugation der deutschen Zeitwörter zu lernen. Unsere Freundschaft, leider erst in reiferen Jahren geschlossen, hat uns trotzdem alles geschenkt, womit Freundschaft beglücken kann, ... aber als Schulkind hätte ich sie eben gern gekannt.

Zu jener frühen Zeit muß sie für jeden ein Erlebnis gewesen sein. Ich denke mir, sie hat bei Nacht leuchten können. Schwer von Sorgen, welch feinfühliges Kind hat die nicht, strömte sie gewiß ihre ganze ungestüme Lebensleidenschaft aus, wie ein feuerspeiender Berg bei Tag und Nacht in Tätigkeit.

Ich verzehrte mich als Kind in Mitleid, wenn ich einen Hund heulen oder ein Kind weinen hörte, im übrigen legte ich meine Hände in den Schoß, während Genia schon damals, als kleines Mädchen, von seltsamen, wirren Gedanken erfüllt war, wie man Abhilfe schaffen könnte. Besessen wie ein Erfinder.

Eines war ihr klar: Schule war das Traurigste auf der Welt. Sie verkörperte den bösen Zauberer, den Sklavenhalter, den Vampyr, der das Herzblut aus den Kindern sog, Kerker und Tretmühle [...] und viele Elternhäuser waren leider nicht besser. Warum aber alles dies? Wo Menschen zu einem guten Zweck zusammen waren, hätte es doch lebensvoll und beglückend zugehen müssen. Nicht Schmerz und Langeweile, nur Freude müsse die Schule bringen, eine Schule, in der Unterricht Reisen in die weite Welt gliche, wo man alles so leicht lerne, ebenso leicht wie ein Lied zu singen und im Tanz über einem Rasen zu schweben. Als erstes wollte sie von Dorf zu Dorf ziehen - Städte kannte sie noch nicht - und überall so lange bleiben, bis alle Menschen gelernt hätten, sich zu waschen, die Fenster zu öffnen und freundlich zu lächeln. Die Krone ihrer Hingabe sollte eine Schule bilden, so wunderschön, daß alte Leute, wenn sie am Stock humpelten oder in der Ofenecke hockten, noch voll köstlicher Schulerinnerungen wären.

Dies war und ist Genias Leitgedanke. Den kann ihr niemand rauben. Sie war noch ein Kind, als er in ihr geboren wurde und gleich wollte sie beginnen. Sie versuchte es mit dem Lehrerinnenseminar in Czernowitz, aber sie mußte erkennen, daß das nicht ihr Weg war. Ganz frei mußte sie sein und konnte sich nicht auf alte Formen einlassen, ebensowenig wie auf ein Korsett, einen steifen Halskragen oder zu enge Handschuhe.

Es war leicht sagen: ich will frei sein! Aber wie wurde man das? Genia war arm und ›aus guter Familie‹, hatte tausend Rücksichten zu nehmen. Über alle hinweg gelang es ihr, in das Land zu gehen, das damals inmitten Europas ein kleines Paradies der Freiheit war, ein Asyl für alle Menschen, die wegen ihrer aufrührerischen Meinungen aus ihren eigenen Ländern verjagt worden waren. Das Land ihrer Sehnsucht war die Schweiz, und um in Zürich fünf Jahre lang studieren zu können, nahm sie tausend Entbehrungen, Hemmungen und Entsagungen auf sich. Sie strebte nichts Großes, nichts Welterschütterndes an, sie wollte, daß die Kinder es besser haben sollten, in besseren, frohen Schulen und besseren Elternhäusern. Sie wurde rasch die Seele einer Schar von jungen Menschen, die Licht von ihr empfingen. Diese Gruppe diskutierte und las zusammen, eines Abends eine Übersetzung einer in Dänemark erschienenen Skizze von einer gewissen Karin Michaelis. Da schrieben sie einen Anerkennungsbrief an mich. Da sie keine Ahnung hatten, daß es sich bei mir um eine ihrer Altersgenossinnen handelte, war der Brief von jener ehrerbietigen Bewunderung erfüllt, wie man sie uralten Menschen zollt, was mir natürlich höchlichst behagte. Die mitunterschriebene Genia Nußbaum, spätere Dr. Eugenie Schwarzwald, lernte ich erst 13 Jahre später kennen.

In Wien begegnete ich ihr und sah ihre Schule: die fröhliche, die Schule der Freude. Da war es, daß ich mir zum ersten Mal meine Kindheit zurückwünschte, um sie in dieser Schule verbracht zu haben. Da dies aber ein frommer Wunsch bleiben mußte, obgleich ich oft dachte, dort nachträglich mein Abitur zu machen, schrieb ich mein Buch »Glädenskole«, die Schule der Freude, die von Genia, ihren Lehrern und Schülern handelte. Dieses Buch hat Genia im Norden viele Herzen gewonnen. Bei Kriegsausbruch lag es in Deutsch versandfertig im Langen-Verlag, aber die Menschen hatten an anderes zu denken als an die Freude in der Schule! Nach dem Kriege war die Welt verändert und das Buch hätte gründlich umgearbeitet werden müssen. Das ist noch nicht geschehen, deshalb ist dies Genia errichtete kleine Monument außerhalb des Nordens noch nicht bekannt.

Weit bin ich in der Welt herumgekommen und habe den bunten Wechsel des Lebens kennengelernt. Kein Erlebnis steht in so ungeschwächtem Strahlenglanz vor meiner Seele wie die erste Zeit mit Genia. Ich lebte in ihrem Haus; nicht als Gast, sondern als eine Art Inventarstück, ein freundlicher Lehnstuhl oder ein weicher Fußschemel. Ich saß und schrieb, den ganzen Vormittag war es still, still bis zum Augenblick, wo Genia hereinbrauste, beide Arme voller Blumen und einen Schweif junger und jüngster Jugend hinter sich: wirbelnde Freude, reinste Güte. Die Blumen wurden ins Wasser gesetzt, bis sie ein paar Stunden später wieder verschenkt wurden, denn Freude am Besitz ist ihr fremd. Was ihr gehört, gehört allen anderen, sofern es jemandem gefällt oder dienlich ist. Unnütz zu versuchen, ein Geschenk an sie zu schmieden, sie würde die Ketten durchfeilen lassen.

In jenen wunderbaren Vorkriegsjahren saßen wir, ihre Angehörigen und Gäste unformellster Art erwartungsvoll wie Kinder am Heiligen Abend um den Tisch. Genia hatte die für uns glückliche Gewohnheit, die Suppe wegzuschieben, so daß, während wir noch aßen, sie erzählte. Oh, wie sie erzählte - nicht ein Komma mochte man sich entgehen lassen - hat niemand zu erzählen verstanden, weder vorher noch später, nicht einmal sie selbst. Der Krieg hatte noch nicht jedem fühlenden Menschen unheilbare Wunden geschlagen. Und was sie erzählte, mochte es zum Lachen oder Weinen sein, alles drehte sich um das Kind. Oft habe ich später meine Landsleute sagen hören: Keiner kann vorlesen wie sie! Keiner kann sprechen wie sie! Mag wahr sein, aber das alles ist nichts gewesen gegen jene goldenen Jahre, wo sie heimkam wie ein Obstbaum im Blütenschnee, der seine Blüten über uns niederrieseln ließ. Besser kann man es nicht beschreiben. Das in unseren Gesichtern aufblühende Lächeln erlosch nicht; es blieb noch lange, nachdem sie selbst, ein Frühlingsrauschen, wieder fortgestürmt war in die Schule. Sie lebte kein eigenes Leben, sondern das von fünfhundert Kindern, und wie eine echte Mutter liebte sie stets das Kind am meisten, das ihrer in diesem Augenblick am meisten bedurfte. Den Seelenfrieden der Kinder zu hüten kämpfte sie mit Behörden, Eltern und Vormündern, eine Jeanne d'Arc des Schulwesens.

An die Dauerhaftigkeit ihres Einflusses auf die Jugend glaubte und glaube ich fest, während sie selbst - mit einem Lächeln, in dem es Tränen gab - skeptisch war, was der Einfluß der Erziehung auf das Leben sein könnte. Umso bewundernswürdiger ist es, daß sie diese Skepsis zu verbergen vermochte und mit ganzer Hingabe fortfuhr, unaufhörlich alles zu tun, um den Kindern ein wirkliches Paradies in der Schule zu schaffen. - Wenn ich es nur von einigen gehört hätte, könnte man vermuten, ich übertreibe aus Freundschaft, aber ich habe es von unzähligen erwachsenen, verheirateten Frauen in allen Ländern gehört: unsere Schulzeit in Fraudoktors Schule in Wien war die lehrreichste, die schönste, die reichste, die wärmste und die fröhlichste Zeit unseres bisherigen Lebens.

Ich setze meinen Quadratkopf zum Pfande, daß, wenn es auf der Welt noch andere Schulen der Freude gibt, diese Genias Schule zum Vorbild nahmen. Heute gibt es wohl manche Schulen, in denen Kinder sich amüsieren und keinen Zwang kennen ... und nichts lernen. Aber eine Schule, in der aufs Eifrigste gearbeitet wird und wo die Arbeit den Lernenden wie ein herrliches Spiel vorkommt, das dürfte selten, wenn nicht gar einmalig sein.

Dann kam der Krieg und forderte Genia als Organisatorin der Hilfe für die unglücklichen Kriegsopfer. Das begann in ihrer Schule, die im Laufe von Wochen die Schülerzahl verdoppelte (von 500 auf 1000). Die meisten waren Flüchtlingskinder, anders sprechende, aus den östlichen Provinzen der österreichisch-ungarischen Monarchie, denen Genia wenigstens zu einigen Stunden Fröhlichkeit am Tage außerhalb der Flüchtlingslager verhelfen wollte.

Von Genias übrigem Hilfswerk will ich hier nicht sprechen. Sie war eine Organisatorin von Gottes Gnaden; dabei gelang es ihr, die über eigene Mittel nicht verfügte, andere zu bewegen, wenigstens Geld zu geben. Wenn alle, denen sie geholfen hat, kämen, ihr zu danken, könnte die Josefstadt, wo sie wohnt, die Tausenden nicht fassen. Aber materiell zu helfen, wenn man die Mittel dazu hat, ist keine Großtat, moralisch zu helfen und beides in einer Weise, die nicht demütigt, das ist Genias große Kunst. Niemandem, weder Frau noch Mann, bin ich begegnet, der so zu helfen, so zu schenken vermag ... Wenn sich die Tür hinter dem einen verschließt und der andere hereintritt (in ihre ›Sprechstunde‹), hat sie die Kraft und die Geschmeidigkeit, den zeitweise zu vergessen, der eben weggegangen ist, um dem zu helfen, der eben eingetreten ist. Sonst würde sie auch zugrundegehen.

Genia ist eine geborene Künstlerin, aber weder eine Malerin, noch eine Dichterin noch eine Schauspielerin. Die Kunst wurde bei ihr Leben, Genialität wurde Handlung: Sie schuf die Freude des Kindes, sie entfernte das Schwerste: die Sorgen des Kindes.

In allem gibt sie sich selbst!«

3. Genia Schwarzwald über und von sich selbst

Der Chronist muß bekennen, daß es nicht gelungen ist, irgendwelche Dokumente oder Berichte von Zeitgenossen über Eugenie Schwarzwalds Jugend bis zu ihrem 23. Lebensjahr - 1895 begann sie ihr Studium an der Universität Zürich - zu finden. Daß solche nicht auffindbar sind, ja, daß es gar keine geben kann, hat seinen ausschlaggebenden Grund in der von allen Befragten bestätigten Tatsache, daß Genia Schwarzwald in den langen 40 Jahren der Hochzeit ihres Lebens mit niemandem von ihrer Jugend gesprochen hatte. Warum hat niemand sie danach gefragt? Alles Gegenwärtige oder das unmittelbar Erlebte hatte in ihr einen so lebhaften, so überzeugenden, allen verfügbaren Platz einnehmenden Interpreten, daß niemandem die Muße blieb, sie über ihre Jugend auszufragen. Sicher hatte sie keine leichte Jugend, und ihre bittern Erfahrungen aus dieser Zeit veranlaßten sie, sich nicht mit Klagen aufzuhalten, sondern zu handeln: den Kindern eine glückbringende Schule zu schaffen und zu einem besseren Elternhaus zu verhelfen, und den Erwachsenen, wo immer sie konnte, das Leben zu erleichtern.

»[...] denn wir tragen alle von jung an unheilbare Wunden, die nie vernarben können. Ungelobtes Leben, ungeliebte Liebe, Sehnsucht, die kein Ende fand, Verlangen nach Wärme, das nie erfüllt wurde, machen aus dem Leben eine Versammlung von Herrlichkeiten, die nicht da sind.« (»Schwarzer Optimismus«, 1. März 1926)

»Es gibt drei Arten, auf seine Jugend zu reagieren: entweder man vergißt sie oder man läßt es der neuen Generation ebenso schlecht gehen [...] oder aber man sucht der neuen Jugend alles zu ersparen, was man selbst erlitten hat.« (»Die Frau und Mutter«, 5. Juli 1926)

»Zwei Quellen gibt es, aus denen das Unglück des ganz jungen Menschen fließt: er hat eine merkwürdige, beinahe hellseherische Erkenntnis seiner eigenen Unzulänglichkeiten. Nur ungeheuer viel Liebe und Lob sind ein Gegenmittel.« (»Glück und Unglück der Fünfzehnjährigen«, 2. Februar 1936)

Zu ihrer eigenen Schulzeit äußerte sie sich 1931:

»[...] Ich war als Kind in einer jener dumpfen, kalten, muffigen und gehässigen Schulen, wie sie zu Ende der achtziger und zu Anfang der neunziger Jahre in allen Ländern üblich waren. Da ich ein geselliges Wesen bin, war ich beim Eintritt in die Schule fest entschlossen, meine siebzig Kolleginnen und acht Lehrer glühend zu lieben. Aber das war ganz unmöglich. Sie ließen sich nicht lieben. Die Atmosphäre war mit Spannung geladen [...] Außerdem langweilte ich mich geradezu frenetisch [...] Je älter man wurde, desto schwerer fand man es, zur Schule zu gehen [...] Die geistige Entfernung schritt von Stunde zu Stunde fort. Heimlich las man gute Bücher, statt der in der Schule empfohlenen schlechten [...] Allmählich fing man an, seine geistige Nahrung unter der Bank zu suchen [...] Bis auf den heutigen Tag gibt es für mich keine anheimelndere Farbe als das Rosabraun der Reclam-Büchel [...] Aber man wurde seiner tiefschürfenden Bildung nicht froh. Ein ordentliches Kind mag nämlich keine Geheimnisse haben. Man wußte nicht, was man durfte und was nicht, und so verschwieg man alles. Und dies alles lag einem dann schwer auf der Brust und raubte einem die Selbstachtung und den Frieden [...] Die Schule war der reinste Ausdruck der Anschauung, daß Jugend nichts sei als ein peinlicher Übergang. War man sie endlich los, so atmete man auf, wie eine Frau, die am Abend ihr Korsett ablegt [...] Man hatte, wenn man arm war, viel auszustehen [...] Und so ging dieses flotte 15. Lebensjahr vorüber, wo man noch halb ein Bub ist, und die wunderbare Sechzehn, wo man sich seiner beginnenden Weiblichkeit geniert freut, und die wirklich holde Siebzehn, in der man zum erstenmal den Blick der Welt freundlich auf sich ruhen fühlt. Wir erlebten sie nicht, diese Jahre. Wir warteten auf die Achtzehn; denn sie sollte Erlösung bringen [...] Man hatte die Jugend zu überstehen, um ein Erwachsener zu werden.«
(»Die Lebensluft der alten Schule«, in: Czernowitzer Morgenblatt, 17. Mai 1931)

Adolf Drucker, ein inzwischen verstorbener stetiger Freund und Zeitgenosse von Genia Schwarzwald, »der ihr von ihrem Erscheinen in Wien bis zu ihrem Tod nahe war«, äußert sich 24 Jahre nach ihrem Tod; seiner Schlußfolgerung vermag der Chronist aus eigener Anschauung nicht zu folgen, weil sie zumindest unvollständig ist: die weite und schöpferische Heiterkeit von Genia Schwarzwald, ausschlaggebend für die Bewältigung ihres Lebenswerks, wird nicht erwähnt. Adolf Drucker schreibt am 9. August 1964:

»[...] Genia Schwarzwalds Erdenspur führt nach vielen Richtungen. Sie hat nachweislich den Lehrplan der österreichischen Mädchenschulen modernisiert, sie hat jahrzehntelang die größte Mädchenschule in Wien geleitet, aber sie hat auch durch ihre Schülerinnen soziale Gedanken und Ambitionen in das muffige Wiener Bürgermilieu gebracht, sie hat Ferienkolonien für bedürftige Kinder und Sommeraufenthalte für Kinder ihrer eigenen Schule eingerichtet, sie hat im und nach dem Krieg 1914/18 Mittelstandsheime geschaffen und zahllosen Individuen geholfen und zu helfen versucht. Sie hat sich in vielen Herzen ein ewiges Denkmal gesetzt und viele Feinde gemacht.

Von ihrer Kindheit und frühen Jugend weiß ich nichts, niemand hat je davon gewußt [...] gedrückte Verhältnisse, aus denen sie entfloh [...] zuerst nach Czernowitz, wo es nicht viel besser war, dann in die Schweiz, dann nach Wien. Sie war überall ein Fremdkörper, behaftet mit den Schlacken ihrer Herkunft, bis zuletzt. Daß sie sich gegen die feindliche Umgebung durchgesetzt hat, war ihre große Leistung.

Sie war immer ein unglücklicher Mensch. Ihr Unglück kam aus tiefen Quellen, nach denen man nicht forschen soll [...] Ich besitze nicht eine Zeile von ihrer Hand und kein Bild. Nichts als meine Erinnerung an ihre mächtige vielseitige Persönlichkeit.«

Genia Schwarzwald schreibt dazu selbst:

»[...] Wer den Weg des Lebens wählt, und wir haben keinen anderen, der muß ihn mit Mut gehen und hat täglich neue Schutzstoffe in sich zu erzeugen, gegen die Krankheit LEBEN [...] Das Satanische klar sehen, und es nach eigenen bescheidenen Kräften bekämpfen ist alles, was wir tun können. Aus dieser Aktivität kann zuletzt etwas erwachsen [...]: Heiterkeit. Eine mühsam aufgebaute Heiterkeit, zu der man die Steine hat unter Tränen selbst herbeischleppen müssen.« (»Schwarzer Optimismus«, 3. Januar 1926)

... und an Karin Michaelis am 25. Januar 1933:

»[...] Und was in meinem Innern vorgeht, wozu sollte ich Dir das sagen? Man macht doch Menschen, die man lieb hat, nicht absichtlich das Herz schwer. Besonders, wenn es einen gar nicht erleichtert. Für mich ist das deutsche Wort ›Geteilter Schmerz ist halber Schmerz‹ umzudichten in ›Geteilter Schmerz ist verzehnfachter Schmerz‹. Ich finde, daß die Dinge

dadurch, daß wir sie aussprechen, eigentlich erst wahr werden. Viele innere Erlebnisse von mir habe ich nur überwunden, indem ich sie sogar mir selbst verschwieg. Ich bin nämlich gar nicht intim mit mir.«

Von Genia Schwarzwalds Jugendzeit wissen wir wenig, nur daß sie auf dem Land aufgewachsen ist - worauf sie hielt! - und dort wohl auch die Elementarschule besucht hat. In der Vorbemerkung »VITA« zu ihrer Dissertation erklärt sie selbst allerdings, daß sie »die Volksschule in Wien besuchte«. Drei von Genia Schwarzwalds Artikeln mit teilweise autobiographischem Inhalt sprechen jedoch, mit Ausnahme des vierten Volksschuljahres, von ihrer Kindheit auf dem Lande.

Ein Beispiel aus dem Jahre vor der Schule: »[...] aber meine leckerste Erinnerung ist und bleibt ein großer Topf Milchkaffee mit eingebrocktem Schwarzbrot. Ich war vier Jahre alt und saß auf der Lehmbank eines ukrainischen Dorfs. Den angescherbten Topf hielt auf seinem Schoß ein alter Jude, der noch aus der Zeit stammte, da die Läuse gute Tage hatten. Er nahm sich selbst einen Löffel voll und gab mir abwechselnd einen, bis meine entsetzte, hygienisch vorurteilsvolle Mutter herbeieilte und mich diesem Göttermahle entführte [...]« (»Meine dänischen Auslandskinder«, 1929)

»An einem Spätnachmittag im November, das kleine Mädchen [Genia Schwarzwald] war etwa 8 Jahre alt, stürzte eine Schulkameradin in ihr Zimmer: der Großvater der Nachbarskinder sei gestorben [...]« (»Erste Begegnung mit dem Tode«, o. J.)

»Das heiße Herz Marynias, dem ukrainischen Dienstmädchen, schlug für den Forstarbeiter Antek; jeden Abend kam er zum nahe gelegenen Teich [...] Nur eine sympathisierende Seele gab es: die neunjährige Tochter des Hauses: mich [...]!« (»Ukrainischer Liebesbrief«, 1926)

Hingegen heißt es in »Die Fleißkarte«, 1926: »Jetzt war ich nämlich schon 10 Jahre alt und kein Dorfkind mehr, sondern ein Schulmädchen der 4. Klasse der Volksschule im 8. Bezirk.«

Von den Jahren nach der Volksschule weiß man nur, daß Genia Schwarzwald das Lyceum in Czernowitz beendete und dann dort das Lehrerinnenseminar besuchte, mit dem Ergebnis, daß sie sich klar wurde: das war nicht ihr Weg; sie mußte sich selbst etwas Eigenes, Neues schaffen, und dafür mußte sie erst studieren.

Wie Eugenie Nußbaum der Sprung von Czernowitz an die Universität Zürich gelang, weiß man nicht mehr; auf jeden Fall muß es sie einen harten und zielsicheren Kampf gekostet haben, dadurch unvermeidlich, daß Frauen 1895 auf anderen Universitäten deutscher Sprache zum Studium nicht zugelassen wurden. Laut historischen Stimmen - nicht Dokumenten - ist sie, jedenfalls bei ihrem Beginn in Zürich, von Viktor Nußbaum (1855-1909), ihrem Schwager und zugleich dem Neffen ihres Vaters, und von ihrem späteren Mann Hermann Schwarzwald unterstützt worden. Dies bestätigte noch kürzlich Frau Hedwig Nußbaum, eine in Czernowitz lebende Großkusine von Genia Schwarzwald.

In der Bibliothek von Czernowitz wurde eine Stammtafel der Familie Nußbaum entdeckt, aus der im obigen Zusammenhang einiges berichtet werden soll:

Vater: Leo Nußbaum, † 1900.
Mutter: Ester (1840-1907).
Geschwister: Luise, * 1889, verheiratet mit Viktor Nußbaum.
Eugenie, * 4. 7. 1872, † 7. 8. 1940, verheiratet (16. 12. 1900) mit Hermann Schwarzwald.
Isidor Nußbaum, Hofrat und Universitätssekretär in Wien (später getauft: Anton Norst).
Wilhelm (1877-1900), Doktor der Rechte, starb unverheiratet.
Onkel (Bruder des Vaters): Joachim Nußbaum, † 1899, verheiratet mit Sophie († 1916).
Sohn: Viktor (1855-1909), verheiratet in erster Ehe mit Luise Nußbaum († 1889).
Tochter: Anna, * 1883 (ein Jahr nach Eugenie Nußbaums 4. Volksschuljahr in Wien), unterrichtete eine Zeitlang an der Schwarzwaldschule. Starb in Wien 1931.
Verheiratet in zweiter Ehe mit Pauline Rarer (1870-1932).
Zwei Töchter: Stephanie (1898-1975), Hedwig (* 1906) lebt in Czernowitz.

4. Von Czernowitz nach Zürich

Viktor und Luise Nußbaum haben 1882 Eugenie, die um viele Jahre jüngere Schwester/Kusine, bei sich in Wien aufgenommen, als diese dort 10jährig die 4. Volksschulklasse besuchte. Es ist mithin anzunehmen, daß aus dieser Zeit das Interesse von Viktor Nußbaum für dieses außergewöhnlich begabte Mädchen herrührte und ihn später veranlaßt hat, Eugenies Studium in Zürich zu unterstützen. Daß diese Hilfen für den Unterhalt dort nicht ausreichten, ist dem Artikel »O' Zürich, goldner Brunnen« zu entnehmen, den Genia Schwarzwald 1928 zur Hundertjahrfeier der Universität Zürich schrieb:

»Von wem Dichtung und Melodie sind, weiß ich nicht mehr. Aber ich kann an meine Studentenzeit nicht zurückdenken, ohne daß mir durch Kopf und Herz ein Lied geht: ›O' Zürich, goldner Brunnen, aus dem ich Segen trank‹.

Die berauschende Freiheit des ersten Universitätsjahres bleibt jedem fühlenden jungen Menschen unvergeßlich. Wer aber um die Jahrhundertwende Studentin in Zürich war, hat doch noch was ganz anderes erlebt: Studentenunruhen gab es damals nicht, wohl aber eine Studentenunruhe: Wird es mir gelingen, mich und die Menschheit vorwärts zu bringen? Mit allem Bestehenden war man unzufrieden, wie die Jugend immer. So träumte man von Revolution.

Wahre Jugend ist immer revolutionär. Um jene Zeit aber lag der Umsturz geradezu in der Luft. So aufgewühlt kam man nach Zürich. Mit einem Mal von einer friedlichen, glücklich-regsamen Atmosphäre umgeben, wurde man ruhig und hoffnungsvoll. Also wie war das? Man brauchte nicht durchaus Revolution zu machen. Hier war durch Evolution allerlei geschaffen, was gut war [...] jung sein und aus staatlich rückständiger Umwelt kommen, hier 1900 in der Schweiz aus einem frohen Staunen ins andere fallen. Was tat es da, daß man Unterrichtsstunden zu 50 Rappen geben, Übersetzungen zu 5 Rappen die Zeile anfertigen und Schuhe und Kleider persönlich putzen mußte! Man war ja von Beispielen von Fleiß und Genügsamkeit umgeben.

In solcher Atmosphäre gediehen Leib und Seele. War das Essen, das man sich in der ›Sommerau‹ oder in der ›Pomona‹ kaufte, bei den geringen Mitteln, die man aufbringen konnte, gar zu dürftig, so gab es doch Brot und Lenzburger Konfitüre und Sprünglischokolade und herrliches kaltes Wasser. Umso reicher war die geistige Nahrung auf der Universität, wenn auch manchmal etwas lebensabgewandt und schwer verdaulich; doch immer auf das sorgfältigste zubereitet und mit Ernst und Geschmack gereicht. Man fühlte: cresco - ergo sum! [...]

Was die reichen Arbeitsjahre in Zürich mir fürs Leben genützt haben? Nie habe ich Gelegenheit gehabt, an den Mann zu bringen, was ich vom Wesen des Anakoluths, von der Analogiebildung und über das Sinnesvikariat weiß. Niemand wollte es hören. Und doch möchte ich nicht um die Welt, ich hätte das alles nicht gelernt. Sich in seiner Jugend mit so wunderbar unnützen Dingen beschäftigt zu haben, ist eine Bereicherung fürs ganze Leben. Wenn einer von uns später Hingabe an übernommene Aufgaben und Methoden in ihrer Durchführung, Bescheidenheit im Unternehmen und Entschiedenheit im Vollbringen an den Tag gelegt hat, so will mir scheinen, er könnte das im germanischen Seminar in Zürich gelernt haben. Ich selbst bin Dankes voll für diese Stadt meiner Jugend.«

Der ganze Artikel ist eine dankbare Hymne auf ihre Züricher Zeit. Daß sie sich aber auch hell und kritisch dessen bewußt gewesen ist, was um sie herum vorging und schon damals ihre Billigung nicht hatte, lesen wir in: »Zu meiner Zeit [...] zur Naturgeschichte des jungen Mädchens« (leider fehlt das Erscheinungsdatum; da sie aber vom »10jährigen Krieg« spricht, muß der Artikel um 1924/25, jedenfalls vor 1928 geschrieben worden sein):

»Diesen Altersgenossinnen zu entfliehen, bezog ich die Universität Zürich. Hier aber fand ich keine jungen Mädchen. Um hier zu studieren, mußte man einen Knax haben. Vorher fing man nicht an. Man kam zum Studium aus unglücklicher Liebe, aus Weltschmerz, oder, und das war das schlimmste, aus Grundsatz. Jedes Mädchen, welches mit Müh und Not Matura gemacht hatte, war nämlich ein Pionier. Lauter Brünhilden. Jeder Ausspruch trug Harnisch. Alle wollten sie's den Männern endlich zeigen. Ob sie sezierten, ob sie Phonetik trieben oder vor einer Retorte standen, immer waren sie Priesterinnen und handelten in einer Mission. Immer galt es, etwas vorzustellen, jemand zu überzeugen, zu übertrumpfen. Wer seine Verachtung der Männer am besten in Kleidung und Haltung auszudrücken verstand, wurde Präsidentin des Studentinnenvereines. Jeden ersten Mittwoch im Monat ging eine Abordnung zum Rektor, um sich zu beklagen, daß der Professor der Romanistik, der seit vierzig Jahren vortrug, alter Gewohnheit gemäß noch immer ›meine Herren‹ sagte, obgleich unter seinen 150 Hörern auch drei Mädchen saßen. Sie wären doch so brennend gern

Männer gewesen, wollten sich aber durchaus nicht so ansprechen lassen. Es war ein Jammer. Für diesen aber fehlte mir augenscheinlich das Organ. Irgend ein Zweifel an der Wichtigkeit dieser Dinge lebte in mir und trug mir manche Rüge meiner Studienkolleginnen ein. An einem traurigen Abend, ich hatte gerade einen Vortrag über Eugen Dührings ›Der Weg zur höheren Berufsbildung der Frauen‹ gehalten, fiel mir gegenüber ein Wort, das in Züricher Studentinnenkreisen als ›touché‹ galt. ›Sie sind keine Studentin, Sie sind eine anmutige Haustochter.‹ Ich war erschüttert. Und dann kam eine Prophezeiung, ausgesprochen mit der Stimme der bösen Fee im Märchen: ›Sie werden bald heiraten.‹ Da brach ich zusammen. Eine schlaflose Nacht folgte dieser Szene. Aber wie schon die Jugend einmal ist, die sich durch nichts ganz niederdrücken läßt, am Morgen war ich merkwürdig frisch, hörte vier Stunden Kolleg, erteilte der Tochter des Bäckermeisters Vaterlaus (ich schwöre, sie hieß so) Literaturunterricht um 50 Centimes die Stunde, speiste in der ›Pomona‹ Karottenschnitzel mit Himbeersaft und übersetzte noch spät in der Nacht eine ukrainische Novelle ins Deutsche, wofür ich von der Zeitschrift ›Aus fremden Zungen‹ fünf Pfennig pro Zeile bekam. Diese vielseitige, wenn auch nicht einträgliche Tätigkeit brachte es mit sich, daß ich völlig vergaß, die arbeitende Frau würdig zu repräsentieren. Es ist schon lange her, aber noch immer habe ich die Hände nicht frei genug, um eine Fahne hochzuhalten [...]«

5. »Der Stützsprung aus dem Fenster«

Bevor die Dokumente von den 38 Wiener Jahren berichten, möge einer der bildhaftesten, leider auch nicht mehr sicher datierbaren Artikel (vielleicht 1926) die Dokumentation des ersten Lebensabschnitts von Genia Schwarzwald beschließen:

»Der Stützsprung aus dem Fenster.«
Eine Aschermittwochgeschichte

Sie tranken in der schönen Ecke am Kamin in aller Behaglichkeit Tee. Zuerst hatten sie ein sehr eifriges Gespräch über Amerika geführt, von wo er gerade herkam. Dann waren sie verstummt und schwiegen lange. Da sie wirklich Freunde waren, konnten sie sich das erlauben, ohne daß die Feindseligkeit der Stille eintrat.
»Ich bewundere Sie«, sagte er plötzlich. »Vor allem Ihre Geduld. Da haben Sie gestern zwei Stunden lang die entsetzlichste Ausstellung von weiblichen Handarbeiten, die ich jemals gesehen habe, genau besichtigt, nur um am Schluß eine vernichtende Kritik zu üben, die ich allerdings von

meinem Standpunkte aus noch sehr sanft fand. Und vorige Woche erst! Ich bin beinahe verzweifelt, als der junge Wandervogel Ihnen seine öden Einakter vorlas. Sie aber waren nachher noch zu einer - allerdings nicht sehr liebenswürdigen - Analyse bereit. Man muß in ihrer Nähe viel leiden. Ihnen aber scheint das alles gar nichts zu machen. Sagen Sie mal, ist das nun Stumpfheit oder Güte?«

»Keines von beiden. Nur ein Irrtum von Ihnen. Sie glauben nämlich, daß es meine Zeit ist, die ich hergebe, in Wirklichkeit verbrauche ich die Zeit der Leute, denen ich zuhöre.«

»Ach was, das ist nur einer von Ihren Tricks!«

»Durchaus nicht. Wenn auch Sie einmal ausnahmsweise Geduld haben wollen, so kann ich Ihnen die Sache erklären. Ihre Entstehung reicht bis in meine erste Jugend zurück. Ich war ein sehr lebenslustiges, heftiges und ungeduldiges Kind. Nicht geneigt, etwas zu verstehen, was anders war als ich. Alles, was die Menschen sagten, taten und dichteten, nahm ich ernst. Ich sehe mich noch heute vor einem großen Topf voll Kaffee, den ich trinken soll. Aber ich tu es nicht, lasse vielmehr meine Tränen hineinfließen, weil in dem Hoffmann-Büchel, das ich gerade lese, zwei Brüder im Zorn voneinander scheiden. Ich begriff nicht, daß sich Leute freiwillig und noch dazu mit so pathetischen Worten trennten. Denn ich konnte mich von nichts trennen. Weder von der alten Kinderfrau, noch von dem vertragenen Kleidchen.

Ein paar Jahre später, als ich etwa dreizehn war, fand ich auf dem Dachboden unseres Hauses ein Gedicht, worin ein Mann eine Frau herzbeweglich um ihre Gegenliebe anfleht. Sein stärkstes Argument lautete: ›Hundert Jahre werden nur vergehen, unsre Gräber wird man nicht mehr sehen!‹ Das leuchtete mir ein und ich stand ganz auf Seiten des Mannes, gegen die Frau, die sich so zierte. Hundert Jahre werden nur vergehen, unsre Gräber wird man nicht mehr sehen. Den Dichter weiß ich nicht mehr, aber ich erinnere mich, daß mir so eiskalt wurde, daß ich auf das Dach hinauskroch, um mich in die Sonne zu legen.

Mit fünfzehn Jahren hatte meine Lebensangst und Ungeduld den Höhepunkt erreicht. Stundenlang saß ich damals an einem tosenden Wasser und versuchte es zu übertönen, indem ich nach einer selbsterfundenen Melodie immer und immer wieder den gleichen Refrain sang: »Und die Grenzen so eng und die Welt so weit und so flüchtig die Zeit.« Wie wahr das doch war! Geibel schien mir damals ein großer Dichter.

Wenige Jahre später war mein bescheidener Vorrat an Geduld - der doch für ein ganzes Leben zu reichen bestimmt gewesen war - zur Gänze aufgebraucht. Nicht etwa, daß mir etwas besonders Schlimmes passiert wäre. Aber ich hatte eben ein unerhörtes Bedürfnis nach Glück, kein Talent zum Unglück und noch weniger Lust, mich mit dem Leben abzufinden. Ich war einfach im Verlaufe der Begebenheiten dahintergekommen, daß die Menschen das Meiste aus egoistischen Gründen tun; daß der ewige Friede eine

Utopie ist; daß die soziale Frage, weil die Menschen unbelehrbar sind, nicht anders als mit Blut und Eisen zu lösen ist; daß es schreckliche Krankheiten gibt, gegen die weder die Medizin noch die Gesellschaftsordnung Mittel kennen, und daß das Genie gerade deshalb, weil es ein Genie ist, der Verfolgung zum Opfer fallen muß. Es ergriff mich eine ungeheure Unlust, in dieser Gesellschaft, die mir nicht gefiel und die ich nicht bessern konnte, zu verbleiben. Vielleicht spielten auch ein paar kleine eigene Erlebnisse mit, die auf einem Mißverständnis beruhende Untreue eines Freundes, auf den ich Berge gebaut hatte, eine total mißglückte Seminararbeit, ein begeisterter Brief, auf den keine Antwort gekommen war.

Das alles verdichtete sich nun am Aschermittwoch meines zwanzigsten Lebensjahres zu einem Entschluß. Die Nacht vorher war ich auf einem jener Feste gewesen, die die Menschen augenscheinlich dazu geschaffen haben, um sich die Reize des Alltags deutlicher zu machen. An sich war der Ball so traurig gewesen wie ein Leichenbegängnis dritter Klasse. Mir war aber persönlich alles schief gegangen. Das Kleid hatte ich mit Stecknadeln enger machen müssen, da die kleine Schneiderin trotz dreier Anproben die Sache falsch genäht hatte. Der junge Mensch, den ich - vielleicht - hätte lieben können, wenigstens hatte ich große Lust dazu, ihn liebenswert zu finden, war überhaupt nicht erschienen. Dagegen war ein anderer, den ich dezidiert nicht liebte, nicht von meiner Seite gewichen, so daß sich kein Mensch sonst in meine Nähe traute. Am Abend des Aschermittwochs nun hatte ich, ohne einen Tropfen Alkohol getrunken zu haben, einen schweren Katzenjammer. Einen Lebenskatzenjammer. Mit einem Male wußte ich, was ich zu tun hatte: in dieser Nacht mußte ich ein Ende machen. Aber wie? Gift beschaffen? Unmöglich! Es war spät abends. Ins Wasser gehen? Im Februar? Noch unmöglicher. Überdies konnte ich schwimmen. Nichts blieb übrig als der Sprung aus dem Fenster. Ich wohnte im vierten Stock bei fremden Leuten. Erst morgen früh würde man meine Leiche im Hofraum finden. Das ging.

Ohne Heroismus, wie man einen Schrank aufmacht, öffnete ich das Fenster und maß mit den Augen den Raum. Ich hatte keine Furcht. Ich tat mir nicht leid. Ich fühlte nichts als eine ungeheure Müdigkeit. Ich war ganz leer, nur der tröstliche Gedanke hatte in mir Raum: jetzt noch einen Stützsprung und dann hatte ich nie wieder etwas zu tun.

In diese Betrachtungen versunken, hatte ich nicht bemerkt, daß in meinem Zimmer, dessen Tür unverschlossen war, etwas vorging. Ein leiser Wehlaut ließ mich umblicken. Da stand in der Mitte des Raumes das vierjährige Töchterchen meiner Hausfrau. Es weinte erbittert: ›Mutti hat mich vergessen‹. Das Kind war erwacht und hatte die leeren Betten der Eltern erblickt, die irgendwo beim Heringsschmaus sich versäumt hatten.

›Komm, Christel!‹ Ich war so froh, daß das Kind weinte. Da brauchte ich nicht zu weinen. Ich umhüllte es mit meiner sonst sehr geschonten gelben Seidendecke. Mit glühendem Eifer holte ich die Marzipanschachtel herbei,

meine Damenspende von gestern abend. Ich erfand Liebesworte, wie sie noch nie über meine Lippen gekommen waren. Christel lächelte glückselig. Eine Stunde später, als ihre Eltern kamen, schlief sie so stark und echt, als sie zuvor geweint hatte.

Wie Sie bemerkt haben werden, lieber Freund, habe ich also damals keinen Selbstmord begangen. Ja, noch mehr: ich glaube, ich wäre wohl auch ohne das Dazwischenkommen der kleinen Christel am Leben geblieben. Man bleibt merkwürdig leicht am Leben. Aber meine Absicht war so gut fundiert gewesen, daß ich in dieser Nacht, als ich allein war, das Gefühl hatte, als wäre ich doch irgendwie ausgelöscht. Der Selbstmord war begangen. Und dabei war mir schlecht zumute. Denn ich wußte plötzlich: Niemand darf einen Selbstmord begehen. Wer nicht mehr leben mag, hat erst recht weiter zu leben. Er ist dann nämlich eine Riesenkraft. Beinahe kann er die Welt erlösen. Nicht Eitelkeit, nicht Eifersucht, noch Habgier können ihn überkommen. Weder üble Nachrede noch absurder Zufall können ihm was anhaben. Mit einem Male ist er in Drachenblut getaucht, und noch dazu ohne Lindenblattstelle. Er ist unbesiegbar, unüberwindlich. Er darf Gewagtes wagen. Er darf die Wahrheit sprechen. Er darf verschwenden. Er darf sich sogar lächerlich machen. Denn was immer er tun mag, Schlimmeres als die Todesstrafe kann niemand über ihn verhängen. Die aber hat er schon hinter sich. Denn wer den Tod bis zu Ende gedacht hat, hat das Leben überwunden.

In jener Aschermittwochsnacht - ach, wenn man doch ein Dichter wäre und solch eine Nacht beschreiben könnte - habe ich einen Vorsatz gefaßt: da mein eigenes Kapital an Geduld zu Ende war, nunmehr alle noch kommende Zeit meines Lebens auf andere zu verwenden. Und das habe ich bis heute gehalten. Wenn Sie finden, daß ich an die Menschen zu viel Geduld vergeude, so müssen Sie bedenken, es ist nicht die meine.«

Sie schenkte ihm frischen Tee ein. »Ich bewundere Sie nicht«, sagte er. »Ich beneide Sie. Der Stützsprung aus dem Fenster hat sich gelohnt.«

2. 1900/1901: Beginn in Wien

Am 30. Juli 1900 promovierte Eugenie Nußbaum an der Universität Zürich zum Doktor phil. Ihre Dissertation »Metapher und Gleichnis bei Berthold von Regensberg« ließ sie erst 1902 in Wien im Selbstverlag drucken, wahrscheinlich als Hilfe zur Überwindung der Schwierigkeiten, die ihr die österreichischen Schulbehörden hinsichtlich der Anerkennung ihres Doktorgrades - gleichzeitig mit der nur probeweise gegebenen Erlaubnis, ihre Schule selbst zu leiten und Unterricht in Deutsch ohne österreichische Lehramtsprüfung zu erteilen - bereiteten. In der Vorbemerkung »Vita« zur Dissertation präzisierte sie daher:

»... Ich studierte 10 Semester in Zürich deutsche Sprache und Literatur, englische Sprache, Philosophie und Pädagogik, wobei ich nicht verabsäumte, auch in den angrenzenden Wissensgebieten mich umzusehen. Seit Abschluß meiner Studien wirke ich als Direktorin eines Mädchen-Lyceums (mit Gymnasialkursen) in Wien.«

Am 2. August 1900 feierte sie mit ihren Studiengenossen den errungenen Doktorgrad und schon 6 Tage danach verließ sie Zürich; ihrer Freundin Esther Odermatt hinterließ sie einen Abschiedsbrief: »Heute geht es auf die Reise. Vergiß mich nicht, ebenso will ich's halten. Solche Freundschaft ist das, was das Leben schön und reich macht ... Und heute muß ich nun fort und diese geliebte, weiße Stadt meiden, die einen so großen Teil meiner Jugend gesehen hat und mir ein goldener Brunnen war, aus dem ich den Segen der Freundschaft und der Schönheit trank und die teueren Menschen, an denen mein ganzes Herz hängt.«

Darüber, ob sie direkt nach Wien ging, wo Hermann Schwarzwald bereits seit Ende 1898 war, oder den Umweg über ihre Czernowitzer Familie machte, geben die Dokumente keine Auskunft. Es ist durchaus möglich, daß Genia Schwarzwald nie wieder nach Czernowitz zurückgekehrt ist.

Fräulein Dr. Eugenie Nußbaum heiratete am 16. Dezember 1900 Dr. Hermann Schwarzwald (Eintragung im Tagebuch von Esther Odermatt: »16. Dez. Genias Trauung [Wien]«) und von diesem Tag an war sie in Wien als Frau Dr. Eugenie Schwarzwald bekannt, anerkannt, geliebt, oft umstritten, ja auch angefeindet.

Gleich nach ihrer Ankunft in Wien muß sie die Verbindung mit dem »Wiener Frauen Club« aufgenommen haben, denn bereits am 15. August 1900, S. 325, berichten die »Dokumente der Frauen« von der »Promotion des Fräulein Eugenie Nußbaum aus Czernowitz in Zürich am 30. Juli 1900«; am 1. 1. 1901 erscheint dort eine Mitteilung (Anzeige), daß Genia Schwarzwald am 5. Jänner »einen Privatkursus für erwachsene junge Damen eröffnet. Gegenstand: Deutsche Literatur von Goethes Tod bis zur Gegenwart«, und am 1. 2. 1901 berichten die »Dokumente der Frauen«, daß Genia Schwarzwald am 15. Januar 1901 einen Vortrag über Gottfried Keller gehalten hat: »Der gründlich und klar gehaltene Vortrag rief die lauteste Anerkennung hervor.«

Wohlbegründet wird vermutet, daß Genia Schwarzwald schon 1901 Adolf Loos im Frauenclub, dessen Räume er gestaltet hatte, begegnet ist; damit begann eine lebenslange Freundschaft, die für Hermann und Eugenie Schwarzwald wie auch für Adolf Loos immer größte Bedeutung hatte.

Der Wunsch, selbst zu unterrichten, muß für Genia Schwarzwald so stark gewesen sein, daß sie nicht auf die schon in Aussicht stehende eigene Schule warten wollte, und so bot sie ihre Mitarbeit dem grade gegründeten »Verein Volksheim in Wien« an. Trotz der ihr fehlenden Lehrpraxis wurde Genia Schwarzwald angenommen, sicher nur wegen ihrer überzeugenden Begeisterung für die Idee der Volkshochschulen. Im 1. Jahresbericht des »Volksheims«/April 1901 - April 1902 wird im Abschnitt »Unterrichtstätigkeit von einem Kurs im ersten Vierteljahr nach der Eröffnung über die deutsche Sprache von Dr.phil. Schwarzwald« berichtet. Sie selbst erzählt davon 1926 im Artikel »Eine stille Großtat«, anläßlich des 25-jährigen Bestehens des Volksheimes und kurz vor dem Jubiläum der eigenen Schule:

»Eine stille Großtat«
Neue Freie Presse, 21. Februar 1926

Es ist Wiener Art, von den Dingen, die einem am meisten am Herzen liegen, am wenigsten zu sprechen. So und nur so erklärt es sich, daß es um das »Volksheim« herum so still ist. Eine Einrichtung, der Hunderttausende von Menschen Wissen, Kunst, Freundschaft und Freude verdanken, müßte sonst ganz anders ins Bewußtsein der Gesamtheit gedrungen sein.

Aber das mag auch daher kommen, daß die Menschen, die in Wien etwas Ordentliches machen, sich einer ganz besonderen Zurückhaltung befleißen. Da liegt vor mir ein winziges Heftchen, dreißig Druckseiten, und erzählt bescheiden, beinahe kleinlaut, von einer Großtat. Aufgerichtet in der öden Gedankenlosigkeit der Vorkriegszeit, aufrechterhalten in den blutigen Greueln des Krieges und nunmehr fortgeführt, unbeirrt durch die moralische Pestilenz der Nachkriegszeit.

Man liest und erkennt wieder einmal, daß menschliche Seelenkraft alles vermag. Der tiefgründige und gefühlsreiche Denker Stöhr spricht ein Wort aus, der aktive, von glühendem Gerechtigkeitsgefühl und wirklicher Menschenliebe erfüllte Organisator Hartmann läßt es zur Tat werden, und schon sind Hunderte da, zu lehren, und Tausende, zu lernen. Was man sonst für das Wichtigste hält, das Geld, ist nicht wichtig. Man bemüht sich, nur wenig davon zu brauchen, und das treibt man dann auf: bittend, ermahnend, fordernd. Man ruft Gewissen wach und allmählich werden einige Besitzende so zur Pflicht erzogen, daß sie im Testament das »Volksheim« zu ihrem Erben einsetzen. Solches Geld bringt Segen. Jedenfalls hat kein amerikanischer Multimillionär mit seinen Dollars so viel ausgerichtet wie Ludo Hartmann mit ein paar tausend Friedenskronen: es entstand eine wirkliche Volkshochschule, die sich komischerweise »Volksheim« nennen mußte, weil um die Zeit ihrer Entstehung die Dummheit in Österreich so groß war, daß sie sogar vor der Namensgebung nicht halt machte. Aber »Heim« ist ja schöner als »Schule«, und so ist das »Volksheim«, die berühmteste Volkshochschule Europas, geworden.

Das »Volksheim« hat heute sein 25jähriges Jubiläum, und es hat ein Recht darauf, zu jubilieren, denn es hat seine Arbeit gut, klug, taktvoll, anspruchslos, klassenversöhnend begonnen und durchgeführt, eine der wenigen Wiener Einrichtungen, die im Laufe der Entwicklung nicht hat »umlernen« müssen.

Trotz der strahlenden Erfolge, die er meldet, ist der kleine Bericht im Mollton gehalten. Es könnte darüber als Motto stehen: »Ich alleine, der eine, schau wieder hernieder zur Saale im Tale, doch traurig und stumm.« Professor Beche, vom ersten Tag an der Vorsitzende, und Emil Reich, ebensolang der Schriftführer, schreiben den Bericht und zwischen den trockenen Zeilen zittert die Empfindung: jene, die das »Volksheim« mit uns geschaffen haben, sind nicht mehr. »Zu den Toten entboten«, viel zu früh, Kriegsopfer einer Zeit, die für solche Geister und Charaktere keinen Platz hat.

In einer anderen Tonart spricht mein Herz vom »Volksheim«, denn dieses stellt ein Stück meiner Jugend dar.

Das war aber auch ein ganz besonderer Frühling, der von 1901. Die Kastanien auf dem Heldenplatz waren röter als sonst, die Tulpen im Stadtpark noch stolzer. In der »Sezession« war Segantini ausgestellt und in den Herzen der Jugend regte sich eine große Sehnsucht nach einer neuen Form des Lebens, und wirklich sah es so aus, als sollte ein Jahrhundert anfangen.

Da stand eines Morgens in der Zeitung wieder etwas Hoffnungsvolles. Auf dem Urban-Loritz-Platz sollte eine Volkshochschule entstehen. Arbeiter wollten ihre kargen Freistunden dazu verwenden, das Wissen, welches ihnen ein ungerechtes Schicksal vorenthalten, nachträglich zu erwerben. Hochschullehrer wollten sich die Mühe geben, ihre Wissenschaft so vorzutragen, daß schlichter Menschenverstand sich ohne weiteres daran bereichern konnte. Aber man brauchte nicht einmal Professor sein. Auch andere Leute, die was gelernt hatten, wurden aufgefordert, mitzutun.

Ich war begeistert. Bei so was Herrlichem dabei sein zu dürfen, schien mir ein Glück. Eine Stunde später stand ich vor Ludo Hartmann. Er sah mich sachlich an. Mir sank das Herz. Er fragte nach meinen Lehrerfahrungen. Ich hatte keine. Alle Reserve des Historikers, der gewohnt ist, sich mit mittelalterlichen Päpsten zu beschäftigen, malte sich in den Zügen des verehrten Mannes. Zuletzt - irgend etwas an mir schien ihn zu rühren - sagte er: »Na also, probieren Sie's. Aber machen Sie sich darauf gefaßt: Zu Ihnen werden nicht viele hineingehen.«

Im Vorzimmer wartete schon ein junger Naturhistoriker. Ich machte ihn darauf aufmerksam, daß da drinnen Jugend nicht im höchsten Kurse stünde. Er meinte resigniert: »Da läßt sich nichts machen. Für erwachsen kann ich mich nicht ausgeben.« Und das konnte er auch nicht und kann's glücklicherweise auch heute noch nicht, trotz Ablaufes der Zeit und Professorenwürde.

Dann kam der große Tag. Mit Todesangst betrat ich das mir zugewiesene Lehrkammerl. Sieben ältere Männer saßen darin und alle hatten sie wirkliche Menschengesichter. Der wunderbare Ernst und das große Wohlwollen meiner Hörer ließen mein unerträgliches Herzklopfen stiller werden. Ich schöpfte tief Atem und dann begann ich mit einem Vertrauen, das von Minute zu Minute wuchs, zu erzählen: von den Dichtern, die mir am liebsten waren, von ihrem Arbeiterschicksal, von ihrem Kampf mit der Welt, von ihrem hohen Sieg. Das nächste Mal hatte ich 60 Schüler - eine erlesene Hörerschaft. Es war eine wirkliche Auswahl. Wer nach zehn-, elfstündiger schwerer Tagesarbeit noch ins »Volksheim« kam, der taugte eben was. Und

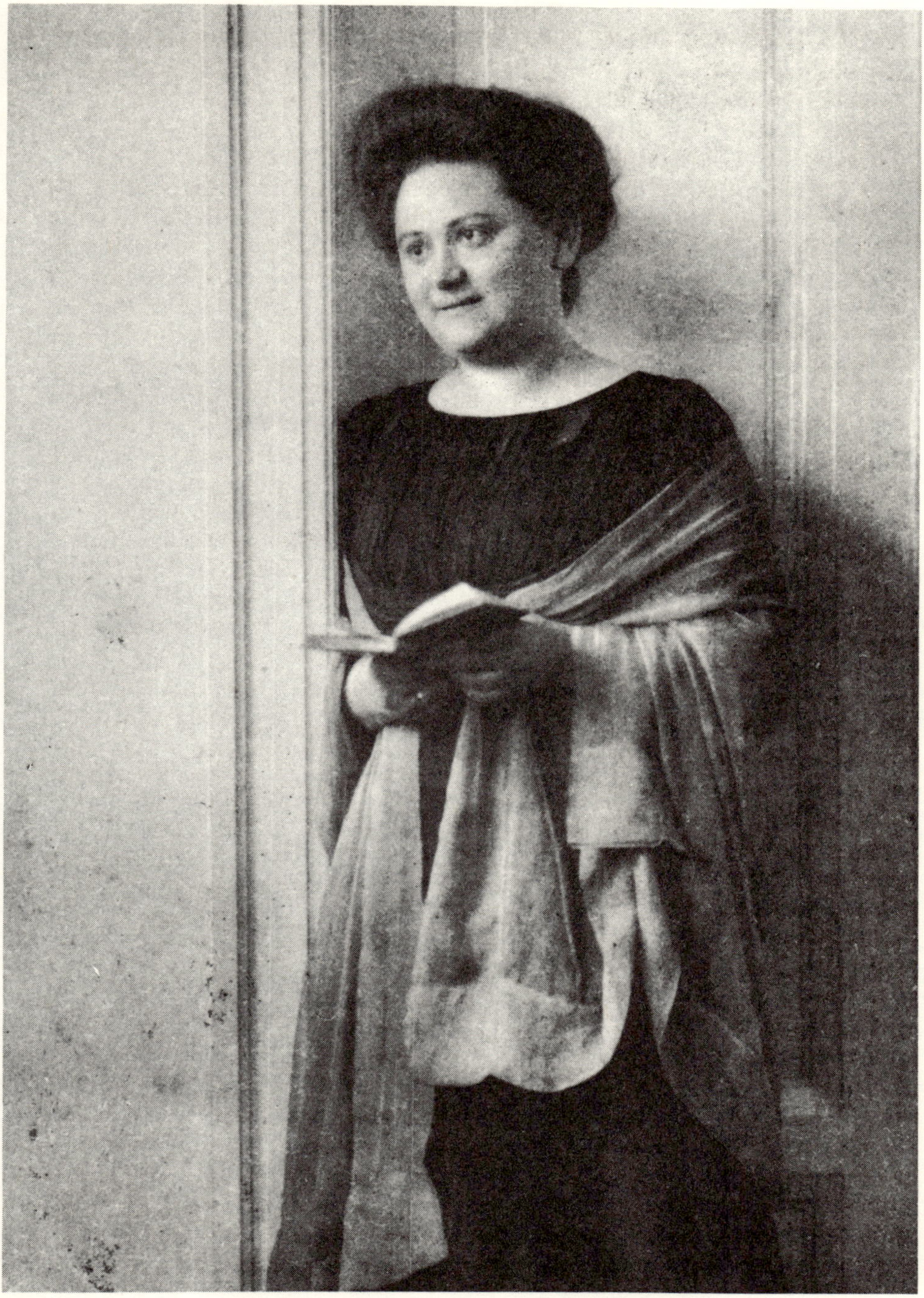

wovon immer man sprach, wenn es einem nur lebendig aus der Seele floß, wurde geahnt, verstanden, ausgebaut. Man konnte Tränen, Lachen und Begeisterung zum Lohn haben. Ein glücklich-regsames Leben herrschte in diesen Stunden, bei denen der junge Lehrer seine Weisheit aus den teilnahmsvollen Blicken seiner zumeist gealterten Schüler ablas.

Der unerwartete Erfolg verführte mein junges Herz. Hatte ich nicht kürzlich mein Doktorexamen in Germanistik gemacht? Und das war damals noch etwas. Denn zum Studieren mußte man von zu Hause durchgebrannt sein, und außerdem hatte man sich den ganzen Tag von jedem Menschen anpöbeln zu lassen, der gegen das Frauenstudium war, und das war beinahe jeder.

Also meine Schüler sollten merken, was ich alles in Zürich gelernt hatte. Ich bereitete sorgfältig einen Vortrag vor und ließ über meine betäubten Zuhörer ein wahres Feuerwerk niederprasseln: vom Wesen des Anakoluths, von der Analogiebildung und vom Sinnesvikariat. Das war das Feinste, was ich wußte. Alle waren wirklich paff, das konnte man schon merken.

Als ich nach einer Stunde das »Volksheim« verließ, schloß sich mir ein alter Arbeiter an. Wir schritten schweigend durch die fliederduftende Vorstadt, ich das Herz hochgeschwellt von jungem Ruhm. Der alte Mann schwieg beharrlich. Allmählich wurde mir bange. Ich fühlte: der ist nicht entzückt von dir; versuch ihn durch Teilnahme zu entwaffnen. »Sind Sie nicht müde, wenn Sie nach Ihrer Tagesarbeit so am Abend noch in die Schule geh'n?« - »Na, nie! Aber heut schon.« - »Ich tät nix sagen, wenn Sie's nicht besser könnten. Aber beim Tolstoi und bei dem Dostojewski, da war'n S' so aus'm Häusl, als wär's Ihner Geliebter. Rührende Sachen hab'n S' erzählt. Und gelesen hab'n S', daß was zum Lachen war. Aber heute hab'n S' nur an sich denkt, aber an uns net.« Nachdenklich ging ich nach Hause. Dort schlug ich zufällig ein Buch auf und da stand: »Wenn wir uns nur auf einen Augenblick von unserem winzigen Ich losmachen, wenn wir nur reines Glas sein wollten, welches die Strahlen widerspiegelt, wie vieles würden wir da widerspiegeln! Das ganze Weltgebäude würde sich im Strahlenglanze um uns herum ausbreiten.« Ärgerlich schlug ich das Buch zu.

Am nächsten Tag schloß sich mir auf dem Heimweg ein jüngerer Arbeiter an. Er begann sofort zu sprechen: »Sie müssen mir nämlich einen Rat geben. Ich möcht' einen besseren Stil kriegen.« - »Ja, das kann ich«, sagte ich, »da müßte ich nur zuerst sehen, was und wie Sie schreiben; zeigen Sie mir, bitte, etwas«. - »Ich trau mich nicht recht. Ich hab' noch keinem was zeigen wollen.« - »Schau'n Sie, zum Zeichen des Vertrauens zeige ich Ihnen, was ich schreibe.« Ich drückte ihm ein sauberes Manuskript in die Hand, meinen eben verfaßten Artikel über Hugo Wolf für die »Neue Zürcher Zeitung«.

Schon am nächsten Tage brachte er mir seine Sachen und meinen Artikel. Ich war höchst gespannt auf sein Lob. Sein Gesichtsausdruck war lustlos. Aber seine Worte klangen anerkennend. »Was Sie schreiben, könnt' von einem Mann sein.« Ich dankte hocherfreut. Diese Anerkennung war im Züricher Studentinnenverein der höchste Orden. »Da ist nix zum danken. Wenn Sie schreiben, wie ein Mann, was braucht man nachher Ihnen? Bei mir möcht's mi giften, wenn Sie sagen: Es ist von an Madl. Wenn auch nicht viel dran is an meinem Geschreibsel: was i schreib', is von an Mann.« Mein getreuer Eckhart ist dann trotz oder vielleicht infolge meiner guten Ratschläge kein großer Schriftsteller geworden. Ich aber weiß seither bei jeder Zeile, die ich schreibe, daß ich ein Madl bin.

Als mich wachsende Berufstätigkeit zwang, das geliebte »Volksheim« zu verlassen, blieb in mir eine stete Sehnsucht nach jener schönen und reinen geistigen Gemeinschaft, aufgebaut auf dem Grunde eines unverbildeten und aufrichtigen Wissenshungers. Dankbar war mir bewußt, was ich im »Volksheim« gelernt hatte. Daß dort bei mir jemand etwas gelernt hätte, glaubte ich nicht. Und doch war es so.

November 1918, wenige Tage nach dem Umsturz. Ich wartete in einer Angelegenheit der Wiener Kinder im Vorzimmer eines Staatsmannes und machte mich dem ganzen Antichambre, welches mich um jeden Preis loswerden wollte, durch beharrliches schweigendes Warten lästig. Da öffnete plötzlich der Mann selbst die Tür, erblickte mich, zog mich freudig ins Zimmer und sagte: »Ich war nämlich Ihr Schüler im ›Volksheim‹.« Und nun erzählte er mir von den Eindrücken jener unvergeßlichen Zeit, ihren Anregungen und Anknüpfungen, und wie diese auf sein ganzes Leben bestimmend gewirkt hätten. So hielt er an einem nüchternen, trüben Vormittag in einer Amtsstube die allerschönste Festrede auf das »Volksheim«. Glücklich ergriffen hörte ich zu. Da schloß er: »Ich habe seither manchen Erfolg in meinem Leben gehabt, keinen schöneren aber als meinen ersten im ›Volksheim‹. In Ihren Stunden hatten wir Vorträge zu halten, und da wurde in der nachfolgenden Diskussion jeder nach Inhalt und Form schonungslos zerpflückt. Auch ich hielt einen Vortrag, und zwar über ein Thema, das mir sehr am Herzen lag. Als ich zu Ende war, wartete ich zitternd - ich war erst sechzehn Jahre alt und der weitaus Jüngste - auf mein Urteil. Da sagten Sie entschlossen: ›Heute gibt's keine Diskussion, das war zu schön.‹ So stolz hat mich seither nichts wieder gemacht.«

»Das verstehe ich. Der alte Konrad Ferdinand Meyer hat recht: ›Denn Süß'res gibt es auf der Erde nicht, als ersten Ruhmes zartes Morgenlicht.‹ Aber Sie haben Ihre Sache damals sicher auch sehr schön gemacht, und daß ich so viel Verstand hatte, nicht diskutieren zu lassen, freut mich noch heute«, erwiderte ich. »Ja, es war recht von Ihnen«, sagte er und sah mich freundlich an.

»Ja, recht war es schon, aber es war nicht mein Verdienst, denn im alten ›Volksheim‹ wehte eine Lebensluft, die einen zwang, das Rechte zu tun.«

Und die weht noch heute darin.

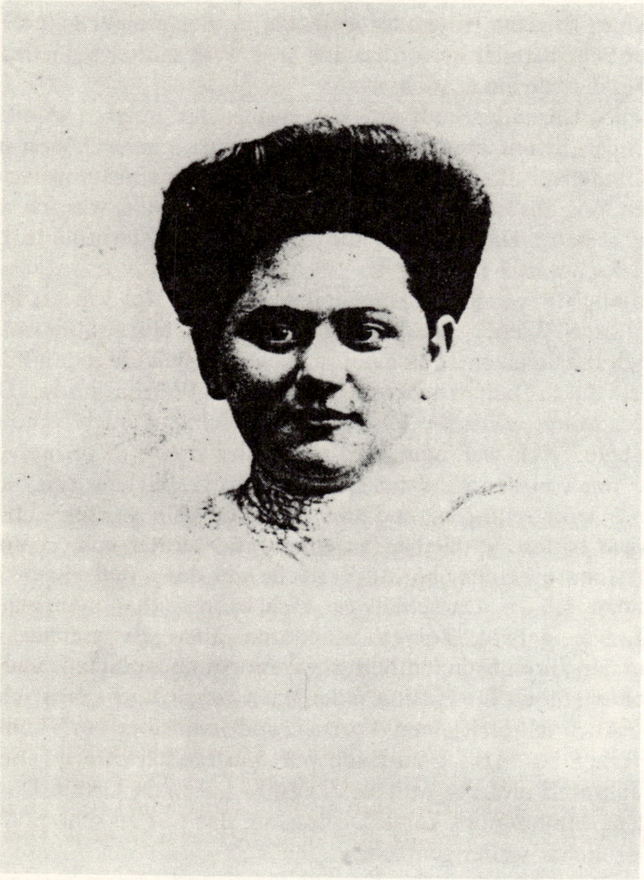

3. 1901–1938: Die eigene Schule

Schon zu Beginn des Jahres 1901 muß Fräulein Eleonore Jeiteles den Entschluß gefaßt haben, Genia Schwarzwald ihr Mädchen-Lyceum am Franziskanerplatz 5 zu überlassen, denn im letzten Jahresbericht 1900/01* der Jeiteles-Schule heißt es: »Wie bereits eingangs mitgetheilt ist, geht das bisher von Fräulein Eleonore Jeiteles geleitete Mädchen-Lyceum vom nächsten Schuljahre an mich über.« (Siehe die »Mittheilung der neuen Schulleitung« auf der nächsten Seite.)

Diese Mitteilung konnte sie nur machen, nachdem sie den Antrag auf Übernahme der Jeiteles-Schule gestellt hatte und gewiß war, daß ihm stattgegeben wurde (erledigt wurde er erst im September). Diesem ging zweifellos der mißlungene Versuch des Vortrags beim k. k. Unterrichtsministerium voraus, über den Genia Schwarzwald in einem 1935 erschienenen Artikel berichtet:

»Erste Begegnung mit Robert Hentschel«

Das war ein ganz besonderer Frühling, der von 1901. Die Kastanien auf dem Heldenplatz in Wien waren noch röter als sonst; die Tulpen im Stadtpark standen noch stolzer. In der Sezession war Segantini ausgestellt

---

*Es fehlt ein Dokument, aus dem hervorginge, zu welchen Bedingungen Genia Schwarzwald das Jeiteles-Lyceum erworben hat. Über eigene Mittel verfügte sie zu jener Zeit jedenfalls nicht; sie berichtet später verschiedentlich über ihre anfänglichen materiellen Nöte.

Mittheilungen der neuen Schulleitung.

Wie bereits eingangs mitgetheilt ist, geht das bisher von Fräulein Eleonore Jeiteles geleitete Mädchen-Lyceum vom nächsten Schuljahre an mich über. Ich brauche nicht erst meinen ernsten Entschluss zu betonen, alle meine Kräfte daran zu wenden, damit das alte Institut seinen wohlbegründeten Ruf einer soliden und zuverlässigen Erziehungs- und Bildungsanstalt bewahre und mehre. Durch einige Neueinrichtungen, für die ich mir die Aufmerksamkeit des Publicums noch besonders erbitte, glaube ich überdies im Sinne der modernen Bestrebungen nach Erweiterung und Vertiefung des Mädchenunterrichtes thätig zu sein und wirklichen Bedürfnissen entgegenzukommen. Bei diesen Unternehmungen erwarte ich viel von der theilnehmenden Mitarbeit der Eltern meiner Schülerinnen; denn nur ein stetiges Zusammenwirken von Schule und Haus kann mich hoffen lassen, dass meine Bemühungen auch stets mit den Wünschen der interessierten Frauenwelt in Fühlung bleiben und ihnen entsprechen.

Im Nachstehenden gebe ich einen Überblick über die Lehrpläne der einzelnen Curse, sowie die Bestimmungen über die Einschreibungen für das nächste Schuljahr (1901/1902).

Wien, im Juli 1901.

Dr. phil. Eugenie Schwarzwald.

und in den Herzen der Jugend regte sich eine große Sehnsucht nach einer neuen Form des Lebens. Es sah nämlich damals so aus, als sollte wirklich ein neues Jahrhundert anfangen.

Da ging an einem besonders schönen Tag eine junge Zürcher Studentin, die eben ihren Doktor gemacht hatte, ins Unterrichtsministerium. Sie wollte eine neue Mädchenschule in Wien gründen. Alles sollten da die Mädchen lernen, was die Männer wußten, und dabei lieb, bescheiden, mädchenhaft, hausfraulich bleiben. Sie wollte durch ihre Gründung sowohl der albernen Hausglucke, als auch der allzu emanzipierten Frauenrechtlerin den Krieg erklären. Ein neuer Frauentypus sollte entstehen: zuverlässig, häuslich und ehrbar, wie unsere besten Vormütter gewesen waren, aber zugleich durch Mut, Kenntnisse und Vorurteilslosigkeit der neuen Zeit angepaßt.

An Unternehmungslust fehlte es ihr nicht. Außerdem hatte sie einen sicheren Trumpf in der Hand: sie kannte den Unterrichtsminister persönlich. Er war vor kurzem in einer Gesellschaft ihr Tischnachbar gewesen und hatte scheinbar Gefallen an ihr gefunden. Er empfing sie auch mit der Liebenswürdigkeit eines altösterreichischen Beamten. Schon nach zwei Minuten fand er alle ihre Vorschläge charmant, wünschte ihr viel Glück und hoffte, sie würde keinen Schwierigkeiten begegnen. Er selbst müsse leider zum Vortrag beim Kaiser und könne sich also jetzt mit ihr nicht weiter beschäftigen, aber der Herr Sektionschef J. werde ihr alles sagen können, was bis jetzt im österreichischen Mädchenschulwesen geschehen sei und wo sie anknüpfen könnte, wenn sie wirklich die Absicht hätte, - trotz ihrer Jugend - er lächelte, reformierend zu wirken. Dann klingelte er und ließ den Herrn Sektionschef zu sich bitten. Es erschien ein imponierender, etwas düsterer Herr, weit weniger Mut einflößend als die kleine rundliche, behagliche Exzellenz. Er verbeugte sich tief vor dem Herrn Unterrichtsminister, korrekt vor der jungen Petentin und zog mit letzterer ab.

Aber schon im Korridor blieb er stehen und machte ein bedenkliches Gesicht: »Eben fällt mir ein: ich muß sofort in die Sitzung! Um aber ihre Sache nicht zu verzögern, will ich Sie an Herrn Sektionsrat P. weitergeben. Der ist in diesen Fragen kompetent und wird Sie sicher gut beraten können.«

Mit sinkendem Selbstbewußtsein betrat sie den Arbeitsraum des Herrn Sektionsrates. Ein lieber, freundlicher Herr saß und schrieb eifrig an einem Akt. »Setzen Sie sich, Fräulein«, sagte er, »und erzählen Sie«. Sie fing an. Aber die Worte flossen nur spärlich und zaghaft, immer mußte sie auf die eifrige Feder hinsehen, die ein wenig kratzte. Der Herr Sektionsrat hörte ihr zu, wie ein guter geduldiger Onkel, den eine kleine Nichte mit ihren Ballerlebnissen bei der Arbeit stört. Als sie stockend mit ihrem höchst unvollkommenen Bericht fertig war, sagte er: »Da es sich um Mädchen handelt, gehört die Sache nicht in mein Ressort. Gehen Sie, bitte, hinüber zum Herrn Ministerialkonzipisten Dr. F., der hat Zeit und weiß alles über Mädchenschulwesen.«

Noch nie waren zwei junge Leute so verlegen, als sie einander gegenüberstanden, als die junge Doktorin und der Herr Konzipist. Auf ihre Frage nach dem gegenwärtigen Stand des Mädchenschulwesens deutete er ihr in vorsichtig tastenden Worten nebulos an, es stünde eigentlich recht gut damit; es gäbe schon drei oder vielleicht fünf Mädchenschulen, mit denen man - glaube er - zufrieden wäre. Schon im vorigen Jahrhundert - hier wurde sein Ton sicherer - sei übrigens Wien im Mädchenschulwesen führend gewesen. Ob denn Fräulein Doktor nie von den Schwestern Fröhlich gehört hätte? Die hätten auch eine Schule gehabt, und eine von ihnen sei die Braut von Grillparzer gewesen. Der junge Herr, ein sehr netter und eleganter Mensch, schloß mit den Worten: Wien sei ein merkwürdiger Boden; es käme auf einen Ballon d'essai an, ob es noch eine Mädchenanstalt ertragen könne und ob eine solche, wie die hier intendierte, erwünscht wäre. Nebenbei bemerkt, konnte er gar nicht wissen, was »intendiert« war, da er die junge Projektenmacherin - so nannte er sie in Gedanken - galant, aber entschlossen, gar nicht zu Wort hatte kommen lassen.

Bedrückt schlich sie die Treppe des ehrwürdigen Gebäudes hinunter: nichts war erreicht. Sie hatte nicht einmal Gelegenheit gefunden, das schriftlich ausgearbeitete Exposé, das sie in der Hand trug, irgendjemandem zu überreichen. Sie mußte immer nur eines denken: »Ach, wäre ich doch in Zürich geblieben!«

Kaum auf der Straße fiel ihr plötzlich ein, daß es ja wahrscheinlich in diesem Amt eine Stelle zur Übernahme von Eingaben geben müßte. So kehrte sie ins Haus zurück und betrat die Einreichungskanzlei. Dort übergab sie einem jungen Manne, der am Tisch saß, ihr Manuskript. Da trat aus dem Nebenraum ein gut aussehender, stattlicher Mann aufmerksam näher und fragte, um was es sich eigentlich handle. Danach hatte sie heute noch niemand gefragt. So voll war sie von ihrer Sache, daß sich, obgleich sie genau wußte, nicht hier sei der Platz, der bisher zurückgehaltene Redestrom ergoß, als wenn man einen Zapfen aus einer Tonne gezogen hätte. Sie sagte alles. Das ganze Wesen des Mannes, zu dem sie sprach, atmete Ruhe und Sicherheit; seine warmen Augen strahlten Teilnahme, Verständnis und guten Willen. Seine Zwischenfragen brachten sie weiter. Sie wußte plötzlich Dinge, die sie vorher nicht gewußt hatte. Sie formulierte sie neu und verständlicher. Ihr Schaffenswille wuchs von Minute zu Minute.

Dann kam die knappe Antwort. Ihr Gegenüber war kein Mann von vielen Worten. »Natürlich«, sagte er, »müssen Sie eine solche Schule machen. Es gibt sehr wenige bei uns und solche, wie Sie sich denken, kann es überhaupt nie genug geben. Die Mädchen sind jetzt besonders wichtig. Das muß ich wissen, denn ich habe vier Töchter. Ob die einen Beruf ergreifen oder heiraten: eine gescheite Frau kann man immer brauchen, ich habe selbst eine.«

In einem halbstündigen Gespräch entstand damals in groben Umrissen das, was die Welt später als die Schwarzwaldschule gekannt, mißverstanden, gelobt, geschmäht, unter- und überschätzt hat. Aus den aufmunternden Blicken, aus leisen freundlichen Worten, aus der achtungsvollen Haltung eines Menschen, der an bescheidener Stelle im Unterrichtsministerium wirkte, aber diese Stelle so ausfüllte, wie eine Stelle ausgefüllt werden muß: ganz. Dieser Mann, der so schützend am Anfang einer Laufbahn stand, hieß Robert Hentschel.

Die Zürcher Studentin war ich. Nie werde ich diesen Mann vergessen.

1. Genia Schwarzwald und die k. u. k. Schulverwaltung

Schon im Juli hat Genia Schwarzwald, wie wir sahen, ihre neue Schule angekündigt, aber, wohl weil es sich in den zwar nicht ganz, aber doch halbverschlossenen Augen der Unterrichtsverwaltung lediglich um eine Art der Weiterführung des Jeiteles-Lyceums handelte, wurde nicht beanstandet, daß die Schwarzwaldschule »ohne Genehmigung« mit dem Schuljahr 1901/02 ihre Tätigkeit aufgenommen hatte.

Der nun folgende Bericht des n.ö. Landesschulrats an das k. k. Unterrichtsministerium beschäftigt sich mit einem »Gesuch von Dr. phil. Eugenie Schwarzwald«, das ihr reformerisches Schulprogramm in Form von mehreren Bitten um Genehmigung enthielt. Da dies grundlegende Dokument leider trotz hilfreichster Suche aller Wiener Archivisten unauffindbar blieb, müssen wir uns mit den Antworten des Landesschulrats zufriedengeben.

K. k. n. ö. Landesschulrath.   *Wien, am* 21. September *1901*

Z. 10956

L. S. R.

An

das k. k. Ministerium für Cultus und Unterricht!

In dem mit Ministerial-Erlaß vom 6. September 1901, Z.26454 samt Beilagen angeschlossenen Gesuche stellt Frau Dr. phil. Eugenie Schwarzwald zunächst folgende zwei Bitten:

1/es möge genehmigt werden, daß sie das Privat-Mädchenlyceum, 1. Bez. Franziskaner Platz 5, von der bisherigen Inhaberin Frl. Eleonore Jeiteles übernehme;

2/es möge ihr gestattet werden, die Direction der Anstalt selbst zu führen und Unterricht in der deutschen Sprache zu ertheilen.

Was die Bitte sub 1/betrifft, so dürfte kein Anstand obwalten, daß der k. k. Landesschulrath, wie es bisher stets Übung war, im eigenen Wirkungskreise und nach den Bestimmungen der kaiserl. Verordnung vom 27. Juni 1850 Z.5248/Marenzeller Nr. 8:/die Genehmigung des Überganges der Inhaberschaft an die Bittstellerin ertheile.

Zur Leitung der Anstalt fehlt der Bittstellerin allerdings eine Eigenschaft, welche die oben cit. kaiserl. Verordnung im § 3 P.3 bezw. § 9 von dem Vorstande verlangt, sie hat nämlich nicht die Approbation für das Mittelschullehramt. Sie hat zwar durch 10 Semester an der Züricher Universität als ordentliche Hörerin Vorlesungen, besonders aus dem Gebiete der Germanistik, der Geschichte, der Pädagogik - der modernen Sprachen und dann noch aus verwandten Gebieten besucht und wurde zum Dr.phil. promoviert, aber eine eigentliche Lehramtsprüfung hat sie weder dort noch in Österreich abgelegt.

Gleichwohl glaubt der k. k. Landesschulrath, daß der Bittstellerin, die sowohl nach ihrem Studiengange wie im persönlichen Verkehr den Eindruck einer begabten, wohlunterrichteten und für die Sache des Unterrichtes und der Erziehung der Mädchen begeisterten Dame macht, unbedenklich die Leitung der Anstalt mindestens provisorisch auf 1 Jahr zugestanden werden könnte.

Das prov. Statut, betreffend die Mädchenlyceen, sowie der einführende Minist. Erl. vom 11. Dezember 1900, Z. 34551, bieten beide der Unterrichtsverwaltung die Handhabe, von dem Erfordernisse der entsprechenden Lehrbefähigung in berücksichtigungswürdigen Fällen absehen zu können/: vgl. Erlaß Al 16 u. prov. Statut § 5, Al. 2 und 3:/.

Da nach Ansicht des k. k. Landesschulrathes ein solcher Fall hier vorliegt, so stellt er den Antrag, daß der Bittstellerin die Leitung der Anstalt, die als Mädchenlyceum im Sinne des prov. Statutes organisiert werden soll, mindestens provisorisch auf ein Jahr zugestanden und auch weiters aus den gleichen Gründen und unter Bezugnahme auf die oben citirten Bestimmungen des Min. Erl. vom 11. Dezember 1900, Z.34551 und des prov. Statutes die Unterrichtsertheilung seitens der Bittstellerin gestattet werde.

Eine dritte Bitte betrifft die Gestattung der Eröffnung von 3 Specialcursen, welche an das Mädchenlyceum angegliedert werden sollen.

Der erste dieser Specialcurse soll in 2 Jahren die Absolventinnen des Mädchenlyceums und andere entsprechend vorgebildete Mädchen auf jenes

Wissensniveau heben, das zum erfolgreichen Besuch der Universitätsvorlesungen nöthig ist; er soll die Lücke ausfüllen, die zwischen dem Mädchenlyceum und der Universität klafft.

Der zweite der geplanten Curse ist eigentlich eine Abart des ersten, unterscheidet sich aber dadurch von ihm, daß er bestimmt ist, Mädchen, welche das Lyceum absolviert oder durch Privatunterricht ein äquivalentes Wissen sich erworben haben, durch einen intensiven, auf 4 Jahrescurse berechneten Unterricht in den beiden classischen Sprachen und in den exacten Wissenschaften zur Gymnasial-Maturitätsprüfung vorzubereiten und ihnen so den Zutritt zur Universität zu ermöglichen. Da die Mädchen beim Eintritt in diesen Curs schon im Alter von 16 - 20 Jahren stehen und bereits anderweitig in einer Reihe anderer Lehrgegenstände eine tüchtige Ausbildung werden genossen haben, so darf es nicht von vornherein als absolut unmöglich bezeichnet werden, daß auf diesem Wege das Ziel, Gleichwertigkeit des Wissens und Könnens mit den Abiturienten des Knabengymnasiums, erreicht werde. Jedenfalls stellt sich das Unternehmen als ein interessanter Versuch dar, der Beachtung verdient und nicht ohne weiters als eine utopische Idee bei Seite geschoben werden sollte.

Der dritte Curs soll, wie andere, die bereits mit Mädchenlyceen in Verbindung stehen, Candidatinnen für die Staatsprüfungen aus der französischen und englischen Sprache vorbereiten.

Was diesen zuletzt genannten Curs betrifft, so gedenkt der k. k. Landesschulrath ihn auf Grund des § 3 des prov. Status für Mädchenlyceen im eigenen Wirkungskreise zu genehmigen. Da bezüglich der Gestattung der Eröffnung der beiden anderen Curse die Competenz des k. k. Landesschulrathes aus dem cit. § 3 des prov. Statuts nicht mit voller Sicherheit abgeleitet werden kann, so stellt er den Antrag, das k. k. Ministerium wolle die Eröffnung auch dieser beiden Curse genehmigen.

Schließlich muß allerdings bemerkt werden, daß aus dem Gesuche nicht mit voller Bestimmtheit zu entnehmen ist, ob die zuletzt besprochenen 3 Curse noch in dem mit 1. October beginnenden Schuljahre oder erst später eröffnet werden sollen, ferner daß ein detaillierter Lehrplan dieser Curse vorläufig nicht vorliegt.

Vom k.k.n.ö.landesschulrathe:

Im »Dr. Eugenie Schwarzwald-Archiv« befindet sich ebenfalls die handgeschriebene Antwort des Ministeriums; die Art der Abfassung und die Schrift erinnern einen an die von Genia Schwarzwald beschriebene »kratzende Feder des Sektionsrats P.«. Das Ministerium wiederholt am 30. 9. 1901 die Ausführungen des Landesschulrats und billigt die sich daraus ergebenden Anträge beziehungsweise die Entscheidungen des LSR »im eigenen Wirkungskreise«: provisorisch wird Dr. phil. Eugenie Schwarzwald für das Schuljahr 1901/02 gestattet, die Schule zu leiten und Unterricht in deutscher Sprache zu erteilen. Erheiternd ist, daß auf der ersten Seite des handgeschriebenen Erlasses »Dr. phil.« vor dem Namen (Eugenie Schwarzwald) durchgestrichen ist, während die Antragstellerin auf der 2. Seite »Dr. phil. E. S.« heißt, auf der 3. Seite »Petentin«, auf der 4. Seite »Frau Eugenie Schwarzwald« und schließlich auf der 5. Seite »die Genannte«.

2. Genia Schwarzwald über Erziehung

Hören wir, was Genia Schwarzwald selbst von ihrer Berufswahl und ihren Bestrebungen berichtet hat (Auswahl von Zitaten aus sehr viel später erschienenen Artikeln, die fast alle in der verschiedensten Weise Fragen der Erziehung aufgreifen):

»Wenn man einen wirklichen Lehrer zwingen will, sich über pädagogische Fragen zu äußern, so geht es ihm wie dem Tausendfüßler in Meyrinks ›Fluch der Kröte‹. Diese boshafte Kröte, augenscheinlich eine gute Seelenkennerin, stellt dem Tausendfüßler die verfängliche Frage, mit welchem Fuß er auszuschreiten pflege. Der Tausendfüßler ist daraufhin an den Boden gebannt und kann kein Glied mehr rühren.

Der Lehrer fühlt bei einer solchen Frage, daß es gar keine Pädagogik gibt, mindestens, daß alles, was er bisher getan hat, weit entfernt war von bewußter Erziehung. Ich will versuchen, seinen Gedankengang wiederzugeben: ›Was soll ich sagen? Während andere Leute ihr Brot in dunklen Fabriken, Werkstätten, Schreibstuben finden, an den Betten kranker Leute ausharren, oder widerwärtigem Prozessieren in Rechtsstreitigkeiten beistehen müssen, genieße ich das Glück, jeden Tag in die Schule gehen zu dürfen, als ob ich noch ein Kind wäre. Ich darf mit unschuldigen, heiteren, vom Gift des Geldes und Geschlechtes noch unberührten Wesen verkehren. Es ist nur natürlich, daß ich mich dafür dankbar erweise, indem ich alle meine Seelenkräfte darauf wende, diese Kinder zu unterrichten, zu unterhalten, zu erfreuen. Wir sind Freunde, sie unterstützen mich in meinen Bestrebungen, ich wachse, indem ich den Forderungen, die sie unausgesprochen an mich stellen, nachlebe. Das Ergebnis unseres glücklich-regsamen, für beide Teile fruchtbaren Zusammenlebens nennt man dann Erziehung, sie die Zöglinge, mich den ›Erzieher‹.

Mit Recht spricht man von Erziehungskunst, nicht von Erziehungshandwerk. Ein wahrer Künstler lebt vom Unbewußten [...] So weiß ein wahrer Lehrer nicht viel zu sagen, wie er es gemacht hat.

Kaum, wie er zum Lehrberuf gekommen ist. Was mich betrifft, so weiß ich heute, warum ich gerade Lehrerin geworden bin und nicht lieber Schauspielerin, Sängerin, Schriftstellerin oder sonst was Freies und Luftiges. Das heißt, ich glaube es zu wissen, ich habe mir nachträglich alles zusammenkombiniert. Ich wollte eine Schule, die ich mir gewünscht hatte, wenigstens anderen verschaffen.

Der Mensch, dessen Herz, Ohr und Nase für das Erlebnis der alten Schule das beste Gedächtnis zeigen, hat den natürlichen Wunsch, der Jugend, die nach ihm kommt, etwas anderes zu bieten. Nur er hat das Recht, ein Lehrer zu sein.«

(»Die Lebensluft der alten Schule«, 17. Mai 1931)

»Jeder Mensch, der mit Kindern zu tun hat, weiß, wie genial, liebens- und lebenswürdig diese Wesen sind. Um so erstaunlicher ist die Verknöcherung und Bewegungsarmut der Erwachsenen. Über diese schreckenerregende Tatsache pflegen wir uns aber keine Gedanken zu machen. Im Gegenteil: der Prozeß, der da vor sich gegangen ist, wird Erziehung genannt. Und ist der Spiritus zum Teufel gegangen, so heißt das zurückbleibende Phlegma ›Reife‹.

Alle Erwachsenen werden ungenialisch [...]

Das Schöpferische im Kinde fördern heißt, alle Seelenkräfte, alle Denkfähigkeit in ihm wecken. Um das aber zu können und zweckvoll durchzuführen, gehört vor allen Dingen eine gereinigte Atmosphäre, wie sie uns nicht zu Gebote steht. In der von giftigen Gasen erfüllten Luft der Nach- und Vorkriegszeit, im Lärm des Klassenkampfes, ist solche Erziehung beinahe undurchführbar [...]

Ein Kind muß die Umwelt mit glatt verbreitetem Gefühl umfassen können, es braucht Seelenruhe, Heiterkeit, Frieden mit sich und der Menschheit [...]

Die Schule muß versuchen, eine Künstlereigenschaft, die alle Kinder besitzen, die Vitalität, zu erwecken und zu erhalten [...] Die Reform in der neuen Schule - nennen wir sie kurzweg die fröhliche Schule - beginne beim Lehrer. Ihn gilt es zu befreien, die Menschenfurcht zu bannen aus ihm, die Angst vor seinen Vorgesetzten und vor dem Publikum auszurotten. Der Lehrer muß fühlen, daß man Autorität nicht erwerben kann, daß sie etwas ist, was mit einem geboren wird. Daß Disziplinhalten nichts anderes ist als ausgezeichnet Unterrichten, daß ein feierlicher Kerl niemals groß ist, daß Langeweile ein Gift ist, welches Kindern nicht einmal in kleinsten Dosen gereicht werden darf, daß Fröhlichkeit ein unentbehrliches Lebensmittel ist, daß ein freundlicher Blick für den Stoffwechsel eines Kindes mehr bedeutet als eine lange Radtour, und daß man bei jenem Lehrer am besten die Verba auf mi lernt, dessen Lächeln so schön ist, daß es die Kinder mit der Welt versöhnt [...]

Die Atmosphäre in der Schule muß mit Heiterkeit erfüllt sein, mit zartester Rücksichtnahme, mit feinster Höflichkeit, [...] sie muß mit Wohlwollen gesättigt sein [...]

So kommt die Zeit, in der die Kinder den Sonntag als eine Fehleinrichtung betrachten und der traurigste Tag im Jahr der letzte Schultag ist. Verlangt diese, sagen wir, neue Schule, obgleich sie diesen Namen noch nicht ganz verdient, weniger Arbeit von der Kindern? Im Gegenteil. Verschafft sie ihnen ein übertriebenes Selbstgefühl? Nein [...]

Was also ist, was die Kinder bindet? Eben, daß sie es schwerer haben, daß sie nicht mehr mechanisch denken, sprechen, fühlen dürfen, was ihnen andere eingeben; daß sie sich nicht mehr auf die Krücke des blinden Gehorsams stützen dürfen, daß sie unter eigener Verantwortung handeln müssen, in bewußter Treue gegen sich selbst, in Ehrfurcht vor dem wahrhaft Großen [...]

Feste, die sie allein arrangieren dürfen, sind taktvoll, farbig und harmonisch. Das Fest wächst aus ihrem Leben organisch heraus, und das Wort ist wahr, mit dem ein vierzehnjähriges Mädchen ihren selbstgedichteten Prolog gelegentlich eines Schulfestes schloß:

Aufjauchzen möchte ich aus tiefster Brust,
Nicht weil der Augenblick mich hat bezwungen,
Nein, weil der schönere Alltag mir bewußt.«
(»Die Lebensluft der neuen Schule«, Erscheinungsdatum unbekannt, jedoch vor »Die Lebensluft der alten Schule«.)

»Es geht nicht um Fröbel und Montessori, es geht um das Kind. Als ich anfing, mußte ich alles vergessen, was ich an der Universität gelernt hatte; dann mußte ich mich an alles erinnern, was ich als Kind erlebt hatte. Nicht Erziehung tut uns not, sondern Verabredung mit der Jugend über alles, was den Menschen not und gut tut, über alles, was er anderen schuldig ist und sich selbst. Der beste Erzieher ist ein großes Gefühl.« (Genia Schwarzwald 1930 zu Rektor Enderlin, Zürich)

»[...] Dottoressa Montessori, die ich seit meiner Jugend verehre, weil sie nämlich ein Pädagog ist und die Kinder doch gerne hat [...] sie sagte mir: ›Man könnte aus einem Menschen einen Apostel oder einen Helden machen, sofern man ihm nur gestattet, alle in ihm schlummernden Kräfte unbehindert zu entfalten‹ [...] diese Kinder leben das schöne Leben der Gemeinschaft. In einer solchen braucht nicht mit Tadel, Ermahnung, Befehlen und Moralpauken gearbeitet zu werden. Schon gar nicht mit Strafen, die ja immer nur die Strafbarkeit des Erziehers erweisen. Aber auch nicht Belohnungen. Orden sind eine Erfindung der Mittelmäßigkeit.«
(»Dottoressa Montessori«, Neue Freie Presse, 29. März 1935)

»[...] Die neue Schule wird der Jugend helfen, das in ihr derzeit ruhende Ideal zu erreichen. Wir können die Menschen nicht nach unserem Sinn formen. Ihr Ideal liegt in ihnen verborgen, nicht in uns. Die alte Schule wollte biegen, beschneiden, mit der Wurzel ausreißen. Neue Erziehung heißt: organischem Wachstum lauschen.«
(»Die Lebensluft der neuen Schule«, 1931 ?)

Die Chronik der Schule, fast vollständig dokumentiert in der Akte »Schwarzwaldschule« des Allgemeinen Verwaltungsarchivs (AVA), spiegelt die Unzahl von Hemmnissen wider, welche die Unterrichtsverwaltung bis in die Zeiten der Republik der Schule in den Weg zu legen sich bemühte.

»Bewundernswert« ist die traurige Konstanz, mit der eine solche Bürokratie zu arbeiten vermochte, und bewundernswerter noch, wie Genia Schwarzwald die ihrige der ersteren fast stets mit Erfolg entgegensetzte. Der nachstehende Zeitplan, erarbeitet und zusammengestellt von Renate Göllner, der das Archiv auch andere kostbare Hilfe verdankt, zeigt schematisiert, wie sich das überaus vielseitige Unternehmen »Schwarzwaldsche Schulanstalten« unbeirrbar entwickelte. Wieso konnte das gelingen? Die Unterrichtsverwaltung zeigte meistens Verständnis, dem Neuen gegenüber eine Art von Wißbegierde, wie es wohl ausgehen möchte (manchmal mit dem schlecht verborgenen Wunsch, das Experiment möge mißlingen), aber zugleich mit der Tendenz, das Wagnis der Förderung doch lieber nicht einzugehen, und so flüchtete man sich in provisorisches Gestatten. Ergebnis: während 37 (in Worten: siebenunddreißig) Jahren erhielt Genia Schwarzwald nie - das Provisorium der ersten 3 Jahre ausgenommen - die Erlaubnis, selbst die offizielle Direktorin ihrer Schule zu sein; der Dispens von der Lehramtsprüfung - obwohl im Dekret des Unterrichtsministers vorgesehen - wurde ihr nur von Jahr zu Jahr erteilt; »Dr. phil.« durfte sie sich in amtlichen Schriftstücken nie nennen. Das Öffentlichkeitsrecht für fast alle Zweige ihrer Schule wurde nur zögernd, teilweise sogar nur für einzelne Klassen oder nur provisorisch erteilt.

3. Der Aufbau der Schwarzwaldschen Schulanstalten

1901/02 - Eugenie Schwarzwald, provisorische Leiterin
Übergang der Schule am Franziskanerplatz auf Genia Schwarzwald
Sechsklassiges Mädchen-Lyceum (entspricht der heutigen AHS-Unterstufe)
1 Klasse eines auf 4 Jahre berechneten Gymnasialkurses
1 Klasse des Fortbildungskurses, dreijährig

Während der Sommerferien Übersiedlung der Schule in die Wallnerstraße 2
Frequenz: 181

1902/03 - Eugenie Schwarzwald, provisorische Leiterin
Sechsklassiges Mädchen-Lyceum
2 Klassen des vierjährigen Gymnasialkurses
2 Klassen des dreijährigen Fortbildungskurses
Frequenz: 196

1903/04 - Eugenie Schwarzwald, provisorische Leiterin
Eröffnung der Koedukationsvolksschule (später »Vorschule«)
Sechsklassiges Mädchen-Lyzeum
3 Klassen des vierjährigen Gymnasialkurses
3 Klassen des Fortbildungskurses

1904/05 - Eugenie Schwarzwald, provisorische Leiterin
Koedukationsvolksschule
Sechsklassiges Mädchen-Lyceum - Öffentlichkeitsrecht für die 1. und 2. Klasse
4 Klassen des vierjährigen Gymnasialkurses
3 Klassen des Fortbildungskurses
Frequenz: 462

1905/06 - Leiter: Prof. Ludwig Dörfler anstelle von Genia Schwarzwald (einer Anstalt unter einer nur »provisorischen Leitung« konnte ein Öffentlichkeitsrecht auf die Dauer nicht gewährt werden)
Koedukationsvolksschule, erhält Öffentlichkeitsrecht
Sechsklassiges Mädchen-Lyceum - Öffentlichkeitsrecht wird auf die 3. und 4. Klasse ausgedehnt
4 Klassen des Gymnasialkurses
3 Klassen der wissenschaftlichen Fortbildungskurse

1906/07
Koedukationsvolksschule, Öffentlichkeitsrecht
Sechsklassiges Mädchen-Lyceum, Öffentlichkeitsrecht
4 Klassen des Gymnasialkursus
3 Klassen des wissenschaftlichen Fortbildungskursus

1907/08
Wie 1906/07
Frequenz: 455

1908/09 wie 1907/08

1909/10
Wie 1908/09
Frequenz: 466

1910/11
Koedukationsvolksschule, Öffentlichkeitsrecht
Sechsklassiges Mädchen-Lyzeum, Öffentlichkeitsrecht
Privates Realgymnasium
4 Klassen Gymnasialkursus
3 Klassen des wissenschaftlichen Fortbildungskursus

1911/12
Koedukationsvolksschule, Öffentlichkeitsrecht
Sechsklassiges Mädchen-Lyzeum, Öffentlichkeitsrecht
Achtklassiges Realgymnasium, Öffentlichkeitsrecht
4 Klassen Gymnasialkursus
3 Klassen des wissenschaftlichen Fortbildungskursus

1912/13 wie 1911/12

1913/14
Übersiedlung in Wallnerstraße 9
Achtklassiges öffentliches Realgymnasium
Sechsklassiges öffentliches Mädchen-Lyzeum
Humanistische Gymnasialkurse für Mädchen (vierjährig)
Wissenschaftliche Fortbildungskurse für Mädchen (dreijährig)
Höhere Lehranstalt für wirtschaftliche Frauenberufe (dreijährig)
Kleinkinderschule für 3 - 6jährige Knaben und Mädchen
Koedukations-Vorschule für Knaben und Mädchen (fünfklassig)

1914/15 wie 1913/14

1915/16
Wie 1914/15
Neu: Beschäftigungskurs für Kinder
Einjähriger Hausfrauenkurs
Chemische Fachkurse für Frauen

1916/17 wie 1915/16, - Leiter Prof. Otto Rommel
Rechtsakademie für Frauen

1917/18 wie 1916/17
Neu: Klavierkurs

Vorbereitungsklasse für Mittelschulen
Seminar für Komposition von Arnold Schönberg

1918/19 wie 1917/18
Neu: »Laut Vereinbarung mit ›Erziehungsheim Moll-Dalmer für junge Mädchen, Wickenburggasse 3‹ werden die Mädchen die Schwarzwaldschule besuchen.«
Erziehungsheim Harthof bei Gloggnitz mit Unterricht für Knaben und Mädchen von 10 bis 16 Jahren.

1919/20 wie 1918/19
Neu: Jugendwerkstatt für Knaben vom 12. Jahre aufwärts in den Räumen der Invalidenschule in der Schleiergasse in Favoriten.

Ab 1920/21 bis 1937/38 blieb die Grundstruktur der Schulanstalten die gleiche. Einige der an die Schule nur angelehnten Initiativen, wie z. B. die »Rechtsakademie«, die »Chemie-Fachkurse« und die Schule am Harthof klangen aus.

Direktoren der Schule waren:

1901/02 - 1904/05 Dr. Eugenie Schwarzwald
1905/06 - 1915/16 Dr. Ludwig Dörfler
1916/17 - 1918/19 Dr. Otto Rommel
1919/20 - 1936/37 Prof. Amalie Mayer (Lyzeum)
1920/21 - 1935/36 Prof. Josefine Weissel (Realgymnasium)
1936/37 Prof. Josefine Weissel (Lyzeum und Realgymnasium)
1937/38 Dr. Margarethe Erban (Lyzeum und Realgymnasium)

4. Bisher Erreichtes:
Brief an den Kultusminister vom 31. März 1904

Da die verschiedenen, von der Unterrichtsverwaltung jeweils genehmigten Schulzweige behördlich betrachtet nicht außergewöhnlich zu sein scheinen und in ihnen den offiziellen Lehrplänen folgend unterrichtet wurde, werden sich die Leser vermutlich ein wenig verwundert fragen: Worin besteht denn eigentlich das Neue, das Reformerische des pädagogischen Werks von Genia Schwarzwald? Im Frühjahr 1904 hat sie - für uns Nachfahren glücklicherweise - die Geduld mit dem niederösterreichischen Landesschulrat verloren und in einer Eingabe an den k. k. Unterrichtsminister ihre Schule und ihre eigene Leistung dargestellt, ohne der Minister-Excellenz ihr mangelndes Verständnis für die ihr zuteilwerdende Behandlung zu verschweigen.

EUGENIE SCHWARZWALD
Inhaberin u.prov.Leiterin
d.Privat-Mädchenlyzeums
I.Kohlmarkt 6
Wegen Dispens von der

Lehrbefähigung etc. Wien, den 31. März 1904.

Zhl. 19/04

Eure Excellenz

haben mit Erlass vom 30. September 1901 Z. 28463 gestattet, daß ich provisorisch auf die Dauer des Schuljahrs 1901/02 die Leitung des Privat-Mädchenlyzeums, dessen Inhaberin ich bin, übernehme und an der Schule in deutscher Sprache unterrichte, und diese Erlaubnis mit Erlass vom 2. Jänner 1903 Z. 40875 für das Schuljahr 1902/03 erneuert. Zugleich war mir bedeutet worden, dass ich die in § 5 des provisorischen Lyzealstatuts vom 11. Dezember 1900 Z. 34551 geforderte Lehrbefähigung nachträglich zu erwerben hätte.

Es ist zunächst meine ernsthafte Absicht gewesen, diesem Erfordernis zu genügen und durch Ablegung der österreichischen Prüfung die formale Voraussetzung für meine definitive Bestätigung in meinen Funktionen zu schaffen. Verschiedene Umstände vereinigten sich aber um mir die Ausführung dieser Absicht unmöglich zu machen.

Wie ich schon in meiner Eingabe vom 31. August 1901 ausgeführt habe, habe ich an der Universität

An Seine des Herrn
Dr. Wilhelm Rit. v. Hartel,
Se. Maj. wirkl. Geheim Rates,
k. k. Ministers für Kultus u. Unterricht,

K. K. MINISTERIUM F. CULTUS U. U[NTERRICHT]
EINGELANGT 2 APR. 1904 Z. 11476

Eure Excellenz

haben mit Erlaß vom 30. September 1902 Z. 28463 gestattet, daß ich provisorisch auf die Dauer des Schuljahrs 1901/02 die Leitung des Privat-Mädchenlyzeums, dessen Inhaberin ich bin, übernehme und an der Schule in deutscher Sprache unterrichte, und diese Erlaubnis mit Erlaß vom 2. Jänner 1903 Z. 40875 für das Schuljahr 1902/03 erneuert. Zugleich war mir bedeutet worden, daß ich die in § 5 des provisorischen Lyzealstatuts vom 11. Dezember 1900 Z. 34551 geforderte Lehrbefähigung nachträglich zu erwerben hätte.

Es ist zunächst meine ernsthafte Absicht gewesen, diesem Erfordernis zu genügen und durch Ablegung der österreichischen Prüfung die formale Voraussetzung für meine definitive Bestätigung in meinen Funktionen zu schaffen. Verschiedene Umstände vereinigten sich aber, um mir die Ausführung dieser Absicht unmöglich zu machen.

Wie ich schon in meiner Eingabe vom 31. August 1901 ausgeführt habe, habe ich an der Universität in Zürich acht Semester lang (Winter 1895 bis Sommer 1900) Germanistik und deutsche Literaturgeschichte, mit Angelsächsisch und Pädagogik als Nebenfächern studiert und diese Studien Sommer 1900 durch Einreichung meiner Dissertation (»Metapher und Gleichnis bei Berthold von Regensburg«) und Ablegung des Doktorexamens abgeschlossen. Diese Fächerzusammenstellung ist an schweizerischen Hochschulen eine sehr gewöhnliche und übliche; das so erlangte Doktorat ersetzt das sonst geforderte Staatsexamen und befähigt ohneweiters zur Bekleidung des Lehramtes für deutsche Sprache und Literatur an schweizerischen Gymnasien, Realschulen, Lyzeen usw.; ich hatte daher angenommen, es werde nicht besondere Schwierigkeiten machen, daraufhin auch in meiner Heimat eine entsprechende offizielle oder private Lehrtätigkeit zu üben.

Als sich mir i. J. 1901 durch die Übernahme des Privat-Mädchenlyzeums, damals I. Franziskanerplatz 5, die Gelegenheit bot, diese Lehrtätigkeit an einem Lyzeum aufzunehmen, ergab sich die nicht vorauszusehende Schwierigkeit, daß das erst kurz vorher erlassene Lyzealstatut für die Lyzeal-Lehrbefähigung Voraussetzungen geschaffen hatte, die von meinem Studiengang vielfach abwichen. Der Artikel III der Anlage C. der Min. Vdg. v. 11. XII. 1900 (Prüfungsvorschrift für Kandidatinnen des Lehramtes an Mädchenlyzeen) statuiert als Gruppen der Prüfungsgegenstände: a) eine moderne Sprache und Deutsch; b) Geographie und Geschichte; c) Mathematik, Naturgeschichte und Naturlehre; d) Freihandzeichnen und geometrisches Zeichnen. Um mich also der Lyzeal-Lehramtsprüfung zu unterziehen, hätten meine Universitätsstudien noch einer Ergänzung durch ein vorher nicht betriebenes Fach bedurft - vorausgesetzt dabei, daß eine Dispens von hiesigen Universitätsstudien und Anrechnung der schweizerischen Universitätsstudien erreichbar waren, was allerdings auch nicht ohneweiters feststand. Trotzdem war ich willens, diese weiteren Studien auf mich zu nehmen, und dann um die Ernennung zur definitiven Direktorin meiner Anstalt einzukommen.

Die Zeit von zweieinhalb Jahren jedoch, die ich seither in meinem Berufe als angestrengte Lehrerin und oberste Leiterin und Organisatorin einer an Umfang noch beständig zunehmenden großen Lehranstalt verlebt habe, hat mich schließlich zur Überzeugung gedrängt, daß es mir in jeglicher Hinsicht unmöglich ist, die nötige Muße und Konzentration aufzubringen, die zur Vorbereitung und Ablegung einer neuerlichen Prüfung welcher Art immer notwendig sind. So schwer es mir auch fällt, an die Güte und Nachsicht Eurer Exzellenz zu appellieren, so sehe ich mich schließlich nach langem Zögern genötigt, im Interesse der Stabilisierung der Verhältnisse meiner Schule von der Möglichkeit Gebrauch zu machen, welche das von Ew. Exzellenz erlassene Lyzealstatut in § 5 der Allgemeinen Bestimmungen offen läßt, und Ew. Exzellenz um Erteilung einer Dispens von dem Erfordernisse der formellen Lehrbefähigung und definitive Bestätigung in meinem Amte zu bitten.

Daß hier einer der 10c. cit. erwähnten »rücksichtswürdigen Fälle« in der Tat vorliegt, sei durch das Nachstehende, wofür ich mir Eurer Exzellenz gütige Aufmerksamkeit erbitte, dargetan.

Vor allem sei darauf hingewiesen, daß die erbetene Dispens sich im Wesen auf etwas rein Formelles bezieht und die materiellen Vorbedingungen für mein Amt - auf die es doch im Kerne ankommt - eigentlich nicht tangiert. In einer Zeit geboren und zu höherer Bildung gelangt, in der die österreichischen Universitäten weiblichen Studierenden noch verschlossen waren, bin ich gezwungen gewesen, im Auslande zu studieren. Dort habe ich, wie mein Züricher Kollegienverzeichnis und eine kleine Urkunde der Züricher Erziehungsdirektion über löbliche Betätigung im deutschen Seminar bescheinigen mögen, den Studien mit Ausdauer, Ernst und Eifer obgelegen und mein Fach gewiß nicht weniger gründlich und umfassend getrieben, als an einer österr. Universität der Fall gewesen wäre. Meine Dissertation, die ich hier wieder beilege, geht, den schweizerischen Anforderungen entsprechend, weit über den Umfang des an österr. Universitäten Üblichen hinaus, und ich darf sie wohl, ohne unbescheiden zu scheinen, als Zeugnis von Sachkenntnis und fleißigem Studium heranziehen. Das Züricher Doktorexamen ist speziell für Germanistik, wie schon erwähnt, so angelegt, daß es das sonst für Lehrämter nötige Staatsexamen ersetzt, so daß meine Züricher Studienkollegen auf Grund des gleichen Doktorexamens, wie ich bestanden habe, Lehrer an Schulen sind, die den österr. Mittelschulen entsprechen. Ich nenne als Beispiel meine Freundin Dr. phil. Hedwig Waser (jetzt Gattin des Züricher Universitätsprofessors, des Psychiaters Dr. Bleuler), die bis zu ihrer Verehelichung an der Züricher Töchterschule (die eine Vereinigung von Mädchenlyzeum und Mädchengymnasium darstellt) Lehrerin für Deutsch gewesen ist, und deren Dokumente als Beleg hiefür ich beschaffen könnte, wenn es gewünscht werden sollte. Daß die schweizerische, ganz besonders aber das Züricher Unterrichtswesen, speziell auf dem Gebiete der Mittelschule, hinter dem österreichischen nicht zurücksteht, brauche ich hier nicht hervorzuheben. Danach glaube ich ruhig behaupten zu können, daß die österr. Lyzeal-Lehrbefähigung keine höhere Qualifikation darstellt, als mein Züricher Doktorat, und daß ich, was das materielle Erfordernis von Vorbildung und Kenntnissen anlangt, demjenigen wohl entspreche, was dem Lyzealstatut als notwendig vorschwebte.

Hiezu kommt, daß ich heute auch in der Lage bin, auf eine zweieinhalbjährige intensive und umfangreiche Lehrtätigkeit an meiner Anstalt hinzuweisen, über die ich selbst mich allerdings nicht gut lobend äußern kann. Auch habe ich leider nur einmal, vor und nach Ostern 1902, das Vergnügen gehabt, den Herrn Landesschulinspektor in meiner Anstalt zu sehen, so daß ich mich auch nur auf die bei dieser Gelegenheit gemachten Wahrnehmungen eines Vorgesetzten berufen kann. Hätte ich die Stütze und Kontrolle häufigerer Inspektion, so dürfte ich es wagen, in diesem Zusammenhange die vielfach sogar außerordentlichen Lehrerfolge hervorzuheben, die zu erzielen ich mich glücklich schätzen darf. Meine Bemühungen sind allezeit darauf konzentriert gewesen, durch innigste Vertiefung in den Gegenstand und Erfassung der Lehrziele, bei vollständiger Beherrschung des Stoffes und freier, dem weiblichen Charakter angepaßter Methodik, innerhalb des Lehrplanes ein Maximum an Wissen und Verständnis sämtlicher Schülerinnen zu vermitteln. Ich bin mir bewußt, hierin nicht gewöhnliche Resultate erreicht zu haben. Aber wenn ich die erfreuliche Entwicklung meiner Schule auf das Zusammenwirken vieler Faktoren setzen muß und mir daraus nicht ohne weiters ein Zeugnis für meine pädagogischen Fähigkeiten ableiten kann, bin ich wohl berechtigt, auf den großen Erfolg meiner Fortbildungskurse hinzuweisen. Diese, ein völlig freies, an das Lyzeum angegliedertes Institut, halten sich einzig und allein durch den Reiz, den die Vorträge für die Hörerschaft haben; keine Zeugnisse, kein Schlußexamen, keine sich daran knüpfende Befähigung zu weiterem noch sonstige Vorteile und Motive zum Besuche dieser Vorträge, die nur gegen ein hohes Honorar zugänglich sind. Wenn nun die Kurse über ältere und neuere Literaturgeschichte, über Goethe, über fremde Literatureinflüsse auf Deutschland u. dgl., die ich hier für junge Damen alljährlich halte, sich des regsten Zuspruches erfreuen und ein treues Publikum von wenigstens 30 Köpfen fesseln, so darf ich dies hier als Zeugnis für mein Lehrtalent heranziehen.

Was meine Qualifikation zur Leitung der Schule anlangt, so kann ich hier mit Fug auf die großen Erfolge hinweisen, durch die sich meine Anstalt unter meiner Leitung ausgezeichnet hat. Am Schlusse des Schuljahrs 1900/01, als ich die Schule übernahm, waren die 6 Lyzealklassen von insgesamt 95, am Schlusse des Jahres 1901/02, des ersten meiner Tätigkeit, von 114 Schülerinnen besucht; dagegen frequentierten 1902/03 die 6 Lyzealklassen 146 Schülerinnen, während es jetzt 170 sind.

Dabei vollzog sich diese fortschreitende Entwicklung gleichzeitig mit einer nicht unbeträchtlichen Erhöhung des Schulgeldes, welche durch die Übersiedlung in passendere Lokalitäten und andere Umstände nötig geworden war. Um die Bedeutung dieser Entwicklung recht zu würdigen, muß bedacht werden, daß meine Anstalt ein reines Privatunternehmen ist, weder vom Staat, dem Lande, der Stadt etc. noch von irgend einem Vereine oder einer Korporation subventioniert oder sonst unterstützt ist; sie steht im freien Wettbewerb mit andern, reichausgestatteten und subventionierten Anstalten; sie besitzt derzeit kein Öffentlichkeitsrecht, wie jene. Wenn sie trotzdem sich nicht nur behauptet, sondern an Ansehen und Beliebtheit stetig gewinnt und immer regeren Zuspruch findet, so ist dies ein sicheres Zeichen für die Qualitäten der von mir geleiteten Anstalt. Sie steht unter der unerbittlichen und strengen Kontrolle und Aufsicht eines großen Publikums, welches ein Nachlassen der pädagogischen und Lehrleistungen der Schule, in begreiflichem Interesse für seine Kinder, mit dem Übergange zu andern ähnlichen Anstalten bestraft. Die Beliebtheit meiner Anstalt ist sonach ein Zeichen ihrer guten Qualität, deren Fortbildung ich mir als Verdienst anrechnen darf. Ich habe den Lehrplan mit dem der Min.-Vdg. vom 11. Dez. 1900 in Übereinstimmung gebracht und damit das Lehrniveau bedeutend gehoben, habe die an Mädchenschulen so häufig gütig-nachsichtige Beurteilung der Leistungen verpönt und einen strengeren Maßstab bei allen Lehrkräften zum Prinzip gemacht, ich habe ein System der individualisierenden und auf das einzelne Kind eingehenden Behandlung eingebürgert und dadurch die Schule für alle Schülerinnen zu einem Heim gemacht, in das sie mit Freude kommen und das sie ungern verlassen - eine Gemütsverfassung, welche die Hauptquelle der hohen Lernerfolge ist, welche die Schule aufweist. Ich habe ein enges Zusammenwirken und Kooperieren der Lehrer zustandegebracht, was für Lehrerfolg wie Erziehung von den besten Folgen ist. Die Leitung der Schule im engeren Sinne weiß ich exakt und sorgfältig. Die Zusammensetzung des Lehrkörpers geschieht durch strenge Auswahl, und ich darf mich rühmen, ganz besonders tüchtige und bewährte Kräfte an die Anstalt gefesselt zu haben; der Stundenplan, ein schwieriges Werk, da zahlreiche Lehrkräfte auch anderwärts, besonders an Staatsanstalten, beschäftigt sind, ist pünktlich zum Schulbeginn fertiggestellt und trägt den Forderungen rationeller Einteilung und Gruppierung der Fächer Rechnung; für äußere Ordnung und Anstand wird durch besondere Einrichtungen gesorgt; der Lehrmittelapparat ist bedeutend vergrößert und genügt allen Forderungen (die bezüglichen Anschaffungen sind im beiliegenden letzten Jahresbericht ersichtlich gemacht); den hygienischen Bedürfnissen ist durch einen rationellen Turnunterricht und die zahlreichen Klassenausflüge im Frühling und Sommer genügt, u.s.f.

Zu einem besonderen Verdienst rechne ich mir die Organisierung der Mädchengymnasialkurse an, womit ich mit bedeutenden materiellen Opfern der Sache der höheren Frauenbildung sowohl wie der Frage der allgemeinen Gymnasialreform zu dienen hoffe. Diese meine eigenste Unternehmung näher zu behandeln ist hier nicht der Ort; doch sei in Kürze darauf hingewiesen, daß ich damit die Möglichkeit zu Erfahrungen und Erprobungen schaffe, die sonst nicht gemacht werden könnten. Indem der - bisher den besten Erfolg in Aussicht stellende - Versuch unternommen wird, mündige Mädchen in vier Jahren nach einem wohlüberlegten und systematischen Lehrplane zur Gymnasialreifeprüfung vorzubereiten, ergibt sich im Gebiet praktischer Wahrnehmungen, die den staatlichen Unterrichtsbehörden bei einer künftigen Neuordnung des Mittelschulwesens nützliches Material bieten dürften.

Die Koedukations-Volksschule, die ich in diesem Schuljahr eingerichtet habe, und die sich in kürzester Zeit die Sympathien und den Beifall des Publikums erworben hat, ist gleichfalls ein Zeugnis meiner unermüdlichen Bestrebungen auf dem Gebiete des Unterrichtswesens, durch die ich den modernen Erziehungs- und Schulproblemen zu dienen hoffe.

Ich hoffe durch das Vorstehende dargetan zu haben, daß die Bewilligung der angesuchten Dispens keiner Unwürdigen zuteil werden würde. Ich möchte mich aber auch weiter auf die im Erlasse Eurer Exzellenz an die k. k. Landesschulbehörden v. 11. Dez. 1900 ausgesprochene und wohlbegründete Tendenz berufen, den Mädchenlyzeen in immer steigendem Maße weibliche Lehrkräfte zu gewinnen, damit, wie es dort heißt, dem Zwecke »dieser Schulen, die nicht bloß Kenntnisse vermitteln, sondern auch die Mädchen ihrer Eigenart entsprechend erziehen, insbesondere zu echter Weiblichkeit führen sollen, in weiterem Umfang entsprochen werde«. Daß ich als Lehrerin und Leiterin meiner Schule in diesem Sinne gewirkt habe und wirke, bin ich mir, und ist sich mein Publikum, bewußt. Ich darf es aussprechen, daß Ew. Exzellenz im Sinne dieser einer tiefen Wahrheit entsprechenden Tendenz handeln würden, wenn Sie es mir ermöglichen würden, das begonnene Werk in definitiver Eigenschaft fortzusetzen.

Würde ich durch Verweigerung der angesuchten Nachsicht genötigt werden, einen Direktor in Vorschlag zu bringen, so würde das allerdings meinen Einfluß auf meine Anstalt nicht ausschließen; aber es würde sich jedenfalls nicht in der bisherigen, von mir als besonders fruchtbar empfundenen Weise geltend machen können.

Ich gestatte mir auch darauf hinzuweisen, wie demütigend es für mich, eine akademisch gebildete, nunmehr auch praktisch erfahrene und erprobte, um die Mädchenschule verdiente Frau, wäre, wenn ich einen weder an allgemeiner noch an fachlicher Bildung, noch an Erfahrung mir überlegenen, ja in den Spezialitäten der Mädchenschule mir jedenfalls nicht vergleichbaren Mann an die Spitze meiner Anstalt deshalb stellen müßte, weil mir durch Zufälle der Geburt und der Einrichtungen, für die ich nichts kann, ein österreichisches Zeugnis für eine übrigens nachgewiesene Qualifikation mangelt.

Schließlich sei auch noch erwähnt, daß es ja die hohe Unterrichtsverwaltung jederzeit in der Hand hat, mir die anvertraute Funktion wieder zu entziehen, wenn sich zeigen sollte, daß ich in der Ausfüllung derselben es an etwas fehlen lasse.

Aus allen diesen Gründen gestatte ich mir, Eurer Exzellenz vertrauensvoll meine ergebenste Bitte zu wiederholen:

Eure Exzellenz mögen unter Dispensierung von dem Erfordernisse der formellen Lehrbefähigung für Mädchenlyzeen (§ 5 al. 3 Provisor. Statut betr. d. Mädchenlyzeen v. 11. Dez. 1900) mich in meiner Stellung einer Direktorin des Privat-Mädchenlyzeums Wien I. Kohlmarkt 6 definitiv bestätigen.

Wollen Eure Exzellenz sich versichert halten, daß es mein ständiges Bemühen sein wird, mich des dadurch bezeigten Vertrauens stets würdig zu erweisen.

Eurer Exzellenz ...

Was geschah nun?

Sind Ministerium und Landesschulrat nun endlich zur Einsicht gekommen? Weit gefehlt - der Stempel »Zur Einsicht« (zur Vorlage) auf den behördlichen Dokumenten trügt! - alles bleibt provisorisch. Das Ministerium fordert am 9. 4. 1904 den Landesschulrat zur Stellungnahme auf; dies mit einem Schreiben, in dem zwar die Begründung des Antrags (auf Dispens von der Lehramtsprüfung, weil »die österr. Lyceal-Lehrbefähigung keine höhere Qualifikation als das Zürcher Doktorat darstelle«) wiederholt wird, aber mit keinem Wort auf seinen wesentlichen Inhalt - nämlich die sich aufgrund ihrer bisherigen außergewöhnlichen Leistung ergebende Förderungswürdigkeit dieser Schule - eingeht. Entsprechend antwortet der LSR dem Ministerium:

Abschrift:
Wien, am 21. Juni 1904.
Dem k. k. Ministerium für Kultur und Unterricht
im Hinblick auf die in der angeschlossenen Äußerung des kk: Landesschulinspektors dargestellten Sachlage auf Grund des Sitzungsbeschlußes vom 13. Juni 1904 mit dem Antrag wieder vorgelegt, dem Ansuchen der Frau Eugenie Schwarzwald um Dispens von der Lehramtsprüfung für Mädchenlyceen und um Bestätigung als definitive Leiterin ihres Mädchenlyceums derzeit keine Folge zu geben, aber die Verwendung der Genannten an ihrem Lyceum als Lehrerin und provisorische Leiterin nachträglich für das laufende Schuljahr und weiterhin für das Schuljahr 1904/05 zu gestatten. Vom kk: n.ö.Landesschulrat.

Auf die in der Akte nicht mehr vorhandene »angeschlossene Äußerung des k. k. Landesschulinspektors« bezieht sich das Unterrichtsministerium am 28. August 1904 in seiner Billigung der Entscheidung des Landesschulrats. Es lohnt sich daraus zu zitieren: »Die Gesuchstellerin [...] bezieht sich auf die bisherigen Erfolge ihrer eigenen Lehrtätigkeit und auf die Leistungen der von ihr geleiteten Schule. Landesschulratinspektor Kapp äußert sich dahin, daß nur durch eine eingehende Inspektion festgestellt werden könnte, inwieweit die mit dem zuversichtlichen Tone einer stark ausgeprägten Selbstgefälligkeit aufgestellten Behauptungen den Tatsachen entsprechen.«
Es folgt die Begründung, warum nur eine flüchtige Inspektion möglich war. »Am 10. Juni fand der L.S.I. den Unterricht regelmäßig im Gange und die Klassenkataloge in guter Ordnung. Der Lehrmittelapparat hat seit 1902 in allen Fächern eine bedeutende Vermehrung erfahren und die jetzigen Lokalitäten [Kohlmarkt 6] entsprechen bei weitem besser als die alten.« Hierzu eine Randnotiz: »Schwarzwald sollte zur Ablegung der Prüfung verhalten, zumindest jetzt nicht dispensiert werden.« Das Ministerium billigt die Entscheidung des L.S.R. vom 21. 6. und fügt hinzu: »[...] dem k. k. L.S.R. bleibt es aber freigestellt, betreffend dieses Ansuchens nach einer eingehenden Inspektion der bezeichneten Anstalt im geeigneten Zeitpunkt neuerlich Antrag zu stellen.« Erst nach weiteren drei Jahren - am 15. 4. 1907 - empfiehlt der Landesschulrat dem Ministerium die endgültige Gewährung der Dispens von der Lehramtsprüfung:
»Da Frau Schwarzwald neben dem Mädchenlyzeum noch eine mit dem Öffentlichkeitsrechte ausgestattete Volksschule, ferner Gymnasialkurse und allgemeine Fortbildungskurse ins Leben gerufen hat und tatsächlich die geistige Leitung dieses umfangreichen Schulkomplexes von ihr ausgeht, so ist es wohl ausgeschlossen, daß sie sich unter diesen Verhältnissen je der ordentlichen Prüfung wird unterziehen können.
Andererseits hat sie sich als Lehrerin des Deutschen, wie bei jeder Inspektion anerkannt werden mußte, sehr gut bewährt, da sie über ein sehr

gründliches Fachwissen und eine ausgedehnte Belesenheit verfügt und in methodischer Hinsicht vollkommen befriedigt.«

Doch ist das Ministerium augenscheinlich nicht darauf eingegangen, denn 1913 empfiehlt der Landsschulrat nun wieder, die endgültige Dispens nicht zu gewähren.

Von dem, was hier berichtet wurde - wichtig, damit wir heute die Atmosphäre von damals begreifen - wußte Genia Schwarzwald fast nichts, denn es handelte sich dabei ja um einen internen Austausch zwischen den Behörden, von dem nach außen - zu Genia Schwarzwald - nur wenig drang. Wie stellte sie sich selbst und ihrem Publikum (so bezeichnete man damals in erster Linie die Eltern) die Leistung ihrer Schule vor?

Vom Schuljahr 1902/03 bis zum Schuljahr 1912/13 gab die Schule im Selbstverlag jährlich erscheinende Berichte heraus (alle in der Nationalbibliothek in Wien).

Ihr Inhalt ist zwar größtenteils technischer Natur (Schülerzahl, Lehrpläne, verwendete Literatur, Lehrer, Lehrmittel, Schulräume etc.); aus Genia Schwarzwalds Feder stammen jedoch jeweils kurze oder längere Mitteilungen; hier einige aufschlußreiche Beispiele:

Jahresbericht 1902/03 (Juni 1903): »Vorbericht. Die Leitung des Mädchenlyceums sieht auf ein arbeits- und erfolgreiches Jahr zurück [...] Das Schuljahr wurde in den während der Sommerferien 1902 adaptierten und bezogenen neuen Lokalitäten, 1. Bezirk, Kohlmarkt 6/Wallnerstraße 2 eröffnet; dieselben bieten ausreichende und lichte Klassen-, Professoren-, Lehrmittel- und Büroräume und haben sich während des Schuljahrs vortrefflich bewährt [...] eine Reihe von neuen Einrichtungen in Beziehung auf Disziplin und Unterricht [...] Hingabe und Tüchtigkeit der Lehrer und Fleiß und Gehorsam der Schülerinnen [...] ungewöhnlich günstiger Gesundheitszustand [...] machten die erstmalige vollständige und genaue Durchführung des Lehrplanes vom 11. Dez. 1900 möglich. Dazu gesellte sich ein außerordentlich inniger Kontakt zwischen Schule und Haus [...]

Die ungewöhnlichen Erfolge, die die Anstalt in kurzer Zeit errungen hat, lassen die Direktion mit Vertrauen und besten Hoffnungen in die Zukunft blicken, umsomehr sie sich bewußt ist, mit ihren Bemühungen neben den nächsten Unterrichtszwecken auch der allgemeinen Sache besserer Frauenbildung und moderner Frauenbestrebungen nach besten Kräften zu dienen.«

Das Archiv besitzt zwei Dokumente aus den ersten zwei Jahren:
27. 6. 1902: Mädchen-Lyceum zu Wien, I., Franziskanerplatz 5. Nicht nur trägt der Hauptkatalog (Vordruck aus den Jahren vor 1900) die Unterschrift von Genia Schwarzwald, sondern sie selbst hat auch die Personaldaten der Schülerin eingetragen.

5. Aus dem Hauptkatalog vom 27. Juni 1902

Aus dem Hauptkatalog von 1902 ein Beispiel:

Mädchen-Lyceum zu Wien.
I., Franziskanerplatz 5.

Haupt-Katalog
der   Classe
vom Schuljahre 18

		ordentliche	außerordentliche	Zusammen
Zahl der eingetragenen Schülerinnen im	I. Semester	24	2	26
	II. Semester	25	1	26

Kategorie des Eintrittes	I	II	III	IV	V	VI
Davon sind eingetreten	auf Grund einer Aufnahmsprüfung	als aufgestiegen aus der vorangehenden Classe des Lyceums	als Repetentinnen des Lyceums	den Jahrescurs freiwillig wiederholend	von einer anderen Schule (im I. Sem. / im II. Sem.)	als außerordentliche Schülerinnen (im I. Sem. / im II. Sem.)
	1	12	—	—	11 (12)	1 (0)

Classifications-Ergebnis	im I. Semester		im II. Semester	
	bei der Classifications-Conferenz	nach den Wiederholungs- und Nachtragsprüfungen	bei der Classifications-Conferenz	nach den Wiederholungs- und Nachtragsprüfungen
Es erhielten ein Zeugnis der I. Fortgangsclasse m. Vorzug			7	
" " " " " I.			14	
" " " " " II.			2	
" " " " " III.				
" die Bewilligung zu einer Wiederholungsprüfung			1	
Nicht classificiert wurden			1 + 1 ao	
Vor der Classification traten aus				
Summe			25 + 1 ao	
Zusammen wie oben				

Wien, am 27. Juni 1902.

Dr. phil. Eugenie Schwarzwald
Director

Dr. Rud. Ortmann
Classenvorstand

Ein Jahr später, nach dem Umzug zum Kohlmarkt, das Zeugnisformular für das Schuljahr 1902/03:

Der Schülerin	Schulgeld zahlend oder befreit	Kategorie des Eintrittes
Familienname: Kellner Vorname: Dora Tag und Jahr der Geburt: 6. I. 1890 Geburtsort: Wien Vaterland: Österreich Religionsbekenntnis: mos. Muttersprache: Deutsch	I. Sem. befreit II. Sem. **Stipendium:** Name, Betrag, Verleihung	V Auszug aus dem von außen mitgebrachten Zeugnis

	Des Vaters (der Mutter)	Des Vormundes	Des verantwortlichen Aufsehers	Des Quartiergebers
Name	Dr Leon Kellner		der Vater	
Stand	Professor			
Wohnort Wohnung	IX Nussdorferstr. 75			

	I. Semester	II. Semester	Anmerkungen
Allgemeine Fortgangsclasse:		recht und Vorzug	
Sittliches Betragen:		lobenswert	
Fleiß:		ausdauernd	
Leistungen in den einzelnen Unterrichtsgegenständen:			
Religionslehre:		vorzüglich	
Deutsche Sprache:		vorzüglich	
Französische Sprache:		lobenswert	
Englische Sprache:			
Geographie:		lobenswert	
Geschichte:		vorzüglich	
Mathematik:		lobenswert	
Physik:		vorzüglich	
Chemie:			
Naturgeschichte ( ):			
Kalligraphie:			
Freihandzeichnen:		lobenswert	
Freie Lehrgegenstände: Handarbeiten:			
Gesang:			
Turnen:			
Kunstgeschichte:			

Äußere Form der schriftlichen Arbeiten:
Zahl der versäumten Lehrstunden: ; davon ohne Rechtfertigung ; davon ohne Rechtfertigung 0

Erhielt ein Zeugnis über das
I. Sem. de dato 18
II. Sem. de dato 27. 6. 1902

Im Jahresbericht 1904/05 erwähnt Genia Schwarzwald den »Verkehr zwischen Schule und Haus«, der »angenehm und ersprießlich« gewesen sei. »Die Anschauung, daß die Tochter auf eine der des Sohnes geistig und körperlich gleichwertige, wenn auch andersartige Ausbildung ein Recht hat, gewinnt immer weitere Kreise und unterstützt wirksam die Bemühungen der Schule. Die Kinder werden mehr als je zu ernsthafter Arbeit, zu strenger Pflichterfüllung, zu einfachen unkonventionellen Umgangsformen angehalten [...] [diese] bringt jenen liebenswürdigen Zug reiner Menschlichkeit hervor, der den eigentümlichen Charakter dieser Schule bildet.«

Die »Gymnasialkurse« sind schon mehrmals erwähnt worden; der Jahresbericht 1904/05 bringt eine Wiederholung besonderer Art:

> Diese Kurse sind an der Anstalt im Jahre 1901 geschaffen worden, mit der Absicht, jenen Mädchen den Besuch der Universität und die wissenschaftliche Laufbahn zu ermöglichen, die nicht schon im Kindesalter (10. Lebensjahr) von ihren Eltern hiefür bestimmt worden sind. Prinzipiell wird daher für die Aufnahme in den I. Kurs ein Mindestalter von 14 Jahren erfordert, so daß die Absolventin des IV. Kurses mit 18 Jahren an das Maturientenexamen geht. Als Vorbildung wird die Absolvierung der unteren vier Lyzealklassen oder der Bürgerschule mit entsprechender privater Ergänzung der Kenntnisse vorausgesetzt, da die modernen Sprachen den Untergrund der gymnasialen Schulung zu bilden haben; eine Aufnahmsprüfung hat das Vorhandensein der nötigen Kenntnisse nachzuweisen.
>
> Das reifere Alter der Schülerinnen, welches einen freiwilligen, wohlüberlegten Entschluß zum Studium ermöglicht, ihre qualifizierte Vorbildung, der Umstand, daß unter den sich Anmeldenden nur begabte und vollkommen tüchtige berücksichtigt werden, gestatten eine intensive Ausnützung der Lernzeit und eine vollständige und allseitige Verarbeitung des Lehrstoffes. Diese Institution soll keine »Presse« sein, sondern eine wirklich humanistische Bildungsanstalt; ihr Ziel ist nicht einzig und allein die Maturität, sondern die Vermittlung einer gründlichen klassizistischen Bildung.
>
> Die Maturitätsprüfung wird der Regel nach am Akademischen Gymnasium in Wien abgelegt.

6. Die Behörden beurteilen die Schule

Noch viele Jahre hielt der Kampf mit der Unterrichtsverwaltung an. Wie diese die Schule und ihre Leiterin beurteilte, dafür einige Beispiele:

27. Mai 1905, Landesschulrat an Ministerium:
»[...] Der k. k. Landesschulrat verhehlt sich nicht, daß, wenn an die Stelle der prov. Leiterin Frau Schwarzwald der Professor Ludwig Dörfler tritt, dieser doch nur der Figurant sein wird, der gegenüber der Behörde wohl die Vertretung der Anstalt mit allen damit verbundenen Verantwortlichkeiten zu übernehmen hat, daß aber das Wesentliche der Leitung doch in den Händen der Frau Schwarzwald ruhen wird.

Andererseits trägt der k. k. Landesschulrat, obwohl er die geistige Begabung dieser Frau, ihr reges Interesse für Fragen des weiblichen Unterrichtes und ihre Tatkraft anerkennt, doch im Hinblick darauf, daß sie die geschäftlichen Interessen ihrer Schule in marktschreierischer Manier zu fördern nur allzu geneigt ist, dennoch ernste Bedenken, es zu befürworten, daß sie ohne die vorgeschriebene Prüfung als definitive Leiterin bestätigt und so zu ihren Gunsten ein für weiterhin vielleicht mißlicher Präzedenzfall geschaffen werde.«

So wurde Ludwig Dörfler der »Leiter« von Genia Schwarzwalds Schule.

Nach den ersten viereinhalb Jahren ihrer Schule muß sie ziemlich erschöpft gewesen, sein, denn am 27. Mai 1905 schrieb sie an ihre Freundin Esther Odermatt (Zürich):
»[...] Daß ich Dir nicht geschrieben habe, hängt mit meiner üblen Verfassung zusammen: ich fühle, daß ich in der unendlichen Menge von Arbeit und fremden Interessen untergehe. Zwanzig eigene Stunden, unzählige Supplierstunden, unendlich viele Hefte, hie und da eine Plauderstunde mit Addy, zwei englische und zwei Gesangsstunden wöchentlich, etwas Freude, viel Ärger, ein wenig Kummer, das ist ziemlich mein Leben außer der Familie. Wenn man mich nach meinem Ergehen fragt, so antworte ich der Wahrheit gemäß: ich weiß nicht, wie es mir geht. Nun, das wird anders werden. Hat die Schule erst alle Anfangsschäden, die ihr noch anhaften, abgelegt, so werde ich anfangen, mir und meinen Freunden zu leben, wonach mich glühend verlangt.«

Inspektionsbericht vom 30. 4. 1908, ausgelöst durch einen neuen Antrag auf Öffentlichkeitsrecht:
»Dir. Prof. Dörfler hält feste Ordnung. Der spiritus rector der Anstalt ist jedoch trotz allem die Inhaberin der Schule, Frau Schwarzwald, die aus ihrem Lyceum am liebsten eine Universität für Mädchen machen möchte. -

Die modernen Sprachen werden in ganz vortrefflicher Weise gelehrt - humanistischer Unterricht in befriedigender Weise [...] das vorgeschriebene Lehrziel wird in recht guter Weise erreicht.

Fortschritte im Zeichenunterricht befriedigend.«

Unmittelbar darauf folgt Kritik:

»Statt 3 nur 2 Stunden Zeichenunterricht - kein eigener entsprechender Zeichensaal vorhanden - die Beleuchtung läßt Vieles zu wünschen übrig«.

Und schließlich, ohne jedweden Übergang:

»Der Landesschulrat befürwortet die Verleihung der erbetenen Rechte bloß für das laufende Schuljahr.«

Am 7. Mai 1909 schreibt der Landesschulrat ans Ministerium (Stellungnahme zum Antrag auf »Erstreckung des Öffentlichkeitsrechts und des Rechts zur Abhaltung von Reifeprüfungen«):

»Wiewohl die bisherigen Inspektionsberichte [alte und vier neue] im wesentlichen nicht ungünstig lauten, glaubt der LSR doch, eine so weitgehende Begünstigung dieser Anstalt insbesondere aus drei Gründen nicht befürworten zu dürfen«:

1) Mängel an den Lokalitäten bestehen fort. Der LSR gibt jedoch zu, »daß gerade im I. Bezirk die Beschaffung geeigneter Lokalitäten nicht geringe Schwierigkeiten macht«.

2) »bedarf das etwas eigenwillige Wesen der Inhaberin, gegen welches der Direktor sich nicht durchzusetzen vermag, der steten behördlichen Einflußnahme«;

3) »daß mehrere Lehrkräfte, die zum eisernen Bestand der Anstalt gehören, einer inländischen Qualifikation ermangeln [...] Dagegen unterliegt es keinem Anstand, der Anstalt die beiden Rechte mit Einschränkung auf das laufende Schuljahr 1908/09 zu erteilen.«

Im folgenden Jahre mußte der Antrag wiederholt werden und führte zum gleichen Provisorium: Am 9. 4. 1910 schreibt das Ministerium an den Landesschulrat: »betrifft Öffentlichkeitsrecht für 1909/1910«:

»Trotzdem der Gesamtzustand [der Schule] im wesentlichen befriedigt, beantragt der Landesschulinspektor Vraba, mit Rücksicht auf das etwas eigenwillige Wesen der Inhaberin, die gegen alles und jedes remonstriert und, wo es angeht, rekurriert, ferner hinsichtlich darauf, daß mehrere der wichtigsten Lehrkräfte einer inländischen Qualifikation ermangeln, die Verleihung des Öffentlichkeitsrechts und des Rechts zur Abhaltung von Reifeprüfungen nur für das laufende Schuljahr.«

Von 1901 an wurden jedes Jahr Anträge gleichen und neuen Inhalts gestellt und jedes Jahr war das Ergebnis das gleiche: ein Provisorium!

7. Die Jahresberichte der Schule (1901 bis 1913)

Kehren wir noch einmal zu den Jahresberichten der Schule zurück.

1904/05:
Die Eröffnung der Koedukationsvolksschule begegnete sofort lebhaftem Interesse. Das Lyceum erhielt das Öffentlichkeitsrecht für die beiden untersten Klassen.
Zum ersten Mal sehr befriedigende Ablegung der Maturitätsprüfung der IV. Klasse der Gymnasialkurse am »Akademischen Gymnasium«.

Jahresbericht 1905/06:
Unterstützungswesen: 122 von 450 Schülerinnen [!] erhielten ganze bzw. halbe Freiplätze.

Ganze Freiplätze:
im Lyzeum 44
in den Gymnasialkursen 22
in der Volksschule 19
zusammen 85 Schülerinnen

Halbe Freiplätze:
im Lyzeum 23
in den Gymnasialkursen 6
in der Volksschule 8
zusammen 37 Schülerinnen [...]«

Jahresbericht 1906/07:
Aus einem langen Brief »An die Eltern unserer Kinder«:
»[...] wie hoch wir das Vertrauen einschätzen, das uns die Familie entgegenbringt, die uns ihr Kostbarstes zur Miterziehung überweist. [...]
Unsere Pflicht ist es, die große Macht des Unterrichts der Erziehung dienstbar zu machen. [...]
Die auch den Kindern bemerkbar werdende Pflege freundlicher, ja herzlicher Beziehungen zwischen Elternhaus und Schule sind so lohnend und anregend für uns, daß die Mühewaltung dabei gar nicht in Betracht kommt.«

Es folgt die Aufzählung der verschiedenen Aspekte des wünschenswerten, ja unverzichtbaren Zusammenwirkens von Eltern und Schule, und der Brief schließt:

»In allen diesen großen und kleinen Dingen rufen wir die Familie zu Hilfe; wir haben ein Recht darauf, denn die Schule dient ihrerseits zur

Stärkung des Familienlebens, sofern sie ist, was sie sein soll, nicht die Lernschule, sondern die Erziehungsschule, nicht die Anstalt, die nur Kenntnisse und Fertigkeiten vermittelt oder gar Drill und Effekthascherei pflegt, sondern jene, die durch Kräftigung des Willens Persönlichkeiten heranbilden will, die im Sturm und Wetter des Lebens aufrecht bleiben und als Glieder der Familie und der Gesellschaft in ernstem Pflichtgefühl Willens- und Tatkraft bewähren.
Dr. Eugenie Schwarzwald.«

Jahresbericht 1907/08:
Nach der Feststellung, daß auch das Schuljahr 1907/08 außerordentlich erfolgreich gewesen sei:

»Dies haben wir diesmal zum guten Teile auch dem frischen Zuge zu danken, der gegenwärtig durch das gesamte Schulwesen geht. Er bringt neue Betätigungsformen, gönnt neuen Fortschritten die unumgänglich nötige Freiheit und bringt vielem den endlichen Sieg, was uns altgewohnt, langgeübt ist. Insbesondere dürfen wir uns mit großer Genugtuung der gesteigerten Anerkennung freuen, die uns gelegentlich der mehrfachen Inspektionen durch die hohen k. k. Schulbehörden zuteil wurde, und in der neuerlichen Verleihung des [provisorischen!] Öffentlichkeitsrechtes und des Rechtes, Reifeprüfungen abzuhalten, ihren offiziellen Ausdruck fand.
Wir werden nicht darin erlahmen, auf dem erprobten Weg vorwärtszuschreiten. Wir wollen durch beständige Arbeit am Ausbau und an der Vertiefung des Lyzealwerkes, durch Berücksichtigung der gerechten Forderungen der Zeit, durch Erweiterung der Lehrstoffe, moderne Lehrmethoden das Unsrige dazu beitragen, daß das Lyzeum eine humanistische Anstalt in einem neuen Sinne werde. In der Tat befindet sich das Mädchenlyzeum in der glücklichen Lage, auf einem neuen Gebiete, von erstarrten Überlieferungen verhältnismäßig wenig eingeschnürt, modernen Zielen und Bedürfnissen nachstreben zu können, und damit sogar vielfach das zu erproben, was anderwärts erst Inhalt ersehnter und schwieriger Reformen ist. In diesem Sinne hoffen gerade wir, bereits einiges geleistet zu haben [...]«

Jahresbericht 1908/09:
»[...] Sowohl in erzieherischer als auch in didaktischer Beziehung kann man mit voller Befriedigung auf die erzielten Resultate zurückblicken [...] So bleibt uns nur noch ein Wunsch für die Zukunft der Anstalt übrig: die Erbauung eines eigenen Anstaltsgebäudes [...] Trotz der großen Schwierigkeiten [...] planen Freunde der Anstalt doch einen solchen Bau [...]«

Dazu kam es jedoch nicht.

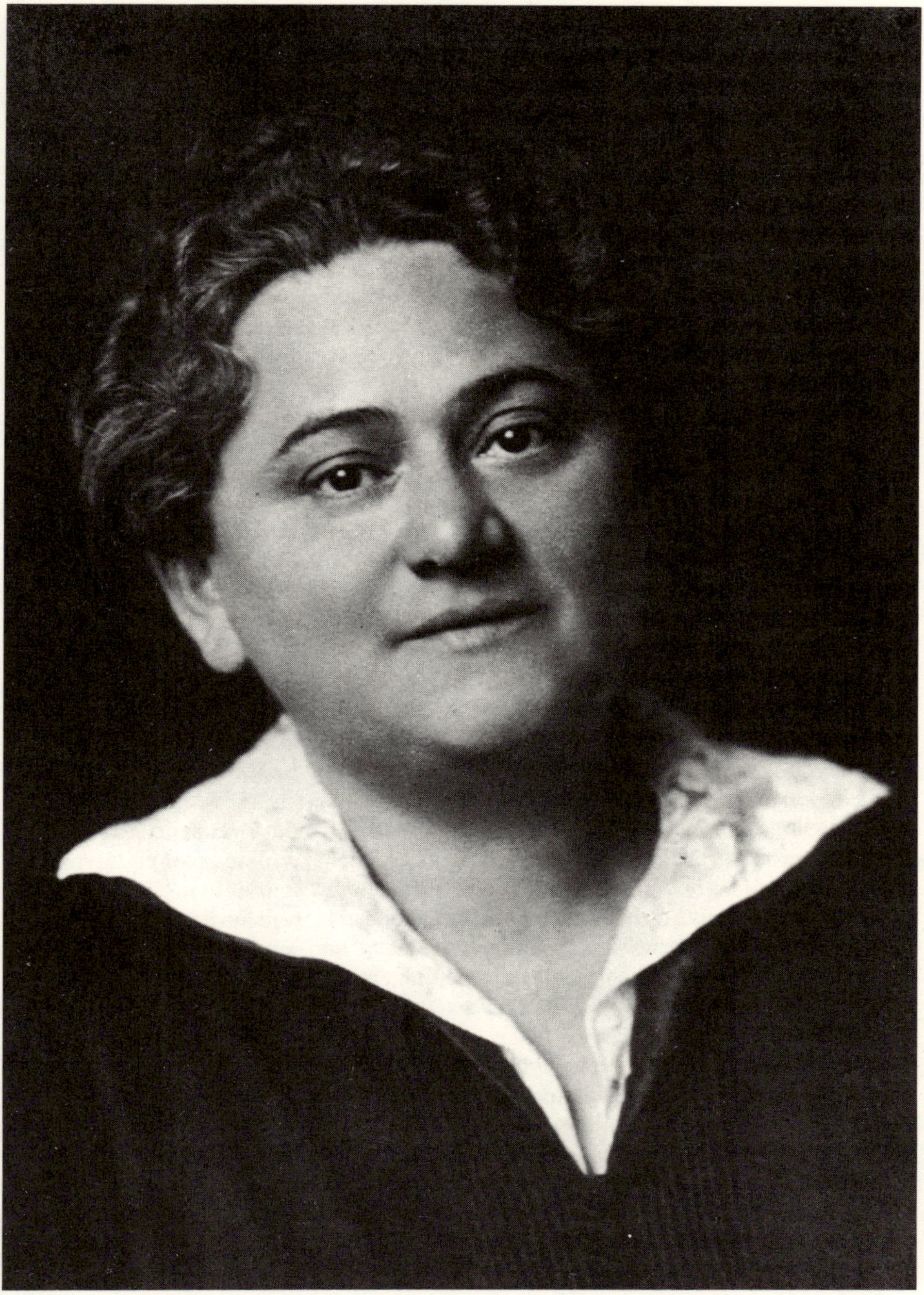

8. Errichtung eines Reform-Realgymnasiums für Mädchen (1910)

1909 war ein wichtiges Jahr für die Schwarzwaldschule und durch diese für die österreichische Schulreform: der Entschluß von Genia Schwarzwald, auch für Mädchen ein Realgymnasium zu schaffen. Im gleichen Jahr war das Reformrealgymnasium für Knaben ins Leben gerufen worden und schon drei Monate danach erschien Genia Schwarzwald mit ihrem Entschluß auf dem Plan. Vom Erfolg konnte sie jedoch erst im Jahresbericht 1911/12 berichten; 1909 war es ihr nicht gelungen, die Hürde der Unterrichtsverwaltung zu nehmen. Der Landesschulrat, diesmal nicht zu einem Provisorium bereit, berichtet dem Kultusministerium am 7. Jänner 1909:

»Eugenie Schwarzwald - Errichtung eines Reform-Realgymnasiums für Mädchen
Eugenie Schwarzwald, die Inhaberin des ihren Namen führenden Mädchenlyzeums I. Kohlmarkt 6, beabsichtigt, die an ihrem Lyzeum bestehenden 4 Gymnasialklassen sukzessive in ein Reformrealgymnasium für Mädchen unter der Leitung des Leo Bloch umzuwandeln und bittet die Eröffnung der bereits aktivierten ersten Klasse zu genehmigen. Zugleich kündigt sie bereits jetzt an, daß sie im nächsten Jahre um die Verleihung des Öffentlichkeitsrechtes ansuchen werde.«
Es folgt der Hinweis auf die kaiserliche Verordnung von 1850, deren Paragraph 6 »von der Gesuchstellerin nicht beachtet wurde« (Bloch und andere Lehrkräfte sind ohne die verlangte »wissenschaftliche Befähigung«). »Diese Mängel würden genügen, um das Gesuch ohne weiteres zurückzuweisen.«
»Doch will es der LSR bei dem Hinweis auf dies formale Gebrechen nicht bewenden lassen zumal« da die Gesuchstellerin einen neuen Antrag ohne diese »Gebrechen« stellen könnte.
»Der Landesschulrat will zu dem Versuche, das Reform-Realgymnasium der Mädchenerziehung schon jetzt dienstbar zu machen, insbesondere auch deshalb in merito Stellung nehmen, weil die Vermutung besteht, daß die Errichtung von Mädchenmittelschulen nach diesem neuen Typus in rascher Folge Nachahmung finden wird. Der Landesschulrat will aber auch die Gelegenheit benützen, um seiner Meinung über das Mittelschulstudium der Mädchen im Allgemeinen Ausdruck zu geben.
Weit entfernt, den legitimen Bestrebungen der Frauenwelt nach Weiterbildung und Betätigung in höheren Berufen die Berechtigung von vornherein abzusprechen, sieht der Landesschulrat in dem sich stetig steigernden Zudrange der weiblichen Jugend zu den akademischen Berufen denn doch ein bedenkliches soziales Symptom.
Anderseits ist sich der Landesschulrat dessen wohl bewußt, daß behörd-

liche Maßnahmen zwar retardierend wirken können, daß aber diese für sich allein in Hinsicht des Endergebnisses bezüglich des Zudranges der Mädchen zu den Mittelschulen, beziehungsweise zur Universität ebenso wirkungslos bleiben werden, wie sie bezüglich des Knabenstudiums einen Erfolg bisher nicht aufzuweisen haben, und daß vielmehr ein wirksames Abwehrmittel nur von einer gründlichen Wandlung der sozialen Ansichten über die Wertschätzung der produktiven Arbeit erwartet werden kann. Da demnach der Zudrang der Mädchen zu den mittleren Bildungsanstalten und zur Universität nicht unterbunden werden kann, ja, soweit er innerlich berechtigt ist, auch nicht unterbunden werden soll, so ergibt sich in praktischer Beziehung die Nötigung, entweder die auf das Hochschulstudium vorbereitenden Mädchenmittelschulen offiziell zu fördern, oder aber machtlos zuzusehen, wie die Mädchen den unkontrollierten Winkelvorbereitungskursen zugetrieben werden. Daß der erstere Vorgang zu bevorzugen ist, kann nicht zweifelhaft sein.«

Laut Landesschulrat erübrige sich gegenwärtig eine Stellungnahme zu dem Antrag, denn der Sachverhalt sei der, daß selbst das Reform-Realgymnasium für Knaben - »derzeit ohne Lehrplan« - erst »seit knapp 3 Monaten« bestehe und eine Unterstufe der Realschule für Mädchen gar nicht vorhanden sei etc. ...

»Die Entscheidung darüber, ob das Reform-Realgymnasium wirklich eine für Mädchen geeignete Schultype ist, muß der Zukunft vorbehalten bleiben.
Der Landesschulrat stellt demnach auf Grund seines eingangs erwähnten Sitzungsbeschlusses den Antrag, daß die Errichtung des Reform-Realgymnasiums für Mädchen wegen der formalen Gebrechen des Gesuches, insbesondere aber auch deshalb nicht genehmigt werde, weil bei dem Reform-Realgymnasium für Mädchen auch abgesehen von dem Obwalten anderer Bedenken die Voraussetzung für den Übertritt in das Reform-Realgymnasium, nämlich die Absolvierung der Unterrealschule, nicht gegeben erscheint.
Schließlich berichtet der Landesschulrat, daß die Inhaberin darauf aufmerksam gemacht wurde, daß die Fortführung des Unterrichts mit Rücksicht auf den Par. 6 der eingangs zitierten kaiserlichen Verordnung vor erlangter Genehmigung unstatthaft ist.«

Letzteres muß Genia Schwarzwald mit der üblichen Verspätung zur Kenntnis gebracht worden sein, denn schon im Juli, im Jahresbericht 1909/10, hatte sie für den Herbst die Eröffnung eines Realgymnasiums angekündigt (»Einschreibungen vom 2. 9. 1910 an [...]«), die dann mangels Gutheißung nicht stattgefunden hat.
Wie Genia Schwarzwald schließlich doch die Genehmigung zur Einrichtung eines »Reform-Realgymnasiums für Mädchen« erhalten hat, ist

dokumentarisch nicht nachzuweisen. Jedenfalls steht im Jahresbericht 1911/12, anschließend an den erneuten Hinweis auf die »Vierjährigen Gymnasialkurse für Mädchen«, folgende gesperrt gedruckte Mitteilung:

»Durch den nunmehr vom hohen Unterrichtsministerium ausgegebenen neuen Lyzeallehrplan werden diese von mir in Wien erstmalig eingerichteten Gymnasialkurse als regelmäßige Mädchenbildungsanstalt allgemein eingeführt. Es werden nämlich die vier unteren Lyzealklassen im Lehrstoff [...] dem Reform-Realgymnasium angeglichen [...]
Dementsprechend werden unsere Gymnasialkurse vom nächsten Jahre ab sukzessiv in die Oberklassen eines Reform-Realgymnasiums umgewandelt werden, für welche Öffentlichkeitsrechte angestrebt werden.«

9. Der Gebrauch von Hilfsbüchern

Der Chronist kann das Jahr 1909 nicht verlassen, ohne noch von einem recht törichten, selbst den ministeriellen Vorschriften widersprechenden Eingriff der Unterrichtsverwaltung zu berichten; dazu äußert sich Genia Schwarzwald selbst in einer Beschwerde an den Kultusminister vom 15. Januar 1909, »betr. Gebrauch von Hilfsbüchern«. Der Landesschulrat habe ihr geboten, darauf zu achten, »daß im Unterricht nur behördlich approbierte Bücher verwendet werden.«

»Dies hängt damit zusammen, daß der meine Schule inspizierende Herr Landesschulinspektor gelegentlich eines Besuchs in der V. Lyzealklasse, wo ich gerade Deutschunterricht abhielt, durch Perlustrieren von Bänken konstatierte, daß sich einzelne Schülerinnen im Besitze der Auswahl der Gedichte Walthers von der Vogelweide, sowie andere des Grundrisses der Deutschen Literaturgeschichte von Gotthold Klee befanden [...] was den Inspektor zu obigem Verbot veranlaßte.«
Nach der Versicherung, daß in ihrer Schule sämtliche approbierten Bücher zum Unterricht verwendet werden, erklärt Genia Schwarzwald, daß es sich bei den beanstandeten zwei Büchern »um Hilfsbücher handelt, die einzelne Schülerinnen sich auf meinen Rat hin anschafften. Der Gebrauch nicht obligatorischer Hilfsbücher, die notwendig approbiert sein müssen, ist nach den bestehenden Vorschriften für Gymnasium und Realschulen, also auch sinngemäß für Mädchenlyceen durchaus statthaft.« Die Ministerialverordnung von 1873 weise im Paragraph 11 die Lehrkörper ausdrücklich an: »[...] auf gleichförmige Wahl der Hilfsbücher einzuwirken.«

Nach kritischer Bewertung ihrer Hilfsbücher bittet Genia Schwarzwald das Ministerium, »geneigtest aussprechen zu wollen, daß der Gebrauch sonst geeigneter und unbedenklicher Hilfsbücher neben den behördlich approbierten [...] nicht zu beanstanden ist. Es liegt gewiß nicht in der Intention der hohen Unterrichtsverwaltung, den Unterricht an den doch erst in der Entwicklung begriffenen Mädchenlyzeen durchaus auf das sich selbst als provisorisch bezeichnende Statut festzunageln.

Fußend auf der Stellungnahme des LSR zu dieser Beschwerde entscheidet sich das Ministerium am 11. 4. 1910 für die Aufrechterhaltung des Verbots.

Wer »Fraudoktor« gekannt hat, zweifelt nicht daran, daß ihre »Hilfsbücher« weiter verwendet wurden (aber für Inspektoren in den Schulbänken nicht mehr zu sehen waren) und daß der den Provisorien untrennbar verbundene Landesschulrat so getan hat, als wisse er von nichts.

10. Genia Schwarzwalds neue Wohnung: Josefstädterstraße 68 (1909)

1909 geschah noch etwas Zukunftsträchtiges im Leben von Genia Schwarzwald: der Einzug von Hermann und Eugenie Schwarzwald in ihr (gemietetes) Haus im Hof der Josefstädterstraße 68, wo sie bis zur Vertreibung durch Hitler im März 1938 wohnten. Dies Haus wurde für unzählige Menschen und Aktionen ein Ausgangs- und Mittelpunkt. Genia Schwarzwald empfing von da häufig Schülerinnen und auch Lehrer bei sich zuhause.

Am 25. Oktober 1909 schreibt Genia Schwarzwald an ihre Freundin Esther Odermatt:

»[...] Man kann sich nichts Behaglicheres, Altmodischeres, Wienerisches ausdenken als unser Häuserl [...] Sonntag waren zum ersten Mal Menschen bei uns. Kein Laut der aufgeregten Zeit drang noch in diese Einsamkeit [...] Aber in diesem Eingesponnensein wollen wir allerlei lesen, wozu wir früher keine Zeit hatten. Ich nehme meine Singstunden auf, Hemme lernt Laute spielen [...]

Wir haben prachtvolle neue Schüler: das Publikum [Eltern] wird besser von Jahr zu Jahr. Das ist erfreulich, denn dann lohnt die Arbeit. Wenn das Milieu schlecht ist, dann kann sich die Schule begraben lassen [...]«

Unbeirrbar von den zweifellos vorsätzlichen, zum Teil sogar ungesetzlichen Störversuchen der Behörden setzt Genia Schwarzwald ihre Reformarbeit fort. Erwähnungswert, weil charakteristisch für die Torheit der Unterrichtsverwaltung ist ein Versuch, mittels willkürlicher Auslegung der kaiserlichen Verordnung von 1850 die seit 8 Jahren höchst bewährten Gymnasialkurse zu schließen. Hierzu nimmt Genia Schwarzwald in einer 11 Seiten langen Beschwerde an das Kultusministerium vom 4. 1. 1910 Stellung. Begnügen wir uns mit zwei Zitaten daraus:

»[...] Ja, es ist sogar nicht einmal recht verständlich, was das bedeuten soll, daß eine Behörde [der Landesschulrat], die durch Erlässe zeigt, daß sie von den Kursen Kenntnis hat, zugleich von mir einen Schritt verlangt, durch den sie die Kenntnis erst erlangen soll [...]«

Nebenbei empört sie sich in einer Anmerkung:
»[...] daß der k. k. Landesschulrat in seinen Erlässen Herrn Dr. Leo Bloch [den Leiter der Gymnasialkurse] beständig als ›den Bloch Leo‹ bezeichnet; [...] Herr Dr. Bloch ist Reichsdeutscher [...] und es besteht keinerlei Gesetz, welches jeden in seiner Heimat promovierten Ausländer nöthigt, sein Diplom in Österreich nostrifizieren zu lassen [...] Er hat mindestens wie heutzutage jede Partei ein Recht darauf, daß ihm in behördlichen Schriftstücken der Ehrenname ›Herr‹ zuteil wird [...] Es hat mich große Überwindung gekostet, dem Ausländer Herrn Dr. Bloch in die Form dieser Zuschriften meiner vaterländischen Behörden Einsicht gewähren zu müssen.«

Nach ausführlicher Darstellung der Befähigung von Dr. Bloch, seiner Arbeit in den zurückliegenden acht Jahren und der vom LSR stets anerkannten Leitung der Kurse schließt Genia Schwarzwald ihre Beschwerde:
»Demgemäß gebe ich mich der Hoffnung hin, daß das hohe Ministerium meiner bescheidenen Bitte hochgeneigtest entsprechen wird, um die Mädchen-Gymnasialkurse, die heute von 104 Schülerinnen frequentiert werden, vor schädlichen Erschütterungen zu bewahren und den ungestörten Fortgang derselben zu ermöglichen.«

11. 10 Jahre Schule (1911)

Ein Jahr später feierten die Schülerinnen das zehnjährige Bestehen ihrer Schule; darüber berichtet Genia Schwarzwald im Jahresbericht 1911/12:

»Zehn Jahre sind es, seit unsere Anstalt besteht. So reich war diese Zeit an Arbeit und Leid, an Kampf und Erfolg, daß sie mir nicht lang geworden war und ich ganz und gar keinen Anlaß zu einer Rückschau fand. Anders die Jugend: ihr scheinen zehn Jahre schon ein stattlicher Zeitraum, sie fühlte den Drang zu feiern, bereitete in aller Stille eine Reihe von Festlichkeiten vor, und - plötzlich stand ich überwältigt.
Aber bald wich der erste Schrecken, ach, schon ein Jubilar zu sein, und die grenzenlose Überraschung, und machten tiefer Rührung, inniger Freude und warmem Behagen Platz. Anmut und Liebe, Verstand und Geschmack waren am Werke gewesen [...] Alles kam vor: meine Abneigung gegen konventionelle Geselligkeit, meine Alkoholgegnerschaft, sogar mein Kampf gegen das Korsett und nicht zuletzt meine Vorliebe für den Semmering, die einer Klasse Anlaß gab, mit einer Auswanderung dorthin zu drohen.«

Nach Beschreibung aller Vorführungen:
»Zwei Tage dauerte die Festfreude. Sie hinterließ nur gute Empfindungen und den Vorsatz, solche Schätzung und Liebe auch ferner zu verdienen.

Für weitere zehn Jahre reicht die Aufmunterung. Sie kam gerade zurecht an der Grenze der Jugend, von der Gefährlichkeit des Lebens mehr denn je überzeugt, fängt man an, ihrer zu bedürfen [...] Denn mir ist es gegangen wie einer unserer Schülerinnen, die in der Zehnjahrchronik erzählt, sie sei einmal, als sie das Glück ihrer Schulzeit gepriesen habe, von einem Skeptiker lächelnd gefragt worden: ›Wie alt sind Sie?‹ Und da habe sie geantwortet: ›Jung genug, um etwas Rechtes zu werden; wäre ich nicht in die Schwarzwald-Schule gegangen, so wäre ich älter.‹ Ebenso geht es mir.«

12. Singen

In diesem Zusammenhang sei aus dem Bericht von Genia Schwarzwald »Das Lied in der Schule« aus dem Jahresbericht 1909/10 zitiert:

»Wir sind in diesem Schuljahr einem Problem näher getreten, das mir von allgemeinem Interesse scheint [...] Wien ist eine Musikstadt von altem Wert und Ruhm. Umso überraschter war ich, bei Ausflügen und Schulfesten zu bemerken, daß unsere Kinder nicht in der Lage waren, auch nur ein einziges Lied gemeinsam zu singen [...] Für die große Masse kommt nicht die K u n s t im Singen in Betracht, sondern nur die L u s t zu singen. Der Gesangsunterricht ist im Allgemeinen zu theoretisch, um die G e s a n g s f r e u d e zu wecken [...]

Dem Kinde ist das Bedürfnis zu singen natürlich, und die Kinder haben ein Recht darauf, ihre Gefühle in Tönen zu ergießen, das gehört zu ihrem Glück und zu ihrer Charakterbildung.

Deshalb haben wir in diesem Schuljahr einen ganz anspruchslosen Versuch gemacht, unseren Kindern anstelle von G e s a n g s u n t e r r i c h t Gelegenheit z u m S i n g e n zu geben; sie m u ß t e n nicht singen, aber sie d u r f t e n [...]

Es klang anfangs nicht übertrieben schön, und war wohl auch zuletzt noch ziemlich weit von Vollkommenheit entfernt, aber wie glücklich waren wir in diesen Stunden, wie berauscht von Klang, Rhythmus und Eintracht! [...] und selbst Gehör waren zur Teilnahme an unseren Singübungen nicht notwendig. Zwar entdeckten wir dabei bis dahin schlummernde Singtalente [...] aber ich denke besonders an jene von meinen Sängerinnen, die beinahe ganz ohne Mittel und zuweilen gar falsch, aber mit inniger Andacht und Hingebung sangen [...] Unbefangen singende Kinder brauchen wir und nicht patzige Halbgötter [...]

Wir wollen uns auch nicht hören lassen, wollen nicht gelobt sein, wir singen für uns, zu unserer Freude, für die Schule, fürs Haus [...]

Wir singen aus Tätigkeitsdrang, aus dem Bedürfnis der Jugend, die Luft zu erschüttern, wir singen aus Freundschaft und Kollegialität, um unsere

Zusammengehörigkeit besonders tief zu fühlen, wenn wir unsere Stimmen zusammenströmen lassen [...]

Für uns Lehrer waren diese Singstunden psychologisch von größtem Wert. Die Feurigen und die Innigen, die Heiteren und die Tragischen - wie leicht unterschied man sie im Ausdruck, an der Liederwahl [...] Es blieben Mädchen fort, die sich für zu vornehm hielten, um mittelmäßigen Gesang hören zu lassen [...] darunter auch solche, deren junge Stirnen schon das traurige Zeichen der Blasiertheit tragen. Schon sind sie Sklaven der [...] bildungsfeindlichen Artistenvergötterung, von der unsere Zeit und insbesondere unsere Stadt ergriffen ist. [...] und Aufgabe der Schule ist es - ihre schönste Aufgabe vielleicht - die Bekanntschaft mit den produzierenden (nicht mit den reproduzierenden) Künstlern zu vermitteln und dadurch um die Menschheit ein gemeinsames Band zu knüpfen [...]

Ich fürchte als Utopistin angesehen zu werden, wenn ich verrate, wofür mir solche anspruchslose gemeinschaftliche Pflege des Gesanges ein wenn auch sehr bescheidener Anfang zu sein scheint: zur Verbesserung unserer gesellschaftlichen Sitten, zu einer freundlicheren, einfacheren Geselligkeit, zur Vertiefung unserer menschlichen Beziehungen. [...]

Kurz, es wäre ein köstliches Geschenk, wenn die Schule jedem jungen Menschen ein paar hundert schöne Lieder ins Leben mitgäbe [...] wenn manchmal in unserem Alltag, in das Klirren des Geldes, das Brausen des Verkehrs, das Keifen der Bosheit, das Geschwätze der Gemeinheit zarte Klänge aus der Jugend herübertönten, tröstend und mahnend.«

13. Kokoschka, der Zeichenlehrer (1911)

Die Auseinandersetzung mit der Unterrichtsverwaltung geht unbeirrbar weiter. Ins Schuljahr 1911/12 fällt die Anstellung von Oskar Kokoschka als Zeichenlehrer. Die kurze Episode seines Wirkens an der Schule und seiner behördlichen Entfernung ist bereits Gegenstand von mehreren Publikationen, so daß wir uns hier auf den Inspektionsbericht des »k. k. Regierungsrats Fachinspektor Josef Langl« beschränken wollen (Anlage zum Brief des Landesschulrates an das Kultusministerium vom 13. Februar 1912):

»[...] Bezüglich Kokoschka hielt der Referent vor der Inspektion in der Klasse mit Frau Dr. Schwarzwald Rücksprache, auf welchem Wege er an das Institut kam, da ja doch zwei geprüfte und im Lehramt bereits versierte Lehrkräfte vorhanden seien. Frau Dr. Schwarzwald erzählte in fast romanhafter Ausschmückung, wie sie Kokoschka im vorigen Jahr in Berlin kennen gelernt, wie er physisch und seelisch sich in einem bejammernswerten Zustand befunden, und ohne alle Mittel; wie sie sich seiner aus Mitleid angenommen und ihn sogar quasi als Sohn ins Haus aufgenommen habe, um ihn in der Kunst auf bessere Wege zu bringen, denn er sei ein hervorragendes Talent, ist nur durch die unheilvolle Klimtgruppe und die Modernen der Museumschule, die ihn als Sündenbock ihrer Kunstrichtung vor die Öffentlichkeit jagten, so verwildert. Hubert [anstatt Oskar, Anmerkung des Chronisten] ist, wie gesagt, jetzt das Kind im Hause, und sie hofft, daß er nun allmählich ein besserer Mensch und Künstler werde; ein eminentes Talent sei ja vorhanden. Auch habe sie in ihm ein phänomenales pädagogisches Talent entdeckt und ihm heuer die II. Klasse überlassen [...]

Der junge Mann hat sich um den Lehrplan gar nicht bekümmert und hat die Mädchen nach der Methode der ›Übermodernen‹ zeichnen lassen, was sie wollten, und zwar ›illustrierend‹. Seit September v. J. wurden nur Phantasiebilder mit Figuren: Straßenszenen, Gesellschaftsbilder etc. gezeichnet und zugleich illuminiert, ein Chaos von kindischen Patzereien, zumeist nur halbfertige Schmieragen, ganz im Stile der Kunst, welche er selbst sinn- und gedankenlos zur Zeit in der Kunstschau ausgestellt hatte [...]«

14. Die »Semmeringschule« (1912)

Euer Hochwohlgeboren

werden herzlich gebeten, einer Frühlingsfestvorstellung beizuwohnen, welche die Kinder der Schwarzwald'schen Schulanstalten zu Gunsten der neuen Semmeringschule am 8. Mai 1912, um 4 Uhr nachmittags, in der Residenzbühne (Rotenturmstraße) veranstalten. Karten sind in der Schule (Telephon 19227) zu haben.

Wien, im Mai 1912.

Im ersten Halbjahr 1912 war der Verein »Semmering-Schulgesellschaft« ins Leben gerufen und von der k. k. Polizeidirektion Wien am 29. 6. 1912 »nicht untersagt« worden. »Zweck des Vereins ist die Errichtung und der Betrieb von Schulen [...] und Schülerinternaten für Knaben und Mädchen auf dem Semmering, in Gemäßheit der das Schulwesen regelnden Gesetze und Verordnungen«. Jedes Vereinsmitglied hatte wenigstens einen »Anteil-Schein von K. 1000« zu zeichnen. Neben der Generalversammlung gab es einen Vereinsausschuß und ein Kuratorium, dem auch Nicht-Vereinsmitglieder angehören konnten. Die sehr ausführlichen Vereinsstatuten spiegeln den Wunsch der Proponenten nach aktiver Beteiligung der Vereinsmitglieder an der Arbeit und nach Öffentlichkeit wider.

Am 27. 12. 1911 hatte Genia Schwarzwald an Karin Michaelis geschrieben: »Teuerstes, heute komme ich mit einer großen Bitte, die vielleicht unausführbar ist. Die Leute nehmen keinen Artikel über das Semmeringprojekt. Da lasse ich ein Kind einen Brief an seine Mutter schreiben aus der Schule, die noch nicht existiert. Der Gedanke ist gut, kann aber nur von einem Dichter ausgeführt werden. Möchtest Du nicht der Dichter sein? [...] die ›Zeit‹ würde es dann sofort abdrucken. Kannst Du das aber nicht, so setze wenigstens meinem öden Machwerk einige Karinschen Lichter auf [...] Es muß etwas geschehen, denn die Sache geht gar nicht vorwärts [...]«

Im Jahresbericht 1912/13 berichtete Genia Schwarzwald über das Vorhaben:

Die Semmeringschule.

Wie bekannt, ist es mir gelungen, eine Gesellschaft von Freunden der Jugend für die Gründung einer Schul- und Erziehungsanstalt auf dem Semmering zu gewinnen. Es soll in 1000 m Seehöhe inmitten der berühmten Nadelwälder, unweit der steirischen Grenze, zwei Eilzugsstunden von Wien, an windgeschützter Stelle auf sonnigem Plateau Unterkunft für 200 Zöglinge und die erforderlichen Lehrer und Erzieher geschaffen werden. Den Kern der Schule selbst soll ein achtklassiges Realgymnasium (nach Bedarf mit humanistischer Parallelergänzung) bilden; angegliedert wird eine vierklassige Vorschule sowie eine Haushaltungsschule für junge Mädchen. Der Schulbetrieb wird durch Handwerksunterricht, Gartenbau und etwas Landwirtschaft (nach Neigung und Fähigkeit der Schüler) ergänzt werden. Lage der Schule und der ganze Betrieb werden also darauf angelegt sein, den Zöglingen eine glückliche, sich frei und reich ergehende Jugend zu sichern und ihnen für das weitere Leben neben solidem Wissen auch Kraft und Gesundheit, unverbogene Geradheit und Charakterstärke mitzugeben.

Schon vor acht Jahren habe ich einem kleinen Kreise von Freunden einer Schulreform meine Gedanken über die Errichtung einer Schule auf dem Lande vorgetragen. Es handelte sich darum, englische Erziehungsgrundsätze und die der deutschen Landerziehungsheime des Dr. Hermann Lietz passend in unsere österreichischen Verhältnisse zu übertragen. Damals scheiterte die Sache nicht nur am Mangel an Mitteln, sondern vor allem, weil wir keinen geeigneten Platz zur Ausführung finden konnten.

Vor zwei Jahren habe ich den Gedanken wieder aufgenommen, als ich den Platz hinter der Südbahnmeierei auf dem Semmering als für uns passend erkannte. Ich vergewisserte mich der Zustimmung der Gemeinde Breitenstein-Semmering, die sich mit Recht große Vorteile von der Gründung verspricht. Man sicherte mir Unterstützung und Förderung jeglicher Art zu, und so ging ich an das schwere Werk, Freunde für die Semmeringschule zu werben.

Es ist besser gegangen, als man vermuten durfte, und wenn man bedenkt, daß der größte Teil der Arbeit in eine bewegte, unruhige und finanziell beengte Zeit fiel, so kann man sogar von Erfolg sprechen.

Wir haben bisher mehr als hundert Persönlichkeiten gefunden, die etwa 300.000 K gezeichnet haben. Es ist niemand dabei, der auf Gewinn ausgeht. Zwar wird die Anstalt eine entsprechende Verzinsung bieten, doch soll diese statutengemäß nicht höher als bis zu 6 Prozent gehen. Man darf aber auf höhere Einkünfte (insbesondere aus dem Ferienheim) rechnen, und man wird sie nötig haben, um Verbesserungen, Erweiterungen und Freiplätze daraus zu bestreiten. Es soll der nicht allzu häufig vorkommende Fall eintreten, daß eine Geschäftsunternehmung aus eigenen Mitteln eine für die Gesamtheit segensreiche Kulturleistung vollbringt.

Erleichtert wird die Aufgabe dadurch, daß uns die Südbahngesellschaft, die aus moralischen und materiellen Gründen an der Entstehung der Anstalt Interesse hat, nicht nur den Bauplatz von etwa 20.000 m^2 zu einem sehr bescheidenen Preise überlassen, sondern auch sonst weitgehende Unterstützung zugesagt hat. Für diese Mitarbeit an unserem Werke schulden wir bisher insbesondere Herrn Generaldirektor v. Weeber und Herrn Verwaltungsrat Professor Dr. Landesberger Dank.

Ein weiterer Vorteil erwächst uns aus der Möglichkeit, an die Baustelle anstoßende vier Hektar Wiesengrund zur Einrichtung von Spielplätzen pachtweise zu übernehmen.

Auch in der Wahl des Architekten hatten wir Glück. Adolf Loos, dessen beinahe zwanzigjährigem Kampf gegen Unnatur, Unwahrheit, Überladung und Unechtheit in Architektur und Inneneinrichtung man schon so viel verdankt, ist gerade der rechte Mann für ein Bauwerk, dessen Hauptreiz in der Einfachheit und Zweckmäßigkeit liegen muß. Seine ganz auf unsere Zeit eingestellte Natur, die jedem veralteten Schnörkel abhold ist, voll Verständnis für neuzeitliche Erziehungsfragen, hat rasch alle Bedürfnisse begriffen und seine Entwürfe diesen vollkommen angepaßt.

Die Ausführung des Baues wird der angesehenen Firma Westermann & Cie. übertragen, die in regem Interesse für die Unternehmung sich der Sache sorgfältig und umsichtig annimmt.

Unsere oberste Unterrichtsbehörde hat der neuen Schule alle mögliche Förderung zugesagt. Diese soll (bei Erfüllung der vorgeschriebenen Bedingungen) das Öffentlichkeitsrecht und das Recht, Reifeprüfungen abzuhalten, bekommen; auch sollen gegebenenfalls staatlich angestellte Professoren zur Dienstleistung auf dem Semmering beurlaubt werden.

Hervorragende Lehrer und Mitarbeiter sind bereits gewonnen. Es sind dies für die Sache begeisterte und ihr ganz sich hingebende Persönlichkeiten, die alle Gewähr für die Verwirklichung unserer Ideen bieten. Die Persönlichkeit ist das Entscheidende, nicht nur bei den Lehrern und den sonstigen der Jugend zugesellten Mitarbeitern, sondern bei allen im Hause Tätigen. Wäre ich nicht sicher, darin gut und mit Erfolg wählen zu können, hätte ich mich nicht an das große Werk gewagt.

Schon jetzt, ehe der erste Spatenstich getan ist, zeigt das Publikum großes Interesse. Beinahe täglich laufen aus Österreich (insbesondere aus der Provinz), aber auch aus Deutschland, Skandinavien und Amerika Nachfragen nach dem Eröffnungstermin ein. Es besteht also gegründete Hoffnung auf sehr zahlreichen Zuspruch. Das Internat wird viel von der Provinz und vom Ausland besucht sein, das Ferienheim hauptsächlich von Wiener Kindern. Als Externschüler kommen alle Kinder aus dem ganzen Semmeringgebiet in Betracht, da ja dieses keine einzige höhere Schule besitzt.

Es gibt ja so viele Kinder, die gar kein Elternhaus haben oder deren Eltern an einem Orte ohne Schule zu leben genötigt sind, auch Familienverhältnisse, die die Entfernung der Kinder nahelegen; in allen solchen Fällen wird man die Freiluftschule der Stadtschule vorziehen. Ausländer, die ihre Kinder deutsch lernen lassen wollen, Offiziere und Beamte, die viel von Ort zu Ort ziehen, Landwirte werden unser Publikum sein.

Vor allem aber wird das Ferienheim einem dringenden Bedürfnis genügen. Wie bequem und erfreulich für Eltern, die ihre Kinder in den Ferienwochen nicht bei sich haben können, ihnen in solcher Gegend ein sorgsam geleitetes und doch ungebundenes Jugendleben mit Handarbeit, Gartenarbeit und Sport in freier und gesunder Natur verschaffen zu können!

Unsere sehr sorgfältigen Erhebungen haben ergeben, daß wir auf je zehn zahlende Internatsschüler zwei halbe und einen ganzen Freiplatz vergeben können. Im Ferienheim, welches geringere Kosten verursacht, werden auf zehn zahlende Kinder schon drei ganze Freiplätze kommen können. Das ist nicht nur vom Standpunkte des Menschenfreundes sehr erfreulich, sondern auch für die pädagogische Seite der Sache von großem Wert. Sorgfältig nach Charakter und Intelligenz ausgesuchte Kinder aus ordentlichen, wenn auch materiell beschränkten Verhältnissen gereichen den Erziehungszwecken, wie ich aus eigener Erfahrung weiß, zu großem Vorteil. —

Warum gerade auf dem Semmering? bin ich oft gefragt worden. Die Antwort ist leicht zu geben. Wir brauchen ein Klima, in dem der Winter die schönste Jahreszeit ist, denn das ist unsere intensivste Arbeitszeit. Dieses bietet uns nahe von Wien nur der Semmering. Denn wir können nie die Mittel aufbringen, einen bisher unbelebten Platz zu erschließen. Wir brauchen fertige Straßen, Wasser, elektrisches Licht, eine Schnellzugsverbindung. Wir müssen in der Lage sein, einzelne Lehrer aus Wien kommen zu lassen; auch künstlerische Veranstaltungen wollen wir uns ermöglichen. Auch können wir an einem freien Tag in Wien vormittags eine Sammlung, nachmittags eine Theateraufführung besuchen, dabei doch abends auf dem Semmering schlafen. Die Haushaltungsschülerinnen, die meist aus Wien sein werden, sollen einem Ruf aus dem Elternhause leicht folgen können. Es würde zu weit führen, alle Vorzüge, die ein der Großstadt nahegelegener Platz bietet, aufzuzählen. —

Die Semmeringschule kann ein Kinderparadies werden, ich glaube fest daran.

Das gibt mir Mut zum Werke. Denn ich kann nicht verschweigen, daß ich in dieser Sache schon sehr viel gelitten habe und noch leiden werde. Aber ich fühle mich stark genug. Denn so oft mich Bosheit oder Kargheit wegschicken, Rückständigkeit und Beschränktheit mich durch törichte Fragen peinigen, oder gar jene eigentümliche wienerische Unlust gegen gute Neuerungen mich zur Verzweiflung treiben will, brauche ich mir nur unseren schönen, geschlossenen Hofraum vorzustellen, erfüllt von strahlenden, gesunden und lebensvollen Kindern. Immer wieder sehe ich sie im Nacht- und Tagtraum. Und ich höre sie singen: O Täler weit, o Höhen, du schöner grüner Wald...

Mit dieser Melodie im Ohr kann man weit kommen und wird nie müde.

Im Juli 1913.
Eugenie Schwarzwald.

Adolf Loos veröffentlichte im gleichen Jahresbericht der Schule:

Regeln
für den, der in den Bergen baut.

Baue nicht malerisch. Überlasse solche Wirkung den Mauern, den Bergen und der Sonne. Der Mensch, der sich malerisch kleidet, ist nicht malerisch, sondern ein Hanswurst. Der Bauer kleidet sich nicht malerisch. Aber er ist es.

*

Baue so gut als du kannst. Nicht besser. Überhebe dich nicht. Und nicht schlechter. Drücke dich nicht absichtlich auf ein niedrigeres Niveau herab, als auf das du durch deine Geburt und Erziehung gestellt wurdest. Auch wenn du in die Berge gehst. Sprich mit den Bauern in deiner Sprache. Der Wiener Advokat, der im Steinklopferhans-Dialekt mit dem Bauer spricht, hat vertilgt zu werden.

*

Achte auf die Formen, in denen der Bauer baut. Denn sie sind Urväterweisheit, geronnene Substanz. Aber suche den Grund der Form auf. Haben die Fortschritte der Technik es möglich gemacht, die Form zu verbessern, so ist immer diese Verbesserung zu verwenden. Der Dreschflegel wird von der Dreschmaschine abgelöst.

*

Die Ebene verlangt eine vertikale Baugliederung; das Gebirge eine horizontale. Menschenwerk darf nicht mit Gotteswerk in Wettbewerb treten. Die Habsburgwarte stört die Kette des Wienerwaldes, aber der Husarentempel fügt sich harmonisch ein.

*

Denke nicht an das Dach, sondern an den Regen und Schnee. So denkt der Bauer und baut daher in den Bergen das flachste Dach, das seinen technischen Erfahrungen nach noch möglich ist. In den Bergen darf der Schnee nicht abrutschen, wann er will, sondern wann der Bauer will. Er muß daher ohne Lebensgefahr das Dach besteigen können, um den Schnee wegzuschaffen. Auch wir haben das flachste Dach zu schaffen, das unseren technischen Erfahrungen nach möglich ist.

*

Sei wahr! Die Natur hält es nur mit der Wahrheit. Mit eisernen Gitterbrücken verträgt sie sich gut, aber gotische Bogen mit Brückentürmen und Schießscharten weist sie von sich.

*

Fürchte nicht unmodern gescholten zu werden. Veränderungen der alten Bauweise sind nur dann erlaubt, wenn sie eine Verbesserung bedeuten. Sonst aber bleibe beim Alten. Denn die Wahrheit, und sei sie hunderte von Jahren alt, hat mit uns mehr innere Zusammenhänge als die Lüge, die neben uns schreitet.

Adolf Loos.

15. Letzter Drosselungsversuch der Schulbehörde (1913)

Drei Monate nach diesem, wie alle Jahresberichte der Schule, in Buchform erschienenen Bericht, der das Einvernehmen mit der obersten Unterrichtsbehörde hervorhebt, spricht der Landesschulrat in einem Brief vom 13. November 1913 an das Kultusministerium von der »Direktion des von der Gesuchsstellerin [Genia Schwarzwald] erhaltenen - nicht wie sie behauptet ›geleiteten‹ - Mädchenlyceums«; man habe der »Genannten von 1901 - 1911 jeweils provisorisch Dispens von der Lehramtsprüfung gewährt«, und dies nur »im Hinblick auf die befriedigende Verwendung der Eugenie Schwarzwald als Lehrerin«. Im Schuljahr 1912/13 sei Genia Schwarzwald aber »als Lehrerin nicht tätig« gewesen, das Öffentlichkeitsrecht sei für 1912/13 und 1913/14 unter der »ausdrücklichen Bedingung gegeben worden, daß die Stabilität des Lehrkörpers auch weiterhin gewährt bleibe«, was aber nicht der Fall sei, wenn Genia Schwarzwald ohne nachweisbare Lehrbefähigung wieder Teil des Lehrkörpers werde. Sie habe das Ministerium nun um unbegrenzte Dispens von der Lehramtsprüfung gebeten, ohne zu dokumentieren, daß sie in Zürich erfolgreich studiert habe.

Auf den weiteren drei Seiten seines Briefes beschäftigt sich der Landesschulrat mit der Feststellung, Genia Schwarzwald dürfe den in Zürich erworbenen Titel »Dr. phil.«, weil nicht nostrifiziert, nicht führen.

»Die Angelegenheit [Genia Schwarzwald hatte auch gefordert, der LSR möge in seinen Schriftstücken von ihr mit Hinzufügung der Anrede ›Frau‹ sprechen] hätte für die Gesuchsstellerin nicht die gleiche Bedeutung, wenn sie über einen anderen rechtmäßigen Titel, wie ›Doktor‹ oder ›Direktorin‹ verfügte [...] Obwohl ihr die Führung des Doktortitels mit Erlaß vom 8. 4. 1904, sogar mit Androhung der Anzeige an die politische Behörde, untersagt wurde, führt sie zu Unrecht die Titel ›Dr.‹ und ›Direktorin‹ und legt sich dieselben auch selbst bei, wie z. B. aus dem Telefonbuch und aus Anzeigen in Tagesblättern hervorgeht. Diese Titel können selbstverständlich vom LSR der Genannten gegenüber nicht angewendet werden.«

Im »Prospekt der Semmeringschule« (Jahresbericht 1912/13, Seite 79 ff.) lesen wir: »Das Moralische versteht sich von selbst, das muß das stillschweigend vorausgesetzte Princip sein.« Diese Maxime war damals bis in die Unterrichtsverwaltung nicht vorgedrungen!

Der Krieg verhinderte die Verwirklichung des Semmeringschulprojekts, aber der Verein bestand weiter. Noch am 5. Januar 1926, dem Jubiläumsjahr der Schwarzwaldschule, schreibt der Obmann des Vereins, Dr. Hermann Schwarzwald, an die Polizeidirektion: »Die Pläne sind nicht aufgegeben.« Die Auflösung des Vereins durch die Nazis wurde im Dezember 1947 rückgängig gemacht, und Josefine Weissel und Ing. Karl Blau, beide Mitglieder des Vereinsausschusses von 1912, zu provisorischen Leitern bestimmt. Erst im Juli 1950 konnten sich die Getreuen dieses Genia Schwarzwald so sehr am Herzen gelegenen Projekts zur endgültigen Auflösung entschließen.

16. Kriegsbeginn 1914

Mit dem Schuljahr 1912/13, veröffentlicht im Juli 1914, einen Monat vor Kriegsbeginn, hörten die gedruckten Schulberichte auf.

Aufschlußreiche Dokumente aus dem ersten Kriegsjahr fehlen, aber wir wissen, daß die Schule nicht nur ihre Arbeit in dem ihr eigenen Geiste fortsetzte, sondern auch die Frequenz bis nahe an die 1000 Schülerinnen und Schüler erhöhte, weil Fraudoktor sofort begann, Flüchtlingskinder aus den Ostprovinzen »wahllos« aufzunehmen, mit der erklärten Absicht, die fröhliche Schule sollte das Flüchtlingselend wenigstens für einige Stunden am Tag vergessen machen. Fraudoktor und ihre Mitarbeiter mußten dabei großer schulischer Schwierigkeiten Herr werden, als erstes der verschiedenen Muttersprachen und des unterschiedlichen Unterrichtsniveaus.

Im Herbst 1914, so berichtet eine ehemalige Schülerin, sagte Genia Schwarzwald zu den auf dem Dach der Schule Versammelten: »Tausende Russen haben tausende Mütter, haben Frauen und Kinder, die um sie weinen. Angesichts des Himmels über uns und unseres Stephansturms vergeßt es nie!«

17. Genia Schwarzwald über Pädagogik

»Nie hätte ich meinen Weg gefunden, ohne die Pestalozzistunden beim lieben alten Professor Hunziker [Zürich]. An heißen Juni-Tagen las er von zwei bis drei Uhr. Aber man konnte doch nicht einnicken, so lebendig floß es ihm aus der Seele. Er wollte um jeden Preis seine jungen Hörer von der Größe des im Leben vielverkannten Schweizer Pädagogen überzeugen und es gelang ihm restlos. So kam ich zum Schulwesen.« (»Die glückhafte Zeit von Zürich«, 4. November 1928)

»Da begriff ich mit einemmal: Leute, die ein ernsthaftes Handwerk betreiben, haben unbeeinflußt zu sein von Zeiten und Geschehnissen, sie müssen immer glauben, daß das, was sie gegenwärtig tun, das einzig Richtige, das Wertvollste, das Zukunftsreichste, das Rettende ist.« (»Schulchaos-I«, 4. Juli 1926)

»Jeder Lehrplan ist gut genug, wenn hinter ihm charaktervolle, begabte, menschliche Lehrer stehen.« (»Schulchaos-II«, 6. Juli 1926)

»Die Eltern, die dem Kind das Leben geschenkt haben, sind verpflichtet, es ihm zum zweiten Mal zu schenken, indem sie ihm lehren es zu leben.« (»Schulchaos-II«)

»Die immer wiederkehrende Äußerung von Erwachsenen: ›Ein Kind hat lustig zu sein‹, ist geeignet, ganze Generationen dem Trübsinn verfallen zu lassen [...]« (»Schulchaos-II«)

»Erziehung heißt: organischem Wachstum lauschen. Peter Altenberg sagt, was tut ein Gärtner mit der Rose? Er hilft ihr dazu, eine Rose zu werden. Eltern, die das nicht können, tun gut daran, sich Hilfe zu suchen bei Menschen, denen diese Kunst gegeben ist.« (»Erziehung, nein Aufsicht«, 1. Januar 1927)

»Die Autorität darf sich nicht in Strenge, sondern in Liebe auswirken. Der Lehrer biete der Jugend Freiheit, Freundschaft und Freude in reichem

Maße. Aber auch Freiheit muß durch Selbstdisziplin erworben werden, Freundschaft darf nicht in Cliquenwesen ausarten, die Freude muß aus reinen Quellen fließen, nicht zum Schaden der anderen.« (»Dr. Eugenie Schwarzwald« von Egon Salzer, 5. Juli 1926)

»Tatsächlich ist die Jugend keine leichte Lebenszeit. Nur diejenigen, die über eine große Vitalität verfügen, sind beinahe ungefährdet, oder dann auch die Allerdümmsten, die Oberflächlichsten, die Grobkörnigsten; denen geht's immer gut.« (»Glück und Unglück einer Fünfzehnjährigen«, 2. Februar 1936)

»Ganz tief sollen die Kinder in die Muttersprache eindringen, eine zärtliche Beziehung zu ihr fürs ganze Leben gewinnen, fähig werden, das Feinste, was in ihnen vorgeht, mündlich und schriftlich mitzuteilen [...]« (»Schulchaos-I«, 4. Juli 1926)

»Aufsatzthema: Lesen macht reich, Sprechen gewandt, Schreiben genau.« (Jahresbericht der Schule 1906/07)

»Es ist schwerer heutzutage Pädagoge zu sein; die Kinder sind logisch, das Leben idiotisch, es gibt Tage, an denen ich die Kinder meide. Was soll ich antworten, wenn sie fragen: Warum führt man Kriege? Warum darf der Staat das tun, wofür der Einzelne bestraft wird? Warum sind einige reich, wenn soviele hungern? Warum darf ich nicht lügen, wenn meine Mutter es tut? Aber das alles hat das Gute, daß der Lehrer heutzutage bescheidener wird. Er verläßt sich nicht mehr auf seine unbegrenzte Autorität, und das ist nur gut.« (Zu Merete Bonnesen, 1936)

»[...] die Hemmungen des für seinen Beruf begeisterten Lehrers kommen von außen und von innen. Die äußeren sind die augenfälligeren, einleuchtenderen. Da sind die Lehrpläne. Eine Eisenbahn ohne Fahrplan kann Zusammenstöße nicht vermeiden. Also braucht man Lehrpläne und Weisungen zur Führung des Schulamtes, behördliche Erlässe und wie das alles heißt, damit der Alltagsbetrieb richtig abgewickelt werden kann. Aber nun kommt die Schwierigkeit! Der Lehrer, dem sein Beruf lieb ist, ist immer auf neue Experimente aus, auf tastendes Vorfühlen. Er unterrichtet heute nicht wie gestern, morgen nicht wie heute und in zwei Jahren schon gar nicht, wie zwei Jahre vorher. Vorschriften aber sind ihrer Natur nach der Niederschlag des ewig Gestrigen. Ein Kompromiß zwischen dem satten Alten und dem erkenntnishungrigen Neuen, das sind Lehrpläne. Sind sie erst einmal approbiert und gedruckt, ist der Lehrer, der sie angeregt hat, längst wieder weiter, nach anderen Bezirken der Wirksamkeit aus. Niemand schaut dem Dichter, dem Komponisten beim Schaffen beständig über die Schulter. Erst sein vollendetes Werk beurteilt man. Bei der Arbeit läßt man ihn allein. Wir Lehrer kommen nie dazu, unser fertiges Werk zu zeigen. Mitten im schönsten Schaffen wird es uns aus den Händen genommen. Andere patzen daran herum. Man schilt uns um Dinge, die wir nicht gemacht, und lobt andere für Resultate, an die wir unser Leben gesetzt haben. Dabei hofmeistert - in bester und in weniger guter Absicht - alles an uns herum: Vorgesetzte, Eltern, Öffentlichkeit. Am wenigsten noch unsere Schüler, die uns am besten kennen. Wir stehen unausgesetzt in einem Kreuzfeuer von Weisungen und Wünschen, in dem schließlich auch starke Nerven versagen. Die aber haben wir nicht. Wir dürfen sie nicht haben. Wer starke Nerven hat, paßt zum Lokomotivführer oder zum Telephonfräulein, aber nicht zum Lehrer, dessen Gemüt mit den Kindern mitschwingen muß, wenn er sie zum Klingen bringen will. Der gute Lehrer könnte ein Künstler sein. Aber das ist ihm nicht vergönnt [...]

Dem Lehrer wird durch Schreibarbeit der kleinlichsten Art die Ruhe und die Zeit für seine künstlerische Arbeit genommen. Daß es ihm zugleich aus Gründen seiner bedrängten materiellen Lage meist nicht möglich ist, sich mit dem notwendigen Handwerkszeug zu versehen, leitet schon zu den inneren Hemmungen hinüber. Nur Trivialität fühlt sich immer sicher, hat nie Zweifel an sich. Wem aber sein Beruf zitternde Freude und heimlicher Stolz ist, wird nur zu häufig von Bedenken heimgesucht, die sein in engeren Bezirken angesiedelter Kollege gar nicht kennt: Bin ich schon auf der Höhe? Bin ich noch auf der Höhe? Was soll ich tun, um in jedem Fall die menschliche Rücksicht auf den einzelnen mit der gebotenen Rücksicht auf die Gemeinschaft zu vereinen? Daß wir Lehrer nicht nur Erzieher und Überlieferer von Wissen, sondern auch Beamte mit richterlichen Funktionen sein müssen, ist ein Erdenrest, zu tragen peinlich.

[...] Gibt sich ein Lehrer selbst einmal die beste Note, dann lasse er sich begraben oder gehe mindestens sofort in Pension.« (»Tischgespräche«, 30. September 1928)

»Der Haß ist in der Welt sehr beliebt, aber gegen die Liebe sind die Menschen eingenommen.« (»Der ukrainische Liebesbrief«, 29. August 1926)

»Ich hasse das Wort: der Gescheitere gibt nach! Das ist eine traurige Wahrheit, sie begründet die Weltherrschaft der Dummheit.« (»Bei Marie Ebner-Eschenbach«, 13. September 1930)

»Güte ohne Klugheit hat keine Kraft. Wie weise man sein muß, um immer gut zu sein!« (Marie Ebner-Eschenbach)

»Der größte Feind des Rechts ist das Vorrecht.« (Marie Ebner-Eschenbach)

»Ein Fauler und ein Fleißiger können nicht beisammen leben; der Faule verachtet den Fleißigen gar zu sehr.« (Marie Ebner-Eschenbach)

»Wenn man ein Seher ist, braucht man kein Beobachter zu sein.« (Marie Ebner-Eschenbach)

»Wenn ich unwahr bin, bin ich verloren.« (»Komplimente«, 19. April 1927)

»Kein achtjähriges Kind sollte etwas auswendig lernen, woran es sich mit sechzig Jahren nicht freuen kann.« (Interview mit Merete Bonnesen, 1936)

»Kenntnisse kann man sich überall holen, Freude nirgends so gut wie in der Schule. Dort ist man zum ersten Mal ein Gemeinschaftswesen, vermißt, wenn man nicht kommt.« (ebenda)

»Natürlich ist so ein Wendetag [der Tag des Schulbeginns] nicht ganz ohne Melancholie. Schon deshalb, weil Ferien etwas so Wunderbares sind. Diese leise Trauer liegt aber nur zutiefst. Über sie hinweg flutet eine lebenvorwärtsdrängende Heiterkeit, eine stürmische Neugier, ein hoffnungssicheres Zielbewußtsein.« (»Das neue Schuljahr beginnt«, 18. September 1927)

»Aus einem heiteren und liebenden Herzen erwächst Schöpferlust, und so kommt es, daß die Kinder in der fröhlichen Schule wirklich schreiben, wirklich sprechen können, begeistert singen, daß sie mit Wahrheit vorlesen, mit Schwung rezitieren, mit heiterer Überlegenheit Theater spielen. Diese Kinder wagen es zu schreiben, was sie denken, weil die Gefahr, ausgelacht zu werden, nicht existiert, weil keine Konvention herrscht.« (»Die Lebensluft der neuen Schule«, 1931)

»Wenn die neue Schule das erreicht, dann hat sie viel getan. Sie hat der Jugend geholfen, das in ihr derzeit ruhende Ideal zu erreichen. Wir können die Menschen nicht nach unserem Sinn formen. Ihr Ideal liegt in ihnen verborgen, nicht in uns. Die alte Schule wollte biegen, beschneiden, mit der Wurzel ausreißen. Neue Erziehung heißt: organischem Wachstum lauschen.« (ebenda)

»Noch nie ist etwas Gutes gesagt worden, ohne daß noch Besseres daraus hervorgegangen wäre.« (»Lehrer Schönberg«, 22. September 1924)

»Der Teufel hole alle Phantasie, die einen zwingt, die Dinge oft zu erleben.« (Brief an Liccie Zuckmayer vom 17. April 1938)

»Bescheidenheit kommt von Bescheid.« (»Ist G. B. Shaw eitel?«, 26. Juli 1936)

»Drandenken ist die beste Art von Haben.« (»Sind Engel nützlich?«, 1. Dezember 1929)

»Jeder gesunde Säugling kommt mit einer ungeheuren Lebenslust auf die Welt, was übrigens sehr gegen die Lehre von der Reinkarnation spricht.« (»Dottoressa Montessori«, 23. März 1925)

»Leute, die einem unaufhörlich auf dem Pfade der Tugend vorangehen, können einen bekanntlich zu leicht in die Hölle bringen.« (»Ein Interview mit Settlementeltern«, 28. Juni 1915)

»Schlimme Kinder sind jene, durch die sich die Erwachsenen gestört fühlen, also eigentlich alle Kinder.« (»Dottoressa Montessori«, 29. März 1925)

»Der technische Fortschritt bemüht sich, den Raum aufzuheben. Aber es geschieht etwas Merkwürdiges: während die Entfernungen zwischen den Menschen immer kleiner werden, wird die Entfernung von Mensch zu Mensch immer größer. Es ist eben ein eigen Ding um die Nähe: damit die Nähe wünschenswert sei, müssen die Geister, nicht die Leiber einander nähergebracht werden.« (»Umgang mit Büchern«, 7. April 1934)

»Es herrscht eine Todesangst, durch allzu große Freundlichkeit Größenwahn zu erzeugen.« (»Komplimente«, 19. April 1927)

»Reformen gibt es nur in besiegten Ländern. Der einzige Vorteil eines Krieges ist, daß wenigstens eine Menschengruppe so arg niedergedrückt ist, daß sie die Gelegenheit wahrnimmt, sich auf sich selbst zu besinnen.« (»Österreich, Schild des Abendlandes«, 12. April 1925)

»Reich sein scheint schwierig und ungemütlich; arm sein ist unerträglich; wann kommt die richtige Mitte?« (Brief an Karin Michaelis, 6. Oktober 1932)

»Wer schon durch die Schule des Lebens gegangen ist, der lebt automatisch weiter.« (»Tod im Frühling«, 1. März 1926)

18. Der Prospekt der Schwarzwaldschen Schulanstalten von 1915

Ende 1913 bezog die Schwarzwaldschule die neuen Räume im 4. und 5. Stock mit Dachgarten des Bürogebäudes Wallnerstraße 9/Regierungsgasse 1. Der Schulprospekt gibt ausführliche Auskunft über die äußeren und inneren Einrichtungen der »Schwarzwaldschen Schulanstalten«.

Die Schwarzwaldschen Schulanstalten

Die Schwarzwaldschen Schulanstalten sind 1901 gegründet worden und gehören vom Herbst 1915 an einer Gesellschaft, die zum Zwecke der Erhaltung der Schulen ins Leben gerufen wurde. Sie bestehen zurzeit aus einer öffentlichen **fünfklassigen Koedukationsvorschule** für Knaben und Mädchen, vier Klassen eines **achtklassigen Realgymnasiums** für Mädchen (mit Öffentlichkeitsrecht), einem **sechsklassigen Mädchenlyzeum** (mit Öffentlichkeitsrecht), vierjährigen **humanistischen Gymnasialkursen** für Mädchen, zwei Jahrgängen einer dreijährigen **höheren Lehranstalt für wirtschaftliche Frauenberufe**, einem **wissenschaftlichen Fortbildungskurs** für Absolventinnen von Lyzeen und Gymnasien und einer **Kleinkinderschule**.

Schulräume.

Die Anstalten sind im Hause I, Wallnerstraße 9 (Herrengasse 10, Regierungsgasse 1), untergebracht in Räumen, die für die Schule erbaut sind. Neben zwanzig schönen, hohen, lichten Schulzimmern mit allen notwendigen Nebenräumen verfügt die Schule über einen schönen Festsaal (mit Bühne) für 200 Personen, einen Turnsaal mit Ankleidezimmer und Duschen, einen Physiksaal, einen Zeichensaal, einen Slöjdsaal. Zur Schule gehört ein Dachgarten von etwa 1000 Quadratmetern, der bei gutem Wetter zu Unterrichtszwecken und zu allen Jahreszeiten zum Spielen und Spazierengehen in den Pausen dient.

Koedukationsvorschule.

Die Schule für Knaben und Mädchen von 6—11 Jahren ist bemüht, in der Unterrichtssprache, im Rechnen und in den Realien eine sichere Grundlage für das gute Fortkommen der Schüler und Schülerinnen in der Mittelschule zu schaffen. Auf Zeichnen, Handarbeit, Handfertigkeit und Singen wird großes Gewicht gelegt. Schwedisches Turnen ist für alle Kinder obligat. Französisch wird als Freifach gelehrt.
Schulbeginn: 1. Oktober. Schulschluß: 20. Juni. Schulgeld: 300 Kronen jährlich.

Realgymnasium.

Diese Anstalt ist nach den staatlichen Lehrplänen eingerichtet und führt in acht Jahren zur realgymnasialen Reifeprüfung und zum ordentlichen Universitätsstudium.
In die unteren Klassen werden einige Knaben als schulbesuchende Privatisten aufgenommen.
Schulbeginn: 27. September. Schulschluß: 5. Juli. Schulgeld: 400 Kronen jährlich.

Mädchenlyzeum.

Diese Anstalt ist gleichfalls nach dem öffentlichen Lehrplan eingerichtet. Sie vermittelt den Schülerinnen vom 10. bis zum 16. Lebensjahre eine, wenn auch bemessene, so doch gründliche Bildung in der Muttersprache, modernen Sprachen, Naturwissenschaften, Geschichte und Mathematik. Zeichnen und Turnen werden gleichfalls eifrig betrieben. Am Schluß des sechsten Schuljahres können die Schülerinnen sich einer Reifeprüfung unterziehen.
Schulbeginn: 28. September. Schulschluß: 5. Juli. Schulgeld: 1.—3. Klasse 360 K, 4.—6. Klasse 500 K jährlich.

Humanistische Gymnasialkurse.

Diese von Frau Dr. Schwarzwald im Jahre 1901 nach deutschem Muster ins Leben gerufenen Kurse haben nunmehr das 14. Jahr ihres Bestehens hinter sich. Sie haben die Aufgabe, den Besuch der Universität und die wissenschaftliche Laufbahn jenen Mädchen zu ermöglichen, die nicht schon im Kindesalter (10. Lebensjahr) von ihren Eltern hierfür bestimmt worden sind. Grundsätzlich wird daher für die Aufnahme in den I. Kurs ein Mindestalter von 14 Jahren erfordert, so daß die Absolventin des IV. Kurses mit 18 Jahren an die Reifeprüfung geht. Als Vorbildung wird die Vollendung der unteren Lyzealklassen oder der Bürgerschule mit entsprechender sonstiger Ergänzung der Kenntnisse vorausgesetzt, da die modernen Sprachen den Untergrund der gymnasialen Schulung zu bilden haben.

Das reifere Alter der Schülerinnen, welches einen freiwilligen, wohlüberlegten Entschluß zum Studium ermöglicht, ihre Vorbildung, der Umstand, daß unter den sich Anmeldenden nur Begabte und vollkommen Tüchtige berücksichtigt werden, gestatten bei gründlicher Ausnützung der Lernzeit eine vollständige und allseitige Verarbeitung des Lehrstoffes.

Schulbeginn: 29. September. Schulschluß: 5. Juli. Schulgeld: 400 K jährlich.

Höhere Lehranstalt für wirtschaftliche Frauenberufe.

Diese Lehranstalt ist nach dem neuen Lehrplan des Arbeitsministeriums organisiert und hat die Aufgabe, den Schülerinnen, die zumeist aus der Bürgerschule kommen, in drei Jahren gründliche praktische Kenntnis des gesamten Hauswesens und eine ordentliche theoretische Bildung zu vermitteln, die sie befähigt, eine leitende administrative Stellung in Betrieben, wie Sanatorien, Waisenhäusern, Versorgungshäusern, Landerziehungsheimen etc. zu bekleiden oder einen eigenen Haushalt selbständig zu führen. Die Ausbildung ist sehr zu empfehlen, eignet sich aber nur für gesunde Mädchen von gutem praktischem Verstand, einiger Geschicklichkeit, angenehmem Äußern und freundlichen Umgangsformen.

Schulbeginn: 20. September. Schulschluß: 10. Juli. Schulgeld: 300 K jährlich.

Wissenschaftlicher Fortbildungskurs.

Diese Kurse sind für erwachsene junge Mädchen bestimmt und sollen eine höhere Fortbildung in wissenschaftlichen Fächern ermöglichen. Besonders werden Literaturgeschichte der modernen Völker, Kunstgeschichte, Naturwissenschaften, Wirtschaft und Recht sowie Philosophie berücksichtigt. Die Kurse sind durchwegs besonders qualifizierten Dozenten anvertraut. Die Einschreibung verpflichtet zu regelmäßigem Schulbesuch und tätiger Teilnahme an den Übungen. Die Kurse sollen den jungen Mädchen nicht äußerlich Gedächtnisstoff bieten, sondern vornehmlich zu selbständigem Denken, Arbeiten und Lesen anregen.

Schulbeginn: 11. Oktober. Schulschluß: 15. Juni. Schulgeld: 300 K jährlich.

Kleinkinderschule.

Hier werden täglich von 9—12 Uhr kleine Kinder von 3—6 Jahren im Sprechen, Singen, Turnen, Zeichnen und Modellieren geübt. Sie lernen sich beschäftigen und selbständig spielen. Ihre Sinne und ihre Geschicklichkeit werden nach verschiedenen erprobten Methoden ausgebildet. Das Zusammenleben mit anderen Kindern übt wohltätige Wirkung, Anregung und heitere Beschäftigung der Kinder ist das Ziel dieser Schule.

Schulbeginn: 12. Oktober. Schulschluß: 1. Juni. Schulgeld: 300 K jährlich.

Einschreibungen. Auskünfte.

Anmeldungen können in den Monaten Mai bis Juli, sowie im September täglich zwischen 11 und 1 Uhr erfolgen. An Dokumenten sind hierzu erforderlich: Tauf- oder Geburtsschein und das Abgangszeugnis der zuletzt besuchten Schule. Die formelle Einschreibung erfolgt durch Ausfüllung der Anmeldungskarte und Entrichtung von 20 K als Einschreibgeld und Lehrmittelbeitrag.

Derzeitige Schüler und Schülerinnen, die im nächsten Schuljahre die Schule nicht mehr besuchen sollen, müssen spätestens bis zum 1. August schriftlich abgemeldet werden; andernfalls ist das Schulgeld für das I. Semester zu entrichten.

Schriftlich, mündlich und telephonisch (Nr. 19227) werden alle Auskünfte bereitwillig erteilt. Alle Zuschriften und Anrufe sind zu richten an das Sekretariat der Schwarzwaldschen Schulanstalten.

In der Vorschule.

Im Slöjdsaal.

Singprobe im Festsaal.

In der Nähstunde.

Turnstunde auf dem Dache.

Dachgartenjause mit deutschen Verwundeten.

Schwarzwald'sche Schulanstalten
Wallnerstraße 9, Regierungsgasse 1.

Öffentliches Realgymnasium
(achtklassig).
Öffentliches
Mädchenlyzeum
(sechsklassig).
Humanistische Gymnasialkurse für
Mädchen
(vierjährig).
Höhere Lehranstalt für wirtschaftliche
Frauenberufe
(dreijährig).
Wissenschaftliche Fortbildungskurse
für junge Mädchen.
Öffentliche
Koëdukations-Vorschule
für Knaben und Mädchen (fünfklassig).
Kleinkinderschule
für 3—6jährige Knaben und Mädchen.

Leitung:
Eugenie Schwarzwald
Sprechstunden an allen Schultagen 12—1 Uhr.

Telephon Nr. 19227.

Clearing der Postsparkasse Nr. 57319.

WIEN, 27. XI. 1914.

Das Schulgeld für _Lizzi_

(1. Semester) beträgt . . . . 250 Kronen,

außerdem sind als Einschreibegebühr . . . . „

und als Lehrmittelbeitrag . . . . 5 „

zusammen 255 Kronen

zu entrichten.

Die ergebenst gefertigte Administration gestattet sich, um gefällige Einzahlung dieses Betrages durch den beiliegenden Erlagschein der k. k. Postsparkasse zu bitten.

Hochachtungsvoll

Administration der
Schwarzwald'schen Schulanstalten.

Schulgeld-Bestimmungen.

Das Schulgeld ist in zwei Raten, am 20. September und am 1. Februar zu entrichten.

Es beträgt jährlich:

für die Realgymnasiumklassen und die drei unteren Lyzealklassen . . . . Kronen 360.—
für die drei oberen Lyzealklassen . . . . . „ 500.—
„ „ humanistischen Gymnasialkurse . . „ 400.—
„ „ höhere Lehranstalt für wirtschaftliche
Frauenberufe . . . . „ 300.—
„ den wissenschaftlichen Fortbildungskurs „ 300.—

„ die Vorschulklasse . . . .   „   300.—
„ „ Kleinkinderschule . . . .   „   300.—

Die Aufnahmstaxe beträgt 10 Kronen, der jährliche Lehrmittelbeitrag 5 Kronen.

Das Schulgeld für Privatistinnen beträgt die Hälfte. Taxe für Aufnahmsprüfung in jede I. Klasse 12, in höhere Klassen 30 Kronen.

Eine Schülerin der Anstalt gilt für das nächste Schuljahr als angemeldet, wenn nicht ihr Austritt bis spätestens 1. August der Diretion schriftlich zur Kenntnis gebracht wird; eine spätere Abmeldung enthebt nicht vor der Zahlung des Schulgeldes für ein Semester.

Der Austritt während des Schuljahres befreit nicht von der Entrichtung des vollen Schulgeldes.

19. Die Schülerinnen

Nicht mehr sehr zahlreich sind die noch lebenden Schülerinnen der Schwarzwaldschule, aber alle, die ausfindig gemacht werden konnten, haben sich bereitwilligst und mit großer Wärme geäußert, dankerfüllt bestehen sie auf dem Besonderen ihrer »fröhlichen Schule«. Hier einige, wenige Beispiele (Auszüge):

Lily Ruth Hull* (Brief an Hans Deichmann vom 2. 6. 1985)
»[...] Ich freue mich über Ihr Unterfangen. Meine Schulzeit ist mir immer in glücklicher Erinnerung geblieben. Ich bin von der ersten Volksschulklasse bis zur Matura 1938 (der letzten, die noch möglich war) Schwarzwaldschülerein gewesen. Meine Volksschullehrerin Elsa Reiss hat mir für den Rest meines Lebens Liebe und Lernen gegeben [...] Wir hatten Freiheiten und Selbstbestimmung, die zu jener Zeit unvorstellbar waren [...]«

* Frau Hull wurde im April 1985 zufällig in einem Schweizer Zug von Birgit Nielsen, der Betreuerin des Karin Michaelis-Archivs in Kopenhagen, als ehemalige Schwarzwaldschülerin entdeckt.

Gertrud Fleischmann (an Hans Deichmann, 30. 4. 1984)
»[...] Doch immer, wenn Mathematikstunde war, etwas Furchtbares und Unverständliches für mich, holte sie [Genia Schwarzwald] mich einfach aus der Klasse, ging Arm in Arm mit mir auf dem Gang spazieren und erzählte mir, welch' wunderbaren deutschen Aufsatz von mir sie gelesen hat [...]
PS: Ich bin jetzt 85 Jahre alt und rückschauend auf mein Leben finde ich wirklich und ohne zu übertreiben, daß meine Schulzeit (7 Jahre) bei Schwarzwald die schönste und beste Zeit meines Lebens war.«

Emmy Wellesz (an Hans Deichmann, 16. 4. 1984)
»[...] Wir hatten unsere Handarbeitsstunden bei der Französisch-Lehrerin und eine von uns hatte vorzulesen. Die eine war fast immer ich, weil ich die beste Aussprache hatte. Daß dabei meine Arbeit, ein handgenähtes Hemd aus scheußlich-dickem Stoff wenig Fortschritte machte und immer trauriger und unsauberer aussah, läßt sich denken.
Da geschah es zweimal, daß Fraudoktor hereinkam, das Unglückshemd auf dem leeren Platz liegen sah, mich anlächelte, sich hinsetzte und flink daran nähte [...] bis die Stundenglocke läutete. Daß das Scheusal zum Heiligtum wurde, kann man sich denken. Nie wieder habe ich Genia mit einer Nadel in der Hand gesehen.
[Stimmt nicht recht: Hans Deichmann besitzt heute noch zwei kleine randlose Wollmützchen, die Fraudoktor auf ihrem Balkon in Grundlsee Ende der zwanziger Jahre für alle »Kinder« zu häkeln pflegte].
Fraudoktor sagte dazu: ›Ja, das kann ich, das hätte ich unterrichten sollen.‹«

Ingeborg Lau (in der Arbeiter-Zeitung, 10. 4. 1985)
»Meine Schwester und ich waren schulgeldbefreite Schülerinnen dieser hervorragenden Schule [...] Nach der fristlosen Entlassung unseres Vaters (Februar 1934/weil Sozialdemokrat) verloren wir alles [...] In Wien wollte keine Schule etwas von den Kindern des gemaßregelten Vaters wissen - mit Ausnahme der Schwarzwaldschen Schulanstalten. Die einzige Forderung der Frau Dr. Schwarzwald war ein positiver Fortschritt in der Schule, zu dem nicht einmal ›Wohlverhalten‹ zählte [...] Alles, was an Humanität in mir ist, verdanke ich dieser Gemeinschaft [...]
Die einzige ›Gegenleistung‹, die nach 1938 von der ehemaligen Direktorin Josefine Weissl [...] von mir verlangt worden ist, war die Aufnahme einer ehemaligen Kollegin, die, aus Auschwitz kommend, als U-Boot leben sollte.«

Annie Lifciz (an Hans Deichmann, 24. 9. 1984 und 31. 1. 1985)
»[...] Ich war tatsächlich eine Schwarzwaldschülerin, und zwar durch viele Jahre (1909 - 1920: Vorschule und Realgymnasium), und zähle diese Zeit (welch' Charakteristikum für eine Schule!) zu den schönsten Jahren meines Lebens. Man freute sich jeden Tag aufs Neue auf die Schule, auf die Lehrer und die Erlebnisse des kommenden Tages. Ich gehörte nicht zu jenen, die der Fraudoktor besonders nahestanden, ich war einfach eine von vielen hundert Schülerinnen, liebte meine Lehrer (unvergessen Elsa Reiß und ihre Schwestern), wußte zu schätzen, daß Leute vom Range wie Prof. Otto Rommel oder Künstler wie Adolf Loos uns Unterricht erteilten, und erinnere mich an Stunden, wo Fraudoktor überraschend im Klassenzimmer erschien und uns irgendeine literarische Kostbarkeit vorlas. Als Beweis meiner Anhänglichkeit und meines Gedenkens anbei ein Heft [Prospekt der Schule von 1915/16], das ich bis heute bewahrt habe; und das will was heißen, denn ich bin fast 85 Jahre alt, und meine Schicksale, inklusive Emigration, haben mich rund um die ganze Welt geführt [...]

Adolf Loos hielt eine Vortragsserie für mehrere zusammengefaßte Klassen, nachmittags im Festsaal der Schule; er sprach über Lebens-Stil, Stil- und Kunstgeschichte; sein Vortrag war fesselnd, er selbst, zu jener Zeit, ein interessanter Mann von circa 45 Jahren.«

Maltschi Buchthal-Serkin (an Hans Deichmann, 22. 1. 1986)
»Für mich war der Eintritt in die Schule (1916) der eigentliche Anfang meines Lebens - ein Erwachen aus einem Halbschlaf. Die Atmosphäre war zwanglos, der Unterricht überaus lebendig und anregend [...] Die schullosen Sonntage erschienen mir wie eine Art Strafe. Der größte Eindruck war aber Fraudoktor selbst. Sie unterrichtete eigentlich nicht, sondern wachte über Geist und Führung der Schule, die sie mit ihrer Persönlichkeit beseelte [...] Sie griff ein, wo sie Schwierigkeiten sah oder solche vermutete, meistens mit Takt und immer mit aktivem Interesse. So kam es auch, daß man keine Angst vor Lehrern oder Prüfungen hatte und keinerlei Druck verspürte [...]

Nie werde ich den Tag vergessen, an dem sie uns alle in die Aula rufen ließ. Ihre Rede war kurz: ›Kinder, Ihr könnt alle nach Hause gehen. In Rußland ist Revolution.‹ Das war 1917; wieviele Kinder diese Rede verstanden, wieviele Eltern sie gebilligt haben, weiß ich nicht (mein Vater war Russe und ein Feind des Krieges, er begrüßte die Revolution freudig).

Genia hat ihren Abscheu vor dem Krieg nie offen ausgesprochen, aber nach Kriegsende hatte sie den Mut zu sagen: ›Wir alle haben uns in der Kriegszeit unendlich blamiert.‹

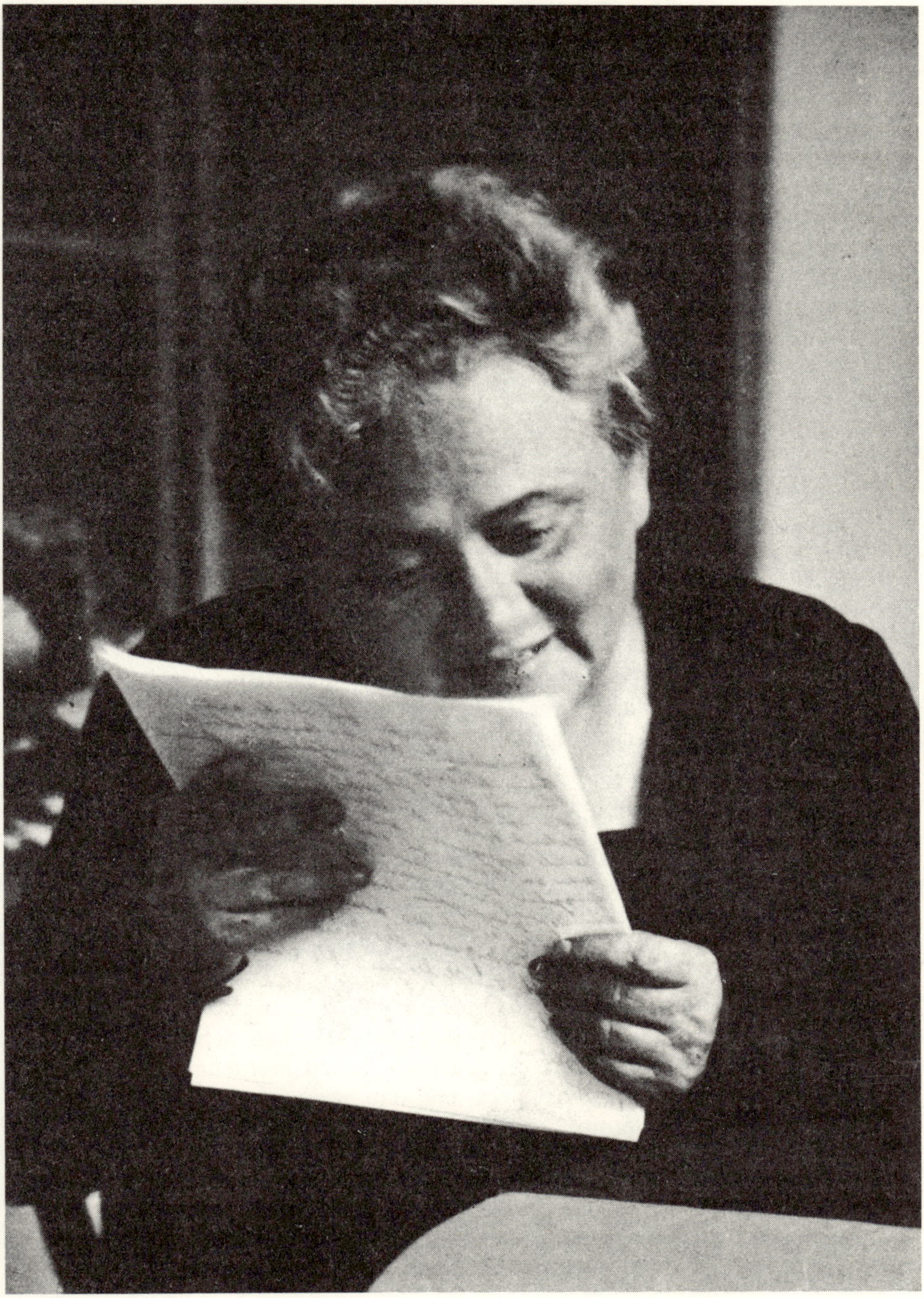

Genia hatte einen feinen Spürsinn für jegliches Talent, das sie förderte, wo immer sie nur konnte. Dazu war sie genial im Organisieren und sprang mit tätiger Hilfe bei, wo es nottat, ja, sie fand sogar Geldgeber.«

Friede Rossmanith, geb. Krisch (an Hans Deichmann, 14. 11. 1983)
»[...] Ich war Schülerin (geb. 1900) in Wien in der einmalig geführten Schwarzwaldschule [...] Ich ging ins Gymnasium, und als Fraudoktor mit ihren immer neuen Ideen die chemische Fachschule ins Leben rief, durfte ich dorthin wechseln und erhielt einen Freiplatz [...]

Fraudoktors Lieblingslied, mit dem meist unsere wöchentlichen musikalischen Abende in dem so schönen Festsaal begannen, möchte ich noch aufschreiben; es kennt sicher noch jede Schwarzwaldschülerin:

Wir sitzen so fröhlich beisammen und haben einander so lieb,
Wir heitern einander das Leben ./.
Ach wenn es nur immer so blieb ./.

Und weil es nicht immer kann bleiben,
so haltet die Freundschaft recht fest
Wer weiß ach, wie bald uns zerstreuet ./.
Das Schicksal nach Ost und West ./.

Und kommen wir wieder zusammen auf wechselnder Lebensbahn,
So knüpfen ans fröhliche Ende ./.
Den fröhlichen Anfang wir an ./.«

Mit dem Krieg (1914-1918) begann ein neuer Lebensabschnitt von Genia Schwarzwald. Ihre Energien und ihr Einfallsreichtum richteten sich nun zuvorderst auf ihre vielfältigen, erfindungsreichen, bedeutenden sozialen Hilfsaktionen, von denen das folgende Kapitel handeln wird. Der besseren Übersicht wegen wird jedoch zunächst der Bericht über die pädagogische Arbeit von Genia Schwarzwald im engeren Sinne fortgesetzt, d. h. über das Geschehen in und in Verbindung mit den »Schwarzwaldschen Schulanstalten«. Gerechtfertigt ist dies auch dadurch, daß keine ihrer Unternehmungen ohne den Hintergrund »Schule« denkbar ist, und daß, wie wir sehen werden, die Schule ihr stets als »Hauptquartier« diente.

An der im Prospekt von 1915 beschriebenen Struktur der Schulanstalten änderte sich nicht mehr Wesentliches; auch wenn Genia Schwarzwald aus Zeitmangel die eigentliche Schulleitung Mitarbeitern überließ, sie unterrichtete auch nicht mehr, blieb sie doch in allem der Schule ausschlaggebender Mittelpunkt.

20. Die »Rechtsakademie für Frauen« (1916/1917)

Anfang Februar 1916 erschien in allen Wiener Zeitungen ein Aufruf:

»Die juristische Fakultät ist den Frauen noch immer verschlossen. Gerade der große Umfang, den die Frauenarbeit während des Krieges angenommen hat, zeitigt das Bedürfnis und das Recht der Frauenwelt, auch an der Rechtskunde und an einer rechtskundigen Vertretung gehörig teilzuhaben. Diese Forderung öffentlich zu formulieren, findet Mittwoch, den 16. um 7 Uhr abends, im Festsaal der Schwarzwaldschen Schulanstalten eine zwanglose Zusammenkunft statt, bei der Univ.-Prof. Hofrat Dr. Bernatzik, der Wiener Vertreter des öffentlichen Rechts, sprechen wird.
Als Einberufer zeichnen Marianne Hainisch, Editha v. Mautner-Markhof, Ernestine v. Fuerth, Marie Hasserl-Bernatzik, Helene Granitsch, Dr. Eugenie Schwarzwald.«

Am 23. und 25. 2. erschienen in den Zeitungen Berichte über den Vortrag von Prof. Bernatzik, dessen »Zuhörerschaft von Frau Dr. Eugenie Schwarzwald freundlichst begrüßt wurde«. Die Frauen seien bekanntlich zum Philosophie- und Medizinstudium, aber nicht zum Rechtsstudium mit gültigem Abschlußexamen zugelassen; diese Rückständigkeit teile Österreich nur mit Ungarn und Rußland.
Die von der Versammlung beschlossenen Interventionen beim zuständigen Unterrichtsminister (März und Mai 1916) führten nicht zur erwarteten endlichen Zulassung der Frauen zum Rechtsstudium.
Erst anderthalb Jahre später, am 1. November 1917, schrieb das Neue Wiener Tagblatt: »[...] die für die gesamte Frauenwelt hochinteressante und bedeutsame Mitteilung, daß bei uns in Wien eine private ›Rechtsakademie für Frauen‹ ins Leben treten wird [...] In zweijährigem seminaristischem Unterricht, der von Universitätsprofessoren erteilt wird, sollen Frauen so viel juristische Kenntnisse erwerben, als sie als Hilfsarbeiterinnen in Ämtern, Banken, Großbetrieben des Handels und der Industrie brauchen [...] Bis zur hoffentlich baldigen Zulassung der Frauen zur juristischen Fakultät wird also diese Schule auch denjenigen dienen, die aus wissenschaftlichem Interesse sich der Jurisprudenz zuwenden.«
Neue Freie Presse vom 18. 11. 1917: Am 13. 11. konstituiert sich das Komitee zur Errichtung einer »Rechtsakademie für Frauen« unter dem Vorsitz von Prof. Edmund Bernatzik, nach einem »Bericht der Frau Dr. Eugenie Schwarzwald, die die organisatorische Vorarbeit besorgt hatte«. Es folgt ein genauer Lehrplan mit Verteilung auf vier Semester.
»Zur Feststellung des Lehrerfolgs werden Zeugnisse ausgestellt. Der Unterricht wird in den Räumen der Schwarzwaldschen Schulanstalten abgehalten werden.«

Laut Neues Wiener Tagblatt vom 11. 12. 1917 wurde am 9. 12. die Rechtsakademie eröffnet:

»[...] Hofrat Bernatzik verwies dann auf die Umstände, die eine ingeniöse und warmfühlende Frau, Frau Dr. Schwarzwald, den Gedanken der Schaffung dieser Rechtsakademie fassen ließen [...] Am Schluß ergriff Frau Dr. Eugenie Schwarzwald, stürmisch begrüßt, das Wort zu einer überaus wirkungsvollen Ansprache, die mit den schönen Worten schloß: ›Ich wünsche den Hörerinnen der neuen Rechtsakademie nunmehr, da sie das geschriebene Recht besitzen, nicht zu vergessen, daß die besten Frauen aller Zeiten das ungeschriebene Recht stets tief im Herzen eingetragen haben.‹«

Das Neue Wiener Tagblatt berichtet am 17. Oktober 1918 von den im Festsaal der Schwarzwaldschule abgehaltenen ersten Jahresprüfungen:
»Das Auditorium [...] zeigte sich vom hohen Niveau der Prüfungen überaus befriedigt. Es ist zu hoffen, daß dieser neuerliche Beweis von der Eignung der Frau für juristische Studien dazu beitragen wird, die Eröffnung der juristischen Fakultät zu beschleunigen.«

Am 12. Oktober hatte das Neue Wiener Tagblatt bereits den Beginn des neuen Akademie-Jahres ab 14. Oktober angekündigt.

Der Chronist bekennt, nicht verfolgt zu haben, wie lange die Rechtsakademie für Frauen bestanden hat; sicher ist, daß sie am 3. November 1919 (siehe Neue Freie Presse vom 22. 10. 1919) ihre Kurse für ein neues Jahr eröffnete und »mit Rücksicht auf die bisher erzielten Erfolge und den vielfach ausgesprochenen Wünschen folgend, auch Männer in die Kurse aufgenommen hat.«

Auch zur ersten Tagung für die Berufsinteressen der Frauen (Zentralstelle für weibliche Berufsberatung) wurde laut Neue Freie Presse vom 3. 11. 1917 zum 11. 11. 1917 im Festsaal der Schwarzwaldschen Schulanstalten eingeladen, und über die Tagung berichtet das Neue Wiener Abendblatt am 12. Ob Genia Schwarzwald aktiv daran teilgenommen oder nur die Räume ihrer Schule zur Verfügung gestellt hat, ist nicht bekannt.

21. »Chemischer Fachkurs für Frauen« (1916)

Während im Februar 1916 dem dringenden Wunsch nach der Zulassung der Frauen zum Rechtsstudium zunächst der Erfolg versagt blieb und man sich erst anderthalb Jahre später an dessen Stelle mit einer - dann allerdings äußerst erfolgreichen - »Privaten Rechtsakademie für Frauen« begnügen mußte, gelang die Schaffung eines im Mai 1916 vorgeschlagenen

»Zweijährigen chemischen Fachkursus für Mädchen und Frauen« sozusagen auf Anhieb. Noch am 8. 5. 1916 heißt es in der Neuen Freien Presse lediglich, daß man »nun den Plan ins Auge gefaßt hat, eine Art chemisch-technologische Frauenfachschule ins Leben zu rufen, wo Frauen und Mädchen [...] in die Lage versetzt werden, sich innerhalb von zwei Jahren durch praktische Laboratoriumsarbeit Kenntnisse und Fähigkeiten anzueignen, die sie für Hilfsdienste in chemischen Betrieben aller Art tauglich machen [...] Anfragen sind zu richten an die Direktion der Schwarzwaldschen Schulanstalten [...]«, und schon am 14. 9. 1916 wurde die Einrichtung dieser Kurse und einige Tage später ihr Beginn am 9. Oktober 1916 im Laboratorium des österreichischen Apothekervereins im IX. Bezirk, Spitalgasse 31, mitgeteilt. Frieda Rossmanith geb. Krisch hat den ersten dieser Kurse »mit sehr gutem Erfolg absolviert«, wie ihr noch erhaltenes, dem Archiv in so dankenswerter Weise überlassenes »Abgangszeugnis« vom 13. Juli 1918 ausweist. Zu diesem von Genia Schwarzwald als Vorstand unterzeichneten Zeugnis schreibt Frau Rossmanith: »Dem ersten zweijährigen Kurs von 1916 folgte noch ein zweiter (bis Juli 1920). Der Leiter Prof. Dr. Viktor Grafe und Prof. Daniek hielten ihre Vorlesungen in Uniform. Nachdem Prof. Grafe - wegen Diebstahls von Büchern beschuldigt - sich das Leben genommen hatte, nahm diese Fachschule, der auch ich Wissen und Werdegang verdanke, ihr Ende.« Das Zeugnis zeigt die Einzelheiten des ausgezeichneten Lehrplans.

Bemerkenswert ist, daß weder der »Zweijährige chemische Fachkurs« noch die »Private Rechtsakademie für Frauen« eine eigentliche »Rechtsform« hatten, sie gehörten administrativ zu den »Schwarzwaldschen Schulanstalten«, aber gesagt wird es nirgends, abgesehen von der Aufforderung, Interessentinnen sollten sich beim Sekretariat der Schule anmelden. Halten wir uns nicht damit auf, denn es gibt aus dem Jahre 1916 noch anderes zu berichten.

Zur eigentlichen Schule kamen im Herbst 1916 hinzu:
»Ein Beschäftigungskurs für kleine Kinder« (Neues Wiener Tagblatt, 5. 10. 1916) »wird am 15. Oktober um 10 Uhr eröffnet. Darin werden Kinder von 4 bis 6 Jahren täglich von 9 bis 12 Uhr mit Singen, Handfertigkeit, Modellieren, Erzählen, Anschauung, schwedischem Turnen und richtig Sprechen lernen beschäftigt. Vor allem sollen die Kinder selbständig Spielen und sich Beschäftigen lernen.«
Neue Freie Presse, 14. 9. 1916: »Einjähriger Hausfrauenkurs«, »in dem folgende Gegenstände gelehrt werden: Kochen, Servieren, Nähen, Schnittzeichnen, Waschen, Plätten, Buchführung, Nahrungsmittelkunde, Turnen und Singen. Außerdem sollen die Schülerinnen in den Betrieb einer Kinderkrippe und eines Kindergartens Einblick erhalten:«

Frequenz- und Kolloquien-Bestätigung.

Wird hiemit bestätigt, daß

Fräulein *Krisch Frieda*

die **Vorlesungen und Übungen** des zweijährigen chemischen Fachkurses für Frauen

im Studienjahre *1916/17 und 1917/18*

ordnungsgemäß besucht, die vorgeschriebenen Kolloquien aus:

Anorganische } Chemie	vorzüglich
Organische	vorzüglich
Analytische Chemie und Stöchiometrie	lobenswert
Allgem. chem. Technologie	befriedigend
Spez. chem. Technologie und techn. Unters.-Methode	
Maschinenkunde	lobenswert
Physik und Elektrochemie	vorzüglich
Laboratoriumsübungen aus	
qualitativer } Analyse	vorzüglich
quantitativer	
Allgem. u. spez. Unters.-Methode, sowie mikroskop. Analyse	
Rohstofflehre und Warenkunde	vorzüglich

und die allgemeine Schlußprüfung

mit _____ Erfolge abgelegt hat.

Wien, am *13. Juli* 1918

Zweijähriger chemischer Fachkurs für Frauen:

Dr. Hajek f. Anorg.

Univ. Prof. Dr. Viktor Grafe
als Leiter

Zweijähriger chemischer Fachkurs
für Mädchen und Frauen
Laboratorium u. Kanzlei IX Spitalgasse 31

Abschlußzeugnis.

Krisch Frieda geb. zu _Egelsee b. Krems_ am _29. Juli 1900_ wurde auf Grund des absolvierten _5 kl. Privatgymnasiums_ in _Wien_ am _1. Oktober 1916_ in den zweijährigen chemischen Fachkurs für Frauen und Mädchen, Wien, IX., Spitalgasse 31, aufgenommen, hat die Übungen und Vorlesungen regelmäßig besucht und die vorgeschriebenen Semester-Kolloquien ordnungsgemäß absolviert.

Frau_lein Krisch Frieda_ hat schließlich am _19. Juli 1918_ die

allgemeine Schlußprüfung

mit _sehr gutem_ Erfolge bestanden.

Der Vorstand: Die Leitung:

[Unterschrift]   _Univ. prof. Dr Viktor Grafe_

In den damaligen Zeitungen erscheinen regelmäßig jedes Jahr Mitteilungen über Beginn der Zulassungsprüfungen und Schulbeginn der einzelnen Schulzweige, manchmal auch mit Programmen oder Schulzielen. In diesem Sinne bemerkenswert die Notiz in der Neuen Freien Presse vom 29. 9. 1916, die Vorschule betreffend:

»Nicht durchschnittlicher Volksschulunterricht, sondern eine grundlegende Vorbereitung für die Mittelschule und die weitere Lebensarbeit ist das Ziel der an den Schwarzwaldschen Schulanstalten bestehenden Vorschule für volksschulpflichtige Knaben und Mädchen. Außer den Kenntnissen, ja mehr als diese, entscheiden Gewöhnung an geistige Disziplin, Erziehung zu Zusammengenommenheit und Ordnung, Freude an gemeinschaftlicher Arbeit, gutes Benehmen und Fähigkeit zu Freundschaft darüber, ob Gymnasien, Realschule oder sonstiges Studium nachher ohne Überanstrengung, in geistiger Harmonie, gesund und ergebnisreich absolviert werden. Dies ist seit mehr als einem Dutzend Jahren System und Programm der genannten Vorschule, für dessen Erfolge sie heute schon ihre eignen Zöglinge im Feld, in Beruf, auf der Hochschule als Referenzen anführen kann.«

22. Vortragszyklus des Architekten Loos (1916)

Neben, aber in Verbindung mit dem eigentlichen Schulbetrieb werden für den Herbst 1916 angekündigt:

»Vortragszyklus des Architekten Loos. Adolf Loos beginnt Dienstag, den 17. 9. 1916 um 5 Uhr eine Vortragsreihe über Fragen des äußeren Lebens für Männer und Frauen. Der Ertrag ist dem Ferienfonds der Schwarzwaldschen Anstalten gewidmet, in deren Festsaal die Vorträge stattfinden.«

»Hygienevorträge. Freitag, den 20. September 1916, 4 Uhr beginnt Dr. med. Agnes Bacher einen Hygienekurs für junge Mädchen. Anmeldungen im Sekretariat der Schwarzwaldschen Anstalten [...]«

23. Arnold Schönberg: »Seminar für Komposition« (1917)

Im März 1917 kündigen die Zeitungen an, daß Arnold Schönberg in der Schwarzwaldschule Kurse in Harmonielehre und Kontrapunkt zu eröffnen denkt und zu einer Vorbesprechung der Teilnehmer, am 15. März, einlädt. In der Tat meldet das Neue Wiener Tagblatt am 14. 9., daß Schönberg »nach neuartigen Grundsätzen ein Seminar für Komposition (Harmonielehre, Kontrapunkt, Formenlehre, Instrumentation) eröffnet, und die Bedingungen derart sind, daß auch Minderbemittelte beitreten können«; diese Kurse wurden auch 1917, 1918 und 1919 fortgesetzt, wie die hier folgenden Dokumente zeigen.

In diesem Zusammenhang sei der Artikel »Lehrer Schönberg«, Der Morgen, 22. 9. 1924, zu seinem 50. Geburtstag von Genia Schwarzwald erwähnt, in der sie in Schönbergs Lehrweise ihre eigene bestätigt sieht.

»Lehrer Schönberg«

»Die Beerdigung Mozarts fand mit dem Kondukt dritter Klasse statt, wofür acht Gulden sechsunddreißig Kreuzer bezahlt wurden.«
Wer hat jemals diese trockene Nachricht ohne Bewegung gelesen. Die Selbstverständlichkeit, mit der jede Mitwelt den Genius zur Unterernährung verurteilt, um ihn dann, wenn er an der Schwindsucht zugrunde gegangen ist, ins Armengrab senken zu lassen, gehört zum Schlimmsten, was man in seiner Jugend entdeckt, wenn man zuerst zum Bewußtsein der Welt erwacht. Wenn selbst Mozart, das gütigste, umgänglichste, liebenswürdigste Genie, das je gelebt hat, die Welt nicht zu entwaffnen und nicht zu entgiften vermochte, wie muß es erst den andern gegangen sein?

So wenig sich die Menschheit rühmen kann, im allgemeinen seit Mozarts Zeit weiter gekommen zu sein, in diesem einen Punkt scheint doch die Erkenntnis fortzuschreiten. Ein kleiner Vorfall letzthin steht so einzig da, daß er aufgezeichnet zu werden verdient.

Ein Wiener Künstler, Arnold Schönberg, wird fünfzig Jahre alt. Freunde von ihm veranstalten eine Feier; dazu wird ihnen ein Saal im Rathaus zur Verfügung gestellt; ein zeitgenössischer Musikkenner feiert den Künstler durch Eingehen auf sein Werk, und dann kommt das Merkwürdige: der Bürgermeister der Stadt Wien erhebt sich und hält eine kurze, bescheidene Ansprache, der ausgesprochen und unausgesprochen nur ein Gedanke zugrunde liegt: Künstler sei uns, deinen Mitbürgern, nicht böse, wenn wir dich lange verkannt haben, fühle dich nicht verbittert, trage keinen Groll gegen uns, wir wollen es gut machen und künftig dein Schaffen schützen.

Wenn nicht gerade in diesem Augenblick die Herbstsonne besonders intensiv in den Saal geschienen hätte, man hätte glauben können zu träumen. Da saß ein Mann in den wirklich besten Jahren, noch kein Greis, noch nicht krebskrank, durchaus noch nicht tot, und die Stadt, in der er lebte, bat ihn schon um Entschuldigung für ausgestandene Leiden. Das scheint ein wunderbares Zeichen unserer sonst so abscheulichen Zeit zu sein!

Noch nie aber ist etwas Gutes gesagt worden, ohne daß noch Besseres daraus hervorgegangen wäre. So auch hier. War die Rede des Bürgermeisters erbaulich, so war die Antwort des gefeierten Künstlers schön. Zwanzig Jahre lang hatte Schönberg Not gelitten, immer war er mißverstanden, oft ausgezischt worden; in jeder schweren Lage hatte er sich stolz, manchmal hochmütig, in einzelnen Momenten geradezu vermessen benommen. Jetzt sollte er für die überraschende Ehrung und Liebeserklärung danken. Er stand da, schüchtern wie ein Schulkind bei der Prämienverteilung, dann überwand er sich und sagte mit einer schönen Entschlossenheit, der sich niemand entziehen konnte: »Ich war lange achtsam, nicht allzusehr unterschätzt zu werden. Ich werde jetzt achtsam sein, nicht überschätzt zu werden.«

Es war klug von der Stadt Wien, sich schon jetzt zu Schönberg zu bekennen; bald wird er so berühmt sein, daß es gar keine Ehre mehr sein wird, zu ihm zu halten. Es wirkt ja nur komisch, wenn Universitäten Menschen, die schon ohnehin weltberühmt sind, zu ihrer eigenen Ehre den Doktortitel verleihen, und der Nobelpreis, mit dem vielfach in mystischer Vorahnung liebreich die Kunst eines Achtzigjährigen gefördert wird, ist schon lange ein alljährliches Lustspiel. Bei Schönberg war es gerade noch der letzte Moment. Wenn ihn erst die Amerikaner ganz entdeckt haben werden, würde es für Wien schon zu spät sein.

Und doch dankt Wien diesem Mann vieles. Ich spreche nicht von seiner Kunst. Nicht in Lob und nicht in Tadel würde ich wagen, mir über Schönbergs Musik ein Urteil anzumaßen. Eine andere Seite seiner Existenz ist es, die ich kenne und der mein Preis gilt.

Schönberg ist seit zwanzig Jahren einer der großen Erzieher von Wien; ein strenger, ungemütlicher, oft irrender Erzieher, der trotzdem herrliche Erziehungsresultate erzielt hat. Schönberg hat eine ganze Schülergeneration aufgezogen; sich ein Publikum herangebildet und, wie man letzthin im Rathaus sehen konnte, sich selbst erzogen.

Schönbergs Schüler: man darf dabei nicht an Schule denken, sondern an eine Art von Werkstättenunterricht. Schönberg schwebt in seinem »Komponieratelier« eine Art von Unterricht vor, wie etwa Verrocchio seinen Malschülern erteilte – sie haben es gut und schwer. Er arbeitet mit ihnen, er strengt sich an, auch sie müssen sich anstrengen; sogar physisch, denn es ist eine Art von Turnen, ihm zu folgen, wenn er so im Zimmer auf- und abläuft, von den Gedanken umhergetrieben, die ihm in allzu großer Fülle zuströmen. Und gegen Erkältung muß man auch gefeit sein, denn er öffnet mit der größten Selbstverständlichkeit gegenüberliegende Fenster und wagt es, in einer Stadt, in der man sogar am 20. Juli nur ein Fenster in der Trambahn öffnen darf, zu behaupten, es gebe keinen Zug, sondern nur frische Luft. Dieses scheint mir das bezeichnendste Wort für den Lehrer Schönberg. Seine ganze Antipathie richtet sich gegen den »Komfort der Weltanschauung«. Die Menschen wünschen möglichst wenig Bewegung und womöglich keine Erschütterung. Folglich ist es die erste Aufgabe des Lehrers, den Schüler recht durcheinander zu schütteln. Der Lehrer hat ihm nicht zu bieten, was er selbst weiß, sondern das, was der Schüler braucht. Jede Wahrheit muß gesucht werden, jeder Mensch hat ein Robinson zu sein. So wie

Schönberg sich selbst das Buchbinden und das Möbelzimmern beigebracht, es sozusagen für sich selbst erfunden hat, so muß der Schüler jede theoretische Wahrheit selbst erfinden. Er, der Lehrer, kann ihm den Weg suchen helfen, aber er zwingt ihn, mit seinem eigenen Hirn zu denken. Er will sich das Lob verdienen, das Altenberg dem guten Gärtner erteilt, es sei diesem gelungen, aus einer Rose eine wirkliche Rose zu ziehen. Seine ganze Antipathie gilt der schlechten Ästhetik, seine ganze Verehrung der guten Handwerksleistung, worin er sich mit seinem Freund Adolf Loos trifft. Sein höchstes Ideal ist, wie er in seinem Lehrbuch sagt, seinen Schülern musikalische Komposition so restlos beizubringen, wie ein Tischler seinen Lehrlingen das Tischlern.

Wer so hohe Ziele hat, muß streng sein. »Sie müssen entschuldigen«, sagt ein säumiger Schüler. »Nein«, antwortet Schönberg, und so kann der Nachsatz, was er entschuldigen müsse, nicht folgen. Auch der Übertreibung bedient er sich als Erziehungsmittel: »Auf falsche Noten steht Todesstrafe« ist ein Lieblingswort von ihm. Das Ergebnis solcher Arbeit ist dann die gewissenhafte, durchdachte, persönliche Leistung, wobei sogar im Primitiven Höchstleistungen erzielt werden können. Alle diese Ergebnisse werden nicht mit vielen Worten erreicht; nicht die Kritik des Lehrers ist es, die fördert, sondern die Selbstkritik, zu der man vom ersten Tag an angehalten wird.

Schönbergs Schülern ist die Kunst eine sehr strenge Herrin. Jeder von ihnen darf sich »Ich dien« ins Wappen setzen. Mühevolles Studium, endlose, unzählige Proben, und bei der Aufführung restloses Zurücktreten vor dem Kunstwerk. Modern müssen sie sein bis in die Fingerspitzen, aber sie dürfen es erst dann sein, wenn sie Bach, Mozart und Beethoven bis ins Innerste verstehen gelernt haben.

Dafür leisten sie ihm treueste Gefolgschaft, eine Kameradschaft, die sich aufs ganze Privatleben ausdehnt. Wie sollte man auch einen Lehrer nicht lieben, von dem Aussprüche stammen, die man jedem Pädagogen ins Stammbuch schreiben möchte. »Der Lehrer muß den Mut haben, sich zu blamieren« oder »Warum ein Halbgott sein wollen und nicht lieber ein Vollmensch?« Schönberg dankt seinen Schülern, indem er durch dick und dünn mit ihnen geht. Jeden Augenblick ist er sich bewußt, was sie ihm sind und sein Buch, die herrliche Harmonielehre, ist ihnen mit der schönsten Widmung zugeeignet: »Dieses Buch habe ich von meinen Schülern gelernt«.

Nicht so deutlich sichtbar und durchaus nicht so schön, aber beinahe ebenso nützlich war die Erziehung, die er seinem Publikum angedeihen ließ. Sie schlug oft über die Stränge. Sein Kampf gegen den Komfort der Weltanschauung mußte sich gegen jenen Teil des Publikums richten, welches allerdings in Wien seltener als anderswo aus der Musik eine gesellschaftliche Angelegenheit gemacht hatte, welches Musik in Salons ertönen ließ, »weil sichs dabei besonders gut sprechen lasse«, wo der Witz möglich war: »Was macht man im Konzert? Man wartet, bis es aus ist.« Gereizt durch solche

Möglichkeiten hat Schönberg beschlossen, nur solches Publikum zu haben, welches wie Tamino und Pamina durch alle Schrecknisse durchhält. Es gab Zeiten, wo man, um in eine Schönbergaufführung zu gelangen, beinahe einen Paß und einen Steuerzettel brauchte. Man kam, ohne zu wissen, was man zu hören bekäme, wie oft man gezwungen sein würde, ein und dasselbe Musikstück zu hören. Es kam vor, daß man an einem Abend dreimal das gleiche hören mußte. Man konnte, nein man mußte, wenn man etwas gelten wollte in diesem Kreis, alle zehn Proben zur Kammersymphonie mitgemacht haben. Man durfte nicht applaudieren. Es war hart.

Aber wenn man jetzt zurückdenkt, merkt man, wie gut es war. Es entstand ein einheitliches neues Publikum, hauptsächlich aus Jugendlichen bestehend, welches ins Konzert geht, um vor allem die Produktion und erst in zweiter Reihe die Reproduktion zu genießen. Es erscheint rechtzeitig und rauscht nicht vor dem Schluß heraus. Es gibt keine vorlauten Vorurteile ab und zeigt beim Zuhören Disziplin, Sammlung und Vertiefung.

Die notgedrungene Zurückhaltung des Beifalls aber hat die Begeisterung durchaus nicht getötet. Ich erinnere mich, wie sich das Publikum nach der Erstaufführung des »Pierrot lunaire«, getrieben von einem inneren Drang, wie ein Mann erhob zum Zeichen der Dankbarkeit und Freude. Muß man sich denn nur zum Zeichen der Trauer erheben?

Für die Befreiung der musikalischen Darbietungen von gesellschaftlichem Zwang hat Schönberg in Wien viel getan. Es wird in seinem Kreis ohne alles Virtuosentum musiziert und das Publikum darf zuhören - für eine Musikstadt vom Range Wiens ein höchst würdiger Zustand.

Es ist schön, daß Schönberg in jungen Jahren zu Ehren gekommen ist, da kann er noch viel an uns, an sich erziehen.

Seminar für Komposition
Wien, I., Wallnerstraße 9 in den Schwarzwald'schen Schulen.

I. Unterrichtsgegenstände:
Harmonielehre, Kontrapunkt, Formenlehre, Instrumentation, Analyse; für Anfänger und Vorgeschrittene.

II. Zeit:
Im allgemeinen 4 bis 8 Uhr nachmittags.

III. Aufnahmsbedingungen:
1. Berufsmusiker, Dilettanten und Kunstfreunde, Anfänger und Vorgeschrittene können als H ö r e r oder S c h ü l e r aufgenommen werden.
2. Als Schüler gilt nur derjenige, der sich am Schlusse des Kursjahres einer Prüfung unterzieht.
3. Hörer werden nur in beschränkter Zahl aufgenommen. Sie sind zur Ablegung der Prüfung berechtigt aber nicht verpflichtet.
4. Die Höhe des Honorars für das Kursjahr bestimmt jeder durch S e l b s t e i n s c h ä t z u n g, seinen Verhältnissen oder denen seiner Versorger entsprechend.
5. Das Honorar ist vor Beginn der Kurse zu bezahlen.
6. Die Bezahlung in Teilbeträgen wird nur ausnahmsweise bewilligt. Begründete Ansuchen schriftlich. Die Bewilligung gilt nur insolange, als die festgesetzten Termine pünktlich eingehalten werden und enthebt nicht von der Verpflichtung für den ganzen Jahresbetrag.
7. Das Kurshonorar berechtigt zum Besuch a l l e r Kurse.
8. Als H a u p t g e g e n s t a n d ist der zu bezeichnen, für den der Teilnehmer die Vorbildung besitzt.
9. Die verschiedenen A n a l y s e n - und die S p r e c h s t u n d e n können ohne Rücksicht auf Vorbildung von allen Teilnehmern besucht werden.
10. Als N e b e n g e g e n s t ä n d e sind im Uebrigen solche zu wählen, die man schon absolviert hat.
11. Das Kursjahr beginnt Ende September 1918 und schließt am 30. Juni 1919.

Zur Erläuterung, Beantwortung von Fragen, Erteilung von Auskünften, Bestimmung der Unterrichtsstunden etc. findet

Donnerstag, den 19. September 1918, $^1/_2$7 Uhr abends
in der Schwarzwald'schen Schule, I., Wallnerstraße 9 eine

Besprechung

statt. In dieser vollziehen jene Teilnehmer, welche noch nicht angemeldet und aufgenommen sind, ihre Anmeldung, indem sie die umseitige Erklärung ausgefüllt und unterschrieben abgeben.

Mödling, Bernhardgasse 6. **Arnold Schönberg.**

Man erlernt nur solche Dinge vollkommen, zu denen man veranlagt ist. Bei diesen bedarf es dann auch keiner besondern pädagogischen Maßregeln; die Anregung zur Nachahmung durch ein Vorbild genügt, man lernt das, wozu man geschaffen ist, ohne zu wissen wie, erlernt soviel, als einem seinen Anlagen nach angemessen ist.

Erst dadurch, daß die Zahl der zu erlernenden Dinge immer größer, die dafür verfügbare Zeit aber verhältnismäßig weniger wurde, mußte solcher sorglosen Lernart durch Pädagogik nachgeholfen werden.

Ist es allerdings staunenswert, wieviele Menschen in Dingen, zu denen sie wenig veranlagt sind, doch das „Lehrziel" erreichen, so kann doch nicht geleugnet werden, daß die Resultate nur mittelmäßig sind. Besonders zeigt sich das im Bereich der Kunst. Gab es früher Dilettanten, die sich vom Künstler nicht im Können unterschieden, sondern nur dadurch, daß sie nicht Broterwerb durch Kunsttätigkeit bezweckten, so gibt es heute allzuviel Künstler, die sich vom Dilettanten nicht im Können, wohl aber dadurch unterscheiden, daß sie ausschließlich auf Broterwerb ausgehen; der fähige Dilettant aber ist verhältnismäßig selten geworden.

Eine Hauptursache dieser Erscheinung ist die Pädagogik. Sie verlangt von beiden, vom Künstler wie vom Dilettanten zu viel und zu wenig: das Lehrziel. Zu wenig, indem sie ihm im Rahmen des Lehrziels mehr gibt als er braucht, was es ihm erspart, aus sich selbst jenen Kräfteüberschuß zu erzeugen, der den Bereich der natürlichen Begabung auszufüllen vermag; zu viel, indem sie ihm auf gleiche Art weniger gibt, als er braucht, was seine vorhandenen Kräfte lähmt und ihn hindert, selbst der Spezialist zu werden, der er seiner Anlage nach sein könnte.

In der Kunst gibt es nur einen wahrhaften Lehrmeister: die Neigung. Und der hat nur einen brauchbaren Gehilfen: die Nachahmung.

Um den Nutzen dieser aus zwanzigjähriger Lehrerfahrung entspringenden Erkenntnisse den Lernenden zuzuführen, habe ich mich entschlossen, ein

Seminar für Komposition

in den Räumen der **Schwarzwaldschen Schulen,** Wien I, Wallnerstraße 9, Tel. 19.227, zu gründen und die Bedingungen für die Aufnahme so festzusetzen, daß jeder, Reicher oder Ärmer, Künstler oder Dilettant, Vorgeschrittener oder Anfänger, daran teilnehmen kann.

Das Wesen dieser neuartigen Organisation werde ich den sich Meldenden in einer Besprechung (deren Datum die Schulkanzlei mitteilen wird) auseinandersetzen. Vorläufig sei folgendes darüber gesagt: Es soll in diesem Seminar an nichts fehlen, was der Schüler sonst beim Lehrer lernen kann; er wird keineswegs weniger erfahren, es werden eher mehr Gegenstände sein. Aber abgesehen davon, daß er sie nach seiner Neigung und Begabung wählt, soll hier das stattfinden, was nach meinen Erfahrungen bei meinem Privatunterricht am meisten Erfolg erzielte: ein beständiger und zwangloser Verkehr zwischen mir und meinen Schülern. Ich werde ihnen zu gewissen Stunden regelmäßig zur Verfügung stehen, mich mit ihnen über Fragen, die sie mir vorlegen, auseinandersetzen, wir werden musizieren, analysieren, diskutieren, suchen und finden. Sie werden kommen, wenn sie Lust haben und gerade nur ebensolang bleiben; und es wird an mir liegen, ihre Neigung zu erhöhen, ihre Begabung dadurch zu fördern. Sie sollen nicht fühlen, daß sie lernen, sie werden vielleicht arbeiten, vielleicht sogar sich plagen, aber es nicht merken. Sie sollen so dort sein, wie die Malschüler einstens in den Maler-Ateliers zu Hause waren, wenn sie aus Neigung für diese Kunst und aus Achtung vor diesem Meister sich bemühten, bei ihm Aufnahme zu erlangen.

Die Anmeldungen bitte ich vor dem 15. September an die Schulkanzlei zu richten und frankiertes Adreß-Kuvert zu hinterlegen, in welchem die Verständigung zur Besprechung verschickt wird.

Wien, 1. September 1917.

Arnold Schönberg.

An das
Seminar für Komposition

Wien, I., Wallnerstraße 9.
Schwarzwald'sche Schulen.

Ich wünsche an den Kursen im Seminar für Komposition als

Hörer* — ~~Schüler~~**

des Hauptgegenstandes: *Kontrapunkt*

und der Nebengegenstände: *Harmonielehre*

teilzunehmen.

Ich erkläre nach aufrichtiger Selbsteinschätzung, daß der Betrag von

Kronen *vierhundert, 400 K*

das Höchste ist, was ich nach meinen Verhältnissen für ein Kursjahr leisten kann und verpflichte mich, falls der betreffende Kurs zustande kommt, diesen Betrag pünktlich zum festgesetzten Termin zu bezahlen. Die umstehend genannten Bedingungen habe ich zur Kenntnis genommen und bin mit ihnen einverstanden.

Wien, am *1. Oktober* 1918. Unterschrift: *Gottfried Kassowitz*

Minderjährige haben die Unterschrift ihrer Eltern, Vormünder usw. beizubringen.

Name: _____
Adresse: *Wien VIII. Josefstädterst. 58.*

Oktober	Januar	April
November	Februar	Mai
Dezember	März	Juni

Seminar für Komposition
Wien I. Wallnerstraße 9
Schwarzwald'sche Schulen.

* Das Nichtzutreffende durchstreichen.
** Als Schüler gelten nur solche, die sich am Schlusse des Kursjahres einer Prüfung (deren Erfolg ihnen auf diesem Blatt bestätigt wird) unterziehen.

24. 1914–1919: Die Zeitungen berichten

Nicht, als ob die drei auf den letzten Seiten berichteten Initiativen alles ausmachten, was sich während der Kriegsjahre in und um die Schule ereignet hat! Die »Chemische Fachschule« und die »Rechtsakademie für Frauen« gingen direkt von Genia Schwarzwald aus, während sich das Kompositions-Seminar von Schönberg anscheinend auf die Gastfreundschaft beschränkte, die ihm die Schwarzwaldschule gewährte; daß Genia Schwarzwalds Anteilnahme daran jedoch tiefgründiger war, zeigt ihr Artikel zu Schönbergs 50. Geburtstag. Und so war ihr Anteil an allem, was in der Schule vor sich ging, entscheidend, auch dort, wo sie nur »Zuhörerin« zu sein schien.

Dem Archiv fehlen – und so wird es wohl immer sein – Dokumente zu den vielen Initiativen des Sozialwerks; so entschloß sich der Chronist zum Versuch, die Lücken mit Hilfe der Wiener Zeitungen der Jahre 1916 - 1919 zu schließen. Das Ergebnis war überraschend. Neben wenigem brauchbaren Material zum Sozialwerk waren die Zeitungen ununterbrochen voll von Nachrichten über die Schwarzwaldschule. Hier (unter Verzicht auf die Unzahl rein technischer Mitteilungen über Schulbeginn, Einschreibung, Prüfung etc.) eine kleine Auswahl:

»Lokalbericht« aus der Neuen Freien Presse vom 8. Mai 1916:

Lokalbericht

[Fachhochschule für Frauen.] Ein Hochschullehrer schreibt uns: Deutschlands Größe und Reichtum beruht nicht zum wenigsten auf seiner hochentwickelten chemischen Industrie. Auch bei uns ist nach dem Kriege ein ungeheurer Aufschwung gerade der chemischen und mit der Chemie in Beziehung stehenden Industriezweige zu erwarten, und damit eröffnet sich für die Frauen ein neues, lohnendes, eminent aussichtsreiches Betätigungsfeld. Es mangelt aber an Lehranstalten, welche in kurzer Zeit und mit der nötigen Zielstrebigkeit chemische Vorkenntnisse und Detailkenntnisse vermitteln: an unseren Hochschulen wird zu theoretisch-wissenschaftlich gelehrt, die Gewerbeschulen sind zu sehr auf dem System der Unterstufe aufgebaut, beide Seiten zu wenig zur zielsicheren praktischen Arbeit. Es wird nun den Plan ins Auge gefaßt, eine Art chemisch-technologische Frauenfachschule ins Leben zu rufen, wo Mädchen und Frauen vom 16. Lebensjahre an, nach Absolvierung einer Bürgerschule, eines Lyzeums usw., in die Lage versetzt werden, sich innerhalb von zwei Jahren durch praktische Laboratoriumsarbeit und theoretisch-fachliche Unterweisung die nötigen chemischen Kenntnisse und Fähigkeiten anzueignen, die sie für Hilfsdienste in chemischen Betrieben aller Art oder in Untersuchungslaboratorien tauglich machen. Im zweiten Studienjahr soll auf Grund der im ersten Jahre gewonnenen allgemeinen Grundlage fachliche Ausbildung nach einzelnen spezialchemischen Richtungen, wie Brauerei, Färberei, Analytik usw., angestrebt werden. Die Anstalt soll hochschulmäßig geleitet werden, die Unterweisung wird durch Hochschulkräfte erfolgen. Anfragen sind zu richten an die Direktion der Schwarzwaldschen Schulanstalten, 1. Bezirk, Wallnerstraße 9.

Dies war eine Voranzeige; wie oben bereits berichtet, begannen die »Chemischen Fachkurse für Frauen« schon am 9. Oktober des selben Jahres.

Neues Wiener Tagblatt vom 29. September 1916 und Neue Freie Presse vom 27. September 1916, wiederum erste Anzeige eines neuen einjährigen Haushaltungskurses in den Schwarzwaldschen Schulanstalten, »in dem folgende Gegenstände gelehrt werden: Kochen, Servieren, Nähen, Schnittzeichnen, Waschen, Plätten, Buchführung, Nahrungsmittelkurse, Kinderpflege, Kinderbeschäftigung, Erziehungs- und Gesundheitslehre sowie Turnen und Singen.«

Das Neue Wiener Tagblatt meldet am 23. März 1917 unter dem Titel »Die Schönbergschen Vorträge«, daß am 25. März 1917 ein »Kurs für Harmonielehre und Kontrapunkt« in den »Sälen der Schwarzwaldschen Lehranstalt« beginnt. Dieser Kurs war augenscheinlich ein Vorläufer des Seminars (eröffnet am 14. September 1917).

22. Juni 1917, Neues Wiener Tagblatt:

> (Subvention für Schwarzwalds Schulanstalten.) Der von Frau Dr. E. Schwarzwald ins Leben gerufene und durch eine Subvention des Herrenhausmitgliedes Generalrates B. Wetzler ermöglichte zweijährige chemische Fachkurs für Frauen eröffnet im Herbst einen neuen ersten Jahrgang. Derselbe steht unter Leitung des Professors Dr. B. Grafe. Einschreibungen bis 10. Juli und ab 15. September im Oesterreichischen Apothekerverein, Spitalgasse Nr. 31.

29. September 1917, »Lokalbericht« der Neuen Freien Presse:

> **Lokalbericht.**
> [Schwarzwaldsche Schulanstalten.] Der Unterricht an der Reformationsvolksschule sowie der an der Vorbereitungsklasse für Mittelschulen beginnt am Montag den 1. Oktober um 9 Uhr vormittags. Dienstag den 2. Oktober um 10 Uhr wird der Kindergarten eröffnet. Donnerstag den 11. Oktober um 4 Uhr nachmittags der wissenschaftliche Fortbildungskurs für erwachsene Mädchen. Anmeldungen für diese Schulen sowie einen neu zu eröffnenden Klavierkurs werden täglich von 9 bis 1 Uhr und von 5 bis 6 Uhr in der Schulkanzlei, 1. Bezirk, Wallnerstraße 9, entgegengenommen. Telephon Nr. 19227.

Am 3. November 1917 meldet die Neue Freie Presse:
»Erste Tagung für die Berufsinteressen der Frauen. - Die Zentralstelle für weibliche Berufsberatung veranstaltet Sonntag, den 11. 11., im Festsaal der Schwarzwaldschen Schulanstalten eine den Standesfragen gewidmete Tagung: 1) Lage der Krankenpflegerinnen. 2) Stellung der Hauswirtschaftsbeamtin. 3) Wert und Notwendigkeit der Berufsorganisation.«

Am 26. Juli 1918 berichtet Die Zeit:

(Chemische Fachschule.) Vor zwei Jahren ist bekanntlich der Versuch gemacht worden, durch Errichtung einer chemischen Fachschule den Frauen den zeitgemäßen Beruf von chemischtechnischen Hilfskräften zu eröffnen. Die Spende eines Ungenannten ermöglichte es, daß die neue Lehranstalt ohne staatliche Hilfe ins Leben treten und sich selbst erhalten konnte. Am 13. d. fand unter dem Vorsitz von Frau Dr. Eugenie Schwarzwald, der Begründerin der Fachschule, die Schlußprüfung der ersten Absolventinnen statt. Vom Aktionskomitee waren Prof. Josefine Weisel und Universitätsprofessor Dr. Heinrich Joseph anwesend. Die Prüfungskommission bestand aus dem Organisator und Leiter der Schule Universitätsprofessor Dr. Viktor Grafe (organische und anorganische Chemie), Dr. L. Daniel (Technologie und Maschinenkunde), Dr. H. Haerdtl (Warenkunde), Dr. L. Hajek (Physik), Dr. M. Kitt (Warenkunde). Alle dreizehn Kandidatinnen erhielten ein Zeugnis der Reife, drei eines mit Auszeichnung. Sämtliche Absolventinnen haben bereits Anstellungen gefunden, so im Laboratorium des Obersten Sanitätsrates im Ministerium des Innern, an der Technischen Hochschule, im Oesterreichischen Apothekerverein, in den Weblerschen Nahrungsmittelwerken und an anderen Orten.

Trotz Hungers und angesichts des unmittelbar bevorstehenden Zerberstens der österreichisch-ungarischen Monarchie ging das Leben »normal« weiter:

Meldung des Neuen Wiener Tagblatts vom 18. August 1918:

* (**Eine Namensänderung auf dem Montblanc.**) Aus Bern meldet unser Korrespondent: Der Verein der Bergführer von Chamonix beschloß, den Gipfel des Montblanc, der seit 1859 den Namen des berühmten deutschen Alpinisten Doktor Pitschmann trug, umzutaufen. Der Gipfel trägt fortan den Namen Wilsons. Diese Namensänderung ist wohl der Gipfel aller durch den Krieg erzeugten Blüten der Geschmacklosigkeit und wird weder dem Montblanc noch dem Ruhme Pitschmanns etwas schaden.

Am 29. September 1918 berichtet die Neue Freie Presse, daß »Frau Doktor Schwarzwald im Semmeringgebiet eine größere Landwirtschaft gepachtet hat und daselbst eine Schulanstalt für Knaben und Mädchen im Alter von 12 - 18 Jahren eröffnen wird.«

5. Oktober 1918, Neues Wiener Tagblatt
»(Große Mittelstandsversammlung im Konzerthaussaal.) Der Fortschrittliche Bürgerverein ›Donauklub‹ veranstaltet morgen um 9 Uhr 30 vormittags eine große, allgemein zugängliche Mittelstandsversammlung, in der die Frauen Helene Granitsch, Anita Müller und Dr. Eugenie Schwarzwald, ferner Reichsratsabgeordneter Dr. Wilhelm Neumann, Bezirksvorsteher Dr. Leopold Blasel und Herr Oskar Tschelnitz sprechen werden. Alle Anfragen an Leo Einöhrl, Wiener Mittagszeitung.«

25. Landerziehungsheim Harthof (1918)

Am 26. November 1918 (15 Tage nach dem Ende des Ersten Weltkrieges!) findet sich, wieder in der Neuen Freien Presse:

Eingesendet.

[Erziehungsheim für Knaben und Mädchen.] Im neugegründeten Heim Harthof bei Gloggnitz können noch einige Knaben und Mädchen von 10 bis 16 Jahren aufgenommen werden. Sie erhalten dort guten Unterricht in allen Gegenständen des Gymnasiums, Realgymnasiums und Lyzeums, in modernen Sprachen, Musik, Zeichnen, Sport, Handwerk und landwirtschaftlichen Arbeiten. In herrlicher, klimatisch besonders günstiger Gegend (das Gut liegt 500 Meter hoch), bei zweckmäßiger Ernährung und sorgfältiger Behandlung können die Kinder ihren Geist, ihren Charakter und ihren Körper bilden und eine fröhliche Jugend verleben. Es werden nur normal begabte und gesunde Kinder aufgenommen. Nähere Auskünfte täglich von 11 bis 1 Uhr in den Schwarzwaldschen Schulanstalten, 1. Bezirk, Wallnerstraße Nr. 9, Telephon 19227.

26. »Jugendsorgen« (1919)

Zu Beginn dieses ersten Nachkriegsjahres hat sich Genia Schwarzwald, wie zu erwarten war, sofort aktiv in die Diskussion über Erziehungsfragen mit zwei Artikeln in »Die Zeit« eingeschaltet, die nachstehend mit geringen Kürzungen wiedergegeben werden.

»Jugendsorgen«
Die Zeit, 30. Januar 1919

Durch unsere Adern fließt in diesen Zeiten mit jedem Blutstropfen nur ein Wunsch - Friede. Friede nach außen und innen. Wie schön, daß nicht mehr geschossen wird! Wie erfreulich, daß man das Wort Sprachenstreit nicht mehr hören muß! Wie schade, daß es noch politischen Parteienhader gibt.

In dieser Stimmung hört man plötzlich mit Entsetzen, daß jetzt auch schon Gymnasiasten Politik machen. In jeder Klasse sitzen alle politischen Parteien vertreten, und die Pausen füllt statt eines gesunden Schneeballkampfes ein ungesunder Wortkampf. Man erfährt, daß die Jugend gegen ihre Lehrer demonstriert, daß sie unerhörte Forderungen stellt, daß »der Geist des Aufruhrs unter sie gefahren ist«.

Wenn jetzt auch die Jugend keinen Frieden mehr hält, dann ist ja der Krieg in Permanenz erklärt!

Man verlasse sich nicht auf Gerüchte, man suche die Jugend auf und höre sie sorgfältig an. Da schwindet alles Befremden. Die Seele erheitert sich, neue Hoffnung zieht ins trostbedürftige Gemüt.

Eine Wiener Knabenklasse gehört zum Erquicklichsten, was es jetzt in Wien gibt. Frische, helle Stimmen schwirren durcheinander, und das unharmonische Geräusch dünkt einem Musik, denn sie sprechen nicht von Tantiemen, Cliquen, Kriegsanleihe, sie regen sich auch entsetzlich auf, aber über andere Dinge: Koalitionsrecht, Erweiterung des Deutschunterrichtes und Koedukation. Man hört und ist froh: Mitten in unserer Stadt, die das Ausland schon tot glaubt, lebt so etwas Liebes, Lebendiges? Aber dann sind wir ja gar nicht tot, wenn diese so entschieden leben, die noch in fünfzig Jahren wahrscheinlich leben werden.

Einen gemeinsamen Fehler haben sie alle: sie sind für ihr Alter zu verständig. Aber das hängt mit der schlechten Zeit zusammen, in die ihre Jugend fällt.

Vor allen Dingen haben sie einen Drang nach einem ehrlichen Leben, nach einem Inhalt ihrer Schule. Sie fühlen, daß ihnen, was sie von der Minute des Kinderlebens ausgeschlagen, kein reiferes Alter zurückgeben kann. Sie wollen deshalb nicht nur das Objekt einer Erziehung für die Zwecke des späteren Lebens sein, sie kümmert die Gegenwart so, als ob sie schon des morgigen Tages nicht sicher wären. Und haben ja so recht.

Als wir jung waren, glaubten wir, zwanzig Taler und zwanzig Jahre währten ewig. Die jungen Menschen von heute fühlen den Wert der Zeit. Wer sie langweilt, wer sie Unnützes lehrt, wer sie am rechten Tun hindert, ist ihr Feind.

Daß sie etwas mehr Freiheit wollen, ist selbstverständlich. Zu allen Zeiten hat die Jugend diesen Wunsch gehabt, von Lord Byron an, der über die »dumpfe Fron der Schule« klagt, bis zu Heinrich Manns gräßlicher Anklage in seinem freilich überverzerrten »Professor Unrat«. Ehedem halfen sie sich durch Heimlichkeit. Jetzt wird der Mut zur Heimlichkeit verschmäht.

Daß unser öffentliches Leben an schlechten Umgangsformen krankt, darüber sind sie sich klar, und sie sind fest entschlossen, sich fein, zartfühlend und taktvoll zu benehmen. Aber, so fragen sie, wo soll ich es lernen, wenn man mich schlecht behandelt? Unser Direktor wirft uns hinaus, wenn wir ihn sprechen wollen, viele unserer Lehrer schreien uns an. Man traut uns alles mögliche Schlechte zu. Man spricht zu uns, wenn wir achtzehn Jahre sind, so wie man zu uns sprach, als wir zehn Jahre alt waren. Immerfort heißt es, wir wären zu jung. Verstünden noch nichts.

Hier kämpft die Jugend den Kampf gegen den alten Wahn, man könne durch Grobheit zur Freiheit erziehen. Und sie werden in diesem Kampf recht behalten: denn wenn jemals, so ist jetzt die Zeit, traditionelle Irrtümer auszurotten.

Während frühere Generationen die Schule gering schätzten, sie im Nebenamt abtaten, ihr Vergnügen, ihre Interessen, ihre Anregungen außerhalb suchten, wächst jetzt eine heran, die sich Mühe gibt, die Schule ernst zu nehmen. Jeder gesteht, daß er in der Schule Stunden von bleibendem Wert erlebt hat. Aber er möchte gern mehr solcher Stunden. Jeder spricht irgendeinen Lehrernamen mit Ehrfurcht aus, aber es ist traurig, daß er nicht alle seine Lehrer bewundern und lieben kann.

Jetzt ist die hohe Zeit für die guten Lehrer gekommen. Wie alle wahren Künstler hatten sie bisher wenig Raum. Jetzt, wenn sie den Mut und die Seelenkraft haben, ihren Schülern beizustehen, werden sie endlich zu ihrem Rechte kommen. Die Jugend wünscht sich nichts Besseres.

Gewöhnlich nimmt man an, faule Schüler hätten die Bewegung angezettelt, aufs Nichtlernen, aufs Schuleschwänzen käme es an. Genau das Gegenteil ist der Fall. Der glänzende Schüler steht an der Spitze, und er will nicht weniger Stunden haben: länger, intimer will er sich in der Schule aufhalten. Dort will er seine Kameraden treffen, seine Feste feiern, die Sammlungen der Schule, die Bücherei will er mitverwalten. Er will nicht weniger lernen, sondern mehr, aber anders. Er sehnt sich nach der Befreiung vom Detail, er möchte in der Schule eine Übersicht gewinnen über die ihn verwirrende Vielfältigkeit des Daseins. Ein unendlicher Drang ist in ihm, jemandem zu lauschen, der etwas von den Geheimnissen des Lebens weiß, immer wieder hört man den Namen Sokrates.

In den kleinen und doch so wichtigen Dingen der Schulordnung will er sich selbst regieren dürfen. Er fühlt es, daß er größere Macht hat über seine Kameraden als der Lehrer. Außerdem ist der Lehrer einer gegen viele, und sie sind eine ganze Klasse gegen den Störenfried. Alles Kleinliche wollen sie dem Lehrer abnehmen. Er wird vom Aufseher, Klassenordner, Kreidebewahrer zum Träger von Gedanken und Vermittler von Kenntnissen. Es ist erstaunlich, wie gut es die jungen Burschen mit ihren Lehrern meinen.

Man glaubt ihnen aufs Wort, daß sie bessere Disziplin halten werden als die Erwachsenen, wenn man sieht, wie streng sie in ihren Versammlungen sind. Ordentlich zum Fürchten. Sie machen keine Zugeständnisse, weil sie nichts von der Gefährlichkeit des Lebens wissen, sie sind unnachsichtiger als wir, weil sie ein gutes Gewissen haben.

Ob die Organisation, die sie planen, nicht verflachend wirken wird, ob Originale und Talente in so einer Ordnung besser gedeihen werden als bisher, ist eine Frage, die niemand beantworten kann. Aber der Staat kann sich auf alle Fälle beglückwünschen. Denn daß sich hier der gute Staatsbürger herauswächst, ist sicher.

Die Bewegung wird sich nicht aufhalten lassen. Neu ist sie nicht. Sturm und Drang hat es schon immer gegeben, und immer ein junges Deutschland. Nur hat sich das, was früher eine Kunstbewegung war, jetzt des ganzen Lebens bemächtigt. Die ersten Spuren reichen in den Anfang des zwanzigsten Jahrhunderts zurück. Neu sind nur die heftigen Formen: die hat der Krieg bewirkt. Die Jugend hat an Selbstbewußtsein gewonnen und zugleich ein dunkles Gefühl neu erworbener Rechte.

Waren Siebzehnjährige nicht zu jung, um ihr süßes junges Dasein an der Isonzofront zu lassen, so sind sie wohl auch nicht zu jung, um an der Gestaltung ihres eigenen Geschicks mitzuarbeiten. Was jetzt in jungen Hirnen lodert und zuckt, das ist das ungelebte Leben, das dort vermodert.

27. *»Schulfrühling« (1919)*

»Schulfrühling«
Die Zeit, 28. Februar 1919

[...] Aus Eltern und Lehrern soll ein Erziehungsrat entstehen. Dies löst allgemeine Befriedigung aus, wie immer, wenn eine gerechte Forderung erfüllt, eine lang ausstehende Rechnung beglichen wird.

Die jetzige Schule ist ein altes Gebäude, solid und ehrenfest, aber schlecht gelüftet. Mit den Eltern wird frische Luft in die Schulstube dringen. Jede Zeit braucht eine neue Schule. Die unsrige wird jetzt durch den Mund der Eltern sagen, wie ihre Schule beschaffen sein soll. Die Lehrer werden sehr viel lernen.

Noch mehr aber die Eltern. Bisher haben sie zu Hause gesessen und kritisiert. Jetzt sollen sie kommen und helfen, es besser zu machen. Erkenntnis macht bescheiden. Sie werden von den Lehrern hören, wieviel Schuld ein Elternhaus auf sich laden kann. Die goethische Forderung nach erzogenen Eltern, die bereits fertig erzogene Kinder zur Welt bringen könnten, ist bisher nicht in allzu zahlreichen Exemplaren erfüllt worden.

Moralisch wird ein Austausch stattfinden, der beiden Teilen, und vor allem den Kindern zugute kommen wird [...] Die Eltern werden sich für eine Verbesserung der Lage der Lehrerschaft eindrucksvoller einsetzen, als diese selbst zu tun vermöchte.

Der Erziehungsrat wird aber auch sonst ein Mittler sein. Da werden alle Stände nebeneinander sitzen. Da ist ein Thema gut, das allen sanft eingeht. Wenn von Kindern die Rede ist, lächeln alle Herzen und Augen.

Der Gedanke des Elternrates ist lebensfreundlich und enthält den Keim zu echten Wirklichkeitsidealen. Der Staatssekretär [Otto Glöckel] hat die Beratungen über den Erziehungsrat mit den Worten eingeleitet: »Die Schule unseres jungen Freistaates soll unter lebendiger Teilnahme des Volks entstehen!«

Lebendige Teilnahme. Wie schön sind diese beiden Worte. Der Erziehungsrat soll das Mittel sein, daß sie beieinander bleiben.

Die Zeit, 24. Januar 1919:
»Unsere Schweizer Helfer bei den Wiener Kindern. Sonntags gaben Wiener Kinder im Festsaal der Schwarzwaldschen Schulanstalten der Begleitmannschaft der schweizerischen Hilfsaktion ein reizendes Fest. Dem heiteren Teil war ein ernster vorausgegangen, bei dem Frau Dr. Schwarzwald eine Ansprache hielt, in der sie unter anderem folgende trefflichen Worte sprach: ›Wiener Kinder haben Sie eingeladen, um Ihnen zu danken für die Hilfe, die Sie ihnen gebracht haben. Sie haben da, meine Herren, von Ihrem Vaterland eine wunderschöne Mission bekommen. Äußerlich mag es scheinen, als hätten Sie nur Milch, Reis und Schokolade mitgebracht für die Kinder, aber für uns Erwachsene hatten Sie eine viel köstlichere Fracht geladen: die Sicherheit, daß es mit der Menschlichkeit noch nicht ganz aus ist. Das Kind, das die Schweiz uns jetzt ernähren hilft, wird ein Mann werden, wird aufwachsen als ein aufrechter Demokrat aus Herzenskraft, dann wird die werte Schweiz ruhige und würdige Nachbarn haben.‹«

Neues Wiener Tagblatt, 25. März 1919:
»Schülerakademie des Staats-Realgymnasiums Landstraße. Zugunsten der Schülerlade findet Sonntag, den 30. d. um 4 Uhr nachmittags im Festsaal der Schwarzwaldschen Schule, Wallnerstraße 9, eine Akademie mit Klavier- und Violinvorträgen und Theateraufführung von Schülern des Staats-Realgymnasiums Landstraße statt.«

Neues Wiener Tagblatt, 6. April 1919:
»Alfred Grünewalds Dichtungen. Am 24. d. findet im Festsaale der Schwarzwaldschen Schulanstalten der Rezitationsabend Eva Gorpes statt. Es gelangen ausschließlich Dichtungen Alfred Grünewalds zum Vortrag.«

In den Zeitungen Wiens finden sich immer wieder zahlreiche kleine Notizen über Veranstaltungen in den Räumen der Schwarzwaldschen Schulanstalten: Benefizveranstaltungen, Amateurtheater anderer Schulen im Festsaal, Rezitationsabende und dichterische Lesungen sowie Vorträge mit anschließenden Diskussionen.

Neues Wiener Tagblatt, 1. Juli 1919:

> * (**Ein „Biedermeierabend".**) Jüngst fand im Festsaale der Schwarzwaldschen Schulanstalt ein Abend statt, an welchem Trude Wesseley vom Deutschen Schauspielhause in Hamburg in den beiden Nippes „Gonz und Fanny Elßler" von Wassermann und „Der häusliche Zwist" von Kotzebue stürmisch applaudiert wurde. Die andern Mitwirkenden, Herr Hoffmann und Ernst Neuhardt, fügten sich vorzüglich ein. Herr Prasch-Cornet als feiner Schubertsänger und die Vortragsmeisterin Frau Wesseley-Schmitt am Vorlesetisch gaben dem Biedermeierabend das Gepräge liebenswürdigster Echtheit.

Am 23. September 1919 teilt die Neue Freie Presse mit, daß der Kurs »Charaktere der Weltliteratur« von Dr. Eugenie Schwarzwald am 21. Oktober 1919 eröffnet wird:

> [**Charaktere der Weltliteratur.**] Dieser Kurs, den Dr. Eugenie Schwarzwald liest, wird am 21. Oktober eröffnet. An Vorträge über Gogol, Tolstoi, Dostojewski, Gontscharow, Mörike, Keller, Meyer, Fontane, Spitteler, Thackeray, Dickens, Wilde, Shaw, J. P. Jakobsen, Björnson, Jonas Lie, Knut Hamsun, Hallström, Selma Lagerlöf schließen sich Besprechungen. Anmeldungen (für Männer und Frauen) täglich von 11 bis 1 Uhr in der Schulkanzlei, 1. Bezirk, Wallnerstraße 9.

Am 27. September 1919 meldet die Neue Freie Presse erstmals die Bildung eines Komitees »Jugendwerkstatt«:

> [**Jugendwerkstatt**] Unter dem Namen „Jugendwerkstatt" hat sich ein Komitee gebildet, das Knaben vom zwölften Jahre aufwärts Unterricht in verschiedenen Handwerken in gewerblichen Werkstätten zu erteilen beabsichtigt. Die Einführung des ungeteilten Vormittagsunterrichtes ermöglicht es, einige Nachmittagsstunden in der Woche diesem Zwecke zu widmen. Der Unterricht wird auf die praktische Anfertigung von wirklichen Gebrauchsgegenständen gerichtet sein und von Handwerksmeistern unter pädagogischer Leitung erteilt werden. Nähere Auskunft erteilt die Aktion „Jugendwerkstatt", Wien, 1. Bezirk, Wallnerstraße 9.

28. Der Verein Schwarzwaldsche Schulanstalten (1922)

»Die veränderten wirtschaftlichen Verhältnisse nach dem Ersten Weltkrieg«, berichtet Prof. Amalie Mayer in ihrem Beitrag zur »Gesellschaft der Schwarzwaldschen Schulanstalten Wien«*, »machten es notwendig, die bisher im privaten Besitz gewesenen Schulen einem Verein zu übergeben; nur die Volksschule und der Kindergarten blieben in Genia Schwarzwalds Privatbesitz. Die Gymnasialkurse mußten leider aufgegeben werden, da sie ohne Öffentlichkeitsrecht keine Subvention erhalten konnten [...]« (Selbst die republikanische Unterrichtsverwaltung konnte sich nach 20 Jahren erfolgreichen Bestehens dieser Kurse nicht zur Gewährung eines Öffentlichkeitsrechts durchringen!)

Durch die neuen, nicht auf Gewinn gerichteten Statuten des Vereines wurden öffentliche Förderungen möglich.

Aus den Satzungen des Vereins

»Zweck des Vereins

Der Verein verfolgt ohne Absicht auf Gewinn den Zweck der Errichtung und Führung von Schulen, in erster Linie von Mädchenmittelschulen (Frauenschule, Mädchenrealgymnasium, Mädchenlyzeum, humanistische Gymnasialkurse) sowie von Volksschulen für Knaben und Mädchen, in Gemäßheit der das Schulwesen regelnden Gesetze und Verordnungen.

Vereinsmitglieder

Mitglieder sind die Eltern der Schüler aller Arten von Vereinsschulen; Mitglied kann ferner derjenige werden, der mindestens den alljährlich von der Jahres-Hauptversammlung festgesetzten Jahresbeitrag entrichtet.

Über die Aufnahme eines Mitgliedes entscheidet der Vorstand. Die Mitgliedschaft erlischt durch Austrittserklärung des Mitglieds (mindestens drei Monate vor Ablauf des Vereinsjahres) oder infolge Ausschließung durch den Vorstand.

Der Vorstand

Der Vorstand besteht aus zehn Mitgliedern. Für die ersten sechs Jahre bilden ihn die Proponenten des Vereins. Er wählt aus seiner Mitte einen Vorsitzenden, einen Kassier und einen Schriftführer. Bei den Sitzungen des Vorstandes nehmen die Direktoren und Leiter der Vereinsschulen mit beratender Stimme teil.«

Wie in den meisten Unternehmungen von Genia Schwarzwald (z. B. den Gemeinschaftsküchen) ist auch hier der genossenschaftliche Charakter das oberste Ziel; aus formellen Gründen mußte es ein Verein sein.

---

* In: »Geschichte der österreichischen Mädchenmittelschule«, Wien 1952

AN DIE LANDESREGIERUNG
FÜR WIEN.

Die Unterzeichnete zeigt im Namen der unten aufgezählten Proponenten unter Vorlage der Statuten in _fünf_ Exemplaren die Gründung des ~~GESELLSCHAFT DER SCHW~~ [Verein gelöscht] ~~SCHULANSTALTEN~~" an und stellt den Antrag auf Kenntnisnahme.

Wien, am 8. März 1922.

Eugenie Schwarzwald
I. Wallnerstrasse 9

Die Proponenten sind:

1. Karl B. Blau, Oberbaurat in der Landesregierung, XIII. Auhofstrasse 241.
2. Emilie Buchmann, II. Ferdinandstr. 2.
3. Dora Halpern-Genser, IV. Prinz Eugenstrasse 20
4. Dr. Alfred Handl, Hofrat d. Landesgerichtes, IX. Spitalgasse 29.
5. Dr. Heinrich Joseph, o.ö. Universitätsprofessor, IX. Mariannengasse 32.
6. Dr. Otto Rommel, Direktor d. St. Erz. Anstalt, XIII. Kendlerstr. 1
7. Eugenie Schwarzwald, VIII. Josefstädterstrasse 68.
8. Dr. Hans Simon, Generalrat d. Anglobank, VII. Museumstr. 5.
9. Dr. Hans Sperber, IX. Thurngasse 3.
10. Dr. phil. Emmy F. Hellers, XIX. Hasenauergraben 12.

29. Professor A. Mayer und Professor J. Weissel berichten (1952)

Prof. Amalie Mayer fährt fort: »Von da ab (1922/23) erhielt der Verein alljährlich eine Subvention in bar, und Lehrkräfte wurden in den Bundesdienst übernommen [...] Für die Unterstützung durch den Bund war es Bedingung, daß das Schulgeld nicht höher sein durfte als an staatlichen Schulen. So war die Führung der Schule von da an ein immerwährender verzweifelter Kampf um ihre materielle Existenz [...] Trotz dieser nie endenden Sorgen war die Schule eine Stätte froher Arbeit, und als die Wirren der Inflation überstanden waren, begann auch langsam wieder ein Aufstieg, was sich in wachsender Schülerzahl zeigte und in unausgesetzten Verbesserungen der Einrichtungen [...]«

Anschließend berichtet auch Prof. Josefine Weissel in der »Geschichte der österreichischen Mädchenmittelschule« von der Schwarzwaldschule (»Realgymnasium«), von »dieser eigenartigen und segensreichen Erziehungsstätte. Ich sage ›Erziehungsstätte‹, denn nicht allein auf die Bewältigung eines von der Behörde vorgeschriebenen Lehrplans war das Augenmerk von Frau Dr. Schwarzwald und der Lehrer gerichtet, die in ihrem Sinne weiterarbeiteten, auch als sie selbst sich intensiv der so notwendig gewordenen Sozialtätigkeit zugewandt hatte [...] Die Unterrichtserfolge, die immer zufriedenstellend waren, galten also nicht als das Wesentliche. Das kann nicht wundernehmen an einer Schule, durchdrungen vom Geist einer Frau, deren Erziehungsideal das von Gottfried Kellers Frau Regula Amrain war. Es ist schön, rückblickend feststellen zu können, daß sehr viele der pädagogischen Errungenschaften späterer Jahre in der Schwarzwaldschule von Anbeginn an ein- und durchgeführt waren: die Schülerbibliothek, ebenso wie das Unterstützungswesen (Schülerlade, Studienstipendienfonds, Ferienkolonien) [...] alles Schulgemeindegedanken, lange ehe solche von der Behörde empfohlen oder gar befohlen wurden [...]
Im Ersten Weltkrieg führten die Schülerinnen ein großes Kinderheim in den leerstehenden Räumen eines überflüssig gewordenen Schneidersalons auf dem Ring. Sie betreuten und beschäftigten die Kinder, kochten für sie und lernten da sehr wesentliche Dinge [...]
Als im offiziellen Lehrplan die Musik noch keinen Platz hatte, gab es in der Schwarzwaldschule wundervolle ›wilde Gesangsstunden‹, zu denen man freiwillig zusammenkam.«

30. 25 Jahre Schwarzwaldschule (1926)

Zwei schöne Jubiläen konnte die Schule feiern: ein intimes, zehnjähriges, das mehr einem Familienfest glich [s. o. Seite 75], und am (. Dezember 1926 ein großes, offizielles, fünfundzwanzigjähriges im großen Musikvereinssaal.

An diesem hat die ganze Stadt - alle Tageszeitungen berichteten ausführlich - teilgenommen; hier der Bericht der Volks-Zeitung, Wien, vom 9. Dezember 1926:

Tagesneuigkeiten.
25 Jahre Schwarzwald-Schule.
Festabend im großen Musikvereinssaal.

Dr. Eugenie Schwarzwald feiert in diesen Monaten einige Geburtstage ihrer geistigen Kinder: vor kurzem das zehnjährige Wiegenfest ihrer ersten Gemeinschaftsküche und jetzt das fünfundzwanzigste ihres eigentlichen Lebenswerkes: ihrer Schulen. Im großen Musikvereinssaal hatten sich ihre Freunde eingefunden, um den Eröffnungsabend der verschiedenen Veranstaltungen mitzufeiern. Der Saal war überfüllt. Wären aber alle gekommen, die im Laufe der fünfundzwanzig Jahre mit dieser Schule verbunden waren, so hätte kein Saal genügt, um sie zu fassen.

Auf der Estrade saßen die jüngsten Zöglinge der Anstalt: die Mittelschülerinnen. Weiß die Kleidchen, lachend die Gesichter. Dieses helle, kindliche Lachen scheint das einzig Gemeinsame der Schülerinnen zu sein, der Zöglinge einer Anstalt, die Individualismus vertritt und für Uniformen nichts übrig hat. In den Sitzreihen aber sah man junge Frauen, die noch jünger wurden, wenn sie ihre Nachfolgerinnen auf den einstigen Schulbänken betrachteten, und auch nicht mehr so ganz junge, deren Kinder bereits auf dem Platz sitzen, den einst die Mutter innehatte.

Nachdem der Domorganist von St. Stephan, Professor Karl Balker, an der Orgel den Auftakt besorgt hatte, eröffnete die ehemalige Schülerin, Frau Dr. Emmy Wellesz, den Reigen der Glückwunschansprachen. Die Schüler erlebten das größte Glück, sagte die Rednerin, das jungen Menschen widerfahren kann: Sie liebten und wurden geliebt.

25 Jahre sind ein hübsches Alter für eine Lehranstalt. Man kann von den meisten Schulen im Gegensatz zu den Menschen sagen, daß sie eher jünger

werden, denn das alte Lehrsystem wurde von der Schulreform verdrängt. Die Schwarzwald-Schulen aber haben, wie der Präsident des Stadtschulrates Glöckel in seiner Ansprache sagte, die Schulreform schon praktisch geübt, als selbst ihre Theorie noch unbekannt war. Und da erinnerte sich Präsident Glöckel auch des einzigen Streites, den er mit Frau Dr. Eugenie Schwarzwald hatte. Als er Unterrichtsminister wurde, und die Schulreform fleißige und moderne Mitarbeiter forderte, entnahm er sie großenteils dem Lehrkörper der Schwarzwald-Schulen. Als der erste die Anstalt verließ, um der Bewegung zu dienen, war Frau Dr. Schwarzwald sehr stolz. Als aber immer mehr Lehrer der Anstalt entzogen werden sollten, legte sie glühenden Protest ein. »Damals blieb trotzdem ich der Stärkere!« sagte Glöckel, »und das will viel heißen. Denn die Leiterin und Begründerin der Schwarzwald-Schulen pflegt durchzusetzen, was sie sich vorgenommen hat, sei es durch weibliche Liebenswürdigkeit oder durch männliche Energie!«

Der Chef des Schulwesens im Unterrichtsministerium, Sektionschef Pohl, nannte die Schwarzwald-Schule eine Vorkämpferin im Mädchenunterricht. Namens der Eltern der Schüler dankte Hofrat Dr. Drucker für die gedeihliche Tätigkeit von 25 Jahren. Die Schwarzwald-Schulen hatten schon einen Elternrat, als dieser Begriff noch völlig unbekannt war. Als alter Lehrer der Anstalt sprach Hofrat Ortner: »Es sei stets eine Freude für die Unterrichtenden gewesen, an dieser Schule zu lehren, auch als die Anstalt noch Lyzeum war. Stets seien die Lehrer die Freunde der Schüler gewesen.« Professor Mancza, der namens der gegenwärtig an der Anstalt tätigen Lehrer sprach, führte die Stellung der Unterrichtenden noch weiter aus: »Wir haben von Dr. Schwarzwald gelernt, die Kinder als uns gleichwertige Menschen zu betrachten. Wir sind eben nur um fünfzehn oder mehr Jahre älter als sie und wissen deshalb mehr. Angst und Furcht sind an unsrer Anstalt unbekannte Begriffe. Aus Freiheit kommt Freude und aus Freude Kraft. Wir wollen unsere Jugend zu kräftigen Menschen machen, deshalb muß sie frei sein.«

Eine Akademie beendigte den Abend, an der Helge Lindberg mit seinem blühenden Belkanto Arien sang und Max Rostal durch seine Geigenkunst Beifall erntete. Die Schülerin Viki Baum sprach ein Gedicht, das eine frühere Studentin der Anstalt, Dr. Martha Hofmann, verfaßt hat und das in den Worten ausklang: »Wir sitzen so fröhlich beisammen!«, die im Chor wiederholt wurden. Frau Dr. Schwarzwald saß in der Loge und mußte allen Dank und alle Lobpreisungen über sich ergehen lassen. Im Laufe dieser Woche wird sie sich daran gewöhnen müssen.

Dr. H. H.

Bevor wir uns nun dem »Wohlfahrtswerk« zuwenden, noch einige die Schularbeit betreffende Dokumente. Das erste stammt aus 1924 – anderthalb Jahre vor dem Jubiläum.

31. Koedukation im Realgymnasium (1924)

Gesellschaft der Schwarzwaldschen Schul-Anstalten
I., Wallnerstraße 9. Regierungsgasse 1.

Öffentl. Real-Gymnasium (achtklassig).
Öffentl. Mädchen-Lyzeum (vierklassig).
Öffentl. Frauen-Oberschule.
Humanistische Gymnasial-Kurse für Mädchen.
Wissenschaftliche Fortbildungskurse für junge Mädchen.
Öffentliche Koëdukations-Vorschule für Knaben und Mädchen (fünfklassig).
Kleinkinderschule für 3—5jährige Knaben und Mädchen.

DR. EUGENIE SCHWARZWALD:
Sprechstunden an allen Schultagen: 12—1 Uhr
Telefon Nr. 61-3-69.

WIEN, 25. Juni 1924

An den Herrn
Minister für Kultus und Unterricht

Wien, I.

  Die Gesellschaft der Schwarzwaldschen Schulanstalten, seit dem Jahr 1901 bestehend, hat sich beinahe ein Jahrzehnt lang um die Erlaubnis bemüht, in die beiden untersten Klassen ihrer Mädchenmittelschule Knaben aufnehmen zu dürfen. Zuletzt gelang es die Zustimmung des Unterrichtsministeriums (Ministerialerlaß vom 5. März 1914, Z. 536) zu erlangen, aber mit der Beschränkung, daß nur ein sehr geringer Prozentsatz von Knaben, zwei bis drei in jeder Klasse, und zwar nur als hospitierende Privatisten, aufgenommen werden dürfte. Nach einem zweijährigen Versuch zeigte sich, daß selbstverständlich von einer wirklichen Koedukation bei solcher Zusammenstellung der Klasse nicht die Rede sein kann. So haben die Schwarzwaldschen Schulanstalten damals auf das ihnen eingeräumte Recht verzichten müssen.

  Jetzt aber scheint es der Schulgesellschaft an der Zeit, die alten Bestrebungen wieder aufzunehmen. Da der Staat selbst ohne viel Theoretisieren über Koedukation den glücklichen Gedanken hatte, Knabenschulen den Mädchen zu eröffnen, können die veralteten Bedenken der vergangenen Zeit nicht mehr maßgebend sein.

Der unterzeichnete Vereinsausschuß bittet daher in die 1. Klasse seines Realgymnasiums im Jahre 1924/25 auch Knaben als öffentliche Schüler aufnehmen zu dürfen und beruft sich dabei auf die Tatsache, daß in dieser Klasse der Lehrkörper zu gleichen Teilen aus Männern und Frauen zusammengesetzt ist und daß die Führung der Klasse als Klassenvorstand einem Mann zugedacht ist. Damit entfällt die Schädigung, ausschließlich von Personen des anderen Geschlechts erzogen zu werden. Der Ruf der Direktion unseres Realgymnasiums bürgt dafür, daß dieser Versuch mit allen Mitteln neuer Pädagogik und mit feinstem Taktgefühl durchgeführt werden wird.

Dieses Gesuch gilt natürlich nur für den Fall, daß die Aufnahme von Knaben die Anstalt nicht jener Vorteile beraubt, die sie gegenwärtig als Mädchenmittelschule genießt.

Für die Gesellschaft der Schwarzwaldschen Schulanstalten:

Eugenie Schwarzwald
Dr Simon

Eugenie Schwarzwald, als Geschäftsführer der Gesellschaft der Schwarzwaldschen Schulanstalten.

Dr. Hans Simon, Generalrat der Anglo-Austrian Bank Ltd, als Präsident der Gesellschaft der Schwarzwaldschen Schulanstalten.

Dr. Georg Knepler, Professor an der Musikhochschule der DDR und Verfasser des Buchs »Karl Kraus liest Offenbach«, berichtete dem Chronisten im Februar 1985:

»Ich lernte Genia Schwarzwald in den späten zwanziger Jahren kennen, als ich mit Karl Kraus an der Vorbereitung seiner Offenbach-Operetten arbeitete. Wir brauchten ein Zimmer mit einem Flügel, in dem man zu später Stunde - 9 Uhr abends - etwa zwei Stunden lang ungestört Krach machen konnte. Karl Kraus erwirkte die Erlaubnis von Frau Dr. Schwarzwald, für den genannten Zweck ein Klassenzimmer in ihrer Schule zu verwenden. Ich erhielt einen Schlüsselbund, der uns Zugang in die Räume der Schwarzwald-Schule ermöglichte [...] sie [Genia Schwarzwald] war ein ausgesprochenes Original, von mir mit etwas scheuer, distanzierter und verwunderter Ehrfurcht betrachtet.«

[Im Widerspruch zum Überkommenen bemerkt der Chronist: Karl Kraus hätte nie um einen solchen Vorzug gebeten, wenn er mit Genia Schwarzwald nicht »gut« gewesen wäre! - In mindestens 10 Offenbachlesungen des Winters 1927/28 gehörte der Chronist zu den begeisterten Zuhörern].

32. »Nicht ›Rat‹: die Jugend hilft sich selbst«

»Nicht ›Rat‹: die Jugend hilft sich selbst«
Neue Freie Presse, 20. 4. 1930

Genia Schwarzwald zur Umfrage der Neuen Freien Presse:
Wer Gelegenheit hat, die heutige Jugend aus der Nähe zu sehen, kommt nicht aus dem Staunen heraus über die Widerstandsfähigkeit und Erneuerungskraft der Menschheit. Für diese Jugend wäre der richtige Schutzpatron Münchhausen, der sich selbst aus dem Sumpf zieht.

Hineingeboren in eine entgötterte, vergiftete, übersatte Welt, aufgezogen in Hunger und Kälte, sind sie Kinder des Krieges, in dem Morden Gebot war, Kinder der Inflationszeit, in der Geld und Gott identisch waren. So haben sie schon früh alle menschliche Not und Arglist erfahren. Gegenwärtig verbringen sie den sogenannten Frühling ihres Lebens ohne moralische und materielle Sicherheit, von seiner Kürze und Vergänglichkeit illusionslos überzeugt. Die Zukunft gar zeigt sich ihnen als ein schwieriger Kampf ums Dasein. Der tröstliche Begriff »Vaterland« ist, seiner Einheitlichkeit beraubt, ein Kampfplatz für Parteien und Klassen geworden. Der Begriff »Familie«, der beglückend sein kann, ist entzaubert und durch plump zutappende Hände allen Blütenstaubs beraubt. **Was Wunder, daß diese Jugend an Stelle einer hoffnungsvollen Lebensneugierde,** wie sie ihrem Alter geziemt, **eine durchaus berechtigte Lebensangst hat!**

Wie aber trägt sie dieses harte Schicksal? Man kann ohne Übertreibung sagen: bewundernswürdig. Sie arbeitet viel, hart, ernst und zielbewußt. Längst hat sie aufgehört, sich für den Mittelpunkt der Welt zu halten. Niemals noch gab es so viel Selbstkritik und Selbstpersiflage. Von der Gefährlichkeit des Lebens überzeugt, ist sie bemüht, ihren Körper durch Selbstzucht und Ausdauer zu üben und zu stählen. Sogar eine neue Schönheit zu schaffen, ist sie bestrebt. Trost findet sie in der Natur und im Sport. Zur Kunst fehlt ihr meistens die Seelenruhe. Wenn sie sich aber mit ihr beschäftigt, so geschieht es intensiv und ohne Snobbismus. In Jugendkreisen ist es verpönt, mit Namen, Büchertiteln und Kunsturteilen herumzuwerfen. Mag sein, daß vielen das fehlt, was man früher Idealismus nannte, mag sein, daß manche berechnender sind, als man ehedem war: sie haben eben lernen müssen, zu zählen, zu wägen und zu rechnen. Vielleicht sind einige von ihnen ein wenig labil und lassen sich zu weit nach links und zu weit nach rechts locken. Eines aber ist sicher: für ihre Fehler sind wir verantwortlich; ihre Vorzüge haben sie selbst geschaffen.

Natürlich gibt es auch ganz mißglückte Exemplare, und ebenso natürlich sind die Genies selten. Aber es wächst ein Durchschnitt heran, der, wenn es Führer gäbe, zur steilsten Höhe zu folgen bereit wäre.

Die Jugend lacht nicht mehr so leicht und so laut wie vor Zeiten. Aber die seltenen Fälle, in denen sie lächelt, lassen einem das Herz aufgehen.

Wie schon berichtet wurde (Prof. Amalie Mayer), hat die Schule in den Jahren bis 1938 nur mit Mühe ihre jeweiligen finanziellen Engpässe überwunden; dies galt nicht nur von der Volksschule und dem Kindergarten, die nach der Gründung des Vereins »Gesellschaft der Schwarzwaldschen Schulanstalten« im Besitz von Genia Schwarzwald geblieben waren, sondern auch von den nun subventionierten Schulzweigen (Lyzeum und Realgymnasium). Mit dem Ende der Monarchie hörten allerdings die Störversuche der Unterrichtsverwaltung auf, und so konnte die Schule, trotz der materiellen Schwierigkeiten, ihren so speziellen, reformerischen pädagogischen Weg bis 1938 erfolgreich weitergehen. Fraudoktor unterrichtete zwar nicht mehr, aber die Schule blieb undenkbar ohne ihre tägliche Gegenwärtigkeit, auch wenn sie sich mehr auf ihre Sozialarbeit konzentrierte.

Zu den materiellen Sorgen um die Volksschule äußerte sich Genia Schwarzwald oft in Briefen an ihr Nahestehende. Hier zwei Beispiele:

Grundlsee, 9. September 1930, an Karin Michaelis:
»[...] Du verstehst, Karin, daß mir zu meinem Glück nichts gefehlt hat, als Du. Mit Dir wäre es vollkommen gewesen. Jetzt aber ist alles zu Ende. – Sonntag muß ich nach Wien und es beginnt der September, (hier weiß man weder Tag noch Monat) mein Selbstmordmonat. Da liege ich schlaflos vor Sorge, ob meine Schule finanziell durch das neue Schuljahr kommt, da stehe ich acht Stunden täglich am Telefon und suche Stellen, Wohnungen, Kleider, da schreibe ich alberne Artikel, weil ich dringend ein paar hundert Mark brauche, da verzehre ich mich vor Mitleid mit einer Welt, deren Dummheit noch größer ist als ihr Unglück.

Am 1. Oktober aber fange ich ein neues Leben an. Ich ermanne mich, oder besser gesagt, ich erweibe mich, fasse die Reste meines ehemaligen Humors zusammen, lasse mir ein neues Kleid machen und fahre nach Berlin, wo ich im Radio zu sprechen habe. Von dort aus gehe ich nach Zürich [...]«

Wien, 11. Oktober 1932, an Hans Deichmann:
»[...] Schulsorgen heißt: die Volksschule geht noch schlechter als im Vorjahr und hat ein Defizit von S. 16.000,--, von denen ich noch nicht weiß, wo sie herkommen sollen. Schließen aber kann ich sie nicht, weil sonst sechs Leute arbeitslos sind. Diesem Problem habe ich mich jetzt vier Wochen gewidmet, ich darf sagen, ohne mir zu schmeicheln, mit minimalem Erfolg. Noch weiß ich nicht, was ich zu tun habe, aber jedenfalls steht es fest, daß es sich um eine Krisenerscheinung handelt, da es allen Leuten rundherum genau so geht [...]«

33. »Orplid an der Havel« (1928)

Zum Abschluß des Kapitels Schule bewundern wir mit Genia Schwarzwald eine Schule in Deutschland, ganz anderer Art, der ihrigen jedoch zutiefst verwandt; mehr noch als der Schule gilt unsere Bewunderung der unverbrauchten Frische und Anteilnahme, mit der Genia Schwarzwald nach 27 Jahren eigener Schularbeit sich für die pädagogische Leistung anderer begeistert.

Orplid an der Havel.
In der Inselschule Scharfenberg.

Neue Badische Landes-Zeitung, Mannheim,
2. Juni 1928 (Auszug)

Wie in Orplid steigen in Scharfenberg uralte Nebel. Zugleich aber stehen dort Magnolien, Taxodien, Eiben, Bambus und japanische Tulpenbäume. Das seltsamste Gewächs ist der Vokabelbaum, eine Tanne, in deren Zweigen sitzend, wie man mir versicherte, Vokabeln am schnellsten gelernt werden [...]

Erst seit 4 Jahren besteht diese Anstalt und doch hat sie schon eine Geschichte. Mehrere Bände Chronik liegen schon vor, in die jeder im Hause einzeichnen darf, was er will.

Ich war nur zwei Stunden dort, und so kann mein Bericht nur impressionistisch sein wie die Zeichnungen der Kinder im Lesesaal. Aber eines glaube ich doch gemerkt zu haben:

Lehrer und Schüler streben nach fröhlicher Tugend. Sie sind dahinter gekommen, daß sich selbst vergessen und anderen dienen äußerst rentabel ist. »Wie gestalte ich mein Leben möglichst reich?« Ihre ganze Existenz in Scharfenberg gibt die Antwort: durch Ausbildung aller in uns schlummernden Kräfte, Kopf, Herz, Muskeln, Hände - alles in fortwährender Tätigkeit. [...]

An allen Wänden in Scharfenberg steht das Wort »Freiheit« geschrieben. Aber diese Freiheit will gelernt sein. Ich habe sie nicht auf dem Stundenplan gesehen, aber ich bin sicher, daß sie in dieser Schule Hauptgegenstand ist. Ohne Freiheit ginge es gar nicht. Denn eine so harte Zucht wie in Scharfenberg kann ein Mensch sich nur selbst auferlegen.

Es gibt ein Tiroler Wirtshaus, das heißt »Zur alten Toleranz«. So könnte diese Inselschule auch heißen. Hier wohnen in Frieden Kinder aller Klassen beisammen, und aller Konfessionen: Christ, Jud, Dissident. Das Gift der Politik ist in diese jungen Herzen nicht eingedrungen, obwohl sie sich durch selbstgewählte Berichterstatter jeden Abend über die Zeitereignisse einen objektiven Bericht erstatten lassen. Aber eine Beeinflussung darf nicht erfolgen. Jeder in Scharfenberg kann so denken, sein, fühlen, was und wie er will. Nur muß er alle anderen schonen und achten.

Aus Scharfenberg werden ausgezeichnete Männer hervorgehen, geeignet zum Aufbau eines neuen Deutschlands [Viele von ihnen sind dann von Hitler ermordet worden]. Gott sei Dank, daß wir arm geworden sind. Als wir noch reich waren, ist uns ein so gescheites Schulexperiment nicht eingefallen.

4. 1914–1938: Sozialarbeit

Am 27. Juli 1938 (emigriert nach Zürich) schrieb Genia Schwarzwald an Pat Coates:

»[...] Als zwölfjähriges Mädchen hatte ich zwei Zettel über meinem Schreibtisch. Auf dem einen stand (ich weiß nicht woher): ›Mir ist jedes Vaterland zu klein, das kleiner ist als die ganze Welt‹, und auf dem anderen ein Ausspruch von Nietzsche; ich bin mir bewußt, daß es in dem Lebenswerk dieses großen und edlen Menschen - vor allem ein Dichter und noch dazu ein kranker - viele Irrtümer und Übertreibungen gab, die in seinem Vaterland eine Menge Mißverständnisse hervorriefen und sicher die heutige Zeit herbeiführen geholfen haben. Von Nietzsche stand auf meinem Zettel: ›Das beste Mittel, den Tag gut zu beginnen, ist beim Erwachen daran zu denken, ob man nicht wenigstens einem Menschen an diesem Tag eine Freude machen kann.‹ Sicher ist, daß dies meinem Leben Richtung gegeben hat.

Noch einfacher äußert sich Kästner: ›Es gibt nichts Gutes, außer man tut es.‹ [...]«

Zu Merete Bonnesen, 29. Oktober 1928:
»Zu den meisten Unternehmungen braucht man nicht Geld, sondern Mut.«

1. Appell von Genia Schwarzwald am 24. August 1914

Am 24. August 1914 - 28 Tage nach Kriegsausbruch - richtete Genia Schwarzwald an eine Frauenversammlung folgenden Appell:

»Verehrte Männer und Frauen,
ein ungeheures Unglück ist über uns hereingebrochen. Niemand von uns weiß, wie dieser Krieg entstanden ist, keiner weiß, wann und wie er enden wird. Verwirrt und betäubt stehen wir vor dem tragischen Schicksal, dem wir nicht gewachsen sind.
Jetzt heißt es handeln, obgleich das der Wiener Art entgegen ist. Die wichtigste Frage ist die der Ernährung, da wir doch sicher einer Hungerkatastrophe entgegengehen.
Der private Haushalt muß aufhören. Wenn wir schon Krieg führen, dann müssen wir auch das Opfer bringen, nach spartanischem Muster gemeinschaftliche Mahlzeiten einzunehmen.
Wir wollen Gemeinschaftsküchen gründen. An jeder Straßenecke eine. Es gibt Restaurants genug, deren Besitzer eingerückt sind. Diese Räume werden wir hübsch, aber bescheiden einrichten, große Vorräte an Lebensmittel und Heizmaterial anlegen, Mädchen und Frauen zum Dienst in solchen Anstalten anlernen.
Dann wird es bald alkoholfreie, trinkgeldlose Speisehäuser geben, in denen man behaglich sein billiges Mahl wird einnehmen können. Es wird wahrscheinlich eine Krone kosten.
Was uns jetzt retten kann, ist die Tat, und wenn es auch nur eine so kleine Tat ist, wie die Gründung von Gemeinschaftsküchen. Es gehört eigentlich nicht viel mehr dazu als der Entschluß. Ich bitte Sie herzlich: fassen Sie diesen Entschluß noch heute.«

Jedoch gelang es ihr erst 2 1/2 Jahre später - im März 1917 - die erste Gemeinschaftsküche zu eröffnen.

Unmittelbar nach Kriegsausbruch 1914, so berichtet Elisabeth Thury Jahre später im Artikel »Fröhliche Schule« (Wiener Allgemeine Zeitung, 19. Dezember 1926) meldete Genia Schwarzwald dem Landesschulrat, daß sie freiwillige Helferinnen aus ihrer Schule zu Hilfsdienstzwecken zur

Verfügung stelle. Sie erhielt den Bescheid, abzuwarten, bis ein Erlaß der Schule Dienste zuweise.

Endlich, nach drei Wochen kam der heiß ersehnte Umschlag vom Landesschulrat: »Ich [Genia Schwarzwald] öffnete ihn mit bebenden Fingern und ließ dann enttäuscht das Blatt sinken. Da stand, daß den israelitischen Schülern der Tag des Purimfestes nicht mehr freizugeben sei. Ich war empört und begann nun auf eigene Faust zu arbeiten. So entstand der Schwarzwaldsche Wohlfahrtsgeist.«

Bevor die Chronik sich im einzelnen mit den vielen sozialen Aktionen von Genia Schwarzwald befaßt, muß darauf hingewiesen werden, daß leider oft genaue Daten, bei einigen sogar die Jahreszahlen fehlen. Die Archive sind zum Teil Opfer der nationalsozialistischen Zerstörungswut geworden.

2. Chronologie 1914–1928

Nachstehend eine möglichst vollständige Aufzählung aller die Sozialarbeit von Genia Schwarzwald ausmachenden Unternehmungen:

Als erstes müssen die schon lange vor dem Krieg unternommenen Versuche von Genia Schwarzwald, reformerisch in die zähflüssigen Lebensgewohnheiten ihrer Mitmenschen einzugreifen, genannt werden; sie selbst hat darüber viel später (Vortrag in der Urania, »Zwanzig Jahre Selbsthilfe«, und Neue Freie Presse, 10. Juni 1921) berichtet:

1903
Mißlungener Versuch, in Wien alkoholfreie Gasthäuser nach Züricher Muster einzuführen. Nur eines, das alkoholfreie Speisehaus im Volksheim kam zustande.

1904
Auch ohne andauernden Erfolg blieb die Aktion »Obst fürs Volk«, die zu einer Verminderung des Fleischkonsums zugunsten von einheimischem Gemüse und Obst führen sollte.

1914
Öffentlicher Appell, dem bevorstehenden Hunger mittels gemeinsamen Kochens zu begegnen (siehe oben)
Mädchenhort in der Sonnenfelsgasse
Kinderhort am Ring

1915
Ausbau des Mädchenhorts zum Lehrmädchenheim
Erholungsheim für Jugendliche und Erwachsene in St. Wolfgang am Wolfgangsee
Ischl (Hotel Bauer und Kaiservilla): Kinderheim

1916
»Kriegspatenschaft«
Heimstätte für kleine Kinder von Kriegsgefallenen
»Wiener Kinder aufs Land«
Fortführung der Heime und Horte aus dem Vorjahre
Gründung des »Vereins zur Errichtung und Erhaltung von Gemeinschaftsküchen«

Aus dem Brief von Genia Schwarzwald an Karin Michaelis vom 4. Juli 1916, also noch vor Gründung des Gemeinschaftsküchen-Vereins:
»[...] Der Krieg. Wie soll man weiterleben. Überdies habe ich viel mehr zu tun, als ein Mensch bewältigen kann: Schule, Haus, Horte (zwei), Armengärten (zwei), Ferienheime (zwei) und dann die große Aktion [...] um ein paar Tausend Kinder auf's Land zu senden [...]«

1917
Die Aktion »Wiener Kinder aufs Land« konstituiert sich zu einem Verein gleichen Namens.
Eröffnung der ersten Gemeinschaftsküche (»Akazienhof«)
»Pöchlarn«, Ferienheim

1918
»Bad Topolschitz«, Sommerheim für Kinder und Erwachsene
»Haus in der Sonne«, Kinderheim in Küb (Semmering)
»Haus in der Sonne« wird am 23. 4. 1918 Verein
»Wolfsbergkogel«, Kinderheim auf dem Semmering
»Harthof«, Landerziehungsheim bei Gloggnitz (dort später auch Ferienkolonien)

1919
Die großen Aktionen »Wiener Kinder aufs Land« und die »Gemeinschaftsküchen« wurden weiter ausgebaut.

Nachstehend alle, zum größten Teil erst 1919 geschaffenen Heime, auch mit Hilfe von zwei Briefen (Fronleichnam 1919 und 19. Juli 1919) an Karin Michaelis, in denen Genia Schwarzwald von »ihren« Heimen spricht:

»Kriegshort für junge Mädchen« in der Sonnenfelsgasse (1914)
Küb am Semmering: Kinderheim (1918)
Wolfsbergkogel am Semmering: Kinderheim (1918)
Sommerheim am Semmering (Dependance des Südbahnhotels)
Bad Ischl: Hotel Bauer und die Kaiservilla: Kinderheime (1915)
Waidhofen a. d. Ybbs: Kinderheim
Bad Fischau: Kinderheim (340 Knaben), Jugendkolonie, gemeinsam mit dem Wiener Jugendfürsorgeverein
Harthof bei Gloggnitz: Landeserziehungsheim (1918)
Raach am Semmering: für Erwachsene
Reichenau, Schloß Waisnix: für geistige Arbeiter
Helmstreitmühle: für Erwachsene (Weekend-Haus?)
Sonnenfelskurse für obdachlose, heimkehrende Offiziere

1920 - Hinzu kamen
Grundlsee (Seeblick)
Kindersiedlung »Schöne Heimat« in Küb, für in Wien lebende reichsdeutsche Kinder
Koedukationskolonie Kaltenbach (bei Ischl)

1921
Wieviele der in den Vorjahren ins Leben gerufenen Aktionen und Heime weiter geführt wurden, ließ sich nicht mit Gewißheit ermitteln, sicher wohl die meisten; hinzu kamen
Schloß Gainfarn bei Vöslau
Greisenhilfe der Wiener Jugend
Sonntag (Vorarlberg)
Gemüsefarm in Wiener Neustadt und
Autotaxigesellschaft in Wien: Datierung ungewiß, ebenso ihre (kurze?) Lebensdauer

1922
Organisatorische Zusammenfassung der gesamten Sozialarbeit im

SCHWARZWALD'SCHES WOHLFAHRTSWERK
VERWALTUNG: L WALLNERSTRASSE 9
FERNSPRECHER: 61369

**GEMEINSCHAFTSKÜCHEN
ERHOLUNGSHEIME FÜR ERWACHSENE
KINDERHEIME
FERIENSIEDELUNGEN FÜR KINDER
ALTERSGEMEINSCHAFT
LEHRMÄDCHENHEIM
BEKLEIDUNGSAKTION**

Das Schwarzwaldsche Wohlfahrtswerk wurde erst 1928 ein eingetragener Verein.

1923
»Österreichische Freundeshilfe« Berlin mit vier Gemeinschaftsküchen und Jugendkolonie Gaming

1924
Erholungsheim in Bad Lobenstein i. Thüringen

Ferienheim St. Wolfgang am Wolfgangsee

Das erste der vielen Heime war das Erholungsheim für die Schülerinnen der Schwarzwaldschule in St. Wolfgang am Wolfgangsee im Juli 1915; aber auch die Erwachsenen, meist Eltern der Schülerinnen, waren dort willkommen. Dokumente über diese »Wiege« aller zukünftigen Heime gibt es nicht, aber auch niemanden mit Erinnerungen an den ersten Kriegssommer, der nicht bewegtesten Herzens und mit leuchtenden Augen von diesem Ferien-Paradies spricht. Dort hatte Genia Schwarzwald zum ersten Mal Gelegenheit, ihre Vorstellung von Gemeinschaft und Selbsthilfe Gestalt werden zu lassen.

In dem oben erwähnten Vortrag aus dem Jahre 1921, »Zwanzig Jahre Selbsthilfe«, spricht sie davon, daß das Heim in St. Wolfgang »zur bleibenden Institution« geworden sei; wie lange es bestanden hat, ließ sich nicht mit Gewißheit ermitteln.

»Kriegspatenschaft«

Über »Kriegsbetroffene für soziale Hilfsarbeit« berichtet die »Neue Freie Presse« zum ersten Mal am 25. 1. 1916: Frauen, die ihren Mann oder ihr Kind verloren oder auf andere Weise durch den Krieg vereinsamt sind, wird angeboten, »ihrem Leben durch Teilnahme an sozialen Hilfsarbeiten wieder Inhalt zu geben«. Ob Genia Schwarzwald zu den ursprünglichen Anregern dieser Aktion gehört oder sich dieser »nur« zur Verfügung gestellt hat - sie war stets bestrebt, den Menschen aus ihren »Höhlen« - Trauer und Depressionen jeglicher Art - herauszuhelfen, gelang nicht festzustellen; sicher ist nur, daß die Zeitungen zu den ersten Zusammentreffen »bei Frau Dr. Eugenie Schwarzwald, Regierungsgasse 1, Tel. 19227« aufforderten. Später hatte die »Kriegspatenschaft«, über welche die Presse in den folgenden Jahren laufend berichtete, ein eigenes Büro in der Herrengasse 7 (gegenüber der Schwarzwaldschule).

3. »Wiener Kinder aufs Land!« (1916)

Ende Mai/Anfang Juni 1916 erschien in allen Wiener Zeitungen ein Aufruf (hier Neues Wiener Tagblatt vom 10. Juni 1916):

> **Wiener Kinder aufs Land!**
> Wir erhalten folgenden Aufruf:
> „Wir haben uns die Aufgabe gestellt, im Zusammenwirken vieler Kräfte Tausende von unterernährten Kindern aus der Not ihrer häuslichen städtischen Verhältnisse für vier bis acht Wochen aufs Land zu bringen.
> Kinder der Gefallenen, Kinder der Eingerückten, Kinder der wirtschaftlich Kriegsbetroffenen sollen in gesunder Luft bei reichlicher Nahrung Kräftigung des Körpers und unter freundliche Fürsorge geistige Obhut finden. Sie sollen der Härten dieser Kriegszeit während des Sommers überhoben sein, damit sie den Härten des kommenden Winters widerstehen können. Wir wenden uns darum an alle, die für diese Not und Forderung der Zeit, die für das Elend der Kinder ein Herz besitzen und die einsehen, daß die Kinder unsrer Heimatsstadt dringend einer Hilfe bedürfen. Wir wenden uns an sie mit der Bitte, unsre Absicht zu fördern und in großem Umfang die rasche Durchführung unsrer Aktion möglich zu machen. **Fünfzig Kronen werden für jedes Kind gebraucht. Wer fünfzig Kronen gibt, hat ein Kind während der Ferien versorgt.** Er hat es während eines Sommers seiner Kindheit zurückgegeben und einer ringenden Mutter, einem kämpfenden Vater neuen Lebensmut vermittelt. Mögen viele sich zu dieser Liebestat bereit finden! Aber jede Spende, auch die kleinste, sei uns willkommen, denn sie dient unserm Volk in seinem heiligsten und kostbarsten Besitz: in seinen Kindern.
> Baronin Natalie Alber v. Glanstätten, Obermagistratsrat Hugo Arzt, Gräfin Nandine Berchtold, Frau Flora Berl, Baronin Gabriele

Bleyleben, Frau Ella Frankfurter, Baronin Friebeis, Frau Fanni Freund-Markus, Magistratssekretär Dr. Gold, Frau Helene Granitsch, Frau Marianne Hainisch, Frau Frieda v. Hussarek, Vizepräsident v. Khoß, Landesausschuß Leopold Kunschak, Prinz Eduard Liechtenstein, Fürstin Maria Lubomirska, Sektionschef v. Madeyski, Frau Hedwig von Mecenseffy, Frau Angela Miller v. Aichholz, Baronin Emilie Badeni, Frau Lilli Radermacher, Direktor Richard Reisch, Frau Lilli Schall-Hopfen, Frau Stephanie Schmitz, Frau Dr. Eugenie Schwarzwald, Frau Herta v. Sprung, Hofrat Dr. Swoboda, Gräfin Gabriele Thun-Lobkowitz, Baronin Elvira Troilo, Gräfin Gertrude Walterskirchen, Frau Berta Weiskirchner, Prinzessin Alexandrine Windischgrätz."

* * *

Spenden werden unter der Rubrik „Wiener Kinder aufs Land" auf das Konto Nr. 2837 der Bodenkreditanstalt und von der Redaktion des Blattes entgegengenommen und öffentlich ausgewiesen.

Über das Entstehen dieser das damalige Wien revolutionierenden Aktion gibt es mehrere Versionen. Frau Helene Rättig* berichtet in einem 1957 geschriebenen Aufsatz »In memoriam Dr. Eugenie Schwarzwald«, daß es im Frühjahr 1916 einen Hunger-Protest von Frauen vor dem Wiener Parlament gegeben habe, und daß sich Genia Schwarzwald durch die schreiende Menge zu einer Art von Podest gedrängt und mit starker, Schweigen gebietender Stimme gerufen habe: »Frauen in Wien, recht habt Ihr, aber ich kann Euch eine Nachricht bringen, die eine wesentliche Hilfe bedeutet. Ich kann Euch nicht versprechen, daß der Krieg noch in diesem Jahre zu Ende geht, aber ich werde dafür sorgen, daß Eure Kinder auf ein bis zwei Monate zu Sommerferien aufs Land kommen. In sechs Wochen werden die Zeitungen einen Aufruf bringen, daß Ihr Eure Kinder zur Ferienaktion in der Schwarzwaldschule anmelden könnt.« Genia Schwarzwald sei mit diesem Versprechen in ihre Schule zurückgeeilt und alle - als erster ihr Mann, der dort wie gewöhnlich auf sie gewartet habe - seien entsetzt gewesen, sich nicht vorstellen könnend, wie eine solche Aktion ohne Organisation und ohne Mittel zur Realität werden könne.

* Helene Rättig, 1902-1957, Schwarzwaldschülerin, Eigentümerin eines Vervielfältigungsbüros.

Genia Schwarzwald selbst stellt 1924 das Entstehen der Kinderlandverschickung sehr anders dar (aus: »Eine Improvisation und ihre Folgen«, Neue Freie Presse, 30. März 1924):

»[...] Bis zum Sommer 1916 gab es in Österreich den Begriff Kinderferienversendung beinahe nicht. Bescheidene Ansätze hatten ein Gymnasialverein und einige kleinere Institutionen gemacht, die große Menge der Kinder kannte nichts vom sommerlichen Kinderglück, sie wußten aber auch nicht, daß hinterm Berg noch andere Leute wohnen. So ging es bis zum 31. Mai 1916, dem Geburtstag der Wiener Kinder-aufs-Land-Bewegung [...] Ein trüber Tag. Regen klatschte auf das Pflaster, auf der Straße jene Totenstille, die voll von verhaltenen Schreien war, nur unterbrochen durch den aufreizenden Ruf ›Extra-Ausgabe‹. Vor dem Milchgeschäft eine unendlich lange Schlange von Frauen. Ein tief Betrübter sah sie. Er hatte die Gewohnheit, diesen wartenden Märtyrerinnen Schokolade und Reklam-Bücher zu schenken, Fußschemel und gute Worte. Aber heute war ihm, als sei das nicht genug. Was könnte man für diese Frauen tun? Und blitzschnell durchfuhr es ihn: man muß ihnen ihre Kinder aufs Land bringen. Man muß sie für ein paar Wochen sorgenlos machen, damit sie neue Kräfte fassen, die männermordende Dummheit der Zeit zu überleben.

Noch am gleichen Tage waren zwei Frauen gefunden, die an der Sache mitwirken wollten. Die eine war eine Fürstin, Alexandrine Windisch-Graetz, eine jener seltenen adeligen Frauen, denen es mit der Vornehmheit ernst ist. Die zweite war Lili Radermacher, berufen, bei einer solchen Sache mitzuwirken, als die Enkelin von Luise Jessen, die bereits in den achtziger Jahren des vorigen Jahrhunderts die Ferienbewegung in Deutschland ins Leben gerufen hatte. Am nächsten Tage war das Komitee gegründet, am übernächsten stand der Aufruf in allen Zeitungen: Wiener Kinder aufs Land! Dieses kategorische Ausrufungszeichen schien irgendeine mystische Wirkung zu üben. In vierzehn Tagen floß eine Million Goldkronen ein, viele Häuser und Villen wurden zur Verfügung gestellt, tausende Eltern baten um die Aufnahme ihrer Kinder, es war, als hätte die ganze Bevölkerung auf dieses Wort gewartet.

Beinahe alle Menschen, die mit der Sache zu tun hatten, wurden besser. Mitten in der Verzweiflung des Krieges erwuchs da eine beglückende Arbeit, erfüllt vom Rausch des Schaffens. Aber noch tiefer war die Angst vor der ungeheuren Verantwortung. Es handelte sich um eine neue Sache. Niemand wußte, wie man es machen muß. Weder pädagogisch, noch hygienisch, war die neue Erziehungsarbeit erprobt. Tagsüber war man ja seiner guten Sache ganz sicher, trat siegesbewußt und tapfer auf; nachts aber, wenn man sich glückselig und todmüde schlafen gelegt hatte, träumte man, man führe durch einen Tunnel, da hingen von den Felswänden kleine Kinder herunter, oder: man stünde auf dem Bahnhof mit unübersehbar vielen Begleitpersonen, und alle wüßten nicht, wo ihre Kinder wären. Aber in Wirklichkeit gelang alles so wunderbar, wie nur Improvisationen gelingen. Die 3500 Kinder, die am 15. Juli 1916 jubelnd hinausgefahren waren, kamen im Herbst wieder, nicht nur gewichtiger, sondern auch größer, schöner, klüger, besonnener und besser, und mit ihnen drang ein Strom von frischer Luft in die dumpfe Stadt. [...]

[Nun wollte man auch im Winter Kinder aufs Land schicken, und sogar vom Ausland sprach man. Ein Sektionschef, der meinte, er ginge im Winter auch nicht aufs Land, konnte nur mit dem Hinweis überzeugt werden, daß der Verein nicht »Sektionschefs aufs Land« heiße.]

Sogar der Auslandsgedanke nahm Gestalt an. Das war das Verdienst des Wiener Kinderarztes Professor Hochsinger, der mit Hilfe der Frauen Wenckebach und Eiselsberg Kinder in Holland unterzubringen wußte. Seinem Beispiel folgte die Frau des österreichischen Militärattachés, Frau v. Einem, die die Versendung von Kindern nach der Schweiz unternahm, in der Arbeit unterstützt durch den Verein ›Wiener Kinder aufs Land!‹. Am 31. Mai 1917, am ersten Jahrestage der Begründung der Aktion, fuhr der erste Kindertransport in die Welt hinaus [Holland und Schweiz], und nun begann jene wunderbare europäische Kinderbewegung, die noch heute ihren Abschluß nicht gefunden hat. Das Ausland tat seine Arme auf, rettete den Wiener Kindern das Leben, schenkte ihnen neue Sprachen, neue Empfindungen und vor allem etwas, was der Österreicher besonders dringend braucht: Weltweite.

Der Leser wird bemerkt haben, daß sich Genia Schwarzwald in diesem Artikel mittels Vermännlichung tarnt. Es besteht jedoch kein Zweifel darüber, daß allein sie die Aktion erdacht, gegen alle Widerstände erkämpft und durchgeführt hat. Gelungen war es ihr, die tätige Mitarbeit vieler zu gewinnen:

Alexandrine Prinzessin Windisch-Graetz als Präsidentin und die Frauen des Bürgermeisters von Wien und des Unterrichtsministers als Vizepräsidentinnen, Genia Schwarzwald war die Schriftführerin, und der vorläufige Sitz des Komitees die Schwarzwaldschule. Über die praktische Arbeit, die schon nach weniger als drei Monaten über 3000 Kinder aufs Land brachte, berichtet Genia Schwarzwald im Artikel »Mehr Luft« im Neuen Wiener Tagblatt vom 23. Juli 1916:

»Rückblick und Ausblick: Schon heute klinge das Losungswort ›Wiener Kinder aufs Land‹ ganz vertraut und man könne jetzt schon damit rechnen, daß diese Aktion eine dauernde Einrichtung des öffentlichen Lebens werde. Selten noch sei es möglich gewesen, Bevölkerung und Behörden in diesem

Rhythmus in Bewegung zu setzen. ›Man muß der Öffentlichkeit in diesem Lande nur etwas Gutes zutrauen, dann wird sie dieses Vertrauen schon rechtfertigen!‹

Es habe viele Einwände gegeben: zu kostspielig, zu mühsam, zu umständlich, aber die Riesenarbeit sei erfolgreich gewesen dank der Behörden - Landesschulrat, Bezirksinspektoren, Lehrerschaft, Stadtverwaltung, Geistlichkeit, Ärzteschaft - die sich mit Hingabe und Wärme in den Dienst der guten Sache gestellt haben. Dem Gedanken, von Frauen ausgegangen, verhalfen mächtige Männer zum Leben!«

Genia Schwarzwald geht auf die verschiedenen überwundenen sachlichen Schwierigkeiten ein, um dann ganz besonders auf die große Leistung der Lehrer als Begleiter der Kinder mit Dankbarkeit zu weisen. Der Artikel schließt:

»In der Aktion ›Wiener Kinder aufs Land‹ ist in kurzer Zeit erstaunlich viel geschehen, aber sie hat nur einen Bruchteil der Kinder erfaßt, die aufs Land müssen. Zu unserem wahren Schmerz haben wir vielen eine Enttäuschung bereitet. Es ist ein vielversprechender Anfang. Nach langem Leiden in dumpfer, schwüler Luft steht uns jetzt eine Lüftung bevor, und wie es geziemt, fängt sie bei den Kindern an. Wir dürfen hoffen, daß unser aller Wunsch in Erfüllung geht: mehr Luft im neuen Österreich!«

Vom Grundsätzlichen der Aktion spricht Genia Schwarzwald dann im Artikel »Wiener Kinder aufs Land«, erschienen in »Die Zeit« am 3. August 1916, während sie das Erzählen vom inneren Geschehen in den Kolonien und bei den Einzelunterbringungen dazu benutzt, die Unterstützung der geplanten Winterverschickungen und der erweiterten Aktion im kommenden Sommer (1917) zu erbitten. Hier, auszugsweise, der Artikel »Ein Wintermärchen«, Neues Wiener Tagblatt, November 1916:

»Ein Wintermärchen«

Der Krieg hat in allen Staaten Europas ganz unabhängig voneinander parallele Erscheinungen hervorgebracht, gleiche Nöte und gleiche Maßregeln. In Deutschland hat es eine soziale Aktion gegeben, welche sich mit unserer originalen Bewegung vollständig deckt, die unter der Devise ›Wiener Kinder aufs Land‹ so großen Erfolg gehabt hat. Verschiedene deutsche Städte haben viele Tausende von Kindern aufs Land geschickt. Der dort aufgebotene Apparat war sogar ein viel breiterer, während sich die Wiener Aktion als eine kühne Improvisation darstellt.

Als wir in den letzten Julitagen, müde und glückselig, den abfahrenden

Zügen nachblickten, dachten wir alle vorerst nur an das körperliche Gedeihen, an gute Luft und Gewichtszunahme. Unsere Hoffnungen sind erfüllt worden. Trotz der Ungunst der Zeiten sind die Kinder wirklich gediehen, sind größer geworden, und haben von zwei bis zwölf Pfund zugenommen. Fröhlich und gesund sind sie zurückgekommen, und alle beteiligten Kreise waren zufrieden mit uns: Die Kinder, die gar nicht mehr in die Stadt wollten, die Mutter, die ausrief: ›Ich kenn' mein Kind gar nicht wieder!‹, die Eltern, die heute schon anfragen: ›Liebstes Komitee, darf mein Sohn nächsten Sommer mitkommen? Meine Kinder beten für Sie.‹

Überall hat man die Wiener Kinder liebgewonnen. Mit Mißtrauen sah man sie kommen, mit Bedauern sah man sie scheiden. In die alte Kluft zwischen Stadt und Land haben sie ihre Herzensfreundlichkeit und Kinderanmut geworfen. Weit mehr als gutes Essen und frische Luft haben sie gewonnen. Vor allem haben sie die Sehnsucht kennengelernt. In den ersten Tagen, selbst unter den besten Verhältnissen, hatten sie Heimweh. Dann hat die friedliche, sorglose, kummerlose Stille ihres Daseins sie ganz gefangen genommen. ›Dürfen wir noch lange hier bleiben?‹ haben sie täglich gefragt. Jetzt, heimgekehrt, gilt ihre Sehnsucht dem Schauplatz ihrer Sommerfreuden. Dabei ist bemerkenswert, daß jene Kinder die stärkste Sehnsucht empfinden, die haben mitarbeiten dürfen. Der kleine Bub, der in Payerbach war, ist stolz auf seine Sommerleistung. Eine Ottakringer Bürgerschülerin rief am Tage ihrer Ankunft auf dem Lande, obwohl kein Mensch ihr diese Arbeiten zugemutet hatte: ›Ich mach keinen Stalldienst!‹, und schon am dritten Tag folgte sie der Kuhmagd auf Schritt und Tritt, und nach acht Tagen gab es keine größere Belohnung, als der Hausfrau den Milcheimer in das Haus nachtragen zu dürfen.

Lustige und nützliche Arbeit haben sie gelernt: Heu ernten, Gras harken, Kartoffeln buddeln, Wäsche im Freien halten, große gelbe Eierpflaumen abnehmen, Pilze, Brombeeren, Himbeeren, Heidelbeeren und Haselnüsse suchen.

Aber es gibt noch Schöneres, woran man im Winter denken kann: die vielen Freunde, die man gefunden hat. Wann könnten die Kinder je den Herrn Pfarrverweser von Pernegg vergessen, der ihnen mit eigener Hand Kartoffeln im Schiebkarren zugeführt hat, oder den Bauer, der ihnen erlaubt hat, auf seine Obstbäume zu klettern, oder die schöne Gräfin, die sie so oft besucht und beschenkt hat! Die Tante Margit vom Schloß Sasvar aber, die könnte man nicht vergessen, selbst wenn man wollte. Die hat ja nicht genug von der Mühe des Sommers, sondern lädt sich alle ihre Kinder in Wien am Sonntag ein, ›um die guten Beziehungen‹ - wie sie sagt - ›nicht ganz einschlafen zu lassen‹. Die gastfreundlichen Bauersleute zu St. Johann waren traurig, weil man ihnen nicht genug Wiener Kinder geschickt hatte. Nicht zu vergessen die Pferde, Ziegen, Eichhörnchen, Hühner und Küchlein, mit denen sie Freundschaft fürs Leben geschlossen haben.

Die Kinder haben auch an Selbstbewußtsein gewonnen, als gereiste Leute, die sie nun einmal sind.

Unsere Sommerkinder haben es schön gehabt: sie haben die Welt entdeckt. Mit der ungeheuren Energie der ersten Jugend haben sie von ihr Besitz ergriffen, gefördert durch Bergandacht und Sommerfrieden. ›Immer ist Sonntag gewesen, die ganze Woche‹, schreibt ein kleines Mäderl.

Mag die Organisation nicht ganz einwandfrei gewesen sein - sie wird jedenfalls in Friedenszeiten Vollkommeneres zu leisten vermögen -, der Sommer hat schon heuer seine Pflicht getan: er war ein wunderbarer.

Jetzt soll nun der Winter seine Kraft erproben. Er ist strenger und ernster, aber auch er hat viel zu geben, Schönes, Neues. Seine Schönheit haben die Erwachsenen erst kürzlich entdeckt. Nun sollen auch die Kinder erfahren, daß der Winter nicht schmutzig, sondern schneeweiß ist! Natürlich wäre es am besten, wenn die gesunden Kinder ihn genießen könnten; aber die haben Pflichten. So wollen wir den Winter für jene nutzbar machen, die infolge von Kränklichkeit und Rekonvaleszenz ihrer Schulpflicht ledig sind.

Täglich kommen unterernährte, blutarme, rekonvaleszente Kinder und bitten um Aufnahme. Wenn man uns hilft, können sie alle fort. Die Mächte des Winters: Eis, Schnee und Einsamkeit, welche die Kinder bisher nur als unheimliche Eindrücke kannten, sollen nun in Sonnenpracht erstrahlen. Die kalte, reine Luft wird die Gesundheit stärken und die Lebenskraft wecken. Die neue Generation braucht beides, um weiter zu leben nach unserer Zeit.

Einen Sommertraum haben die Erwachsenen den Kindern - mitten im Krieg - zu träumen erlaubt, hoffen wir, daß sie ihnen jetzt ein Wintermärchen erschließen werden.

Im Frühjahr 1917 wurde die Aktion »Wiener Kinder aufs Land« von einem »Verein« gleichen Namens übernommen. Das »Neue Wiener Tagblatt« kommentiert dies am 23. April 1917:

»Wien sei nun auch um eine humanitäre und sozialhygienisch bedeutende Einrichtung reicher, die im Vorjahr von Genia Schwarzwald angeregt und mit glücklicher Energie 4000 Kinder zu Ferien auf dem Land verholfen habe. Die Verantwortlichen seien die gleichen des Vorjahres, aber ein Ehrenpräsidium sei hinzugekommen, dem der Kardinal-Fürsterzbischof, der Unterrichtsminister, der Statthalter und der Bürgermeister von Wien angehören.«

Die Erfolge des Vereins im Jahre 1917 krönte Genia Schwarzwald mit einem Aufruf zur Intensivierung der Arbeit in den kommenden Jahren, und darin wies sie dem Verein auch schon Ziele für die Nachkriegszeit.

»Kindersommer in Frieden«
Neues Wiener Tagblatt, 30. Dezember 1917

Aus der bittren Not der Zeit geboren, hat die Aktion »Wiener Kinder aufs Land!« im Mai 1916 ihre Arbeit begonnen. Schon im ersten Sommer hat sie etwa viertausend Kindern eine Sommererholung verschafft. Im Sommer 1917 hat sich die Zahl ihrer Schützlinge verdoppelt. In diesem Ergebnis einer kühnen Improvisation steckt sehr viel Sorge und Mühe; denn achttausend Kinder sind sehr viel Kinder. Aber diese Zahl erscheint unendlich bescheiden, wenn man dagegenhält, daß Deutschland weit mehr als eine Million Großstadtkinder aufs Land entsendet hat! Und uns ist diese Zahl auch an sich schmerzlich klein, da wir wissen, wie viele Kinder wir in der heißen, staubigen Stadt lassen mußten.

Hunderttausend Kinder müßten alljährlich aufs Land. Dazu gehörten unsern bisherigen Erfahrungen nach etwa zehn Millionen Kronen. Wenn jeder Wiener täglich einen Heller zu diesem Zwecke sparte, so wäre das Geld da.

Freilich ist das Geld in dieser Sache durchaus nicht alles. Dazu gehören Seelenkräfte, Vertiefung der Arbeit und Opfer.

Wir stehen ganz am Anfang einer neuen Sommerpädagogik [...]

Alle diese Aufgaben und viele andre werden zu erfüllen sein, wenn erst der Friede da ist und mit ihm Seelenruhe und Behagen bei uns einkehren und wenn allmählich, sehr langsam natürlich, auch Ordnung und Fülle sich wieder einstellen. Wenn [...] dann wird sich der Sommer künftiger Generationen nicht nur luftreich und nahrhaft, sondern auch schön, tief und kurzweilig gestalten.

Der Chronist widersteht der Versuchung, die Geschichte der »Wiener Kinder aufs Land«-Aktion anhand des zahlreich zu Tage geförderten Materials weiter zu verfolgen. Eine Beschränkung auf direkt zu Genia Schwarzwald in Bezug stehende Dokumente ist auch hier geboten. Unverzichtbar ist es zu erwähnen, daß die Aktion - zur großen Befriedigung ihrer Urheberin - zahlreiche Nachahmer unmittelbar gefunden hat, von denen die wichtigsten das Kaiser Karl-Wohlfahrtswerk (ab 1918 Landverschickung von bis zu 100.000 Kindern aus verschiedenen Teilen der Monarchie) und die Verschickungen ins Ausland (Schweiz, Holland, Dänemark) sind. Alle diese Initiativen haben sich die Erfahrungen der »Wiener Kinder aufs Land« zunutze gemacht und in vielen Einzelaktionen mit dem Verein zusammengearbeitet. Zum Abschluß zwei Zitate:

»Die Zeit« berichtet am 24. Januar 1919:
»Für ›Unsere Schweizer Helfer bei den Wiener Kindern‹ fand im Festsaal der Schwarzwaldschen Schulanstalten ein Fest statt, an dem Genia Schwarzwald den Schweizer Gästen nicht nur für die Kinder dankte, sondern

auch für die Erwachsenen: ›Sie haben uns die Sicherheit mitgebracht, daß es mit der Menschlichkeit noch nicht ganz aus ist. Das Kind, das uns die Schweiz jetzt ernähren hilft, wird ein Mann werden, wird aufwachsen als ein aufrechter Demokrat aus Herzenskraft; dann wird die Schweiz ruhige und würdige Nachbarn haben.‹«

Im »Neuen Wiener Tagblatt« vom 29. 7. 1920 erzählt Genia Schwarzwald in einem kurzen Artikel: »Meine dänischen Austauschkinder«, daß sie zwei dänische Kinder eingeladen habe, um zu erfahren, »wie es den ausländischen Frauen zumute ist, denen wir unsere Wiener Kinder anhängen«. Nach der Beschreibung, wie gut es gehe, heißt es: »Es gibt kein so schlechtes Essen, daß ein gut geartetes Kind es nicht interessant fände. Deshalb dürfen wir es wohl auch jetzt wagen, ausländische Kinder zu Gast zu laden. Vorderhand nur wenige - denn es fehlt ja am Bescheidensten - allmählich bei wachsender Sicherheit der Verhältnisse immer mehr, später einmal alle. Soll der herrliche, neue, bessere Kinderkreuzzug, den die Völker zu unserer Hilfe erfunden haben, Früchte tragen für die Völkerverständigung, also für die Völkerversöhnung, so müssen wir auf den Gegenbesuch bestehen [...]«

4. »Gemeinschaftsküchen« (1917)

Am Pfingstmontag 1916 (also 10 Monate vor der Eröffnung der ersten Gemeinschaftsküche) trug sich Genia Schwarzwald in das Gästebuch von Helene Scheu-Riess ein:

»Mein Tag steht immer hinter dem Eindruck des Traumes. Diese Nacht träumte ich etwas Entsetzliches: Ich sollte an der Universität vor einem streng und dumm aussehenden Auditorium einen Vortrag halten über den ›Instrumentalis in der Juliana des Cynewulf‹. Ich stieg auf die Estrade, suchte wie verzweifelt in meiner großen, schwarzen Tasche - und fand das Manuskript nicht. Da begann ich verlegen und stotternd über Kriegsküchen zu sprechen. Alle Leute zischten und die Frau Bürgermeister sagte mit scharfer Stimme: ›Mir Weaner brauchen kan Vormund nicht.‹ - Da erwachte ich und [...] war bei Scheus. Es war Pfingstmontag und die Sonne schien. Das Wohlwollen war unermeßlich; gute Gesinnung, treue Freundschaft, eheliche Liebe, Gugelhupf, Behagen, Loos'sche Möbel, eine rechte Großmutter, ein englisches Mädchen, wie wir die Engländer sehen, eine Tante, die jeder adoptieren tät, ein liebenswürdiger Hausvater, eine anmutige (auch geistig) Hausfrau, ein elfenhaftes Kind, gute Nachbarn, geistreiche Unterhaltung. All das hat den Traum verdrängt. - Aller Menschheit, die drückend träumt, wünscht ein so lichtes, frohes Erwachen - Genia«

Am 19. Dezember 1916 wurde der »Verein zur Errichtung und Erhaltung von Gemeinschaftsküchen« gegründet, nachdem die k. k. niederösterreichische Stadthalterei die Statuten »bewilligend zur Kenntnis genommen hatte«. Beschränken wir uns auf ihren wesentlichen Inhalt:

»Par. 2 - Zweck des Vereins ist, seinen Mitgliedern eine billige, zum Selbstkostenpreis berechnete, warme Küche zu bieten und hiedurch eine Vereinfachung und Verbilligung in der Führung ihres Haushalts zu erzielen [...] Alkohol wird nicht verabreicht.

Par. 6 - Sämtliche Mitglieder, mit Ausnahme der Körperschaften, haben das Recht, an den vom Verein gebotenen Veranstaltungen und Begünstigungen teilzunehmen [...]

Zur Teilnahme an den Gemeinschaftsküchen sind jene Mitglieder berechtigt, die sich in den einzelnen Bezirken für eine solche vormerken lassen.«

Wie man sieht, sollte der Verein, d. h. seine Mitglieder, wie eine Genossenschaft leben. In diesem Sinne sprach Genia Schwarzwald stets von Selbsthilfe: alle Pflichten und Rechte (Essen) waren auf die einzelnen Mitglieder ausgerichtet. Das war etwas ganz Neues und auch darin unterschieden sich die Gemeinschaftsküchen des Vereins grundsätzlich von den vielen Kriegsküchen, deren einige im Juli 1916 eröffnet worden waren.

Hierzu Genia Schwarzwald, Neues Wiener Tagblatt, Sonntag, 21. Januar 1917:

Mittagsruhe.

Es werden demnächst neue Speisehäuser entstehen.

Menschen, die jetzt nicht in der Lage sind, einen eigenen Haushalt zu führen, oder solche, die nicht die Mittel haben, ins Restaurant zu gehen, haben sich zusammengetan und wollen fortan in Gemeinschaft essen, um Zeit, Geld, Arbeit und Feuerung zu sparen. Ein Akt der Selbsthilfe: Jeder ist Wirt, jeder ist Gast. Aus seinen Mitteln wird das Rohmaterial angeschafft, die Dienerschaft entlohnt, die Beheizung und Beleuchtung bezahlt, er selbst verspeist das fertiggestellte Produkt. Niemand hat etwas verdient, niemand etwas verloren — nur daß eine Reihe von Menschen gute und lohnende Arbeit gefunden hat!

Diese Einrichtung — der Gedanke stammt von Hausfrauen — ist keineswegs etwa dazu gemacht, mit unsern bewährten und mit Recht weltberühmten Wiener Restaurants in Wettbewerb zu treten! Erstens haben Hausfrauen nicht die Erfahrung der Wirte, zweitens sind die Preise der Gemeinschaftsküche zu bescheiden dazu. Die Gemeinschaftsküche ist für jene gemacht, die ihrer materiellen Lage nach gar nicht daran denken können, in dieser Zeit ein Restaurant zu betreten, und anderseits fortschrittlich genug sind, sich mit einfacher Kost zu begnügen, ohne besonderen Reizungen des Gaumens nachzujagen.

Das ist unser Publikum: der Künstler, der Beamte (sofern nicht sein Amt für ihn gesorgt hat, was ja an vielen Stellen in vorbildlicher Weise geschehen ist), der Lehrer, der Gewerbetreibende, die arbeitende Frau. Das ist unser Publikum: alle, die auf ein reines Tischtuch und gute Luft soviel geben wie auf gutes Essen, alle, die rechte Gesellschaft suchen und — hm, warum es nicht sagen? — körperliche Angst ausstehen, wenn jemand das Messer in den Mund oder die Finger in die Salzschale steckt, sie alle werden in die Gemeinschaftsküche kommen.

Was werden sie dort finden? Einen lichten, hübschen Raum (Adolf L o o s hat die Einrichtung übernommen, eine Bürgschaft für besten Geschmack und volle Zweckmäßigkeit), einen wohnlichen Tisch und sorgfältig zubereitetes Essen, wie es eben ein ordentlicher, mittlerer Haushalt in Kriegszeiten zu bieten vermag. Bedienen wird ein flinkes, freundliches, sauberes, hellgekleidetes Wiener Mädel. Der Gast wird — es gibt, um auch das zu erwähnen, kein Trinkgeld — ihre Dienste nur durch achtungsvolle Artigkeit lohnen können. Er wird nicht verzweifelt „Zahlen" rufen, nicht mit dem letzten Bissen im Mund beichten müssen, was er gehabt hat, a l l e h a b e n e b e n d a s g l e i c h e g e h a b t. Er wird einfach eine von den Marken abgeben, die er für die Woche gelöst hat.

Ich weiß nicht, ob alle Menschen einer Speisekarte gegenüber in so völlige Hoffnungslosigkeit verfallen wie ich.

Aber wie dem sei, es ist ganz sicher eine Wohltat, wenn man nicht weiß, was man zu essen kriegen wird. Wie bequem ist es, ein Essen vorgestellt zu bekommen, das unabwendbar ist wie das Schicksal!

Nach dem Essen wird man sich in einen behaglichen Raum zum Rauchen und Lesen zurückziehen können. Da jeder Gast- und Wirtspflichten hat, wird eine gemütliche Geselligkeit entstehen können, voll von Rücksicht und Entgegenkommen. Die Not hat den Gedanken der Gemeinschaftsküche geboren. Machen wir eine Tugend daraus, indem wir sie so liebevoll und verständig ausgestalten, daß sie ihren Wert auch in Friedenszeiten behält und das wird, was sie sein soll: ein selbstgeschaffenes gemütliches Heim für arbeitende Menschen, ein angenehmer Ruhepunkt in der Hast des Arbeitstages, ein Mittel im Kampf gegen Luxus und Alkoholismus.

Dr. Phil. Eugenie S c h w a r z w a l d.

Der zum Obmann des Vereins gewählte Generalmajor Friedrich Freiherr Packeny richtet am 25. Dezember ein Gesuch an das k. u. k. Kriegsministerium, »die Genehmigung zur Annahme seiner Wahl erteilen zu wollen«. Er begründet diese damit, daß er glaube, »sich diesem nicht politischen, auf Gegenseitigkeit und Selbsthilfe gegründeten, dem allgemeinen Wohle in hervorragender Weise dienenden Unternehmen widmen zu sollen.« Der Platzkommandant bestätigt dazu am 5. Februar 1917, daß »die Obmannstelle als standesgemäß bezeichnet werden kann«, und schließlich hat das Kriegsministerium am 15. 2. 1917 keine Bedenken »unter der Voraussetzung, daß die lt. Par. 7 des Statuts vorgesehene Aufnahme in die Mitgliedschaft auf Offiziere keine Anwendung findet.« Dies veranlaßte den Verein zu folgender Erklärung:

»Der gefertigte Vereinsvorstand gibt hiermit über Wunsch des k. u. k. Kriegsministeriums die bindende Zusicherung, daß die im Par. 7 der Satzungen des Vereins ausgesprochene Verweigerung der Aufnahme auf Offiziere keine Anwendung findet.

Diese Bestimmung hat lediglich den Zweck, Aufnahmebewerber von der Teilnahme an der Gemeinschaftsküche fernzuhalten, die ihrer sozialen Stellung nach nicht in den Rahmen der für die Beteiligung an den Gemeinschaftsküchen ausersehenen Gesellschaftskreise des besseren Mittelstandes (Professoren, Lehrer, Beamte, Pensionisten etc.) passen und würde die Beteiligung von Offizieren und Militärbeamten, an welche bereits Einladungen ergangen sind, von der Vereinsleitung nur wärmstens begrüßt werden.«

Wien, am 12. März 1917.

Für den Vorstand des
VEREIN
zur Errichtung und Erhaltung von
Gemeinschaftsküchen.

Dr. Eugenie Schwarzwald

Augenscheinlich hatte man sich nicht - oder doch nicht genügend - um die Beschaffung des »Anfangskapitals« gekümmert, so daß sich die Vereinsleitung im Januar/Februar mit einem Rundschreiben an vermeintliche Geldgeber wendete, das sicher zum guten Teil aus der Feder von Genia Schwarzwald stammt:

»Um angesichts der außerordentlich schwierigen Ernährungsverhältnisse unserer Stadt zur Abhilfe beizutragen, ist der unterfertigte Verein geschaffen worden, mit dem Zwecke, Gemeinschaftsküchen in allen Bezirken Wiens zu errichten. Diese sollen dem unbemittelten gebildeten Mittelstand (Lehrer,

Beamte, Künstler, erwerbstätige Frauen) gewidmet sein. In netten Räumen wird zu sehr bescheidenem fixem Preis (Trinkgeld verboten) gute Hausmannskost verabreicht werden, sauber gekleidete und wohlerzogene junge Mädchen werden bedienen. Der Gast soll bei seiner Mahlzeit eine gemütliche Stunde zubringen können, die seinen Arbeitstag erfrischend in zwei Teile zerlegt. Der Wegfall alkoholischer Getränke wird die Billigkeit erhöhen. Indem diese Küchen den Einzelnen helfen, werden sie auch der Gesamtheit zugute kommen; Ersparnisse an Lebensmitteln, an Feuerung und an Arbeitskraft sind jetzt für uns alle wichtig.

Unser Verein will durchaus keine Wohltätigkeitsaktion unternehmen. Er beschreitet den Weg der Selbsthilfe: kein Gewinn, nur Kostendeckung. Es fehlt jedoch an zureichenden Mitteln zur ersten Einrichtung.

Wir treten deshalb an gemeinnützig gesinnte und finanziell mächtige Persönlichkeiten, also auch an Euer Hochwohlgeboren mit der herzlichen Bitte heran, unserem Verein durch eine Spende und durch den Beitritt als Stifter zur Möglichkeit zu verhelfen, seine außerordentlich menschliche und vaterländische Wirksamkeit zu beginnen.

Die Küchen sollen in den wichtigsten Bezirken Wiens bald eröffnet werden. Passende Lokale sind gefunden, viel vorbereitende Arbeit geleistet, einige Mittel sind bereits gesichert. Je rascher wir die nötigen Beiträge beisammen haben, desto eher werden wir an die Arbeit gehen können.«

Am 13. März 1917 wurde die erste Gemeinschaftsküche, der »Akazienhof« in der Thurngasse eröffnet. Die Zeitungen hatten schon ausführlich von der Gründung des Vereins gesprochen und die bevorstehende Eröffnung angekündigt. Von da an gehören Mitteilungen über die Unmöglichkeit, weitere Anmeldungen (von Mitgliedern) entgegenzunehmen, die Eröffnung neuer Küchen und Ähnliches zum »täglichen Brot« der Presse. Dazu ging Genia Schwarzwald am 31. März 1917 in der »Zeit« noch einmal auf Sinn und Zweck der Arbeit des Vereins ein:

»Die Lösung der Mittagssorge«

Das Wiener Restaurant ist eine weltberühmte Institution. Aber alt und darum reformbedürftig. Seit zwanzig Jahren ist diese notwendige Gasthausreform unterwegs. Der Hygieniker strebt sie an, weil er mit Gemüse, Obst und Wasser gegen die Arteriosklerose ankämpfen will, der Volkswirt, weil ihm die lange Speisekarte, die Verschwendung an Lebensmitteln und Heizmaterial widerstrebt, der Nervöse, weil ihm die drei bedienenden Personen und der Ruf nach dem Zahlkellner um alle Mittagsruhe bringen, der Menschenfreund, weil ihm das Trinkgelderunwesen und seine Begleiterscheinungen Protektionswirtschaft und Servilismus peinigen.

Der Krieg, dem ja sonst selten etwas nachzurühmen ist, steht im Begriff, in dieses Problem eine gewisse Bewegung zu bringen. Nicht aus Überlegung, aus Einsicht, durch Verständigung, sondern durch die Gewalt der herrschenden Not. Zwanzig Jahre lang ist man verhindert worden, Gemeinschaftsküchen zu schaffen. Es hieß, der Wiener sei zu individualistisch im Essen, als daß man wagen könnte, ihm eine einzige Speisenfolge vorzusetzen. Man sagte, zur Gründung solcher Küchen sei ein ungeheures Kapital nötig, ähnlich dem Alkoholkapital, dem ja die Gasthäuser ihre Entstehung zu verdanken pflegen. Man betonte die Unmöglichkeit, von seinen Gästen strenge Alkoholabstinenz zu fordern, man warnte vor der unausbleiblichen Zerstörung der Familie. Wenn ich auch entgegnete, es wäre besser, die Wiener zeigten sich subtil in bezug auf geistige Nahrung und ließen sich nicht als einzige Speisenfolge 500 mal die ›lustige Witwe‹ servieren, wenn ich auch zahlenmäßig nachwies, daß zur Gründung von Gemeinschaftsküchen außerordentlich wenig Geld gehöre, wenn ich betonte, wir seien für Leute tätig, die sich ohnehin des Alkohols zur Mittagsstunde im Interesse ihrer Nachmittagsarbeit zu enthalten pflegen, wenn ich auch beteuerte, ich dächte nicht im entferntesten an eine Zerstörung der Familie, wir wollten nur für junge Mädchen und Männer sorgen, die ohnehin keinen Haushalt besäßen und in Familien nur in Fällen von Krankheiten oder Verhinderung aushelfen, nichts schlug ein.

August 1914 wagte ich einen neuen Vorstoß. Ich schlug vor, an jeder Straßenecke eine Gemeinschaftsküche zu errichten, die gesamte Ernährung zu sozialisieren; wenn dies bald geschehe, so wären wir vor allen Eventualitäten gesichert, die Armen müßten nicht hungern, die Reichen könnten nicht prassen, der Schleichhandel, seit Diokletian die Begleiterscheinung des Höchstpreises, würde weniger Boden finden. Diesmal gab es nur einen Einwand: man habe jetzt Wichtigeres zu denken und den Krieg, der nur drei Monate dauern könnte, würden wir auch ohne solche drakonische Maßregeln zu ertragen vermögen. So wurde erst in zwölfter Stunde die erste Gemeinschaftsküche eröffnet, am 13. März 1917. Als Lykurg seinen Spartanern die Syffitia, das gemeinschaftliche Essen vorschrieb, soll ihm ein heftiger Jüngling namens Alkander ein Auge ausgeschlagen haben. So schlecht ist es uns, die wir die Gemeinschaftsküchen in Wien eingeführt haben, nicht gegangen. Aber nicht viel besser. Denn halbe Erfolge erringen in einer Zeit, in der man aus allen Seelenkräften nach Ganzem strebt, ist nicht viel besser als ein Auge verlieren.

Immerhin essen gegenwärtig in Gemeinschafts-, Betriebs- und Kriegsküchen etwa 70.000 Menschen. Die Gemeinschaftsküche ist aus der Not geboren, die Aufgabe der leitenden Personen besteht darin, um 2 Kronen 50 Heller ein leidlich gutes und, soweit die Rationierung es gestattet, ein ausreichendes Essen zu schaffen. Diese Aufgabe wird, so gut es gehen mag, erfüllt. Aber angenehme Nebenerscheinungen machen sich fühlbar. Die Gemeinschaftsküche arbeitet, zum Teil aus System, zum Teil aus Not mehr mit Gemüse, Dörrobst und Fruchtsaft als mit Fleisch. Auf ihren Tischen steht klares Hochquellwasser, und ob nun ein Feinschmecker mit der Küche zufrieden ist oder nicht, heute, nach einem Jahr des Bestandes kann man schon sagen, daß diese Ernährung gesund und bekömmlich ist. Der Hygieniker ist zufrieden, der Volkswirt seinerseits erkennt mit Freude die erstaunliche Ersparnis an Materialien, Zeit und Kraft. Wer durch den Krieg in seinen Nerven gelitten hat, empfindet den Reiz der schönen anmutigen Räume, der guten, liebenswürdigen und bescheidenen Gesellschaft; vielen ist es lieb zu wissen, daß die jungen Kinder, die sie bedienen, gut gehaltene und ordentlich bezahlte Menschen sind, nicht trinkgeldsüchtige und ausgebeutete Sklaven. Jeder ist Wirt, jeder ist Gast, jeder ißt dasselbe, jeder zahlt gleich viel. Rücksicht und heiterer Anstand ist der Grundakkord, auf dem der Gemeinschaftsküchenton aufgebaut ist. Niemals hört man dort jene disharmonischen Töne schmerzlicher Empörung, die im Restaurant beim geringsten Versehen laut zu werden pflegen.

Die Gemeinschaftsküche ist eine Oase in der Kriegswüste. Aber erst im Frieden wird sie werden können, was sie sein soll: die Stätte einer neuartigen Geselligkeit, ein Faktor zum Abbau der Preise, ein wirksames Mittel im Kampf gegen Luxus, Alkoholismus und Arteriosklerose. Insbesondere freut sich die Gemeinschaftsküche auf ihre künftigen Gäste, die jungen Männer, die uns aus den Schützengräben zurückkehren werden. Diesen in schönen, lichten Räumen ohne Trink- und Trinkgeldzwang ein gutes Essen bieten zu dürfen - im Frieden wird es um diesen Preis gut sein können - wird der Gemeinschaftsküche höchstes Ziel sein. Ihnen zu helfen, sie zu verwöhnen, ihre Kräfte wieder herzustellen, welch eine beglückende und zugleich lohnende Aufgabe. Denn auf ihnen ruht zu einem bedeutenden Teil die Hoffnung auf Fortschritt und Umschwung und damit auf die künftige Größe des neuen Österreich, dem wir alle mit allen Seelenkräften zustreben.

Ebenso wie bei den »Wiener Kindern aufs Land« darf der Chronist der Versuchung nicht erliegen, mittels des umfangreichen Archivmaterials die zum Teil dramatische, zum Teil vergnügliche Geschichte des »Vereins zur Errichtung und Erhaltung von Gemeinschaftsküchen« weiter zu verfolgen. Es sei ihm eine Ausnahme gestattet. Im Kriegsarchiv in der Stiftsgasse fand sich ein Gesuch des Obmanns Freiherrn Packeny, das Kriegsministerium möge »fallweise ein Kriegshundegespann samt Führern behufs Überführung der vom Verein geführten, staatlich verwalteten Lebensmittel in die bestehenden und noch zu errichtenden Küchen zuweisen. Der Verein wäre auch bereit, die Verpflegskosten für Gespanne und Führer zu tragen oder aber zwei Hundegespanne mit Wagen käuflich an sich zu bringen.« In einer »pro domo«-Notiz des Ministeriums heißt es, die fallweise Überlassung sei nicht möglich, wohl aber die käufliche. Bei der »Kriegszughunde Abt. befinden sich Zughunde, welche infolge kleinerer Gebrechen für die Verwendung im Felde nicht in Betracht kommen, jedoch für den angesprochenen Zweck noch ganz gute Dienste leisten können. Der Schätzwert eines kriegsdiensttauglichen Zughundes beträgt 100 - 120 Kronen und der Preis von minderkriegsdiensttauglichen Zughunden kann auf ca. 40 - 60 Kronen veranschlagt werden.«

Am 15. März 1925 (Neue Freie Presse), acht Jahre nach Eröffnung der ersten Gemeinschaftsküche, ist Genia Schwarzwald noch einmal auf das Erreichte und auf die von ihr erhoffte Zukunft des Vereins eingegangen. Hier ein Auszug aus ihrem Artikel »Undankbare Arbeit«:

»[...] An jenem 13. März 1917, nach zweijähriger harter Vorbereitungsarbeit, nach einem Kampf gegen Gedanken-, Gesinnungs- und Phantasielosigkeit, waren wir endlich in der Lage, zum erstenmal die strahlend schönen Räume des ›Akazienhofs‹ jenem Wien zu eröffnen, welches Hunger litt: es waren darunter die besten Herzen und die feinsten Köpfe von Wien. Nie vorher hatte ein Restaurant ein solches Publikum vereinigt. Mit Rührung wurde die Institution von denen aufgenommen, denen sie galt [...] Es gab auch Gegner wie jene, die den Krieg zu ignorieren beliebten, die, solange es ihnen selbst gut ging, nicht bemerkten, daß andere Hungers starben; auch solche, die fanden, daß zu billigem Essen Schmutz und schlechte Bedienung gehörten. Wozu ein weißes Tischtuch und Blumen und angenehme junge Mädchen, die servieren? Man hatte entweder reich zu sein oder arm, zwischen Sacher und Volksküchen hatte es nichts zu geben [...] Die Einwände nahmen kein Ende, aber Eines hatten sie alle gemeinsam: sie vermißten die althergebrachte Wohltätigkeitsmacherei. Eine Institution, die ohne Subventionen und ohne private Spenden existieren wollte, war suspekt; man witterte dahinter schon die Republik.

Wir wußten: Gemeinschaftsküche heißt: Tausende Herde nicht heizen müssen; Zehntausende von Frauen, die sich nicht anstellen müssen; Einkauf von Lebensmitteln in Waggons statt nach Dekagrammen; Arbeit für Tausende ungelernter Arbeiterinnen; Rettung für unterernährte Kinder; Heiratsmöglichkeit für junge Paare. Denn die Gemeinschaftsküche trug sogar zur Begründung von Familien bei, statt sie, wie man gefürchtet hatte, zu zerstören: keine Bedrohung des heimischen Herdes! Inwiefern der Vertiefung des Familienlebens schaden sollte, daß die Menschen gezwungen wurden, sich in der Gemeinschaftsküche tadellos zu benehmen, kann niemand verstehen.

Die Tatsachen sind immer stärker als alle Einwände. Es war Hungersnot, man bot Speisegelegenheiten, sie wurden benützt, es entstanden immer neue, sie wurden nachgemacht, gut, schlecht, mittelmäßig, viele nur nach dem äußeren Schein, ohne den inneren Sinn zu begreifen, aber immerhin, es kam der Tag, an dem 200.000 Menschen, die es verdienten, am Leben zu bleiben, nur am Leben bleiben konnten, weil es die Gemeinschaftsküchen gab.

Wir schafften, man kann es heute nicht verstehen, auf welchen Umwegen, aus Rumänien und aus Dänemark, aus der Schweiz und aus Polen, Lebensmittel heran und wußten um 4 Uhr nachmittags noch nicht, was wir am nächsten Tag kochen sollten. Und doch mußten wir kochen. Denn vielen Tausenden war es nicht nur die Nahrung, sondern auch das Unterhaltungslokal, die Wärmestube, die Lichtquelle, die Oase in der Wüste [...]

Es gab aber auch solche, die die fünf Kronen - so wenig kostete das Essen noch im Dezember 1918 - nicht aufzubringen vermochten. Da entstand im Anschluß an die Gemeinschaftsküchen die Aktion ›Der bescheidene Mittagsgast‹. In- und Ausländer, die etwas besaßen, luden sich, sofern sie ein Gewissen hatten, einen armen Gast in die Gemeinschaftsküche, und so gab es Zeiten, wo täglich 4000 bis 5000 Menschen unentgeltlich eine warme Mahlzeit unter Verhältnissen bezogen, die sie für eine halbe Stunde vergessen ließen, daß sie genötigt waren, von Fremden etwas geschenkt zu nehmen.

Die Gemeinschaftsküche ist eine höchst bemerkenswerte Einrichtung, und Ausländer, die sie besichtigen, pflegen in helle Begeisterung zu geraten. Aber sie hat doch nicht alles gehalten, was sie in ihren Anfängen versprochen hat. Sie ist launenhaft wie alles in Wien. Ihre Leistungen sind vorzüglich, aber ungleichmäßig, wie es in einem Schulzeugnis heißen würde; das Schwere und beinahe Unausführbare leistet sie glatt, beim Selbstverständlichen versagt sie manchmal.

Einen Einwand aus den Anfängen hat die Zeit widerlegt: man hatte befürchtet, daß die Gastwirte diese aus der Not der Zeit geborene Konkurrenz übelnehmen konnten. Es hat sich gezeigt, daß man dieser Berufsklasse Unrecht getan hat; eine der erfreulichsten Tatsachen ist die einsichtsvolle Haltung, die die Gastwirte in dieser vitalen Frage des Wiener Lebens eingenommen haben [...] Wenn sie fortfahren, so billig und so neuartig wie gegenwärtig mit Gemüse und Obst zu wirtschaften, so werden sie die Gemeinschaftsküchen bald überflüssig machen. Gegenwärtig ist aber leider noch keine Aussicht dazu. Wie notwendig die Gemeinschaftsküche derzeit noch ist, geht schon aus der Tatsache hervor, daß sowohl die Schwarzwald-Küchen als auch die vorbildlich geleitete, der Stadtverwaltung nahestehende ›WÖK‹ sowie die vortreffliche Beamtenorganisation ›Mittella‹ alle Hände voll zu tun haben. Der Verein zur Errichtung und Erhaltung von Gemeinschaftsküchen (Schwarzwald-Küchen), der seinerzeit die ersten zwölf Gemeinschaftsküchen schuf, erweiterte seine Operationsbasis, indem er vor zwei Jahren die ursprünglichen Volksküchen modernisierte, ausbaute, umgestaltete und in seinen Arbeitskreis einbezog. Auch damit war seine Tätigkeit nicht erschöpft, denn er übernahm im Laufe des vergangenen Jahres drei weitere Küchen in seinen Betrieb, die letzte, fünfundzwanzigste, in Mariahilf vor wenigen Tagen.

Gemeinschaftsküchenwesen ist nichts Schönes, sondern nur etwas Nützliches. Möge jeder Wiener, der monatlich 17 Schilling entbehren kann, sich einen Arbeitslosen als einen bescheidenen Mittagsgast einladen. Es ist empörend und töricht, daß man sich immer nur reiche Leute zu Tisch einlädt, die ohnedies zu Hause genug zu essen hätten. Wenn unsere 200.000 Arbeitslosen von In- und Ausländern in die WÖK, in die Mittella oder in die Schwarzwaldküchen eingeladen werden könnten, um wenigstens eine warme Mahlzeit täglich einzunehmen, so wäre das nur gut und gerecht.«

Die Zukunftshoffnungen haben sich nur in geringem Ausmaß erfüllt. 1926 mußte der Verein wegen finanzieller Schwierigkeiten ein Ausgleichsverfahren beantragen und 1927 - lt. Lehmann waren noch 18 Küchen in Betrieb - wurde der Verein umgestaltet, änderte seinen Namen in WISPE (Wiener Speisehäuser), und seine Einrichtungen wurden von der Gemeindeverwaltung übernommen.

5. Sommerferienheime – Landheime (1914–1938)

Im Jahre 1918 war noch mehr »los« um Genia Schwarzwald. Wir wissen schon, daß es doppelt soviel »Wiener Kinder aufs Land« und eine vermehrte Anzahl von Gemeinschaftsküchen gab. Das läßt sich so leicht vermelden, aber heute kann sich niemand recht die enorme Arbeit, den enormen Mut, die enorme Ausdauer und das Organisationstalent vorstellen, die dazu gehörten. Mit diesen »alten« Aktionen war es jedoch noch nicht getan. In den noch verbliebenen 10 Kriegsmonaten kamen hinzu:

Alle Teilnehmer erinnern sich mit dankbarer Begeisterung an das Sommerheim für Kinder und Erwachsene in Bad Topolschitz - dazu pachtete Genia Schwarzwald den ganzen kleinen Badeort - schon Ende Oktober 1918 wurde es jugoslawisch. Ein wahres Paradies muß es gewesen sein, und der Fleischmangel, den die historisch gewordenen »Ochsen von Topolschitz« schließlich beseitigen »halfen« - bekränzt und begleitet von über 200 Kindern wurden sie vom Bahnhof eingeholt - hatte auch seinen Anteil daran.

6. Horte und Tagesheimstätten

Am 11. 9. 1918 berichtet die Neue Freie Presse von einer Ferienkolonie für Kinder am Wolfsbergkogel, eingerichtet von der Hilfsaktion des k. u. k. Kriegsversorgeamts »nach dem Rate von Dr. Eugenie Schwarzwald«. In der Mitteilung wimmelt es von kaiserlichen Räten, dem beisteuernden Kaiser Karl-Wohlfahrtswerk und Grafen, aber schon am 26. 7. 1919 teilt »Die Zeit« auf Bitten von »Frau Dr. Schwarzwald mit, daß für die vom ›Verein zur Errichtung und Erhaltung von Gemeinschaftsküchen‹ betriebenen Sommerferienheime ›Wolfsbergkogel‹ und ›Raach‹ keine weiteren Meldungen entgegengenommen werden können.«

Diese beiden Heime (Wolfsbergkogel und Raach) gehörten zur Normalität von Genia Schwarzwalds Sozialarbeit, so jedoch nicht der Verein »Haus in der Sonne«. Über seinen Zweck finden wir im Neuen Wiener Tagblatt vom 13. 6. 1918 einen kurzen, begeisterten Artikel von Kory Towska, in dem es heißt:
»Frau Dr. Eugenie Schwarzwald hat der Pädagogik einen gewaltigen Ruck nach vorwärts gegeben. Sie hat es fertig gebracht, den Staub aus den Schulstuben wegzublasen, die Natur zu den Kindern zu tragen [...] Von allen erzieherischen Werken, die ihr Anregung und Vollendung danken, kommt aber keines an Wert ihrem neuesten gleich, dem ›Haus in der Sonne‹ [...] Nun gilt ihr Werk ganz den Töchtern der Ärmsten. Aus den Proletarierwohnungen [...] holt sie die Mädchen für ein Jahr heraus, für ein kurzes langes

Jahr. Sie bringt sie in ein Haus, dessen Luxus frische Luft, dessen Reichtum Volkslieder, dessen Vornehmheit Waschwasser, dessen Überfluß Herzlichkeit und dessen höchster Schatz fröhliches Lachen ist [...]«

Diesem war ein Artikel von Genia Schwarzwald selbst vorausgegangen:

»Das Haus in der Sonne«
Neue Freie Presse, 10. Mai 1918

Die Erziehungsfrage ist für unsere jetzige Gesellschaft eine Frage des Lebens oder des Todes.

Das haben wir alle immer gefühlt, jetzt aber wissen wir es. Daher das freundliche Gedränge. Beinahe täglich fangen neue Kreise an, sich für das Kind, diesen Träger unserer Sehnsucht und unserer Hoffnungen, einzusetzen. Dabei sind zwei Gruppen ganz deutlich zu unterscheiden; die eine, von der Not der Gegenwart ergriffen, richtet Horte ein, teilt Frühstück aus oder bereitet Ferienfreuden, wie die Aktion ›Wiener Kinder aufs Land‹ oder das augenblicklich im Entstehen begriffene, groß angelegte ›Kaiser Karl-Wohlfahrtswerk‹. Tröstlich und beruhigend sind alle diese Liebeswerke. Andere beschäftigen sich mit der Zukunft der neuen Generation. Die ›Bereitschaft‹ schafft ein Haus des Kindes, die erziehlich hochstehenden ›Kinderfreunde‹ nennen ihr herrlich erdachtes Werk Kinderfarm, die vortreffliche Gräfin Dr. Marschall heißt es Gartenstadt, andere wollen jetzt endlich die deutschen Landerziehungsheime - eines war schon lange vor dem Krieg auf dem Semmering geplant - nach Österreich verpflanzen. Tagesheimstätten und Waldschule entwickeln eine verdienstvolle Tätigkeit, die Kriegspatenschaft kann sich von ihren Säuglingen nicht trennen und denkt nach, wie sie sie bis zum schulpflichtigen Alter behalten könnte. Alle wollen Kinder glücklich und gut machen.

Dieses Kinderglück darf nicht auf dem schwankenden Grunde der Wohltätigkeit stehen, sondern auf dem festen sozialer Arbeit. Mag auch die Öffentlichkeit durch Schenkung und Stiftung das ihre beitragen, um ihr Gewissen zu erleichtern, der Staat darf nicht vergessen, daß es sich um seine Sache handelt. Er muß mitwirken mit allen Mitteln, aus allen Kräften, mit seiner ganzen Autorität. Nichts darf dem guten Willen des einzelnen überlassen bleiben, was die Pflicht aller ist.

Alle sagen übereinstimmend: Fort aus der Stadt! Alles, was man jetzt anstrebt, läuft auf eines hinaus, auf die landwirtschaftliche Kolonie, die Siedlung, in der jedes Kind je nach Alter, Kräften und Fähigkeiten in praktischer Arbeit aufwächst. Instinktiv wird hier die Natur nicht nur als Quelle der Gesundheit und Heiterkeit, als Objekt für die Arbeit angestrebt, sondern vor allem als Erzieherin. Denn wer zweifelt, daß Sonne, Luft, Wasser, Schnee,

Bäume und Tiere mehr erziehliche Kraft besitzen, als wir mit unserer menschlichen Pädagogik.

Die neueste Wiener Gründung hat sich den stolzen Namen »Das Haus in der Sonne« zugelegt. Sie wird Mühe haben, ihn zu rechtfertigen, denn wer versteht nicht, daß es sich hier nicht nur um Sonne handelt, die von außen kommt? Innere Sonne soll erzeugt werden aus Wohlwollen, Teilnahme, Beistand, Takt, Höflichkeit und Freude.

Die neue Vereinigung - sie ist aus den allerbescheidensten Anfängen erwachsen, aus dem zu Kriegsbeginn geschaffenen Mädchenhort in der Sonnenfelsgasse - stellt sich als eine Berufswahlschule für Mädchen von 14 bis 16 Jahren dar. Sie will - in bedeutend vergrößertem Umfange - das tun, was sie schon bisher seit Jahren getan hat: jungen, mittellosen Mädchen, die die Schule vollendet haben, ein Bildungsjahr bieten, bevor sie in den Beruf treten. Ein kinderfreundlicher Mann will dazu Haus und Garten kaufen, der Staat und die Öffentlichkeit werden die Mittel zum Unterhalt hergeben, die zugehörigen Eltern werden nach Kräften beisteuern. Einige gute Frauen, Reichsdeutsche und Österreicherinnen vereint, leisten die kostbarste Einlage: ihre volle Arbeits- und Seelenkraft. Die jungen Mädchen sollen ein Jahr lang sozusagen auf Staatskosten leben. Dort lehrt man sie einen Haushalt führen, Kochen, Waschen, Nähen, Gartenbau, allerlei Fähigkeiten. Man vertieft ihre Kenntnis der Muttersprache, lehrt sie Freude am Singen, Tanzen, Vorlesen, an bescheidener häuslicher Geselligkeit. Und was das Wichtigste ist: man lernt die Insassen kennen: ihre Talente, ihre Wünsche, ihre Hoffnungen. Mit vorsichtiger Hand helfen ihnen dann die mütterlichen, lebenskundigen Beraterinnen selbst zu erkennen, was sie wollen. »Du kannst alles werden, was man durch Arbeit werden kann.« Am liebsten möchte man alles werden, Silberarbeiterin und Heilgymnastin und Gärtnerin. Die herrliche Singstimme wird entdeckt und ihrer Bestimmung zugeführt, die Mathematikerin ins Realgymnasium geschickt und so fort. Natürlich darf nicht jede so hoch hinaus. Das ›Haus in der Sonne‹ setzt seinen Stolz darein, seine Kinder als gelernte Hausfrauen und gelernte Arbeiterinnen zu entlassen, aber vor allem als gelernte Mütter. Hierzu gibt es im Hause dreißig Säuglinge und dreißig Buben und Mädchen von zwei bis sechs Jahren. Dort lernen die großen Mädchen, was eine Frau vor allem können muß: Kinder hüten, aufziehen und lieben.

Gute Mütter, gute Ehefrauen, gute Arbeiterinnen werden aus dem Haus in der Sonne hervorgehen. Sie werden ihr Schicksal meistern. Vor der Gefährlichkeit des Lebens können wir sie nicht schützen, aber die Gefährlichkeit der Straße wird ihnen nichts anhaben können. Denn sie werden das eine Jahr ungetrübten schuldlosen Wohlseins und ungehemmten Wachstums nicht vergessen.

Der Verein »Haus in der Sonne« war bis 1937 aktiv; er wird 1923 auch im Jahresbericht des Wiener Jugendhilfswerks mit drei Ferienkolonien erwähnt:
Zwei in Küb am Semmering mit 20 Mädchen aus dem Wiener Lehrmädchenheim in der Laimgrubengasse und 28 Kindern ohne besondere Herkunftsbezeichnung und eine am Harthof bei Gloggnitz a. d. Südbahn mit 48 Kindern.

Der Harthof (1918-1926) nahm einen besonderen Platz unter den Heimen ein; er war nicht nur eine Sommerkolonie, sondern, wie es die Neue Freie Presse am 20. September 1918 mitteilt, »Ein Landerziehungsheim«:
»Frau Doktor Schwarzwald hat im Semmeringgebiet eine größere Landwirtschaft gepachtet und eröffnet daselbst eine Schulanstalt für Knaben und Mädchen im Alter von 12 und 18 Jahren. Die Kinder werden in der Anstalt gymnasialen und realgymnasialen Unterricht sowie solchen in Musik, Zeichnen, Handwerk und Sport genießen.«

Bereits am 28. September 1918 ergänzt die Neue Freie Presse (zweifelsfrei aus der Feder von Genia Schwarzwald) diese Mitteilung:
»Das Landerziehungsheim auf dem Hart will nicht etwa eine Anstalt für minderbegabte, kränkliche oder sonstwie einer Ausnahmebehandlung bedürftiger Kinder sein, sondern eine Erziehungsanstalt für körperlich und geistig normal begabte Knaben und Mädchen. Außer der Schulbildung, die im wesentlichen den Einrichtungen der öffentlichen Schulen entsprechen wird, wird in der Anstalt auf die Beherrschung der fremden Sprachen und auf eine sorgfältige Ausbildung in Musik und Zeichnen Gewicht gelegt werden. Weiter verbindet das Landerziehungsheim mit dem die geistige Bildung bezweckenden Unterricht einen vielfach verzweigten Arbeitsunterricht. Garten- und Gemüsebau, Viehhaltung, Handwerk und primitive Technik sind Unterrichtsgegenstände, die je nach Kraft, Anlage und Neigung praktisch geübt werden, ein Gegengewicht liefern gegen eine einseitig intellektuelle Bildung und Verbildung, den daraus entspringenden Schäden für Geist und Körper vorbeugen und eine harmonische Entwicklung aller Anlagen und Kräfte ermöglichen. Im Landerziehungsheim wird nicht etwa übertriebene Freiheit oder gar Anarchie herrschen, vielmehr wird die freie Übung von Spiel und Sport ihr notwendiges Gegengewicht in straffer Organisation und Ordnung finden.«

Genia Schwarzwald ließ den Harthof - ihr Bestreben, dort eine klassenlose Schülerschaft zusammenzubringen - in ihrem Artikel »Bunte Wolle« (Neue Freie Presse, 18. April 1931) wieder aufleben.

»Bunte Wolle«

Alle Morgen, wenn ich aus dem Hause trete, spielt sich die gleiche Szene ab. Der hochmütig-anmutige Scotch Terrier Peiper begegnet dem Hündchen Lux, das eine liebenswürdige und merkwürdig-abgeklärte Promenadenmischung ist. Sie begrüßen sich mit der zwischen Männern üblichen erfrischenden Kühle und gehen dann gleichgültig aneinander vorüber. Kaum aber ist das Gartentor geöffnet und Peiper draußen, so entsteht ein Schauspiel, geeignet, Personen, die in das Seelenleben der beiden Kämpfer keinen Einblick haben, zu Tode zu erschrecken. Durch den Drahtzaun getrennt, entwickeln nämlich Peiper und Lux eine Feindseligkeit, die das Schlimmste befürchten läßt. Sie kläffen, bellen, jagen wie rasend am Zaun auf und ab, sagen sich ganz augenscheinlich wüste Schimpfworte, werfen sich sicher üble Dinge vor, die weit zurückliegen, und drohen einander zu zerfleischen, wenn sie nur einander gelangen könnten. Wenn man aber versuchsweise das Tor aufmacht und Peiper zu Lux in den Garten läßt, ist sein wilder Mut sofort gestillt, er ist nicht mehr Hagen von Tronje, sondern ein Osterlämmchen. Eher um eine Nuance freundlicher als bei der Morgenbegrüßung geht er an Lux vorbei, der, seinerseits eine Bewegung macht, die phantasiebegabte Personen als eine Verbeugung vor dem ritterlichen Gegner auslegen können.

Diese Szene sehe ich täglich und sehe sie infolgedessen nicht. Heute morgen aber war sie mir plötzlich wieder neu. Mit Interesse sah ich dem zwecklosen rasenden Wettlauf zu, dem Ausbruch eines Hasses, der nur so lange dauert, als ein feindliches Hindernis die Gegner trennt. Dann werden sie lau. Wie aber könnte man sie füreinander entflammen? Da müßte etwas Verbindendes her. Und da fiel mir plötzlich ohne jeden Zusammenhang die kleine Geschichte von der bunten Wolle ein, die ich hier erzählen will. Er ist die Geschichte der besonders gelungenen Kindersiedlung Harthof im Jahre 1919.

Ich hatte an einem wunderschönen Nachmittag die Aufgabe, vierzig Knaben und Mädchen in dreistündiger Personenzugsfahrt von Wien nach Gloggnitz zu bringen. Auf dem Bahnhof sagte mir die Frau, die die Siedlung vorbereitet hatte: »Die Kinder kennen einander nicht; es wäre gut, wenn sie schon auf der Reise Bekanntschaft machten.« »Oh«, sagte ich zuversichtlich, »das ist eine Kleinigkeit«.

Aber es war keine. Diese Kinder waren Kinder ihrer Zeit, des Jahres 1919: verstimmt, zurückhaltend, mißtrauisch. Aber da sie zugleich auch allesamt unterernährt waren, glaubte ich sofort die Lösung des mir aufgegebenen Problems gefunden zu haben. Ich zog die Lindt-Schokolade heraus, die mir ein Schweizer Freund zu diesem Zwecke geschenkt hatte, und verteilte sie. Der unbekannte Leckerbissen mußte Stimmung erzeugen, Beziehungen herstellen. Aber ich hatte mich geirrt. Schokolade war diesen Kindern eine ernste Angelegenheit. Ohne Gier, aber versunken und andächtig aßen sie, bis das letzte Stückchen verschwunden war. Keines sprach dabei ein Wort.

Also, ich war abgeblitzt: Das Materielle hatte versagt. Jetzt hieß es zu geistiger Speise greifen. Ich zog ein Bändchen Lagerlöf aus der Tasche und las ihnen eine nie versagende kleine Erzählung vor. Sie heißt »Der Hochzeitsmarsch«. Sie hörten artig zu, lächelten, wo es sich schickte, und saßen da, wie auf Draht gezogen.

Aus dem reichen Arsenal meiner Mittel griff ich zu einem neuen. Kinder muß man zusammen singen lassen. Oft schon hatte es sich ergeben, daß, wenn sich die Singstimmen vermählten, die Herzen einander näher traten. Ich teilte den vorbereiteten Text des Liedes aus, welches dazu bestimmt war, der Siedlung in diesem Sommer als Volkshymne zu dienen:

Die Lüfte weh'n gelinder,
Vorbei ist die Zeit der Not.
Nun zieh'n wir Wiener Kinder
Hinaus ins Morgenrot!
Juhu, juhu, jetzt wandern ich und du
In Freiheit und in Freude
Dem Sommerglücke zu.

In fünf Minuten konnten sie den Text auswendig, in weiteren fünf Minuten auch die reizende Melodie. Aber der Elan, die Überzeugungskraft fehlten. Die Musik hatte sie nicht verbunden, die Fremdheit nicht zerstört. Kurz vor Wiener Neustadt konnte ich hören, wie der Sohn des Ministerialrates, siebzehn Jahre alt, die dreizehnjährige Inge, die Tochter des Germanisten, mit Befremden fragte: »Sagen Sie 'mal, Fräulein, ist das Mädel dort nicht die Tochter Ihres Portiers?« Mir gegenüber saß gar ein Vierzehnjähriger, der ein Witzblatt entfaltet hatte und eifrig darin las.

Jetzt hatte ich nur noch eine Hoffnung. In Wiener Neustadt gibt es jene Würstel, die man in Wien Frankfurter und in der übrigen Welt Wiener Würstel nennt. Kriegskindern war diese bescheidene Speise ein seltenes Fest. Das mußte Freude erwecken. Außerdem versprach ich mir, sie würden alle etwas von ihrer angenommenen Feinheit aufgeben müssen, da man in Wiener Neustadt Würstel mit den Händen ißt. Rasch überschlug ich mein Vermögen; vierzig Paar Würstel waren kein Spaß; aber wenn die erwünschte Verständigung auf diesem Wege eintreten sollte, dann lohnte sich die Aufgabe.

Aber die Würstel waren ein Fiasko. Vor allem fragten die Kinder nach Papierservietten. Es gab keine. Dann schälten sie die Würstel und bissen mit äußerster Vorsicht davon ab. Ein Jüngling zog sogar sein Federmesser. Schade um das viele Geld.

Jetzt beschloß ich, mich selbständig zu machen. In den kommenden sechs Wochen gemeinsamer Ferien würden die Kinder sich schon zusammenleben, einfacher und glücklicher werden. Jetzt wollte ich mich nicht mehr um sie kümmern. Ich öffnete meinen Arbeitskorb. Er enthielt vier Kilogramm herrlicher Berliner Wolle in den leuchtendsten Farben: orangegelb, kobaltblau, ponceaurot und maigrün. Aus dieser Wolle gedachte ich den Kindern Pullmankappen zu stricken. Wie ich nun die Wolle in aller ihrer Pracht erblickte, durchzuckte es mich. So muß einem Rutengänger zumute sein, wenn er auf Wasser stößt. Ich nahm die Wolle aus dem Korb und wandte mich bittend zu den Kindern. »Wollt Ihr mir einen Gefallen erweisen? Dann wickelt mir alle diese Wolle ab. Bis Gloggnitz müssen wir fertig sein. Ich denke, es ist am besten, wenn immer ein Bub' einen Strähn hält und ein Mädchen abwickelt. Oder wollt Ihr Buben lieber abwickeln?« Nein, kein Bub wollte wickeln. Und nun entstand ein freundliches Gedränge. Vierzig Kinder in einem Waggon, das ist kein rechter Platz, um behaglich Wolle zu wickeln. Aber gerade aus dieser Enge erwuchs das bunteste, reizvollste Bild. Ein altes Spiel: der hilfreiche Mann, die häuslich wirkende Frau. Friedlich aufeinander angewiesen. Noch herrschte ein paar Augenblicke lang Ernst, aber schon war es ein anderer Ernst als vorher, nicht dumpf, sondern gespannt. Einem Mädchen fiel der rote Knäuel der Nachbarin in den Schoß. Sie erhob sich und fuhr in den gelben Strähn des Knaben hinter ihr. Immer größer wurde die farbige Verwirrung. Immer schwieriger wurde es, zu zweien zusammenzubleiben. Zuletzt wirkte die ganze Gesellschaft wie ein buntes Gewebe. Es flimmert einem gelb und rot vor Augen. So oft einer genötigt war, den Faden abzureißen, erhob sich ein Lachen, so ohne Bosheit und von so unverdorbener Kindlichkeit, daß mein Herz mitzulachen begann. Als wir lachend in Gloggnitz ankamen, sagten alle Kinder »du« zueinander.

Dann gingen wir glücklich den wunderschönen Weg nach dem Harthof zu zwei und zwei, ich voran; am rechten Arm die Kleine des Portiers, links eingehängt in den Sohn des Ministerialrates. Wir sangen: »Juhu, juhu, jetzt wandern ich und du in Freiheit und in Freude dem Sommerglücke zu.« Jeder Mensch, der vorüberging, mußte glauben, daß wir in Freiheit und Freude dem Sommerglücke zuwanderten. Und so war es auch.

Es gäbe keine Feindschaft zwischen Mensch und Tier, wenn man nicht künstlich Drahtzäune zwischen sie zöge. Dagegen ist mit den einfachen Mitteln Freundschaft zu erzeugen. Manchmal genügt schon etwas Berliner Wolle. Aber sie muß sehr bunt sein.

»Kriegshort für junge Mädchen, I. Sonnenfelsgasse 15«

(Schon 1914 ins Leben gerufen, siehe die Zusammenstellung auf Seite 141.)

Das Archiv ist im glücklichen Besitz eines »Tätigkeitsberichts für das Schuljahr 1916/17«, abgefaßt von der Leiterin, Frau Lintschi Amanshauser, eine überaus tüchtige und von allen hochgeschätzte Mitarbeiterin von Genia Schwarzwald. Hier ein Auszug aus dem Tätigkeitsbericht vom 4. April 1918:

»Auch das dritte Jahr des Bestehens unserer Anstalt zeigt wieder ein rasches Emporblühen, Größerwerden und Sich-neu-Gestalten des ganzen Betriebs. Im Laufe des Jahres konnten wir durch neue Kurse und Beschäftigungen die Zahl unserer Mädchen auf 65 erhöhen, die wir sämtlich im Sommer 1917 in unser Ferienheim in Pöchlarn mitnahmen.
Praktische Unterrichtsfächer: Nähstube, Schusterei, Frisieren, Buchbinden, Gärtnerei, Hauswirtschaft.
Fortbildende Fächer: Rechnen, Deutsch, Gesundheitslehre, Kinderpflege, Stenographie, Bürgerkunde, schwedische Heilgymnastik, Turnen, Tanzen, Singen.
2 Mädchen besuchten unentgeltlich das Gymnasium der Schwarzwaldschen Schulanstalten.«

Es folgt dann eine genaue Rechnungslegung:

»Die Differenz zwischen Einnahmen und Ausgaben wurde durch von Frau Doktor Schwarzwald gesammelte Spenden gedeckt.
Versorgung unserer Zöglinge:
35 arbeiten in Gemeinschaftsküchen, 2 als Heilgymnastikerinnen in einem Kriegsspital, 8 in Schneidersalons, 1 beim Goldarbeiter, 1 beim Blumenbinder, 4 in Nähschulen und etliche als Hilfen in Privathäusern.
Von Zeit zu Zeit gibt es bei uns alle Jahrgänge vereinende gesellige Abende.«

Der »Kriegshort für junge Mädchen« wurde - wahrscheinlich 1919 - zum »Lehrmädchenheim auf der Laimgruben« und gehörte von da an zum Verein »Haus in der Sonne«. Die Sonnenfelsgasse beherbergte forthin, noch eine kurze Zeit, obdachlose heimkehrende Offiziere.

Es ist schwer zu sagen, welche ihrer Initiativen Genia Schwarzwald am meisten am Herzen lagen, das Lehrmädchenheim war sicher eine von diesen, wie der Artikel »Auf der Laimgruben«, Neue Freie Presse, 24. März 1924, gekürzt zeigt:

»Ein junger Mann war in die Sprechstunde gekommen und hatte Genia Schwarzwald weitschweifig von einem idealen, endlich zu schaffenden Erziehungsheim für junge Mädchen gesprochen:

Ich ließ ihn lange reden, bis gar nichts mehr in ihm drin war. Dann sagte ich: ›Wollen Sie das Heim, das Sie eben so anziehend geschildert haben, gern sehen? Dann kommen Sie mit mir.‹

Während wir in das Lehrmädchenheim des Vereins ›Haus in der Sonne‹ fuhren, erzählte ich ihm, daß die Stadtverwaltung ein trübes, schmutziges, nicht ganz einwandfreies Hotel zur Verfügung gestellt und ein Schweizer Freund das Geld geborgt habe, und eine Frau, was das Wichtigste war, geneigt gewesen ist, ihre Arbeitskraft, ihre Mütterlichkeit, ihre Anmut in den Dienst der jungen Mädchen zu stellen.

Alles wurde weiß lackiert, das Haus, die Stuben, die Möbel - alles, alles, als sollte die mißfarbene Vergangenheit gänzlich weglackiert werden. Dann kamen siebzig Kinder aus armen, kümmerlichen Wohnungen und glaubten, im Märchen zu sein.

Dem jungen Mann wurde alles gezeigt, vom Festsaal über Küche, Waschküche, Speisekammer mit den rührend spärlichen Vorräten, Keller bis zum Zimmer der Studentin mit den vielen Büchern.

Frau Hilde, die glückliche Mutter, und ihre Helferinnen umstehen uns und erzählen mit Eifer von den Kindern, von schönen Festen und Ferien, aber vor allem vom Alltag, der ihnen noch schöner vorkommt. Dabei lachen sie alle ein merkwürdig zärtliches Lachen.

Kritische Leute, die in einem Kinde nichts anderes sehen als einen mit allen menschlichen Gebrechen ausgestatteten unfertigen Erwachsenen, tun besser, sich im Lehrmädchenheim nicht zu äußern. Dort hat jeder Werdende unbegrenzten moralischen Kredit.

Viel blinden Autoritätsglauben gibt es im Lehrmädchenheim nicht, dafür aber strengste Disziplin, Selbstdisziplin. ›Das Moralische versteht sich von selbst.‹ Süßliche Tantenhaftigkeit veralteter Mädchenpensionate gibt es auch nicht. Junge Republikanerinnen werden da erzogen, und sie müssen fest auf eigenen Füßen stehen. Das Heim selbst, so schmuck und heiter es ist, ist auch nicht gerade eine Stätte des Wohllebens, es ist sehr arm.

Und doch sind die Kinder glücklich, viel glücklicher als viele Bürgerkinder. Liebreiche und verständnisvolle Führung Erwachsener, von deren Uneigennützigkeit und Wohlwollen sie durchdrungen sind, die frohe Gesellschaft Gleichaltriger, ein geordnetes, einfaches Leben, ganz auf ihre Bedürfnisse zugeschnitten: eine Gemeinschaft, in der man Ansehen, Bedeutung, ja sogar Liebe gewinnen kann. Was braucht ein Kind mehr? Und erst, wenn es eine junge Wienerin ist! Denn die ist wie ein Stückchen Rasen, der sofort neu zu grünen beginnt, wenn nur ein Tautropfen auf ihn fällt oder ein Sonnenstrahl. Viele Sonnenstrahlen aber erwärmen die Kinder im Hause in der Sonne.

Wo liegt dieses Haus in der Sonne? Auf der Laimgruben. Gegenwärtig hat es jedoch nur noch für vier Wochen zu leben. In Wien sollte es Menschen geben, die Interesse an neuartigen Institutionen haben, die, dem Wiener Boden entsprossen, alle Fehler der abgetanen Zeit vermeidend, alle Werte der Vergangenheit wahrend und pflegend, bestrebt sind, eine neue Wiener Welt aufzubauen.

Diesen patriotischen Leuten verrate ich die Adresse des Heims: 6. Bezirk, Laimgrubengasse 27.«

7. Heime für Erwachsene

Die »Helmstreitmühle« bei Mödling (im letzten Kriege durch Bomben zerstört) war ein Heim für Erwachsene; manche benutzten es nach Kriegsende als vorübergehende Wohnstätte. Zu den bekanntesten Dauergästen gehörten Robert Musil und seine Frau. Darüber berichtet Theodor Czokor 1950*:

»In dieser abenteuerlichen Nachkriegszeit hausten Musil und seine Gattin bei dem Städtchen Mödling in einem Erholungsheim - mit dem martialischen Titel ›Helmstreitmühle‹ - der Philantropin Dr. Eugenie Schwarzwald, zwischen Kriegswitwen, aus ihren Bahnen geschleuderten Politikern und Offizieren, die sich dort in schwebender Erwartung für eine der zur Wahl stehenden künftigen Ordnungen zwischen Karl Marx und Karl Habsburg vorbereiteten. Monarchisten und ihre Antipoden teilten sich in die Plätze der Gemeinschaftstafel; zwischen dem im Kriege verhaßt gewesenen Generalobersten Pflanzen-Baltin und dem Gründer der Wiener Roten Garde Egon Erwin Kisch hatte Musil seinen Platz und gab so die Wand zwischen rechts und links ab [...] Musil machte diese Wand voller Takt und mit höflichem, vielleicht auch etwas giftigem Vergnügen. Er empfand hier ein Theater des Lebens.«

Über das »Sommerheim am Semmering« (in der Dependance des Südbahnhotels) erschien eine mit R. O. gezeichnete Notiz in »Der neue Tag«, 11. Juni 1919 (Auszug):

»Schlösser und Paläste sind eine herrliche Parole. Und der Streit um Entschädigung oder nicht eine vortreffliche Beschäftigung für Politiker.

Inzwischen geschieht doch manchmal etwas Positives für schlechternährte und übermüdete Menschen, wenn auch von solchen, die dazu zwar kein Amt,

---

* Franz Theodor Czokor, »Robert Musil«, in: »Der Monat«, Nr. 26 (Nr. 1/1950), Seite 85 f.

sondern nur ein Mandat in ihrem eigenen warmen Herzen haben. So die Einrichtung einer Erholungsstätte auf dem Semmering für arbeitende Männer und Frauen des Mittelstandes. Nur wenige Wochen zwischen Konzeption des Plans und seiner Vollendung genügten, um das unmöglich Scheinende zu verwirklichen. 300 Leute mit weniger als 10.000 Kronen Einkommen, Lehrer, Künstler, Schriftsteller, werden je sechs Wochen lang in dem vielgerühmten Paradies der Millionäre ihre Augen, Lungen und Nerven zu neuer Arbeit auffrischen können.

Das Südbahnhotel stellte eine leerstehende Dependance großmütig und klug zur Verfügung; klug, indem es so amtlicher Verfügung über den unbenützten Wohnraum vorbeugte. Dort bezahlen die Ruhebedürftigen 18 Kronen am Tag für Unterbringung und volle Verpflegung an den Verein zur Errichtung und Erhaltung von Gemeinschaftsküchen. Es wird kein Luxusaufenthalt sein, aber dieses drittklassige Hotel - man mußte nehmen, was man fand - hat eine herrliche Sicht auf den Schneeberg und die Bäume ringsum.

Am Pfingstmontag war die Eröffnung. Frau Dr. Schwarzwald, die Begründerin dieses Erholungsheims, überprüfte, was ihre Helferinnen in so unglaublich kurzer Zeit geleistet hatten. Einige amerikanische Damen überzeugten sich mit Freude davon, daß nicht nur Angehörige ihrer Nation tatkräftige Hilfe für Wiener Armut leisten. Wer sonst noch erschienen war, verrate ich nicht, um ja keinem eine Freude zu machen, der so gerne auch ein Wörtchen am Ende mitspricht, wenn andere etwas geleistet haben.«

Im »Schloß Waissnix« in Reichenau am Semmering gab es sogar zwei Heime:

Das »Nielsinen-Heim« war eine »Altersgemeinschaft«, benannt nach der Mutter von Karin Michaelis, die es gestiftet hatte, und »daselbst leben eine Anzahl greiser Männer und Frauen, die durch den Krieg um alles gekommen sind. Diese unsere Schützlinge vermögen nur äußerst wenig zu ihrem Leben beizubringen, so daß ihre Erhaltung hauptsächlich auf den Schultern von Frau Doktor Schwarzwald liegt.« (Aus einem »Bericht des Sekretariats« vom Jahre 1920; um wessen »Sekretariat« es sich gehandelt hat, ließ sich nicht mehr feststellen.)

Das Dauererholungsheim für »geistig tätige Männer und Frauen«: Laut Abendblatt der Neuen Freien Presse vom 9. Oktober 1919 hatte der »Verein für Errichtung und Erhaltung von Gemeinschaftsküchen« das Schloß Waissnix für das Heim gemietet und am 15. Oktober 1919 eröffnet. Wie üblich heißt es dann: »Anmeldungen nur arbeitender Männer und Frauen nimmt täglich von 11 bis 1 Uhr entgegen Frau Dr. Schwarzwald, Wallnerstraße 9.«

Im Brief von Genia Schwarzwald an Karin Michaelis vom 19. Juli 1919 lesen wir: »Bad Fischau - 340 Knaben mit allem, was ein Knabenherz erfreuen kann.« Hierzu Manfred Fux in »Geschichte der österreichischen Pfadfinderbewegung« (Wien 1970, S. 95): »Das bedeutendste Ereignis des Lagersommers 1919 war das große Sammellager in der ehemaligen Militär-Unterrealschule in Fischau. Es handelte sich dabei um ein Landerziehungsheim (Jugendkolonie) nach deutschem Vorbild, das über Initiative von Frau Dr. Eugenie Schwarzwald gemeinsam mit dem Wiener Jugendfürsorgeverein durchgeführt wurde.«

Im Sommer 1919 machte Genia Schwarzwald in einem Brief (19. Juli 1919) an Karin Michaelis eine Art von Zwischenbilanz:

»[...] Daß ich selten schreibe, hat drei Gründe. 1) Du bist die größte Stilkünstlerin, die es gibt, und da erscheinen mir meine Worte karg und arm. 2) Es geschieht so viel, daß die Chronik nicht folgen kann. 3) Ich arbeite 16 Stunden täglich, fühlte mich in letzter Zeit unsäglich elend, war voll Sorgen wie ein Pudel voll grauer Haare, schlecht gelaunt, hoffnungslos, überarbeitet. Ich schreibe aber nur dann gern, wenn Gutes zu berichten ist. Alles andere wird besser vergessen.

Nur an Erfolg fehlt es mir nicht. Letzte Woche habe ich eine neue Gemeinschaftsküche eröffnet, auf dem Semmering schwelgen Menschen (arm an Geld, wohlhabend an Geist) in Sommerwonne, eine zweite Ferienkolonie für Erwachsene habe ich in Raach eröffnet, eine Stunde vom Harthof entfernt. Die Kinder aber habe ich herrlich untergebracht mit viel Essen, viel Freude, ausgezeichneter Begleitung: 1) Küb am Semmering: 30 Kinder mit Hilde Frankenstein, 2) Reichenau: 100 Kinder mit Tante Marie, 3) Ischl: Lilly Radermacher mit 370 Kindern, 4) Waidhofen a. d. Ybbs: 100 Kinder mit Lehrerinnen, 5) Bad Fischau: 340 Knaben mit allem, was ein Knabenherz erfreuen kann. Nächste Woche kommt noch eine Kolonie allerärmster 300 Kinder, sozusagen von der Straße aufgeklaubt. Alle Kinder bleiben 6 Wochen. Dann kommen andere und bleiben ebenso lang.

Unter den mühsam zusammengetragenen Lebensmitteln sind auch 1000 kg Haferflocken und 250 Flaschen Condensmilch, gespendet vom dänischen roten Kreuz (Frau Fock schickte sie mir gerade an meinem Geburtstag). An diesem Tag bin ich unter Geschenken und Blumen beinahe begraben worden und habe auch von Hellmann, Wellesz und noch einem Herrn 5.000 Kronen für wohltätige Zwecke geschenkt bekommen. Paul Stefan hat mir im Namen seines verstorbenen Vaters ein für allemal 500 K. jährlich zu beliebiger Verwendung gestiftet.«

8. Sommerheim Seeblick – Grundlsee (1920–1938)

Hören wir die Zeitgenossen:

Eugen Antoine (18. 11. 1880 - 15. 10. 1947), Jurist, zuletzt Direktor des Ministeriums für soziale Verwaltung:

»Eine österreichische Sommerfrische«
Der ›Seeblick‹ war eine so einzigartige, so eigenwüchsige Unternehmung, daß man kühnlich behaupten kann, ein solcher Versuch konnte nur in Österreich gemacht werden und auch nur in Österreich in so vollkommenem Maße gelingen. Wenn man das Wort ›Gemütlichkeit‹ auf seinen Ursprung zurückführt, so wird man nicht fehlgehen, wenn man den spezifischen Reiz der ›Seeblick‹-Atmosphäre in ihrer ›Gemütlichkeit‹ erblickt. Weit davon entfernt, dem Zufall überlassen zu werden, war diese Gemütlichkeit Frucht der Bemühung einer ganz ungewöhnlichen, man kann ruhig sagen, einmaligen Persönlichkeit: ›Frau Doktor‹.
Frau Doktor war eine wundervoll harmonische Verbindung dreier seltener Eigenschaften: eines unbestechlichen Verstandes, eines warmen Herzens und einer unermüdlichen Vitalität und Aktivität. Diese glückliche Wesensmischung hat sie instand gesetzt, der Bevölkerung Österreichs und Deutschlands gegen Ende des Ersten Weltkrieges, und nachher, in der greulichen Hungerzeit, wertvollste Dienste zu leisten. Sie hat vorbildliche Jugendheime ins Leben gerufen und für durch Entbehrungen des Krieges und des Nachkrieges in Bedrängnis geratene Intellektuelle ein seine Gäste mit größter Liebe und Fürsorge betreuendes Sommer-Erholungsheim geschaffen: den ›Seeblick‹ am Grundlsee.
Im ›Seeblick‹ wirkte sie, umgeben von einem Stab vortrefflicher Mitarbeiterinnen, als ›genius loci‹ oder, wie man gerne sagte, als ›Genia loci‹ [...] Alle die vielfältigen Persönlichkeiten, die der ›Seeblick‹ beherbergte, wurden gleich behandelt, jeder Gast bekam nur freundliche und gefällige Gesichter zu sehen, solange er sich selbst freundlich und gefällig betrug. Fraudoktors hauptsächliches Anliegen war die Atmosphäre im Heim.
Jeder Besucher, der über eine Fertigkeit oder ein Können verfügte, es mochte auf künstlerischem, wissenschaftlichem oder auf welchem Gebiete auch immer liegen, stellte sich ›Frau Doktor‹ gerne zur Verfügung, um auf irgendeine Weise zum allgemeinen Wohlbefinden beizutragen. Pianisten (Serkin, Goldsand) konzertierten, Schriftsteller (Arno Holz, Egon Friedell, Jakob Wassermann) lasen aus ihren Werken vor, und ihren Höhepunkt erreichte die Saison, wenn die ausgezeichnete und von allen geliebte Sängerin Lotte Leonard ihren alljährlichen Liederabend gab und die Zuhörer zu stürmischen Beifallskundgebungen hinriß.

SOMMERHEIM SEEBLICK

GRUNDLSEE

BAHNSTATION BAD AUSSEE

SALZKAMMERGUT

ÖSTERREICH

AUSSICHT VON DER TERRASSE DES HEIMS AUS

GRUNDLSEE ist ein reizendes Dorf, 700 Meter über dem Meeresspiegel, in einem der schönsten Teile der österreichischen Alpen. Es liegt an dem gleichnamigen See und ist von hohen Bergen umgeben. Die Freundlichkeit und Zuverlässigkeit der Bevölkerung sind weithin bekannt.

Das Sommerheim Seeblick ist weder ein Erwerbsunternehmen noch eine Wohlfahrtseinrichtung. Es ist im Jahre 1921 von Frau Dr. Eugenie Schwarzwald Erholungsuchenden, die einen schönen Ferienaufenthalt zum Selbstkostenpreise zu finden wünschen, gewidmet worden.

Herrliche, gänzlich staubfreie Lage des Hauses (30 Meter über dem See mit freier Aussicht über seine ganze Ausdehnung bis zum Gößl und ins Tote Gebirge). Zahlreiche ebene Spaziergänge. Eigene Badeanstalt mit Sonnenbad am See. Solbäder im Hause. Tennisplatz. Gute Gelegenheit zum Rudern, Segeln und Bergsteigen. Sachverständig geführte Wiener Küche.

Angenehm wird die Zusammensetzung des Publikums empfunden. Die Gäste, Angehörige aller freien Berufe, sind meist aus Österreich und Deutschland, aber auch Amerikaner, Dänen, Engländer und Schweden kommen gerne. Aus dieser Mannigfaltigkeit ergibt sich ein freundlich-bewegtes geselliges Leben, welches oft durch künstlerische Darbietungen von hohem Werte gesteigert wird. Doch ist Ruhebedürftigen die Möglichkeit gegeben, ungestört ihrer Erholung zu leben und sich nur nach Neigung und Stimmung an der Geselligkeit zu beteiligen.

Die Gäste wohnen je nach Wunsch entweder im Heim selbst oder in nahegelegenen reinlichen und gemütlichen Bauernhäuschen.

Von der Bahnstation Bad Aussee bringt der Postautobus die Gäste nach Grundlsee (Haltestelle Sommerheim Seeblick, von diesem 8 Minuten entfernt). Bei größerem Gepäck empfiehlt es sich, am Bahnhof Wagen oder Auto zu nehmen.

Die Verpflegung umfaßt drei Mahlzeiten, die an kleinen Tischen im Speisesaal gemeinsam eingenommen werden. Frühstück, 8-9, Kaffee, Kakao oder Tee, Gebäck und Butter; Mittagessen, 1 Uhr, 3 Gänge; Abendessen, $^1/_2$8 Uhr, 2 Gänge. Das Heim wird alkoholfrei geführt.

Verpflegung und Unterkunft im Juli und August 9 bis 11 Schilling, im September Schilling 7·50.

Weitere Ausgaben entstehen nicht, da es keine Kurtaxe und kein Trinkgeld gibt.

Eröffnung am 1. Juli.

Anmeldungen nimmt entgegen: das Schwarzwaldsche Sekretariat, Wien I. Wallnerstraße 9 (täglich von 12—1 Uhr, Telephon U-21-3-69), ab 1. Juli das Sommerheim Seeblick selbst. Telephon Grundlsee 6.

Leitung: Dr. Marie Stiasny.

BAHNVERBINDUNGEN NACH BAD AUSSEE:

von Wien-Westbahnhof über Attnang-Puchheim—Bad Ischl;

von Wien-Südbahnhof über Steinach-Irdning;

von Salzburg über Attnang-Puchheim oder mit Lokalbahn über Bad Ischl;

von Berlin über Passau—Attnang-Puchheim;

von München über Salzburg.

DAS SOMMERHEIM SEEBLICK

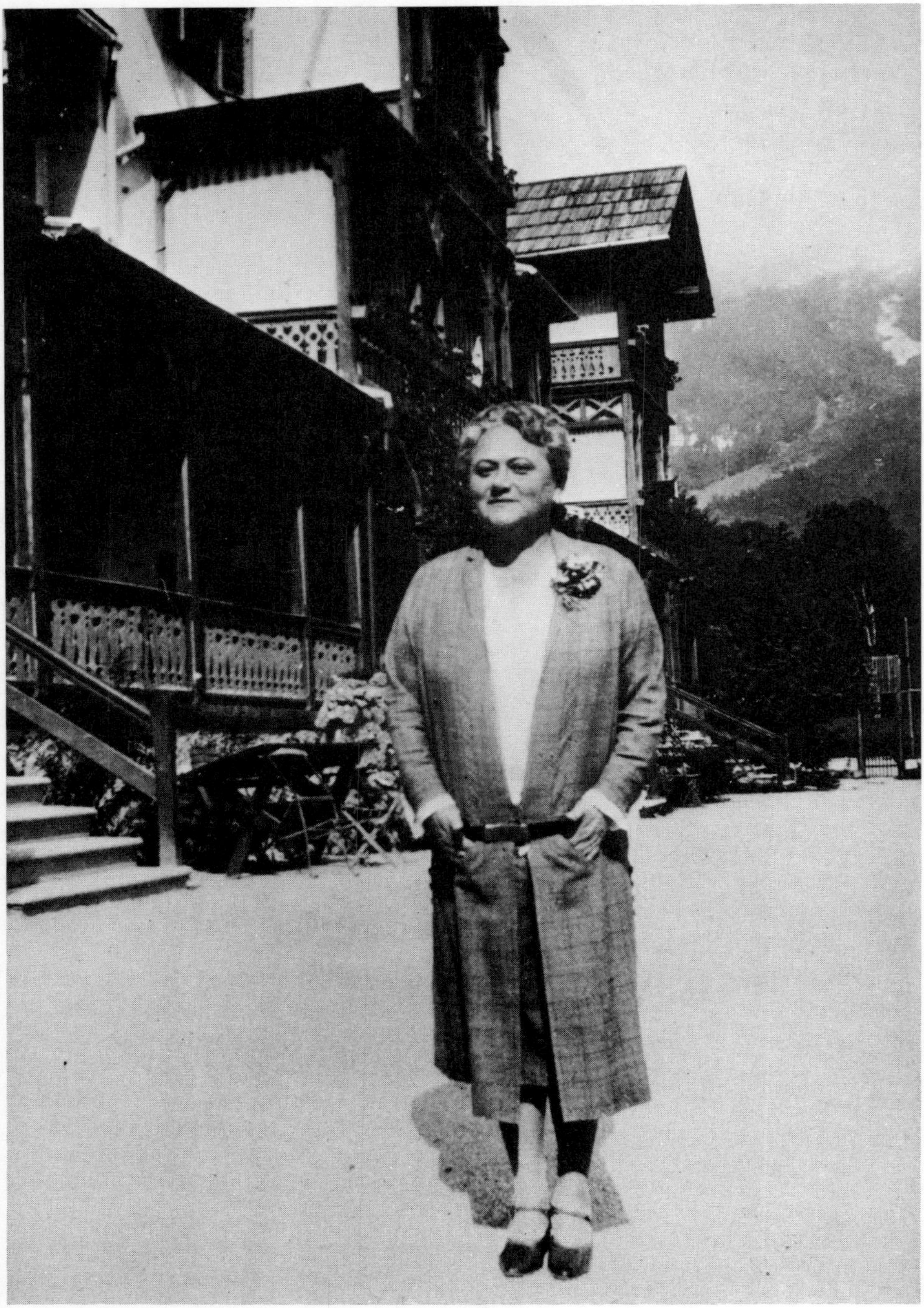

Daß dieses Milieu Gäste nicht nur anzulocken, sondern auch festzuhalten verstand, ist nur begreiflich. Berühmte und verwöhnte Besucher kamen gerne zum ›Seeblick‹ und trennten sich schwer (nicht selten unter Tränen) von ihm. Dazu noch einige Namen: Arno Holz, der selbstbewußte stattliche Ostpreuße; der Dichter Zuckmayer, der das beständig vor Unternehmungslust und Anregungsbedürfnis brodelnde Erholungsheim hartnäckig ein ›Erschöpfungsheim‹ nannte, aber doch gerne dort verweilte; Egon Friedell, der auch hier alles durch seinen trockenen Witz zum Lachen brachte; der damals sehr berühmte deutsche Pädagoge Wyneken, Begründer der ›Freien Schulgemeinde‹. Als mit ihm über die Freiheit der Aufwachsenden heftig diskutiert wurde, sprach Friedell der erregten Wechselrede das unvergeßliche Nachwort: ›Ich bin gegen die Freiheit, weil ich meine Ruh' haben will.‹

Gefeierte und mit besonderer Fürsorge umhegte Gäste waren der österreichische Dichter Felix Braun, die dänische Romanschriftstellerin Karin Michaelis, der englische Radioliebling der Wiener Mac Callum.

Die im Heim neben ›Frau Doktor‹ wichtigste Persönlichkeit war Sektionschef Dr. Hermann Schwarzwald, von seiner Frau wegen seines Hanges zur Zurückgezogenheit ›Hieronymus im Gehäuse‹ genannt. So unauffällig und wortkarg er sich auch seinen Weg durch die Menge der geräuschvollen Seeblickbewohner bahnte - ein jeder wußte doch, wen er vor sich hatte: einen ungewöhnlich gescheiten und grundgütigen Menschen, dem man stillschweigend die gebührende Reverenz erwies.

Das rege geistige Leben und Treiben des ›Seeblick‹ war freilich nur möglich, weil der materielle Apparat (Unterkunft, Verpflegung, Betreuung der Badeanstalt usw.) ebenso geräusch- wie klaglos arbeitete. Die Heimleiterin Dr. Marie Stiasny und die Sekretärin Martha Huber (auch deren Vorgängerin Frau Tschamler sei hier rühmend erwähnt) waren die guten Hausgeister, denen die wichtige Aufgabe zufiel, für das leibliche Wohl der Seeblickleute zu sorgen. Das war gar nicht so einfach; die dazu notwendigen Opfer an Zeit, Nerven und Ruhebedürfnis wurden willig gebracht, ohne daß die Beteiligten auch nur ein Wort darüber verloren hätten. Das war auch nicht nötig - der Erfolg sprach laut genug für sie.«

Egon Friedell an Walther Schneider im Sommer 1926:

»Grundlsee, Erholungsheim ›Seeblick‹

Euer Hochwohlgeboren!

Herr Doktor Friedell, der hier mit Arbeiten und Geschäften überhäuft ist, sendet Ihnen herzliche Grüße nach dem sonnigen Wien!

Mit Ausnahme des Mangels an guter Luft, die in die (wegen der Kälte vollkommen geschlossenen) Zimmer nicht eindringen kann, fühlt er sich in dem hiesigen Klima recht wohl, um so mehr, als man durch die hier wirksam vorgekehrten Perolinspritzen sich in einen würzigen Tannenwald versetzt glaubt. Für die Hochsaison ist auch von der Anstaltsleitung etwas künstliche Höhensonne vorgesehen.

Die milde Temperatur des Schwimmwassers, das sich in geräumigen Wannen befindet, wirkt überaus stärkend.

Das Heim ist mit modernstem Komfort ausgestattet. Es befindet sich hier ein erstklassiges Dominospiel. Ebenso bietet das Waten im Tennisplatz eine beliebte Belustigung. Besonders aber die prachtvollen Aborte, erbaut von Grazer, dem Sacher des Kloseths, im Jahre 1926, sind eine vielbesuchte Sehenswürdigkeit. Der überanstrengte geistige Mittelständer genießt an diesem Örtchen köstliche Stunden der Erholung und schöpft neue Kräfte für das verantwortungsvolle Schaffen des Winters.

Herr Doktor Friedell freut sich auf ein Wiedersehen in der warmen Jahreszeit und hofft, daß Sie es ebenso gut getroffen haben!

E. Friedell'sches Sekretariat«

Walter Bloem ins Gästebuch des »Seeblick«, 9. August 1929:

»Buben schlank wie Tann' und Pinie,
Damen mit und ohne Linie,
Mädels, blond und schwarz umwehte,
Kammer-, Hof-, Kommerzienräte,
Mütter mit unzählgen Sprossen,
umsturzbrütende Genossen,
Filmstars, Grafen, Professoren,
Lyriker und Schwankautoren,
Studiosen weib- und männlich,
meist an Riesenbrillen kenntlich,
Mediziner und Juristen,
Monarchisten, Kommunisten,
heftig ringende Talente,
abgebrühte Prominente,
alle Rassen, alle Klassen,
die sich draußen grimmig hassen,
zahn- und klaunbewehrte Leuen,
die sich draußen grimm bedreuen,
unter Frau Eugeniens Rehblick
werden Lämmer sie im Seeblick [...]«

1927 kam der Chronist zum ersten Mal nach Grundlsee, und danach bis 1937 jeden Sommer. In diesen Jahren gehörte er zu der »neuen« Generation der Zwanzigjährigen, die Fraudoktor um sich geschart hatte, von ihr und allen anderen »die Kinder« genannt. Wie man sieht, ist der Chronist über Nacht (dieses Buchs) zum »Zeitgenossen mit Sprecherlaubnis« geworden. Jedoch, nach der Versicherung, daß die Sommer in Grundlsee zum Unvergeßlichsten seines Lebens gehören - ähnlich wie die Schwarzwaldschule für ihre Schülerinnen - verzichtet er auf das Wort, weil er richtiger findet, es einer Berufeneren (fünf Jahre älter als die »Kinder«), der dänischen Journalistin Merete Bonnesen, einer der klarsichtigsten Lieblinge von Fraudoktor, zu überlassen:

Auszug aus einem am 29. Oktober 1928 in »Politiken« erschienenen Artikel, zur Vorbereitung eines Vortragsbesuchs von Genia Schwarzwald in Kopenhagen:

»Grundlsee ist eine Freistätte, ein Eden in dieser sündigen Welt. Wer dort einmal gewesen ist, wird immer wieder dorthin zurückkommen. Es ruht ein unbeschreiblicher Zauber über diesem Ort. So hell und klar wie die Bergluft, so rein und erquickend ist hier die geistige Atmosphäre; man findet dort eine Reinheit, die einem die Kraft gibt, das Leben in der verseuchten

Luft der übrigen Welt noch eine Weile auszuhalten.

Hier lebt eine Gemeinschaft, auf dem Gefühl beruhend, daß ein jeder genug hat, niemand mehr als der andere, eine Gemeinschaft, in der niemand mehr vorstellt als er ist, wo man nie Schlechtes von anderen redet und wo keiner sich mit Trinkgeld einen Vorteil kaufen kann [...]

Fraudoktor mit Worten zu beschreiben gelingt nicht, sie muß erlebt werden. Ihr Herz hat größere Wärme und Reichtum als das anderer, sie ist eine Künstlerin auf der großen Bühne des Lebens. Hier in Grundlsee fordert sie uns, die der Zufall hergeführt hat, auf, zu versuchen, einander das Leben für die kurze Zeit, die wir zusammen verbringen, ein wenig leichter zu machen.«

... und dies gelang so rückhaltlos, daß wir alle in Grundlsee glücklich waren. Ebenso wie damals schmerzt es den Chronisten, vom Grundlsee Abschied zu nehmen. Seinen Schmerz zu überwinden hilft ihm Fraudoktor mit einem Brief an Karin Michaelis, Auszug:

»Grundlsee, 9. September 1930

Seit zwei Monaten bin ich in Grundlsee, und obgleich es 25 % der ganzen Zeit gedonnert, geblitzt, geregnet und geschneit hat - seit 4 Jahren gab es zum erstenmal wieder echtes Salzkammergutwetter -, war ich so glücklich wie kaum jemals im Leben. Erstens ist Hemme [Dr. Hermann Schwarzwald] gesund und froh, zweitens ist das Klima in hohem Grade nervenberuhigend, drittens hat sich der Seeblick ungeheuer zum Vorteil verändert: besseres Publikum, besseres Essen, schönere Feste, anmutigere Ordnung. Dazu hatte ich den ganzen Sommer über alle meine jungen Freunde hier:

Hans und Freya Deichmann, Helmuth und Jowo Moltke, Susie Radermacher, Bill, Rolf und Gustus Brandt, Ljena, Lila, Christl, Ester und Kim Bonnesen. Eine besondere Verzierung bildeten meine amerikanischen Freunde, Edgar und Lillian Mowrer, die durch ihre künstlerische und sportliche Gewandtheit alle Kinderherzen gewannen. Die Entdeckung des Sommers war ein 20jähriger Junge, der Axel von Österreich heißt, aus Hamburg stammt und doch ein schauspielerisches Talent ist [...] Vormittags arbeitete ich, nachmittags erteilte ich Audienzen, abends war was los: Konzert von Lotte Leonard, schönste Quartettabende, wunderbare Kabarettabende unter Führung von Mutz Schanda, ein Vorleseabend von Wassermann, halbwissenschaftliche Vorträge anwesender Gelehrter, Vorträge von mir. Nachts aber, saßen bis zwei Uhr abwechselnd Knaben und Mädchen an meinem Bettrand und erzählten mir von ihrem Liebesglück, ihren Berufssorgen, ihrer Lebenslust, ihrer Angst vor dem Leben, und was so Dinge sind, die junge Menschen mir erzählen, wenn Nacht ist.«

Genia Schwarzwald, Helmuth Moltke und Freya Deichmann auf der Terrasse in Grundlsee im August 1930.

9. Die Jugend hilft den Alten (1921)

Diese Aktion, über die Friedrich Scheu in seinem Buch »Ein Band der Freundschaft« ausführlich berichtet, wurde im Herbst 1921 ins Leben gerufen. Sie ging sicher von Genia Schwarzwald aus, aber getragen wurde sie gemeinsam von allen Jugendorganisationen Wiens, von einem hierfür gebildeten »Zentralausschuß der Jugend«. Der nachstehend noch erhaltene Aufruf aus dem Privatarchiv des aktiven Teilnehmers Friedrich Scheu dürfte nur zum Teil von Genia Schwarzwald selbst verfaßt worden sein, der Organisation hat sie jedoch sich und ihre Schule wie stets ganz zur Verfügung gestellt.

GREISENHILFE DER WIENER JUGEND
Kameraden!

Wir können es nicht mehr mit ansehen, daß hungernde, frierende Greise ohne jede Hilfe trostlos und hinsterbend durch unsere Straßen wanken ... Wir können nicht in eine so entsetzliche Welt hineinleben, die Greise verhungern läßt. Diese Welt wird aussehen, wie wir sie gestalten werden. Wir sind jung und glauben noch daran, daß sie besser werden kann ... Wir wissen noch, was Hilfe, was Liebe heißt. Viele von uns haben es im Ausland erfahren müssen. Nun sollen es unsere alten hilflosen Greise erleben! Wir machen den Anlauf. Wir springen ins Herz der Erwachsenen. Es gilt einen entscheidenden Kampf!

... Was könnt Ihr leisten?

Diejenigen von Euch, welche im Erwerbsleben stehen, werden den Ertrag zumindest einer Arbeitsstunde opfern. Die Sportsleute unter Euch brauchen nur eine Stunde zu spielen oder zu turnen und die Erwachsenen gegen hohes Entgelt zuschauen zu lassen. Wer noch die Schule besucht, wird Zeichnungsbogen auflegen, Marken verkaufen. Lehrlinge und Lehrmädchen, junge Arbeiter, Angestellte werden im Bureau, im Geschäft, in der Fabrik sammeln, werden Sorge tragen, daß kein Paket, keine Ware das Haus verläßt, die nicht die Alterstrostmarke trägt. Alle aber haben die Aufgabe, in ihrem Bekanntenkreis nach alten, armen Menschen zu suchen und ihre Adressen und Lebensverhältnisse mitzuteilen.

Es versteht sich von selbst, daß Ihr jeden, der etwas leisten kann, auffordert, seine Pflicht gegen die Alten zu tun. Einschmeicheln, bitten, eindringlich mahnend, anfeuernd, befehlend, drohend.

Der Zentralausschuß der Jugend
Zentralbureau I. Wallnerstraße 9 ...

10. Die »Österreichische Freundeshilfe« in Berlin (1923–1927)

Im »Berliner Wohlfahrtsblatt«, 2. Jg., Nr. 1, 1926 finden wir eine Übersicht über die gemeinnützigen Speise-Möglichkeiten in 20 Bezirken von Berlin; darunter:

Bezirk Mitte
Schloß, Apothekenflügel
Österreichische Freundeshilfe, 3 Gänge, 90 Pf. i/Abonnement, 1 Mk. Einzelkarte

... Tiergarten
Kurfürstenstraße 116
Österreichische Freundeshilfe, 3 Gänge, 90 Pf. i/Abonnement, 1 Mk. Einzelkarte

... Charlottenburg
Techn. Hochschule, Berliner Str. 170, Studentenspeisung
Österreichische Freundeshilfe, 3 Gänge, 60 Pf. i/Abonnement, 70 Pf. Einzelkarte

Es fehlt bereits Fraudoktors 4. Küche in Pankow; warum, werden wir später sehen.

Zunächst kehren wir zum Jahre 1923, zu dem schlimmen Herbst dieses denkwürdigen Jahres zurück. Auf der Suche nach Dokumenten zur »Österreichischen Freundeshilfe« in Berlin - bemerkenswert viel ergiebiger als die ihr vorausgegangene Suche zu den Aktionen des Sozialwerks von Genia Schwarzwald in Wien - stieß der Chronist auf erschütternde Tagesereignisse dieser Zeit.

Hier nur einige Meldungen aus dem »Berliner Tageblatt«:

6. Oktober 23
Eine Straßenbahnkarte kostet 10.000.000 Mark.

10. Oktober 23
1 l Milch 48.000.000 Mark.

14. Oktober 23
Ein Brief im Ortsverkehr 4.000.000 Mark.

19. Oktober 23
Ein Brot eine Milliarde Mark, eine Straßenbahnkarte 100.000.000 Mark (d. h. nach 13 Tagen 10 mal mehr).

22. Oktober 23
Bayern, Aufstand gegen Berlin
Eröffnung der »Schloßküche« der Österreichischen Freundeshilfe«.

23. Oktober 23
Separatistenbewegung im Rheinland.

25. Oktober 23
Ein Ei 900.000.00,-.

27. Oktober 23
»Von heute ab wertbeständiges Geld«.

30. Oktober 23
Ausgabe von Billionen-Mark-Scheinen.

8. November 23
Ausgabe der Rentenmark für den 15. 11. 23 angekündigt.

9. November 23
Hitler/Ludendorff-Putsch in München.

10. November 23
Ein Brot kostet 120 Milliarden Mark, eine Schrippe 5 Milliarden Mark.

Am 28. Oktober 1923 veröffentlichte in Wien »Der Tag« einen Hilferuf von Genia Schwarzwald:

»Das hungernde Deutschland«

In den Zeiten der höchsten Wiener Not habe ich durch die Errichtung von Gemeinschaftsküchen, Erholungsheimen, durch Bekleidungsaktionen, durch den Gedanken, Kinder aufs Land und ins Ausland zu versenden, durch den Einfall, Greise der Wiener Jugend anzuvertrauen, Wien Dienste geleistet, an die ich nur ungern erinnere. Ich habe von meiner Arbeit nie große Worte gemacht, niemals laut und dringend um Geld gebeten, alles im engsten Freundeskreis, im In- und Ausland aufgebracht und mit größter Sparsamkeit und Zweckmäßigkeit verwendet. Ich habe niemals Dank verlangt, umso weniger, als ich fest davon überzeugt bin, daß alle private Wohlfahrtspflege nichts anderes ist als eine Krankenbetterscheinung am Leibe einer Gesellschaft, in der es nicht richtig zugeht. Arbeit wie die meine ist Flickschusterei, aber sie muß sein. Wenn man sie also tut, muß man sie still und bescheiden tun.

Aber heute komme ich und verlange eine Gegenleistung. Die deutsche Not hat mir den Gedanken eingegeben, ein Aktionskomitee
Österreichische Freundeshilfe
zu gründen, um eine Hilfstätigkeit in Berlin entfalten zu können, von der ich ahnte, daß sie dringend nötig werden würde.

Mit 230 Millionen, die uns der Verband der Banken und Bankiers gespendet hatte, und 250 Millionen, die ich mir geborgt hatte, bin ich nach Berlin gegangen und habe hier in den Räumen des kaiserlichen Schlosses vorderhand eine Küche für 1000 hungernde Geistesarbeiter eingerichtet. Die Küche ist sehr schön, wienerisch, die leitenden Frauen von großer Tüchtigkeit und Hingabe. Wir haben Lebensmittel. Am 22. Oktober haben wir eröffnet. Aber unsere Freude war nur kurz. Das Essen, dessen Herstellung uns täglich pro Person 4 Milliarden kostet, geben wir zum Preise von 400 Millionen ab.

Aber es stellt sich heraus, daß die Leute nicht einmal diese Summe zu zahlen vermögen.

Tausende gehen weinend weg.

Die Wenigen, die es zahlen können, dünken sich glücklich und geborgen, aber dies sind nur 1000. Die Übrigen lassen sich meistens nur mit Hilfe der Polizei entfernen, weil sich die Hungernden durch kein Zureden bereden lassen, das Tor der Gaststätte, nach der sie sich sehnen, zu verlassen. Es ist eben wirkliche Hungersnot in Berlin. Eine Not, von der wir uns keine Vorstellung machen können, obwohl wir geglaubt haben, unsere Not sei die schlimmste. Jede Stunde kommt ein Mensch mit guten Kleidern und guten Manieren, der dringend bittet, ein Stückchen übriggebliebene Mehlspeise zu bekommen.

Täglich bringt ein Schutzmann Leute zur Labung ins Haus, die auf der Straße zusammengefallen sind.

Man müßte ein Dostojewski sein, um schildern zu können, was hier vorgeht. Dabei sind die Deutschen stolz, unfähig zu bitten, ungeschickt im Annehmen.

Ich bitte für alle meine im Dienste der Öffentlichkeit bisher geleistete Arbeit um eine Gegenleistung. Jeder Mensch in Wien, der es kann, spende 150.000 Kronen, um einem bedürftigen Deutschen einen Monat lang eine warme Mahlzeit täglich zu sichern. Die Freikarten werden durch die Ärztekammer, Anwaltskammer, Bühnengenossenschaft, Genossenschaft bildender Künstler, Schutzverband deutscher Autoren, Verband konzertierender Künstler usw. verteilt. Jeder, der wohlhabend ist, spende eine größere

Summe zur Errichtung unserer Küchen, mindestens einer neuen Küche im Westen der Stadt.

Ich verspreche, diese freigewählte Arbeit mit aller Umsicht zur Ausführung zu bringen, zum Nutzen der armen Deutschen, die unverschuldet ins tiefste Elend gekommen sind, und zu Ehren Wiens, dessen erste Schöpfung, die Schloßküche, großes und ehrenvolles Aufsehen erregt hat.

Die Leser werden interessiert sein zu erfahren, wer dieses »Aktionskomitee« bildete oder gar wann aus dem Komitee ein Verein entstanden ist. Sie müssen verzichten: wenn es ein Komitee gegeben hat, so hat es sich in Nichts aufgelöst und erst 1927 verwandelte sich das »Aktionskomitee« in die »Österreichische Freundeshilfe« in Berlin (nicht etwa in Wien), in den Verein »Freundeshilfe«, und das nur, weil ohne eine Rechtspersönlichkeit die Überleitung der drei Küchen auf die Universität, die Technische Hochschule und die Gemeinde Berlin nicht möglich gewesen wäre. Die »Österreichische Freundeshilfe« war also hauptsächlich ein Hilfskomitee im Herzen und auf dem Briefpapier von Genia Schwarzwald, und mit diesem »Phantasiegebilde« schlossen die sonst auf einwandfreie Rechtsformen so erpichten Deutschen Mietverträge und ähnliches ab!

Wiener Hilfe für Berlin: Frau Dr. Eugenie Schwarzwald (sitzend) mit Frau Dr. Marie Stiasny.

Dafür, daß die »Österreichische Freundeshilfe« in Wien - schon allein zum Sammeln der notwendigen Gelder - bekannt war, haben wir einen unerwarteten Zeugen: Arnold Schönberg bietet in einem Brief vom 29. Dezember 1923 an Genia Schwarzwald seine Hilfe an (Auszug):

»Die Österreichische Künstlerhilfe für Deutschland hat mich aufgefordert, etwas zu ihren Zwecken beizutragen. Da ich nicht wußte, welchen der mir möglichen Beiträge ich geben soll, entschloß ich mich, meine Arbeitszeit zu spenden: eine Privataufführung meiner neuen Serenade.«

Schönberg teilt dann die Einzelheiten hierfür mit und fährt fort:

»Ich frage Sie nun: interessiert Sie diese Veranstaltung [gemeint ist im Festsaal der Schwarzwaldschule] [...] können Sie eventuell ein kleines Comitée zusammenstellen?«

Schönberg spricht dann von einer schon begonnenen Vorbereitung eines anderen Konzerts (in Mödling) und macht schließlich folgendes Angebot:

»Ich bin bereit, diese Konzerte zugunsten Ihrer Aktionen, für die Berliner Schwarzwald-Küchen zu machen. Es läge mir wohl eigentlich näher, bloß an Künstler zu denken, denn ich weiß aus der eigenen Erfahrung, wie nötig diese die Unterstützung haben. Aber da ja in der Tat die Gemeinschaftsküchen allen nützen, so will ich gerne für diesen Zweck stimmen, damit ich doch schließlich wenigstens das tue, was in meiner Macht liegt.«

Von der sicher positiven Antwort von Genia Schwarzwald fehlt leider jede Spur.

In Berlin beschäftigten sich die Tageszeitungen vor und nach ihrer Eröffnung mit der »Schloßküche«:

Am 16. Oktober 1923 lesen wir eine ausführliche Meldung in der Deutschen Allgemeinen Zeitung: »Von der Schloßküche zur Gemeinschaftsküche/Das österreichische Liebeswerk«. Zunächst beschreibt die Autorin in bewegten Worten, was zu Kaisers Zeiten und bei den »Matrosen vom 9. November 1918« dort alles vorgegangen ist und fährt dann fort:

»Nun wandelt sich das Antlitz der Schloßküche abermals. Die Österreichische Freundeshilfe - eine Gründung der tatkräftigen Dr. phil. Eugenia Schwarzwald - eröffnet hier schon in nächster Woche eine Gemeinschaftsküche. - Tatkräftig das Wesentliche erfassend, Nebensächliches ablehnend, mit kühlem Kopf, aber heißem Herzen bei ihrer Riesenarbeit - so spricht und handelt die rundliche Wienerin mit dem ausgeprägten Charakterkopf.

Sie spricht sich über das Entgegenkommen der deutschen Behörden, über die Gaben von Privaten recht erfreut aus, sie nennt als Seele des Hilfswerks in Wien eine 82jährige Philanthropin (Frau Hainisch), sie hofft, daß reichere Nationen, angefeuert durch das Beispiel des ebenfalls verarmten deutschen Brudervolkes, ihrem Beispiel folgen und weitere ›Ausspeisungen‹ errichten würden.

Im Westen ist sie selbst bereits auf der Suche nach einem geeigneten Lokal, das den so schwer geprüften Angehörigen freier Berufe vorbehalten bleiben soll. Hier in der Schloßküche will sie keine allzu große Auswahl üben.

Als Preis hat sie sich den dritten Teil des jeweilig in einfachsten Restaurants für ein Mittagessen festgesetzten Pauschals gedacht. Ihr Wunsch geht dahin, bemittelte Volksgenossen, auch Ausländer, möchten wahrhaft Bedürftigen hier einen Freitisch auftun.

So wird die Schloßküche bald wieder zu Zwecken des Gemeinwohls dienen. Wenn in diesen Tagen Dr. Stresemann dem Bundeskanzler Seipel die Hand reicht, wird er nicht vergessen dürfen, ihm für die Großherzigkeit dieses Wiener Hilfswerkes und für die tapfere Initiative und die unermüdliche Arbeit der Frau Dr. Schwarzwald zu danken.«

»Satt zu essen«
Deutsche Allgemeine Zeitung, 23. Oktober 1923

Die Mittelstandsküche im Schloß
Es ist vielleicht erforderlich, mit deutlicher Betonung ›Mittelstandsküche‹ zu sagen, wenn man von der Gemeinschaftsküche der österreichischen Freundeshilfe spricht. Unmöglich, daß eine Hand allein helfen kann. Frau Dr. Schwarzwald, die warmherzige Betreuerin des schönen Liebeswerks, hat es sich zur besonderen Aufgabe gemacht, den Notleidenden der geistigen Berufe einen erschwinglichen Mittagstisch zu bieten. Wenn ihr Werk nicht scheitern soll, kann sie nicht jeden annehmen, der hilfeheischend an ihre Tür pocht, wenn auch ihr Herz am liebsten allen helfen möchte, die in Deutschland darben müssen.

Die gute Absicht war vielfach mißverstanden worden. Als gestern das alte Tor im Apothekenflügel des Schlosses an der Spree sich den Gästen öffnete, waren viele ohne die erforderliche Einlaßkarte da. Es wurde weidlich geschimpft und randaliert: ›Da kiek, wen se rinlassen. Solche mit ihre hohe Kragen, die haben's jrade neetich!‹

Jawohl, auch ›solche‹ haben es nötig. Und für ›solche‹ eben ist die Gemeinschaftsküche im Schloß von ihrer Schöpferin und ihren Gönnern bestimmt. Gestern also wurde zum erstenmal gegessen. Gut, reichlich, schmack-

Hilfe für den Mittelstand: Die neu eröffnete Speisehalle im früheren königlichen Schloß, die von der Wiener Philanthropin Eugenie Schwarzwald eingerichtet wurde und schmackhafte Nahrung für billiges Geld verabreicht. Phot. Zander & Labisch.

Genia Schwarzwald steht an der Ecke des großes Mittelpfeilers.

haft -, wie eben der Mittelstand früher zu essen pflegte, um seiner Aufgabe als Rückgrat der Nation, des Staates gerecht werden zu können. An sauber gedeckten Tischen wird gegessen, Blumentöpfe stehen auf den Borden; nichts, was irgendwie nach ›Abspeisung‹ aussieht.

Ein Blick auf das Publikum. Menschen, denen man es ansieht, daß sie entweder ›unter Tarif‹ bezahlt werden oder stellungslos sind, Menschen, die trotz allem immer noch darauf halten, sich mit einem reinen Kragen zu Tisch zu setzen und doch vielleicht ärmer, bedürftiger sind als die Mißvergnügten vor dem Tor draußen.

Die Gemeinschaftsküche im Schloß soll ein Beispiel geben. So will es auch Frau Dr. Schwarzwald. Sie will selbst ihrem ersten Beispiel folgen und weitere Küchen einrichten. Aber ihr Beispiel soll auch andere anfeuern: ›Wie viele sind in Berlin, mit Gulden, Dollars, Pesos in der Tasche. Was müssen die erst schaffen können! Viel mehr als wir mit unseren Kronen!‹

Beilage des Vorwärts, Berlin, 30. Oktober 1923:

»[...] Wir konnten bei der Eröffnung nicht dabei sein und holen das Versäumte nach.

Der grauhaarige Schloßküchenpförtner läßt nur Karteninhaber ein. Es geht nicht anders. Zuviele kämen sonst, von der Not getrieben [...] Nichts mehr erinnert da drinnen an die Vergangenheit. Auch wieder ein Hotel der Armut, übertüncht mit dem gräßlichen Brimborium landläufiger Wohltätigkeit? Ach nein, ein in Blumen lachender Festsaal für die notleidende Geisteswelt. An schneeweiß gedeckten Tischen sieht man von des Lebens heimlich getragener Not gezeichnete, heute wieder hoffende Menschen, aufgewacht aus häßlichem Traum, verwundert um sich schauend. Tausend nur täglich, eine winzige Zahl inmitten all der Großstadtnot. Und doch in ihr verkörpert sich für Berlin der Auftakt zu einer neuen Art liebevoller Hilfe.

›Es kränkt mich fast‹, sagt die Leiterin, die Gattin des österreichischen Sektionschefs Dr. Schwarzwald, ›als Philanthropin zu gelten. Was ich tue, ist selbstverständliche Pflicht, ist Erziehungsarbeit!‹ Ihr Weckruf an das Gewissen derer, die sorgenlos vor vollen Tellern sitzen. Was in Österreich seit Jahren nach dem Gemeinschaftsprinzip geführt wird, in zwanzig ähnlichen Küchen, muß auch in Deutschland und in Berlin möglich sein. Nur der Wille muß da sein, das schnellstens auszubauen, was in höchster Not keinen Tag Aufschub duldet. Möge die Mahnung an Pflicht und Gewissen auf fruchtbaren Boden fallen!«

Vier Gemeinschaftsküchen waren Ende Januar 1924 in Berlin in Betrieb. Das »Berliner Tageblatt« vom 26. Januar meldet die am Vortage stattgefundene Eröffnung der »Künstlerküche« im Schöneberger Rathaus, »mit den vielen künstlerisch wirkenden Geistesarbeitern, die in Bedrängnis sind, ein Treffpunkt geschaffen wurde, der ihnen Kost und Aussprache bietet [...] Besonderer Dank, reichlichst verdient, galt Genia Schwarzwald, die mit allem Grund eine der ›populärsten Frauen Berlins‹ genannt wird. [...]

Meldungen über die Eröffnung der Küche in der Technischen Hochschule in Charlottenburg und in der Kurfürstenstraße besitzt das Archiv nicht. Hingegen gibt es ausreichend Material zur Erwerbslosenküche in Pankow, die Ergebnis einer intensiven Zusammenarbeit des Pankower Frauenvereins, des Bezirksamts, der Schloßküchenleiterin, Frau Dr. Nehresheimer, und Genia Schwarzwald war.

In einem Aktenvermerk des Bezirksamts heißt es: »[...] Die Dame [Genia Schwarzwald] erklärte am 15. 12. 1923 wiederum, daß sie alles tun würde, um ihren Plan zur Durchführung zu bringen. Gegenwärtig fehlen ihr jedoch die

Mittel.« Zwölf Tage später, am 27. Dezember 1923, schrieb Genia Schwarzwald aus Wien an den Bürgermeister von Pankow:

SCHWARZWALD'SCHES WOHLFAHRTSWERK
VERWALTUNG: I. WALLNERSTRASSE 9
FERNSPRECHER: 61360

GEMEINSCHAFTSKÜCHEN
ERHOLUNGSHEIME FÜR ERWACHSENE
KINDERHEIME
FERIENSIEDELUNGEN FÜR KINDER
ALTERSGEMEINSCHAFT
LEHRMÄDCHENHEIM
BEKLEIDUNGSAKTION

27.12.23

WIEN, AM 27.

Hochverehrter Herr Buergermeister,

    obwohl ich noch immer kein Geld habe, habe ich mich doch entschlossen, die Kueche in Pankow zu machen. Ich glaube, wenn ich mit der Arbeit anfange, wird sich alles Uebrige finden. Wollen Sie die Guete haben zu veranlassen, dass die Beleuchtungs- und die Beheizungsangelegenheiten in Ordnung kommen, dass Tische und Stuehle beschafft werden, kleine Tische fuer etwa 4 Personen, und wenn irgend moeglich Teller, Glaeser und Kuechengeschirr. Auch waere es mir sehr lieb, wenn Sie Fleisch- und Gemueselieferungen anschliessen wuerden, damit schon etwas vorgearbeitet ist, wenn ich komme. Am 11.Jaenner werde ich in Berlin eintreffen. Ich freue mich auf unsere gemeinsame Arbeit und bin gluecklich, Ihnen eine Zusage schicken zu koennen, tagelang hat es ausgesehen, als muesste es eine Absage werden.

    Mit vorzueglicher Hochachtung
        Ihre
            Dr.Eugenie Schwarzwald

An den Herrn Buergermeister von Pankow
B e r l i n - P a n k o w
Rathaus

Und noch ein Brief vom 12. Januar 1924, diesmal aus Berlin:

12.1.24

BERLIN, Schloßküche, den 12. Januar

OESTTERREICHISCHE FREUNDESHILFE
Centrale: Wien I, Wallnerstr. 9
Berlin: Gemeinschaftsküche
im Schloß. Fernsprecher C. 595
Lobenstein in Thüringen:
Erholungsheim

Hochverehrter Herr Bürgermeister,

Wie Sie erfahren haben werden, haben wir nunmehr, immer Ihre Zustimmung vorausgesetzt, beschlossen, die Arbeitslosenküche in Pankow am 22.I. um 7 Uhr zu eröffnen.

Zur Beschleunigung der Arbeit habe ich ein Mitglied unseres Comites, Herrn Architekt dipl.ing.

Helmut Noak

gebeten, seine Kräfte Ihrem Herrn Architekten zur Verfügung zu stellen.

Herr Architekt Noak hat die Schlossküche eingerichtet und weiss ganz genau was wir brauchen und wünschen. Da die Sache ungeheuer rasch von sich gehen muss, ist es sicher von Nutzen wenn sich mehrere Personen darum kümmern.

Indem ich hoffe, dass uns beiden aus dieser Sache Ehre und Freude erwachsen wird

grüsse ich Sie herzlich,

E. Schwarz

Anfang Januar die Ankündigung der »Amtlichen Nachrichtenstelle«:

»Eröffnung einer Wiener Wohltätigkeitsküche in Pankow«

»Frau Dr. Eugenie Schwarzwald, Wien, die Leiterin der österreichischen Freundeshilfe, die nicht zuletzt durch ihre Verschickung Berliner Kinder nach Wien in weiten Kreisen bekannt gewordene Persönlichkeit, hat sich nunmehr entschlossen, auch in Pankow einer Wiener Küche [...] ähnlich der Berliner Schloßküche zu eröffnen. In dieser Küche werden täglich 1500 Personen, die sich aus allen Schichten der Bevölkerung zusammensetzen, nach Wiener Art beköstigt. Eine zweite Küche ließ Frau Dr. Schwarzwald vor kurzem im Westen Berlins für den notleidenden Mittelstand, vornehmlich für erwerbslose und bedürftige Ärzte und Künstler erstehen. Die dritte Küche wird nun im Laufe der kommenden Woche in Pankow eröffnet werden. Mit Unterstützung des Pankower Hausfrauenvereins war es dem Bezirksamt Pankow gelungen, Frau Dr. Schwarzwald für den nördlichsten Berliner Bezirk und seine notleidenden Volkskreise zu interessieren und schließlich dazu zu bewegen, persönlich das große Heer der Erwerbslosen unseres Verwaltungsbezirks in Augenschein zu nehmen. Der Erfolg dieses Besuches des Arbeitsnachweises am Stiftsweg konnte angesichts der dort sichtbaren großen Not nicht ausbleiben, und sofort erklärte sich Frau Dr. Schwarzwald bereit, die Speisungsaktion der österreichischen Freundeshilfe auch auf die Arbeiterschaft des Berliner Nordens, und zwar auf Pankow, auszudehnen. Es galt zwar noch mancherlei Schwierigkeiten zu überwinden, aber immer wieder gelang es der unermüdlichen Schaffensfreudigkeit, rührenden Opferwilligkeit und Hilfsbereitschaft der Leiterin der österreichischen Freundeshilfe einen Ausweg zu finden, so daß nunmehr die Küche in Pankow, die in der Schulbaracke Nordbahnstraße untergebracht ist, ihrer Vollendung entgegengeht. Zunächst ist beabsichtigt, in Pankow werktäglich 500 Personen zu verpflegen, allmählich die Zahl aber auf 2000 zu steigern. Hierbei ist es der Grundsatz der Gastgeberin, das ureigenste Allgemeinkapital, die Arbeitskraft, allen Arbeitsfähigen und zugleich den Glauben an eine Wiedergesundung unserer Zeit zu erhalten. Man will die Erscheinenden nicht nur in der üblichen Weise beköstigen, sondern sie sollen auch das Gefühl haben, gern gesehene Gäste zu sein. An kleinen, weißgedeckten Tischen wird gegessen [...]«.

Am 25. Januar 1924 meldet die gleiche Nachrichtenstelle die am Vortage stattgefundene Eröffnung der Küche, zu der erschienen waren: Frau Ebert, die Frau des Reichspräsidenten, der preußische Ministerpräsident Braun, der Oberbürgermeister Böss, der österreichische Gesandte Dr. Riedl, Käthe Kollwitz, deren Radierungen den Eßsaal schmückten, und viele andere.

Die Behördenvertreter dankten der ›Österreichischen Freundeshilfe‹ und ganz besonders Frau Dr. Schwarzwald für ihre großzügige Hilfe in Berlins Not, worauf Genia Schwarzwald erwiderte: »Für sie selbst gebe es nichts Herrlicheres auf der Welt, als in diesem Liebeswerk dem deutschen Volke zu helfen. Innere Freude empfinde sie bei der Umwandlung eines leeren, sonst nur Ratten Unterkunft gewährenden Raumes in einen freundlichen Speiseraum und bei der Füllung dieses Raums mit frohen und zufriedenen Menschen. Die Arbeitslosen habe sie früher selbst falsch beurteilt, vielfach als Arbeitsunlustige oder als mit selbst verschuldeten Fehlern behaftete Menschen. Jetzt aber habe sie anders sehen gelernt. Die Arbeitslosigkeit sei die größte Schmach der Menschheit. Die Erwerbslosen seien nicht die Schuldigen, sie seien nur die Opfer der männermordenden Dummheit eines kurzsichtigen Zeitalters [...]

Aus dem Brief des Bürgermeisters von Pankow an Genia Schwarzwald vom 23. Februar 1924:

»Die im Volksmund als ›Österreichische Schwarzwaldküche‹ bezeichnete Speiseanstalt besteht nun schon volle 4 Wochen. Sie, gnädige Frau, haben mit dem hier geschaffenen Liebeswerk einen hellen Lichtschein in die Gemüter der Erwerbslosen getragen, eine Tat, die Ihnen nicht genug gedankt werden kann. Ich persönlich bedaure es, daß Sie bisher nicht Gelegenheit hatten, Ihre Tischgäste näher kennen zu lernen [...] Geradezu rührend ist es, wenn man sieht, wie der verheiratete Erwerbslose die Zutrittskarte seiner Frau aushändigt oder wie eine Mutter ihre beiden Kinder bis an die Tür begleitet und sie nach nochmaliger Belehrung eintreten läßt. Ich habe es übernommen, Ihnen hiermit den Dank der Tischgäste zu übermitteln. In diesem so harten Winter wird Ihre Wohltat doppelt empfunden. Nicht unerwähnt lassen möchte ich die umsichtige Leitung durch Frau Dr. Nehresheimer, die m. E. geradezu vorbildlich ist.
Neue Sorgen beschäftigen mich: die Schaffung einer Bildungsstätte im Schloß Schönhausen, wobei mir besonders die Weiterbildung der Jugend am Herzen liegt. Ich hege die stille Hoffnung, daß Sie, gnädige Frau, hier vermittelnd eingreifen und damit helfen werden, Schwierigkeiten zu beseitigen [...]«

Der Chronist kam zu spät, um auch in der Schloßküche zu essen, was jedoch nicht hindert, daß er der Schloßküche die Freundschaft von Genia Schwarzwald verdankt, aber darüber später. Es haben dort als Studenten sein Bruder, sein späterer Schwager, mehrere Freunde gegessen: alle haben darüber stets animiert berichtet, vom guten Essen, von der alle Gäste mütterlich betreuenden Leitung, und vor allem von der Atmosphäre dieses immer

»ausverkauften« Treffpunkts. So wird man die Verwunderung des Chronisten verstehen, als er folgende Notiz - eine Art von Notruf - im »Vorwärts« vom 3. Juni 1924 fand:

»Die ungenützte Künstlerhilfe.«

»Anfang dieses Jahres hat die ›Österreichische Freundeshilfe‹ in Berlin in einem weiten Saalraum des Schöneberger Rathauskellers zu ihren großen Gemeinschaftsküchen eine hinzugefügt, die den von den Kriegs- und ›Friedens‹wirren besonders heftig betroffenen Ständen gewidmet wurde. Die Angehörigen freier Berufe, Rechtsanwälte, Lehrer, Ingenieure, Künstler, Journalisten usw. bekommen in diesem wirklich anheimelnd eingerichteten Saale bei weißgedeckten Tischen und tadelloser Bedienung ein Mittagessen, bestehend aus Suppe, Fleischgang, Gemüse und Mehlspeise (einer echt Wiener Mehlspeise!) zum Preise von sage und schreibe: 80 Pfennigen. Diese Tat, die als Rettung für die wertvollsten Schichten der Berliner Bevölkerung begrüßt worden ist, hat nun erstaunlicherweise große Kreise der hierfür in Betracht kommenden Berufe nicht zu erfassen vermocht. Die Gemeinschaftsküche Schöneberg ist auffallend schwach besucht. Es besteht daher die Befürchtung, daß die Gründer sie schließen werden. Es wäre aber ein Trugschluß, diese schwache Inanspruchnahme als ein günstiges Zeichen für eine gebesserte Lage der betreffenden Bevölkerungskreise anzusehen. Der Grund ist darin zu suchen, daß die von der Zeit besonders entschlußlos gewordenen Kreise sich in voller Teilnahmslosigkeit lieber dem allmählichen Selbstmord ergeben, als die ihnen gebotenen Lebensmöglichkeiten auszunützen. (In ähnlicher Weise wird die schöne Arbeitslosenküche in der Pankower Nordbahnstraße weniger aufgesucht, als z. B. die sehr florierenden Speiseräume im Schloß und in der Kurfürstenstraße.) Es soll nun der Zweck dieser Zuschrift sein, auf den Wert dieser Einrichtungen hinzuweisen, und dadurch die, die es angeht, aus ihrer Abneigung herauszureißen. Jedenfalls würde durch die Schließung der Gemeinschaftsküchen für deren tägliche Gäste ein großer Verlust erwachsen, der durch regere Beteiligung verhütet werden könnte.«

Wann die Künstlerküche in Schöneberg aufgegeben wurde, ist nicht bekannt; die Erwerbslosenküche in Pankow wurde laut einem Brief des Bürgermeisters vom 13. September 1925 - das Bezirksamt benötigt die Räume - Ende September 1925 geschlossen. Die anderen Küchen, wie auch im »Berliner Wohlfahrtsblatt 1927« verzeichnet, wurden bis zum 31. Mai 1927 von der Österreichischen Freundeshilfe (inzwischen »Verein Freundeshilfe«) geführt und gingen dann auf die Universität, die Technische Hochschule und die Berliner Stadtverwaltung über.

Die »Wiener Zeitung« vom 1. Juni 1927 berichtet:

»Ein Ehrentag Dr. Eugenie Schwarzwalds in Berlin.«
»Die ›Österreichische Freundeshilfe‹, die vor vier Jahren die Schloßküche und andere soziale Einrichtungen zur unmittelbaren Linderung der damaligen Berliner Not gegründet hatte, übergab Montag ihr Werk an das Studentenwerk Berlin. Aus diesem Grunde vereinigte sich ein überaus großer Kreis der Berliner Gesellschaft und der österreichischen Kolonie im ›Hotel Kaiserhof‹ zu einer Abschiedsfeier, die in erster Linie der bewunderungswürdigen Energie der Leiterin des Wiener Komitees Frau Dr. Schwarzwald galt. Ein vortreffliches Konzert, in dem der Pianist Rudolf Serkin und die Sängerin Emmi Heim die Gesellschaft durch eine besonders eindrucksvolle Wiedergabe Schubertscher Kompositionen entzückten, bildete die Einleitung der Feier [...] Frau Dr. Schwarzwald erwiderte mit aus Herzen kommenden Worten, die anhaltenden, dankbaren Beifall hervorriefen [...] worauf ein Tanzfest die Gesellschaft noch über Mitternacht zusammenhielt.«

11. »Sprechstunde« (1901–1938)

Sie hat wohl immer stattgefunden, zu Beginn als Sprechstunde der Schulleiterin für ihre Schüler und für deren Eltern, nach und nach wurde sie zum »Seelenambulatorium«, wie sie Paul Stefan so treffend genannt hat. Die so bewundernswert ungestüme Sozialarbeit, von der berichtet wurde, ist undenkbar ohne die Sprechstunde: sie diente Genia Schwarzwald zur Mobilisierung jeder Art, besonders der vielen für ihre Aktionen benötigten Helfer, und diesen zum Anbieten ihrer Dienste. Hier war der »Befehlsstand«. (»Organisation ist das halbe Leben«, sagte Genia Schwarzwald, und dazu bedurfte es überzeugender Befehle und der ständigen Begleitung ihrer Ausführung).

Im Winter 1927/28 – auch jedes Mal, wenn er in den darauf folgenden 10 Jahren nach Wien kam – war der Chronist täglicher »Hospitant« in der Sprechstunde (von 11.30 bis 13.30 Uhr).

Im Direktionszimmer der Schule (Wallnerstraße 9) mit der weißen Holztäfelung von Adolf Loos gab es, gewissermaßen als Pendant zum großen Schreibtisch von Genia Schwarzwald, an der anderen Zimmerwand unter dem Fenster eine Polsterbank; dort, sich so klein als möglich machend, saß der Chronist und hörte gespannt zu; die Dramatik dessen, was sich fortgesetzt erneuerte, ist ihm heute so gegenwärtig wie damals.

Draußen im Korridor, zu gewissen Stunden inmitten der in der Pause auf- und abwogenden Schülerschar, auf einer langen Bank und auf improvisierten Stühlen saßen die Wartenden. Der Reihe nach wurden sie entweder von Genia Schwarzwald selbst oder von der Sekretärin und später auch vom

Chronisten hereingebeten. Sie betraten Genia Schwarzwalds Zimmer durch die kleine Schulkanzlei, einen schmalen, einfenstrigen Raum, der nichts anderes als einen großen Archivschrank, einen Schreibtisch unter dem Fenster und, mitten im Raum, eine Schreibmaschine beherbergte. Oft sah man Genia Schwarzwald vor dieser Schreibmaschine stehen und, lebhaft gestikulierend und zugleich mit den Umstehenden sprechend, diktieren, direkt in die Maschine, alles immer gleich in Reinschrift; manchmal, wenn es gerade einmal keinen »Publikumsverkehr« gab, diktierte sie dort auch einen ihrer vielen Artikel, mit denen sie immer etwas erreichen wollte: Wachrütteln der Gewissen oder auch nur Mittel für ihre Schützlinge.

Warum spricht der Chronist von Dramatik? Ja, es war dramatisch, was sich dort hundertfach abspielte. Ihre kleinen und großen Dramen breiteten die Besucher vor Genia Schwarzwald aus, und für viele war dramatisch, was dann geschah. Fraudoktor nahm die um Hilfe Bittenden sozusagen bei der Hand, dankte ihnen für ihr Kommen und versicherte ihnen, daß sie ihrer Hilfe im Grunde gar nicht bedürften und, was sie auch immer für sie tun könne, die Selbsthilfe für den Erfolg entscheidend sei. Was sie sagte, kam stets aus der Tiefe ihrer Überzeugung im gegebenen Augenblick, und der Beobachter konnte sehen, wie sehr sie mitlitt und gleichzeitig fieberhaft nach einer Lösung des Problems suchte. Die Einfälle kamen ihr mit einer Geschwindigkeit, die alle Beteiligten - die Hilfesuchenden, die Beobachter und wohl auch sie selbst - in Erstaunen versetzte. Die sie begleitenden Emotionen waren oft so stark, daß sie die Besucher, die das nicht recht verstehen konnten, irritierten. Es gab nichts, wo Genia Schwarzwald nicht Rat wußte; sie half mit vollen Händen, auch wenn diese manchmal wegen der konkreten Lage der Dinge leer waren. Die Besucher lebten auf, schöpften neue Hoffnung und gingen mit der ihnen zuteil gewordenen Hilfe »schöner« fort, als sie gekommen waren.

Die Aufzählung all' der verschiedenen Arten von Hilfen - Arbeitsbeschaffung, Kleidung, Geld, Trost usw. - erübrigt sich, denn Genia Schwarzwalds Wirken für die Bedrängten umfaßte tatsächlich das ganze Spektrum des menschlichen Daseins. Großartig war ihre Fähigkeit, sich unmittelbar auf den einzelnen Besucher zu konzentrieren; man hatte den Eindruck, sie habe den eben Verabschiedeten bereits vergessen und den ganzen Vormittag nur auf den gewartet, mit dem sie in diesem Augenblick sprach. Es war in der Tat so, und nur dadurch konnte sie den Anforderungen - man möchte hinzufügen: den selbstgewählten - genügen. Die Menschen kamen bereits vorher überzeugt, daß ihnen geholfen werde, und Genia Schwarzwald wollte niemanden enttäuschen. Ein anderer Anstoß für ihre Tatkraft war die Freude am Gelungenen; in diesem Sinne hatte Musil recht, wenn er von »Wohltun und sich Wohltun« sprach. (Dieser Ausspruch wird häufig als negative Kritik gewertet; ganz im Gegenteil, Musil wollte nur prägnant formulieren, worauf eine Wohltäterin wie Genia Schwarzwald Anspruch hat, um ihr »Wohltun« für andere zu regenerieren). Genia Schwarzwald schreibt am 1. September 1919 an Karin Michaelis:

»[...] Mein Leben ist ein Kampf, und wenn ich nicht jenen Mut hätte, der früher oder später den Widerstand der stumpfen Welt besiegt, wäre ich längst erlegen. So aber geht's weiter.
[...] Gute Sachen sind halt immer teuer. Ich kaufe mir hohe Freuden, muß sie aber sehr teuer bezahlen, teurer als andere, weil ich viel Anlage habe zu leiden, wo andere noch nichts spüren. Das ist mein Glück und mein Unglück.«

Die Beschaffung von Arbeit geschah auf verschiedene Weise: sofort versuchte sie es per Telefon, und wenn das nicht zum erhofften Erfolg führte, durch schriftliche Empfehlungen. Hier ein sehr typisches Beispiel (Bitten allein gab es fast nie, die Empfehlung war immer ein dem Angeschriebenen erwiesener Gefallen!):

»19. Juli 1933
Hochverehrter Herr Hofrat [Hofrat Josef Marx von der Staatsakademie für Musik],
ich komme mit einer großen Bitte, da ich höre, daß Sie bei dem Engagement für das Theater in Ankara viel oder alles zu sagen haben.
Unter den Bewerbern befindet sich der junge Strnadschüler, Karl Josefovits, zweifellos der geschickteste, einfallsreichste und zuverläßigste unter den jungen Bühnenbildnern. Er hat in den letzten zwei Jahren so ungewöhnlich bemerkenswerte Leistungen vollbracht, daß ihm eine große Karriere in Deutschland sicher schien. Gegenwärtig ist diese Chance, da er jüdischer Abkunft ist, für lange dahin. Eine Stelle im Ausland ist nunmehr seine einzige Möglichkeit. Wenn Sie, hochverehrter Herr Hofrat, ihm dazu verhelfen könnten, so würden Sie nicht nur ihm, sondern auch dem Theater einen wirklichen Dienst erweisen, denn er hat, trotz seiner Jugend, große Erfahrung, ist ganz vorurteilslos und in allen Sätteln seines Faches gerecht.
Verzeihen Sie, wenn ich Ihnen Mühe mache. Ich wage es nur, weil ich weiß, daß Sie ein treuer Freund und Helfer der Jugend sind. Hier ist ein Fall, der Ihrer Aufmerksamkeit würdig ist.
In tiefer Verehrung grüßt Sie Ihre ergebene
Dr. Eugenie Schwarzwald«

Frau Hedy Schwarz schreibt am 11. Februar 1986:
»[...] 1920, mit 14 Jahren mußte ich wegen Geldmangels die Schule verlassen und schrieb auf eine Annonce [Genia Schwarzwald suchte nach Hilfen für ein Kinderheim]. Unmittelbar erhielt ich eine Antwort und ging in die Sprechstunde. Nach 20 Minuten war mein ganzes Leben geregelt. Ich hatte

einen Freiplatz in den Gymnasialkursen, einen Platz im Lehrmädchenheim, und meinen Eltern alles zu erklären, übernahm Frau Doktor [...]«

Mit den Jahren nahmen die Schwierigkeiten zu; es war die Zeit der großen Wirtschaftskrise, und die Bereitschaft, Genia Schwarzwald für das »Ambulatorium« Mittel zu stiften, schrumpfte immer mehr. Am 11. Oktober 1932 schrieb sie an Hans Deichmann:

»[...] Im Wohlfahrtswerk geht es sehr schlecht, ich habe immer weniger Geld, und immer mehr Menschen wollen was von mir. Auf zehn Stellen, die ich zu vergeben habe, sind fünfhundert Anwärter, die aber gerade diese zehn Stellen nicht wollen. Ich brauche zwanzig Männeranzüge und habe einen, wobei sich alle Leute wundern, wo der eine herkommt.«

An Karin Michaelis am 17. März 1934:
»[...] Täglich gehe ich in die Schule, empfange Leute, die durch das neue Unglück* brotlos geworden sind, verschaffe Geld zum Wegreisen, Kleider, Mittagstische, Obdach und, wenn irgendmöglich, Arbeit. Aber Letzteres geht beinahe über Menschenkräfte.

Die offiziellen Kreise gehen über meine Tätigkeit zur Tagesordnung hinweg, wie dies bisher alle Regierungen gemacht haben. Ich gehöre eben nirgends hin und muß noch froh sein, daß man mir nicht übel nimmt, daß ich für die Bevölkerung hier soviel getan habe. Ich muß immer allein, aus eigenen Mitteln und unter eigener Verantwortung arbeiten. Aber vielleicht ist das gerade gut für mich. So werde ich wenigstens nie bürokratisch und darf meinen Ideenreichtum verwerten und meine Liebe für die Bedrängten ausströmen lassen. Unter anderen Verhältnissen müßte ich recherchieren, Listen führen, nach Konfession, Stand und Rasse fragen, kurz lauter Dinge, die ich verabscheue.«

Dorothy Thompson, aus »Anton und Anna«, Artikel in »The Scranton Tribune« vom 30. 9. 1939 (Übersetzung aus dem Englischen):

»1933, in Österreich, brauchten wir eine Köchin. Immer, wenn einer aus dem Freundeskreis eine Stelle zu vergeben hatte, wurde Frau Doktor angerufen. Sie hatte eine Mädchenschule, aber auch eine Arbeitsvermittlung, bei der niemand, weder der Arbeitsuchende noch der Arbeitgeber etwas zahlte. Sie tat es, weil es sich im Laufe der Jahre herumgesprochen hatte: Wenn niemand sonst sich um Dich kümmert, Frau Doktor tut es. Ob es um Arbeit ging oder um Kleider oder ob Du und Dein Mädchen heiraten wolltet, aber das Geld für ein Geschirr fehlte - das spielte keine Rolle.

---

* Dollfuß hatte im Februar mit Artillerie auf Arbeiter schießen lassen.

Frau Doktor fand immer einen Weg, damit Du das bekamst, was Du so inständig brauchtest. Wenn überhaupt jemand Dir helfen konnte, sie konnte es, und sie tat es.

Und wenn sie nicht konnte, war sie betrübt. Sie war schrecklich betrübt, und auch das half. Sie war davon überzeugt, daß, nur weil die Zeiten auseinander geraten waren, man tun müsse, was sie tat. Da waren Menschen in Bedrängnis - und Frau Doktor konnte Leute im Elend nicht ertragen.

Frau Doktor: ›Gottseidank brauchst Du eine Köchin; aber Du mußt zwei Leute anstellen, Mann und Frau. Du brauchst auch einen Hausburschen, Diener, Chauffeur und Hausbesorger. Beide schick ich Dir morgen.‹ Ich protestierte, ich brauchte das gar nicht, aber sie hatte schon eingehängt.«

Rektor Enderlin, Nekrolog, gehalten bei der Einäscherung in Zürich, August 1940:

»Genia Schwarzwalds Sprechstunde war für mich vielleicht ein noch erstaunlicheres Erlebnis als ihre Schule selbst. Ihre Menschenliebe war ganz und gar unsentimental, zu sagen unpersönlich, ganz sachlich. Und doch war ihre Hilfe auf die Persönlichkeit des Hilfesuchenden zugeschnitten. Unfaßbar, mit welcher Schnelligkeit sie Mittel und Wege fand zur Hilfe! Aber eben hier zeigte sich das Ursprüngliche dieser außergewöhnlichen Frau, an der wirklich alles ungewöhnlich und großformig war: die Gegenwart, die Gestaltung, das Wort, das Handeln.«

5. 1900–1939:
Dr. Hermann Schwarzwald
(* 12. Januar 1871)

Wenn über das ungewöhnliche Wirken von Genia Schwarzwald in Wien in den Jahren 1900 bis 1938 geschrieben wird, ist es eine Notwendigkeit, über den wichtigsten Menschen in Eugenie Schwarzwalds Leben, Hermann Schwarzwald - nur von den älteren Freunden »Hemme« genannt - zu berichten.

Sein Wesen war, so könnte man vereinfachend sagen, der Gegenpol zu dem ihrigen: ihrem Überschwang entsprach seine Reserviertheit, hinter der sich scharfe Güte und wacheste Anteilnahme an allem verbarg. Das hat manche Beobachter zu der irrigen Meinung geführt, es bestünde eine Gegensätzlichkeit zwischen den beiden Gefährten, die 39 Jahre lang im wahrsten Sinne zutiefst zueinander gelebt haben. Das Messen von inkommensurablen Größen sei nutzlos, sagt sehr richtig Elsa Björkman-Goldschmidt (in: »Det var i Wien«) bei der Beschreibung der Gäste des Hauses Schwarzwald und fährt fort: »[...] fast immer erst, wenn das Haus schon voll von Leuten war, kam er aus seiner Bibliothek hereingehumpelt. Er war äußerlich ebenso klein und unansehnlich, wie Genia imposant war. Sein Scheitel war ganz kahl und er ging mühsam auf einem Klumpfuß, und doch spürte man sofort, schon bevor man die klugen, klaren Pfefferkornaugen auf sich ruhen fühlte, seine intellektuelle Überlegenheit. Es mag genügen zu verzeichnen, daß seine seltenen, leisen Beiträge zu Frau Doktors lautestem Gespräch alles ›übertönen‹.« Die Richtigkeit dessen, was er sagte, konnte und wollte niemand anzweifeln; Genia Schwarzwald bestritt es nie, griff es häufig auf und übernahm es in ihre eigene Rede.

Für Genia Schwarzwald, bei allen ihren, oft sehr kühnen, Unternehmen, war dieser ihr geliebtester Mensch die unentbehrliche Stütze, und ohne diese wäre sie auch für ihre Freunde unvorstellbar gewesen. Er nahm an allem Anteil, sie begleitend, sie ermutigend, mitarbeitend (er lehrte in den Fortbildungskursen der Schule), sie unterstützend, sie tröstend ... und »leidend«.

Hermann Schwarzwald kam am 12. Januar 1871 in Czernowitz zur Welt, wo er - als Schüler, als Student, als Rechtspraktikant am Gericht - bis 1897 lebte. Dann übersiedelte er nach Wien. Dort wurde er am 5. Januar 1899 Vertragsbeamter im Österreichischen Handelsmuseum (staatliches Exportförderungsinstitut); ab 1901 wurde er als Sekretär (später Vizedirektor) wieder in den Staatsdienst übernommen.
1913 in das Finanzministerium versetzt, durchlief er rasch die üblichen Stufen einer Ministerialbeamtenlaufbahn, bis er am 24. Juni 1921 Sektionschef wurde, mit folgender Begründung:

»Als Leiter der mit den hochaktuellen Kredit- und Währungsangelegenheiten sowie mit der Durchführung des Staatsvertrages von St. Germain befaßten Sektionsgruppe vor die verantwortungsvollsten Aufgaben gestellt, kamen in Paris und London seine ungewöhnliche Intelligenz und scharfe Urteilskraft, namentlich in letzter Zeit, scharf zur Geltung. Für die Verhandlungen mit den Völkerbundsdelegierten wurden an ihn Anforderungen gestellt, die bei der Dringlichkeit und Folgenschwere der Entscheidungen vollste Beherrschung der Materie und rasche Entschlußfähigkeit zur unbedingten Voraussetzung hatten.«

Im August 1923 schied Dr. Hermann Schwarzwald aus dem Staatsdienst aus, um der dringenden Empfehlung des Finanzministers Kienböck folgend Präsident der Anglo-Austrian-Bank zu werden. Er verzichtete auf seine Staatspension, »solange die Bezüge aus seiner neuen Tätigkeit höher sein würden«; dies war 1931 nicht mehr der Fall.

In einem Einspruch gegen eine Kürzung der seit 5 Jahren wieder gezahlten Staatspension hat Dr. Schwarzwald seinen beruflichen Lebenslauf ab 1923 selbst beschrieben (Auszug aus dem Schreiben an den Finanzminister vom 12. April 1936):

»Im Mai des Jahres 1923 wurde von der Anglo-Austrian Bank bei mir angefragt, ob ich geneigt wäre, mich nach London zu einem Besuche bei Mr. Montagu Norman, dem Gouverneur der Bank of England, zu begeben. Dieser hatte an dem Wiederaufbau Österreichs den lebhaftesten Anteil genommen, hatte schon Anfang 1921 dem österreichischen Staat ein sehr bedeutendes Darlehen als Vorschuß auf eine spätere Völkerbundanleihe gewährt, und war später bei der Völkerbundaktion und dem Seipelschen Sanierungswerk der maßgebende und treibende Geist gewesen. Ich meldete diese Londoner Einladung dem damaligen Finanzminister Dr. Kienböck, der sofort erklärte, daß diese Einladung nur den Sinn haben könne, mir den Platz als Chef der Anglo-Austrian Bank anzutragen, daß dieser Aufforderung ehestens entsprochen werden müsse, und daß diese ehrende Einladung unmöglich abgelehnt werden dürfe. Durch die Raschheit der Entschließung des Herrn Ministers einigermaßen überrascht, mußte ich doch die damals gerade mich stark beschäftigenden wichtigen Verhandlungen über die Begebung der österreichischen Völkerbundanleihe im Sinne behalten und erwiderte deshalb, daß die Reise nach London jedenfalls vorderhand aufgeschoben werden müßte. In diesem Sinne beantwortete ich auch die Einladung der Anglo-Bank, und es war weder zwischen der Bank und mir noch auch mit dem Herrn Finanzminister weiterhin die Rede davon, bis etwa vier Wochen später der Herr Finanzminister spontan auf den Gegenstand zurückkam, mit der Frage, wann ich denn die Reise nach London zu unternehmen gedächte, den nötigen Urlaub dazu gewähre er gerne. Meine Antwort war, daß, da die Anglo-Bank auf den Gegenstand nicht mehr zurückkomme, die Angelegenheit wohl nicht mehr aktuell sei und ich vorerst ruhig auf meinem Platze verbliebe. Jedenfalls hatte ich aus diesen Gesprächen entnommen, daß der Herr Finanzminister nicht nur mein Scheiden aus dem Amte erleichtern würde, sondern sogar meinen Eintritt in die Anglo-Bank begrüßte, wobei die Rücksicht auf die Interessen des Staates den Ausschlag gab. Als daher (im August 1923) der formelle Antrag der Anglo-Austrian Bank an mich herantrat, in den Verwaltungsrat einzutreten, machte ich dem Herrn Finanzminister mit dem Beifügen Meldung, daß ich, seine Genehmigung vorausgesetzt, gewillt sei, den Antrag anzunehmen, zumal die wichtigsten Sanierungsarbeiten, wie die Begebung der Völkerbundanleihen, die Equilibrierung des Budgets, die Konstituierung der Notenbank und die Stabilisierung der Währung vollendet waren. Der Herr Finanzminister billigte dies, drängte auf sofortige Vollziehung und verfügte sofortige Publizierung in den Zeitungen [...] Im Abschiedsdekret wurde meiner ›außerordentlichen Verdienste, die ich mir unter den schwierigsten Verhältnissen der Nachkriegszeit, insbesondere bei der Begebung der Völkerbundanleihe und bei der Errichtung der Nationalbank erworben habe‹, gedacht [...]

Ich verkenne nicht die Notlage des Staates und die schwerwiegenden Rücksichten, die er bei seiner Einsparungspolitik zu nehmen hat. Aber es scheint hart und unbillig, wenn gerade einer der obersten Staatsbeamten, der sich vor nicht allzulanger Zeit außerordentliche, vom Staat und in der Öffentlichkeit anerkannte Verdienste um die Sanierung der Staatsfinanzen und die Stabilisierung der Währung erworben hat, sich auf ein Einkommen reduziert finden soll, welches ihm und seiner Familie den ohnehin stark verminderten Lebensstandard nicht aufrecht zu erhalten gestattet [...]«

Dr. Schwarzwald

Sektionschef i. R.

Hermann Schwarzwald war sicher der belesenste und urteilsschärfste Mensch, dem der Chronist in seinem Leben begegnet ist. Er war dazu von großer Güte und unbegrenzter intellektueller Hilfsbereitschaft. Wir »Kinder« konnten ihn alles fragen, er gab stets bereitwilligst Auskunft. Wir verehrten ihn ebensosehr, wie wir ihn liebten, und jedes Zusammensein mit ihm, auch beim stundenlangen Billardspiel (für ihn eine Art von Gymnastik), empfanden wir stets als eine uns nicht gebührende Ehre. Seinem Geist und seinem Wesen erlagen die Menschen, wohl auch, weil er es nie darauf anlegte. Oskar Kokoschka war von ihm so fasziniert, daß er ihn mehrmals malte. Zu ihm sagte er während einer Sitzung: »Oskar, alle Leute hier im Hause darfst Du malen, nur Genia mußt Du von Deiner abscheulichen Kleckserei verschonen.«

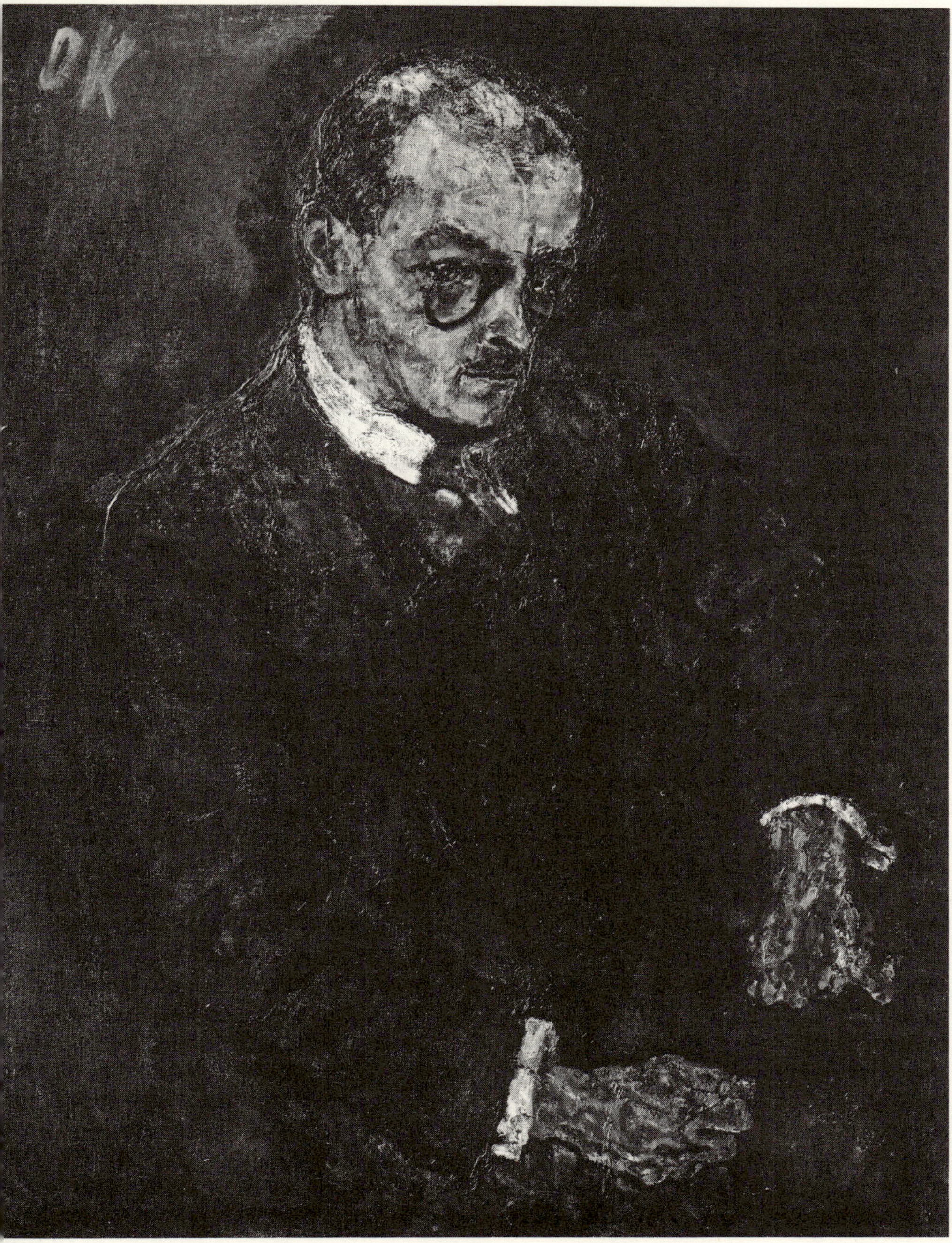
OK

Es gibt von Hermann Schwarzwald eine Sammlung höchst geistvoller Gelegenheitsgedichte, teils ernsteren, teils lustigeren Inhalts, von denen hier drei Beispiele gegeben werden sollen:

An Adolf Loos, 1. Oktober 1918

Gesetz und Ordnung, Zweck, Natur,
geraden Geists bewußte Spur,
gerettet aus der wüsten Welt
ein Meister hier zusammenhält.
Wer dieses fühlt und sich gewann,
mit Recht sei ein beglückter Mann:
und wie daheim ist Harmonie,
so fehlt sie ihm auch draußen nie.

Tagung gegen Geburtenrückgang, 12. März 1916

Vorsitz führt der Bürgermeister,
Kirche schielt er, Kirchner heißt er.

Vicevorsitz Bärnreitter,
Exzellenz, Tropf und so weiter.

Redlicher Michael Hainisch!
Reden hindert nicht, was schweinisch.

Walterskirchen heißt die Gräfin,
tugendsame schwarze Schäfin.

Was zum Teufel haben die Pfaffen
mit Geburt und Kind zu schaffen!

Bald wird - nichts bleibt ungeschoren -
gar bestimmt, was wird geboren.

Lebemann, noch so besteuert,
deshalb lange noch nicht heuert.

Leicht ist's, zeugen viele Kinder,
sie ernähren kann man minder.

Jedenfalls wohl an den Staat
niemand dabei gedacht je hat.

An Wastl Isepp

Und schieß ich nicht selber, so schießen die andern,
drum lieg ich verborgen im Graben in Flandern,
so wills das Verhängnis: in Ruh, ohne Zorn
nehm ich, was mir vorkommt, gelassen aufs Korn.

Ihr Feinde, ihr Brüder! In Frankreich, in Flandern
schießt, hoff ich, bald nie mehr der ein auf den andern.
Dann nehmen wir alle was andres aufs Korn,
gemeinsam sei allen gerechterer Zorn.

In Frankreich, in Rußland, in Deutschland, in Flandern,
wer kennt nicht den richtigen Feind dort, den andern?
Selbstsucht wie in England, wie in Rußland Gewalt,
Habgier und Betrug haben übrall Gestalt.

Drum werden aus Feinden wir Brüder in Flandern,
so führen gemeinsam den Krieg wir, den andern,
bis übrall der höllische Satan erstickt,
der uns in Wahnsinn und Schande geschickt.

St. Wolfgang, August 1916
(Dieses Gedichtes wegen wurde die »Arbeiterzeitung« an jenem Tage konfisziert.)

Am Tage nach Hitlers Einfall kamen Nazis ins Haus - Genia Schwarzwald war in Dänemark - und begannen nach Waffen zu suchen. Er empfing sie mit so souveräner Selbstverständlichkeit, daß sie sich »bei Herrn Sektionschef wegen der Störung vielmals entschuldigten«. Diese »Störung« hatte zur Folge, daß die Hausbewohner aus Angst vor weiteren Haussuchungen die gesamte Privatkorrespondenz von Genia Schwarzwald noch am gleichen Tag verbrannten.

Im September 1938 gelang unter größten Schwierigkeiten, die nur dank der Hilfe gewitzter deutscher, Nazi-Praktiken schon gewohnter Freunde überwunden wurden, die Übersiedlung in die Schweiz. Hermann Schwarzwald schrieb am 2. November 1938 aus Zürich an Pat Coates nach China (Auszug):

»Ah! Endlich wieder in Europa! Und da bekommt natürlich Pat, der arme, der im fernen Osten die Fahne christlich-europäischer Kultur ›hochzuhalten‹ hat, auch endlich ein Lebenszeichen von einem, der so lange in einem Verlies à la japonaise zu schmachten hatte, aber jetzt endlich in freierer Luft atmen kann. Ich landete just in dem Augenblicke, da die Sklavereiausdehnung über Böhmen etc. entschieden war, und das eingeschüchterte und auf den Tod erschreckte Westeuropa in einen halbtrunkenen Friedensjubel ausbrach, der allerdings nach kurzer Besinnung in einen schrecklichen Katzenjammer umschlug. Meine Freude bleibt trotzdem wohlgegründet, diewiel ich aus langwährender schlimmer Haft heraus, endlich mit Weib (und Kind, kann ich beinah sagen) vereinigt bin und den erschrecklich üblen Duft von Neugermanien nicht mehr zu atmen brauche. Von diesem Duft hat ein wohlgezogener Engländer keine Ahnung [...] Genka [Genia Schwarzwald] erwartete uns an der Grenzstation, sah wohl aus, und die Freude des Wiedersehens nach so langer Trennung hat sie wieder aufgerichtet [...] Ich kann Dir nicht sagen, wie unlieb mir der Gedanke ist, Dich gerade in einem Lande zu wissen, dessen Schicksal gewiß grausamer als das Mitteleuropas ist, aber so wie dieses darin besteht, von den schmutzigen Stiefelsohlen gewalttätiger Kerkermeister [der Japaner] zu Dreck getreten zu werden [...]

Das Leben ist einmalig und relativ kurz, mein lieber Pat, und man sollte sich bemühen, es möglichst schön und reinlich zu verbringen!

Gehab Dich wohl und rüste Dich, Britanniens Handel und Interessen wahrzunehmen - sie haben es bald sehr nötig.

Dein ›Herrdoktor‹.«

Zehn Monate später starb Hermann Schwarzwald an gebrochenem Herzen im Schweizer Exil.

6. Genia Schwarzwalds Briefe

Die Auswahl der Briefe kann nicht anders als »willkürlich« sein, und so nimmt der Chronist den Vorwurf der Willkür auf sich, bittet aber, diesem Nachsicht zuzugesellen, ist es doch keineswegs ein Leichtes, gleichzeitig Versuchungen zu widerstehen und ihnen nachzugeben. Die Briefe führen auf verschiedenste Weise in Versuchung: manchmal nur durch ihren rein historischen Inhalt, manchmal nur durch die sich in ihnen manifestierenden Gemütsbewegungen der Verfasser (und der Adressaten), manchmal nur durch überraschende Vertiefung der Selbstdarstellung, und, nicht zuletzt, allein durch ihre den Leser immer aufs Neue gefangen nehmenden Formulierungen, Ausdruck einer ungewöhnlichen Kunst, den Brief-»Zwecken« die Sprache »dienstbar« zu machen. Auf nichts möchte man verzichten, und doch auch hier tut es not, sich zu bescheiden, wenn man vermeiden will, den Rahmen des Buchs zu sprengen. So muß sich die Wiedergabe der Briefe in den meisten Fällen auf Auszüge beschränken, unter Verzicht auf Inhalte geringeren Interesses (»Willkür«). Ein besonderer Hinweis sei dem Chronisten gestattet: die Grußworte und die Unterschrift sind wesentlicher Bestandteil der Briefe, »absichtsvoll« nach außen (an den Adressaten) oder nach innen (an sich selbst, die Schreiberin) gerichtet.

Naturgemäß sind Briefe von nur wenigen Empfängern vorhanden, denen glückliche Umstände das Erhalten möglich gemacht haben; dem Zeitgeschehen ist leider manches zum Opfer gefallen, so mußten viele Briefempfänger ihre Korrespondenz vernichten, um sich selbst und Dritte nicht in Gefahr zu bringen.

Das Archiv besitzt - dank eines Geschenks von Frau Hedwig Nußbaum in Czernowitz - vier Postkarten aus Dr. Genia Schwarzwalds Züricher Zeit (vor 1900); diese Karten sagen wenig zu unserem Thema aus, aber der Chronist ist gewiß, daß sie die Leser trotzdem erfreuen werden:

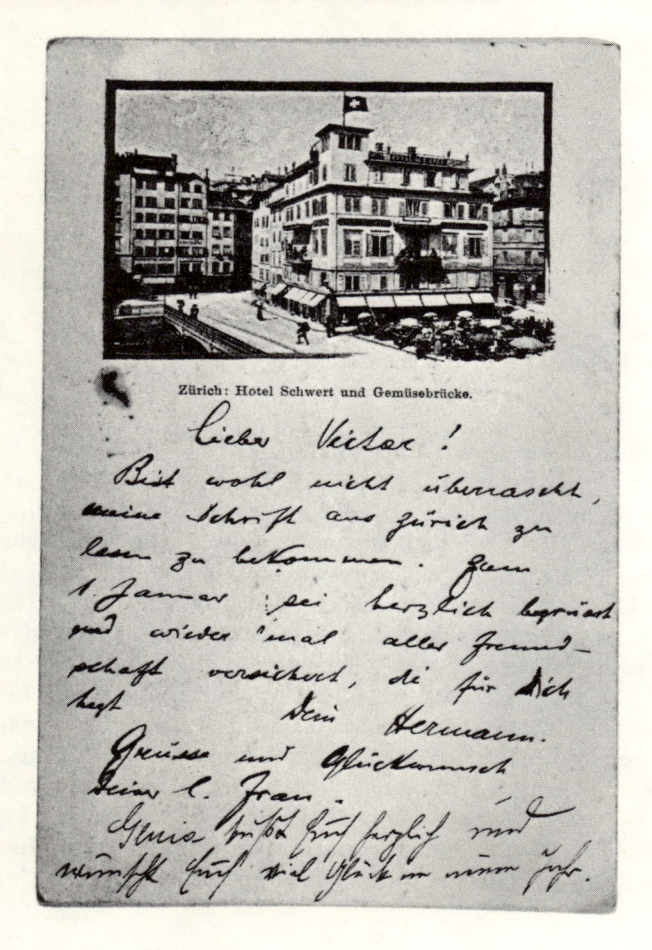

Zürich: Hotel Schwert und Gemüsebrücke.

Zürich, 30. Dezember 1897, Dr. Hermann Schwarzwald an Prof. Victor Nußbaum, Suczawa/Österreich, mit einem Gruß von Genia

Hermann Schwarzwald war in die Schweiz gereist, um das Jahresende 1897/98 mit Genia Nußbaum zu verbringen.
Noch schreibt sie in deutscher Schrift ... ausgenommen ihren Namen.

Como, 1899 ohne genaueres Datum, Genia Nußbaum an Annina Nußbaum, Czernowitz, nun in lateinischer Schrift; sie empfand damals Zürich als »heimwärts«!

1. An Freunde

Die eigentliche Briefsammlung beginnt mit einem Brief von Genia Schwarzwald an Esther Odermatt aus dem Jahre 1905 (siehe Seite 32). Der nachstehende ist der erste im Archiv befindliche, an eine nicht befreundete Person gerichtete; er hat nicht nur chronologischen Wert, sondern ist auch ein Beispiel für Genia Schwarzwalds Kunst, vieles in wenigen Zeilen unterzubringen.

2. Dezember 1909, an Maria Francos (1870-1941), Übersetzerin:
»Liebe Mizzi, ich wollte so gerne dichten! Bis zum allerletzten Augenblick habe ich auf Muße gehofft. Sie wurde mir nicht zuteil und nun muß ich mich mit einem Papiergrüßchen begnügen. Hoffentlich können Sie es doch brauchen.
Ihre getreue, geplagte, gehetzte Genia Schwarzwald
Ich bin so dankbar, daß Sie mich nicht vergessen haben.«

Im Januar 1910 war Karin Michaelis zum ersten Mal in Wien. Genia Schwarzwald schrieb an sie:
»Der Vortrag soll Montag 27. Februar [1910] stattfinden. Könnten Sie es nicht einrichten, um diese Zeit aus Prag oder Pest nach Wien zu kommen und zur Illustration des Vortrags aus dem ›Kind‹ vorzulesen? Oder noch besser: vom 12. - 27. Februar bei Schwarzwalds als herzgeliebtes Adoptivkind zu bleiben? Kommen Signor Sophus und Peter Nənsen mit nach Wien?«

Karin Michaelis

1. Februar 1914, an Frau Margarethe Jodl zum Tode ihres Mannes:
»Liebe und hochverehrte Frau, ich habe in letzter Zeit viel und liebevoll an Sie beide gedacht und wie schön es ist, daß Sie so einig und im Tiefsten zusammengehörig waren, so vorbildlich im Leben und im Scheiden.

Trotz Ihres jetzigen Leides, scheinen Sie mir erwählt unter Hunderttausenden, die nie glücklich waren und nie unglücklich werden können, die auch nie das Wesen der wahren Ehe erkundeten.

So denke ich an Sie, und das wollte ich Ihnen nur noch sagen, daß ich nie aufhören werde, den Gedanken nachzuleben, die Ihnen und Ihrem lieben Gatten heilig sind.

In alter Treue Ihre Genia Schwarzwald«

16. Oktober 1916, an Karin Michaelis zu einem Roman-Manuskript
»Ich bin unendlich froh, daß Du am ersten Dezember kommen kannst. Das ist früh genug und wird Deinem Buch sehr nützen. Sei Hemme nicht bös, wenn er Dich zu größter Sorgfalt veranlaßt. Es sind einige so ausgezeichnete Stücke darin, daß er den Gesamteindruck durch schwächere Teile nicht geschädigt sehen will. Er ist nicht nur ein Mensch von subtilem Geschmack, sondern auch Dein treuester Freund und tiefer Kenner und Verehrer Deiner Anlagen, der über Deinen Ruf als Künstler ängstlicher wacht als Du.

Wenn ich heute, obgleich mir die Arbeit auf den Fingern brennt, an Dich schreibe, so geschieht es zum Zwecke der Berichtigung. Du sagst, daß Dein neues Buch Hemme und mir nicht gefallen habe. Das ist nicht richtig. Beinahe auf jeder Seite Deines Buches habe ich den großen Künstler gefunden, der Du bist und den ich liebe. Die Klaue des Löwen verleugnet sich nirgends. Und die Wortwahl, die Bilder, die Einfälle, die sind ganz Karin, also Liebe, Leben und Feinheit.

Trotzdem hat dieses Buch in mir nicht nur freudige Gefühle ausgelöst. Ich habe mich über die gar zu schlaffe Composition gekränkt, die Personen zusammenkommen läßt, die nichts miteinander zu tun haben. Eine Novellensammlung ist kein Roman. Die Charakteristik verschiedener Personen ist verfehlt. Mich ärgert auch hie und da etwas falsch anmutende Romantik, so z. B. der Name ›Marylka‹, der seine Trägerin mißkleidet. Es sind wundervolle Sachen darin. Dort aber, wo der tiefe Ernst des Krieges anfängt oder die Sozialität, dort versagst Du. Ich weiß auch genau, warum. Ein Künstler kann nicht den Tag beschreiben. Wer für die Ewigkeit zu schreiben berufen ist, kann nicht der Not des Tages dienen. Der Krieg ist eine häßliche rohe Sache. Die Feder der Karin Michaelis ist in Schmetterlings- und Sonnenstäubchen gehüllt. Diese Zeit festzuhalten, bist Du zu fein und zu schwach. Du hast den Krieg bis zu Ende empfunden, aber Du hast ihn nicht bis zu Ende verstanden. Wer kann das? [...]«

10. Juli 1919, an Karin Michaelis (Auszug)
»[...] Ach, Karin, es ist so schön zu denken, daß Du irgendwo lebst in aller Deiner Güte, Munterkeit, Genialität und Treue.

Sonst war der Monat Mai kein Wonnemonat, Kälte innen und außen. Die Ungerechtigkeit einer Welt will Einem schier das Herz brechen, und die Machtlosigkeit bringt einen Menschen von meiner Energie beinahe um.

Ich nehme mein gewohntes Opiat: Arbeit in weit größeren Dosen als sonst. Mit Erfolg: zwei neue Küchen, zwölf Kinderkolonien à la Topolschitz sind inzwischen entstanden. Dazu habe ich am 7. Juni ein wunderschönes Sommerheim auf dem Semmering für Künstler, Lehrer und arbeitende Frauen eröffnet. Die Stimmung oben ist herrlich.

Vorigen Sonntag habe ich Küb eröffnet für dreißig Kinder, die ich selbst ausgewählt habe, reizend und kränklich. Bemerkenswert ist die soziale Zusammenstellung: 2 Ministerkinder, 8 von höchsten Beamten, 2 Hausbesorger, 5 Professorenkinder, drei uneheliche darunter. Der eine der Väter ein Student. Die Mutter des Kindes ist tot. Er hat es bisher zweieinhalb Jahre auf seiner Studentenbude abwechselnd mit Freunden gepflegt. Seit 10 Tagen haben wir herrliches Wetter und so sind alle, denen ich Landleben verschafft habe, überselig.

Nur mein Teuerstes, das arme Hemmie, muß in der heißen, staubigen Stadt sitzen und sich über schmerzlich-aussichtslosen Akten quälen.

Dagegen Loos ist in high spirits. Erstens hat die kleine Elsie einen wachsenden Bombenerfolg und zweitens können sie bald heiraten. Also ist er achtzehn Jahre alt, vernachlässigt seine Arbeit, kümmert sich nicht um Politik, versäumt seine Freunde, sogar Karl Kraus. Nur mich nicht; mich scheint er jetzt sehr zu lieben.«

Es folgt dann ein eingehender Bericht über alle Freunde, die sich nach Karin Michaelis sehnen.

9. September 1919, an Hanna Gärtner:
»Liebe Hanna, seit 18 Jahren wirke ich in Wien. Kein Dank- und Lobbrief hat mir je soviel Freude gemacht, wie der Deine aus Ischl. Ich werde ihn mir aufheben und nie vergessen, daß Du der Mensch warst, der die Worte gefunden hat, die ich hören wollte. Deine Eugenie Schwarzwald«

17. Juli 1925, an Karin Michaelis (Auszüge aus einem Familienbericht)
»Von uns ist nichts zu erzählen, als daß Hemme je länger je mehr an den Engländern viel auszusetzen findet und daß ich nicht glaube, daß wir in der Anglobank alt werden, d. h. älter. Ich bin seit einigen Tagen in Grundlsee, etwas später kam Hemme an, freudig erregt in Begleitung von Karl Frank und Liccie, die sich auf der Scheidungsreise befinden. Dein alter Her-

zenswunsch ist somit erfüllt. Liccie hat endlich einen ordentlichen Mann gefunden, er ist Dramaturg an einem Theater, liebt sie sehr. Sie hat sich mit ihm ordentlich und anständig verlobt und ist jetzt zu uns, Karl [Frank] und mir, gekommen, um um seine Hand anzuhalten. Selbstverständlich haben wir alle ja gesagt, denn wir sind glücklich, daß das gute Kind endlich einmal in geordnete Verhältnisse kommt und die Idee aufgibt, mit Karl Frank verheiratet zu sein, bei dem sie nicht nur hundert Rivalinnen, sondern auch eine Hauptrivalin, die Revolution, zu ertragen hatte.

Karl war zuerst sehr traurig, insbesondere in Sorge um sein wirklich reizendes Kind; jetzt ist er schon etwas getröstet, nur noch sehr verdutzt über die Tatsache, daß einmal er stehengelassen wird.

Auf dem Harthof ist es so schön wie noch nie. Ungeheure Mengen Kirschen, wahre Masthimbeeren, zwei neue Stierkälber, unerhört viel Hühner, Gänse und Enten und am meisten Kinder. Die Bevölkerung besteht aus Emmy Heim mit Mann und Kind, Maria Lazar mit Mann, Kind und Kinderpflegerin. Maria lebt vom 1. Mai bis 1. Oktober auf dem Harthof und schreibt, man kann ruhig sagen, ohne Übereilung, an einem Buch. Den jungen Strindberg liebt sie noch immer und läßt sich von ihm in übler Weise beeinflußen. Aber ich hoffe, daß sie ihn bald wegschickt und nur das Kind behält. Ferner sind auf dem Harthof Hilde Frankenstein, Mäsi Packeny, Recha Rundt - wahrscheinlich mit Bräutigam -, denn sie heiratet in 14 Tagen Prof. Jaszy, um mit ihm nach Amerika gehen zu können. Steffi Spielmann mit Mann und Kind, Hansi Frischauf, die Mutter von Ludwig Wagner u.a. Wenn ich Dir noch sage, daß unsere Bedienung sich um mehrere Personen vermehrt hat, daß die Stallmagd Marie es nötig gefunden hat, Pepi, ihrem Sohn, einen Bruder zu geben, so weißt Du beiläufig, was bei uns los ist. Das alles läßt sich mein guter Hemme liebenswürdig lächelnd gefallen, aber letzthin wurde er ausfallend, wenn auch nicht sehr, als sich folgendes zutrug. Rudi Serkin schreibt: ›Liebe Genia, ein Bekannter von mir, ein verheirateter Mann, hat den Wunsch, daß seine Freundin, ein junges Mädchen, für einige Zeit ihr Elternhaus verläßt, weil sie unerwarteterweise ein Kind bekommt. Sie ist sehr arbeitswillig, bitte, verschaff ihr eine Stelle als Kinderpflegerin.‹ Als die junge Frau ankam, fürchtete man sofort eine Vermehrung der Bevölkerung, und auch jetzt sind wir noch nicht sicher, wann die Sache losgeht. Keinesfalls kann sie eine Stelle annehmen. Statt dessen liegt sie auf dem Liegesessel auf der Wiese und um sie knien in Anbetung Maria, Hilde und Emmy Heim. Sie ist eine überaus langweilige und unschöne Person, robust und ordinär, aber meine Freundinnen sind erschüttert über das Schicksal und gerührt über die Glorie der Mutterschaft. Sie blüht in Gesundheit und versichert den fremdesten Herren, sie habe sich das Kind dringend gewünscht. Aber echt schwarzwaldsch zerfließt alles um sie herum. Ich bin froh, daß Du nicht da bist. Die junge Dame würde sonst sicher größenwahnsinnig. Ich tue natürlich alles Notwendige für sie, da sie völlig mittellos ist, aber ich habe mich bis jetzt weder zu Bewunderung noch zu Rührung aufschwingen können. Ich habe deutlich einen Knacks. Es ist mir unmöglich, gerührt zu sein ohne Anlaß.

In der Zukunft liegen für mich einige traurige Ereignisse. Martha will wirklich ihren Pfadfinder heiraten und zwar bald, und Mieze, wovor mir graust, den Walter [Schneider]. Damit entsteht für mich kolossal viel neue Sorge und außerdem muß eine vollkommene Neueinrichtung meines Haushalts erfolgen. Aber ich habe ja bekanntlich keinen Mut, jemand zu halten, sogar wenn er einen Selbstmord begehen will. Glücklicherweise ist jetzt die Scheidung in Österreich sehr leicht.

Trotzdem lassen sich Hans und Yella [Sperber] noch nicht scheiden. Sie haben sich irgendwie so eingerichtet, daß sie sich alles verzeihen. Ihr Kind Brita ist ein Lebenskünstler. Sie hat sich letzthin eine englische Dame erfunden, die ihr erlaubt, alles zu tun, was die Mutter ihr verbietet. Wenn ich so Dein Leben, liebe Karin, übersehe, habe ich das Gefühl, daß Du immer eine englische Dame gehabt hast. Ich aber hatte keine und habe infolgedessen jetzt ein trauriges Alter.

Johannes Kelsen sitzt immer noch anbetend zu meinen Füßen, was ihn aber nicht hindert, außerordentlich viele triviale Dinge zu sprechen, obgleich ich es ihm strengstens untersagt habe. Letzthin hat er mir zum Geburtstag ein grausliches Blumenarrangement geschenkt, so groß wie unser Speisetisch, wofür ich eine Gesamtausgabe von Knut Hamsun hätte haben können, oder ein Kind aufs Land schicken. Aber er ist schon ein bißchen besser geworden, schämt sich seiner Universitätsprofessur und tanzt mit der kleinen Lili vom Schneider Schwalm Jazzband zum Grammophon. Das sind seine produktivsten Stunden.

In letzter Zeit hat mir Karl Blau einen Freund von sich aufgehängt, einen Herrn Dr. Kohler, den ich schon vor 15 Jahren einmal gekannt hatte. Dieser Mann ist von E. T. A. Hoffmann erfunden und würde in einem Biedermeierkostüm Triumphe feiern. Da ich ihm aber diese Form nicht gestatte - er ist nämlich beruflich das Modernste, was es gibt: Dr. Ingenieur - so zwinge ich ihn, sich im 20. Jahrhundert zurechtzufinden, was ihm außerordentliche Schwierigkeiten bereitet. Er leidet stumm, scheint sich aber dabei wohl zu befinden.

Yella, die dieses schreibt, fühlt bereits eine Schwäche im Handgelenk, weshalb ich aufhöre, mit der Versicherung zärtlichster Liebe, anhaltender Treue, tiefster Verehrung, die sich hauptsächlich darin äußert, daß ich allen Leuten erzähle, wie Du das Schwein unseres Nachbarn mit meiner Schweizer Schokolade gefüttert hast. Alle Menschen lieben Dich; wenn sie über Dich lachen, haben sie Tränen in den Augen, vor allem Deine Genia«

10. Februar 1927, an Jahoda und Siegel, Buchdruckerei, Wien III., Hintere Zollamtsstraße 3
»Sehr geehrte Herren,
Ihren wunderschönen Almanach habe ich mit großer Dankbarkeit erhalten. Ich habe von jeher den künstlerischen Sinn und die Handwerkstreue Herrn Jahodas bewundert und seine Arbeit mit aller Sympathie begleitet. Insbesondere bleiben ich und mein ganzer Kreis ihm dankbar für die hingebungsvolle Obsorge, die er jedem Wort von Karl Kraus gewidmet hat.
In vollkommener Hochachtung Dr. Eugenie Schwarzwald«

28. März 1927, an Adolf Loos
»Lieber Loos, meine Freundin Frau Tita von Schenk bittet mich, Ihnen Fräulein Polja Orkine, die im gleichen Haus mit Ihnen wohnt, warm ans Herz zu legen, natürlich nur bildlich. Die junge Dame ist Direktrice in einem Modesalon und soll ein sehr tüchtiger und lieber Kerl sein.
Schönsten Gruß von Ihrer treuen Genia«

Grundlsee, 11. August 1927, an Hans Deichmann (Auszug)
(Hans Deichmann hatte, fast zwanzigjährig, Genia Schwarzwald Anfang Juli in Wien kennengelernt und war dann 3 Wochen in Grundlsee gewesen.)
»Ich bin gerührt, wie fleißig Du schreibst. Du hast das Talent, die Wärme, die Dich auszeichnet, auch in Kuverts einzufangen und abzusenden.
Wie Du uns fehlst, ist kaum zu sagen. Nicht etwa, daß wir den Lärm, den Du zu machen pflegst, vermissen, dafür ist Friedell der vollste Ersatz. Aber das Familienleben hat an Innigkeit verloren. Die Nachtgespräche auf meinem Zimmer fallen öfter aus und Maschenka [ihre Zimmernachbarin] könnte ruhig schlafen, wenn sie zu Hause wäre [...]
Unser Leben verfließt in paradiesischer Stille und einer Geschwindigkeit, die unheimlich ist.
Sei innigst gegrüßt von Deiner getreuen Freundin Genia«

24. September 1927, an Karin Michaelis
»Die verflixte Krankheit [eine Gürtelrose] ist leider immer noch nicht aus, aber ich kämpfe mit ihr tapfer und hoffe siegreich zu bleiben. Das wird erleichtert durch die Tatsache, daß ich allein in Wien bin.
Das gibt mir die Möglichkeit, ungestört krank zu sein, Leute zu empfangen, die Hemme und Mariedl nicht leiden können, länger in der Schule zu bleiben, als es mir sonst erlaubt ist, die Nacht zum Tage zu machen usw. Kurz, es geht mir trotzdem gut, denn ich habe Hoffnung, meine Schule durch das Schuljahr einigermaßen durchzulotsen, für meine Wohlfahrtseinrichtun-

gen ein bißchen Geld aufzutreiben, für viele Leute habe ich schon Arbeit gefunden, viele deutsche Zeitungen wollen Artikel von mir, also es sieht nicht so verzweifelt aus wie voriges Jahr um diese Zeit, wo ich allen Ernstes an den Weltuntergang geglaubt habe. Mindestens an den Untergang von Genias Welt.«

2. Für, an und über Künstler

27. Januar 1928, an Richard Lanyi

»Geehrter Herr Lanyi, heute erhalte ich aus Berlin einen Brief von Sachs & Wolff mit der Anfrage, ob ihr Telegramm angekommen sei, ob sie Aussicht hätten, daß Herr Kraus ihr Angebot annimmt. Zugleich sprachen sie die Bitte aus, ich möchte meinerseits die Sache der vorgerückten Saison wegen möglichst beschleunigen.

Gestern stand in dem Brief eines Berliner Freundes die Bitte, ich möchte die Lessinghochschule nicht zu lang auf den Entscheid von Herrn Kraus warten lassen. Ich schreibe Ihnen alles das nur, um Ihnen zu zeigen, daß in Berlin eine Hausse in Karl Kraus entstanden ist.

Trotzdem zweifle ich nicht, daß Herrn Kraus in Berlin viele Anlässe, sich zu ärgern, ja zu kränken, geboten sein werden. Denn Berlin ist nicht geneigt, mit seltenen, zarten und kostbaren Gegenständen umzugehen. Aber ich finde, daß Berlin für Herrn Kraus und er für Berlin überaus nützlich sind. Nicht nur daran denke ich, daß schon die überall angebrachte Aufschrift ›Nur für Herrschaften‹ geeignet ist, ein ganzes Fackelheft zu entzünden, und daß die Berliner bei aller Rauhbeinigkeit wesentlich erziehbarer sind als die Wiener. Mir liegt vor allem daran, daß Karl Kraus weltberühmt wird. Das kann er aber nur bei längerem Aufenthalt in Berlin werden, denn dort ist der Markt dafür. Nur dort kann er und wird er in alle Weltsprachen übersetzt werden. Die Amerikaner, Engländer und Franzosen werden sich für seine todesmutige Haltung im Weltkrieg interessieren, die Russen für die Chinesische Mauer, die Skandinavier für alles.

Es mag sein, daß Herr Kraus, der als tödlich gekränkter Idealist natürlich ungeheuer pessimistisch ist, das alles gar nicht will. Ihm liegt wahrscheinlich am Ruhm so wenig wie an den anderen Gütern der Erde: Liebe, Freundschaft, Reichtum, Macht. Auf all dies hat er ja verzichtet. Aber auf den Weltruhm, finde ich, darf er nicht verzichten, weil dieser ja nichts Primäres, sondern die natürliche Begleiterscheinung der dringend notwendigen Verbreitung seiner originalen Gedanken, seiner modernen Moral, seiner vorbildlichen Weltanschauung ist.

Das alles schreibe ich nur, um Sie anzuregen, in Gesprächen mit Herrn Kraus ihn zu einem längeren Aufenthalt in Berlin zu bewegen und zu einigem Verkehr mit mehr nützlichen als angenehmen Menschen. Es ist nun einmal so, daß die Durchschnittsmenschen sich für das Genie nur dann interessieren, wenn sie es einmal persönlich gesprochen haben. Ich zweifle nicht daran, daß Herr Kraus hie und da Anfälle von Seekrankheit erleiden wird, aber da sein ganzes Leben bisher Opfer war, so möge er noch dieses kleine dazufügen.

Ich möchte nicht gern zudringlich sein und doch drängt es mich, diesen Brief zu schreiben. Das kommt daher, daß der nur als legendäre Persönlichkeit lebende Eremit Herr Karl Kraus doch zuletzt eine öffentliche Angelegenheit ist.

Mit besten Grüßen Ihre E. Schwarzwald«

6. Juni 1928, an Josef Mathias Hauer
»Mein lieber Josef Mathias Hauer, heute Abend hat Emmy Heim in der Sorbonne Ihre Hölderlinlieder gesungen. Die Menschen waren tief ergriffen, so daß sie wiederholen mußte.

Ich habe dabei persönlich eine kleine liebe Erinnerungsfeier begangen in Erinnerung an die Morgenstunden in üblen Kriegszeiten, da Sie mir sie persönlich vorsangen. Ihres großen Erfolges froh, umarmt Sie Ihre Genia Schwarzwald«

1. Oktober 1928, an Dorothy Thompson
»Wie beglückend war es, einen so lebendigen Brief von Dir zu bekommen. Ich fühle ordentlich, wie Du dich freust, ärgerst, aufregst, außer Dir gerätst und vor allem entzückt bist. Schon durch Dein Temperament gesehen, ist jede Sache interessant, und wenn ich erst das von Hal dazuaddiere, so ist die Fülle von Temperament beinahe zu groß, um einen so gewaltigen Gegenstand wie Amerika zu betrachten.

Wenn so ein Brief nach Wien kommt, so fühlt man erst, daß man auf dem Dorfe lebt, und hätte große Lust, das nächste Schiff zu nehmen; was mich daran hindert, ist aber meine geringe Kenntnis der englischen Sprache. Ich muß mit den Leuten richtig sprechen können, sonst ersticke ich, und das zu lernen, fehlt mir Zeit und Geduld [...]«

1. November 1929, an Karin Michaelis (»Familienbericht«, Auszug)
»Loos: ist jung verheiratet. Die junge Frau war bei mir, um ihn anhalten. Sie sagte: ›Ich liebe Herrn Loos seit neunzehn Jahren.‹ Ich: ›Aber Sie sind doch erst neunzehn Jahre alt!‹ Sie: ›Nein, ich bin schon vierundzwanzig. Vor neunzehn Jahren hat Herr Loos meinen Eltern in Pilsen ein Haus gebaut, da haben wir uns alle in ihn verliebt. Als er nun vorigen Herbst verdächtigt wurde und in Not kam, hab ich meine Eltern gebeten, daß ich zu ihm reisen darf, um ihm zu helfen. Ich bin dann den ganzen Winter bei ihm geblieben, hab für ihn geschrieben und mit den Leuten gesprochen. Im Frühling hab ich gemerkt, daß ich ohne ihn gar nicht leben kann und daß er mich auch dringend braucht, da er ja beinahe gar nichts hört. Da bin ich zu meinen Eltern gereist, und habe sie um Erlaubnis gefragt, ob ich Herrn Loos heiraten darf. Sie waren ganz entsetzt und haben ›nein‹ gesagt. Das war mir sehr unangenehm, nicht nur, weil ich meine Eltern sehr liebe, sondern auch, weil sie viel Geld haben und ich dieses Geld für Herrn Loos brauchte. Dann bin ich vierzehn Tage in Pilsen geblieben und war mit meinen Eltern so nett, daß sie zuletzt, wenn auch widerwillig, ›ja‹ gesagt haben. Dann fuhr ich nach Wien und trug mich Herrn Loos an. Er sagte, ich denke nicht daran. Sie können mir glauben, Fraudoktor, es war sehr schwer, ihn zu bewegen, schwerer als meine Eltern. Aber jetzt hat er eingewilligt und nächste Woche heiraten wir.‹

Das geschah, Loos ist umsorgt von einer jungen Frau, baut in Pilsen und Prag Häuser und lebt in Wien, leider sehr gealtert, und sehr taub. Aber doch immerhin siegreich in einer Situation, in der andere untergegangen wären.

Genia: Ich bin heuer ganz besonders fleißig, unterrichte viel, schreibe meine bescheidenen Artikel, um etwas Geld zu verdienen, lerne fleißig englisch, singe hie und da mit einer ehemaligen Schülerin und bin wieder sehr gut bei Stimme, halte Sprechstunden, vermittle Stellen, verschaffe Geld und Kleider und kränke mich, daß die Welt so ist, wie sie ist. Aber das kann ich nur bei der Nacht, da ich tagsüber voll beschäftigt bin. Mein Pessimismus hindert mich nicht, einige wenige Menschen auf der Welt vollkommen zu finden und heiß und bedingungslos zu lieben. Wer diese Leute sind, weißt Du. Deine getreue Genia«

Grundlsee, 8. September 1930, an Hans Deichmann
»[...] Was ich mir zu Deinem Geburtstag [dem 23.] wünsche: daß jeder Schritt, den Du tust, von Erfolg begleitet sei; daß jedes Wort, das Du sprichst, Aufmerksamkeit erweckt; daß jeder Blick aus Deinen lieben Augen Dir ein Herz gewinnt; daß Dein Erscheinen alle Menschen und alle Tiere froh macht; daß Du mit Dir zufrieden bist, aber nur gerade so viel, als nötig ist, um mutig und zielbewußt an der eigenen Vollendung weiter arbeiten zu können.
Daß Du immer liebst Deinen besten Freund Genia«

Basel (von Berlin kommend), 24. Oktober 1930, an Hans Deichmann nach Kreisau
»Jetzt habe ich mich von meiner zweiten Heimat entfernt und auf der ganzen Reise war mir recht einsam zumute. Hier aber ist es wunderbar: Liebe, Wärme, Verständnis schon auf der Treppe. Palazzo Busch ist aller guten und harmonischen Geister voll und Rudi Serkin eines meiner herrlichsten Kinder.
Und der Empfang! Unvorstellbar für mein bescheidenes und etwas verängstigtes Gemüt, das ich bin, mit der solche Geschichten gemacht werden.
Also: es geht mir über Verdienst, und ich ruhe mich etwas aus. Denn Berlin war selbst für meine unerschöpflichen Kräfte zu viel.
Ich hoffe, Ihr seid alle glücklich in dem lieben Kreisau, dem auch ich treue Gefühle weihe, obgleich es mir schon so viel Sorge gemacht hat.
Ich danke Dir für Deine Existenz in Berlin. So lieb warst Du und so voll Vertrauen unsere Gespräche [...]
Sag jedem etwas Liebes von mir: Dorothy [Moltke]; Freya, daß ich ihren Geschmack [Helmuth Moltke] teile, Helmuth, daß Rudi Serkin auf ihn eifersüchtig ist; Willo [Bruder von Helmuth], daß er mir noch besser gefiel als im Vorjahr; Carl-Berndt [Bruder von Helmuth], daß er ein liebes Geschöpf ist; außerdem grüß die gute Mamsell. Für alles dies und noch mehr dankbar, umarmt Dich FrDr.«

3. Über Hitler und über die Juden

22. November 1930, an Karin Michaelis (Auszug)
»Hemme ist gesund und fröhlich und schaut dem Schauspiel des österreichischen Lebens wie aus einer Loge zu, blasiert und überlegen und mit Beifall und Mißfallen außerordentlich sparsam. Eigentlich bin ich froh, daß er gegenwärtig nichts zu regieren hat, denn unser ganzes Regierungswesen

macht den Eindruck einer Operette, aber nicht von Johann Strauß, sondern bestenfalls von Emerich Kálmán. Die Leute haben gar keine positiven Grundsätze oder Absichten, das Einzige, was sie bewegt, sind Antipathien der Parteien gegeneinander und aller gegen die Juden. Welch letztere sich schändlich benehmen, indem sie, statt wie sich das gehört, zu den Sozialdemokraten zu halten, die bei uns gegenwärtig die einzigen Vertreter von Friedensliebe, Arbeitslust und Gerechtigkeit sind, den Hitleranhängern durch Geld und andere Mittel zum Siege zu verhelfen suchen. Der schlechte Teil der Juden, den ich verabscheue, ebenso heiß verabscheue, wie ich die Besten unter den Juden verehre und liebe, repräsentiert die eingefleischteste Form der Bourgeoisie. Ein Pogrom ist ihnen lieber, als daß man neue Arbeiterhäuser baut. Es ist nicht notwendig, daß ich mit Hitler spreche, er würde mich übrigens nur auslachen. Es wäre nur notwendig, daß die österreichischen Banken und Industrien der Heimwehr kein Geld gäben, dann wäre der Friede in Österreich gesichert und mit ihm die armen Juden, die geistigen Juden, die körperlich verfolgten Juden und die seelisch gemarterten.

Aber das alles wirst Du ja selbst sehen, wenn Du hier bist. In treuester Liebe und mit allem, was gut ist, umarmt Dich Deine Genia«

28. Januar 1931, an Theodor Tagger (Ferdinand Bruckner)
»Lieber und verehrter Herr, natürlich ist es dumm, einem gefeierten Bühnenautor Lobesbriefe zu schreiben. Darauf ist er ja nicht angewiesen.

Aber Ihre ›Elisabeth‹ hat es mir in Berlin so angetan, daß ich Ihnen sagen muß, wie sehr mich Ihr Werk gefreut hat, obgleich ich dem Theater sonst ferne stehe.

Die tiefe und gerechte Auffassung von Frauenklugheit, das mutige und überzeugte Bekenntnis zum Frieden haben mich besonders berührt. Nie werde ich die beiden Kirchen nebeneinander vergessen, in denen ein Gott um das Gleiche (mit gleichem Glauben und gleicher Inbrunst) von den gegnerischen Parteien angerufen wird. Ich wünschte, dieses Bild könnte als Anschauungsmittel aller Jugend der Welt zugänglich gemacht werden.

Mein Freund, Sinclair Lewis, der mit mir der Aufführung beiwohnte, war noch begeisterter als ich, weil er ein Künstler ist und so mehr versteht.

Ihnen und Ihrer lieben Frau, die sich meiner vielleicht erinnert, schöne Grüße von Genia Schwarzwald«

Sonntag, 27. September 1931, an Karl Kraus
»Verehrter Herr Kraus, als ich heute abend Ihre Stimme hörte, begriff ich zum ersten Mal den Wert der Erfindung des Radios. Ihre treue Verehrerin Genia Schwarzwald«

3. November 1931, an Hans Deichmann
»Dank für Deine Bestrebungen im Interesse von Hans Sperber. Ich finde sie eines jugendlichen Menschen von Gerechtigkeitsgefühl würdig. Ist es nicht unerhört, wenn Menschen die sachliche Eignung eines Mannes zugebend, ihm aus seiner Geburt ein unübersteigliches Hindernis machen? Hans Sperber ist evangelisch getauft (bei seiner Geburt), evangelisch erzogen, daß er evangelisch lebt, weißt Du. Nichts von dem mit Recht bekämpften Judengeist lebt in ihm. Wenn es jemand gibt, dem die Bergpredigt aus dem Herzen geschrieben ist, so ist er es. Und zu sagen, daß dieser Kenner, Schätzer und Liebhaber der deutschen Sprache kein Deutscher ist, wäre ja absurd. Also, die Leute haben Unrecht, und was man tun kann, um ihnen ihre Wege zu durchkreuzen, das muß geschehen.

Was mich, die ich ehrlich antisemitisch bin, am meisten ärgert, ist die Tatsache, daß ein Jude, auch wenn er kein Talent und keinen Charakter hätte, wohl aber die Fehler und die Schmiegsamkeit seiner Rasse, unbedingt zum Ziel gelangt. Die Judenfrage ist deshalb unlösbar, weil die Gastvölker nur schlechte Juden haben wollen. Tritt eine Christuserscheinung hervor, flugs wird sie gekreuzigt. Aber die Schächer à la Sklarek machen sich breit. Es ist eines der düstersten Kapitel der Menschheitsgeschichte.«

16. April 1932, an Hans Deichmann
»Der Inhalt Deines Briefs war ja weniger beglückend. Ich gehöre, des darf ich mich rühmen, zu den entschlossensten Leuten, die ich kenne. Aber in Deiner Berufsangelegenheit bin ich ein Feigling. Natürlich halte ich nicht viel von den I.G. Farben. Die hast Du mir ja ausgeredet. Aber ich weiß ja auch nicht, was ich vom Staat halten soll, der gegenwärtig nicht weiß, ob er nach rechts oder nach links soll und so den Eindruck eines Betrunkenen macht. Wie soll ich Dir raten, die Planke I.G. loszulassen im reißenden Strom dieser Zeit, wenn ich dafür nicht anderes zu bieten weiß! Es kann ja sein, daß alles in zwei Jahren anders aussieht, aber in diesem Augenblick ist es verteufelt schwer zu sagen: Geh nach Kreisau [als Referendar ans Gericht in Schweidnitz], dort ist bessere Luft und bessere Gesellschaft [Moltke]. Aber es gibt noch etwas, was mich in dieser Angelegenheit unsicher macht. Meine eigenen Wünsche sind es. Natürlich hätte ich Dich am liebsten in Wien. Welcher alternde Mensch hat nicht den Wunsch, sein Kind bei sich zu haben [...]«

5. Mai 1932, an Frantisek Langer
»Mein lieber Frantisek Langer, so sehr Sie ein Dichter sind, können Sie sich doch nicht vorstellen, mit welcher Sympathie, welcher Bewunderung und welch tiefem Einverständnis ich Ihre Engelstragödie gelesen habe! Aus jedem Wort strömt Menschenliebe, Ihr Gefühl für Gerechtigkeit und die daraus resultierende Bevorzugung der Enterbten, und wie neu wird alles

unter Ihren Händen: mir war, als hätte ich nie bisher gewußt, was ein Arzt ist.

Was mich besonders beglückt, ist der Mangel an Sentimentalität. Sachliches Mitleid, zum Handeln fest entschlossen, das scheint mir Ihre note personelle. Da Sie ein wirklicher Dichter sind, verstehen Sie es, dieses Gefühl auch in Anderen zu erzeugen. Gar erst, wenn die Leser Ihnen nachzufühlen so bereit sind wie Ihre neue Freundin Genia S.

Karin, die Sie sehr liebt, grüßt herzlich. Ebenso Dr. Hermann Schwarzwald, jener meiner Freunde, von dem ich etwa so spreche wie Sie von Karel Čapek. Er sagt: ›Ich bin bereit, ihn zu lieben, wenn Du nicht übertreibst in der Schilderung seiner Reize und Vorzüge.‹«

7. Mai 1932, aus einem Brief an Hans Deichmann
»[...] Ich weiß nicht, warum ich Dir alle diese unangenehmen Dinge schreibe. Doch, ich weiß es. Weil soeben Loos weg ist, der mir - er ist im Sanatorium Edlach - mit seiner Pflegerin einen Besuch gemacht hat. Er ist halb gelähmt, ganz taub und kann kein Wort sprechen und kaum schreiben. Dabei leuchtet das Genie noch immer aus seinen Augen, und auch die Güte und Menschlichkeit ist unverkennbar. Die Trauer über diesen Besuch ströme ich in diesem Brief an Dich aus.

[...] Meine Berühmtheit oder Beliebtheit oder wie Du das sonst nennen willst, hat mir letzthin wieder einen schlimmen Streich gespielt. Stell Dir vor: ich bin jetzt dem ›Uhu‹* seine Tante. Zwar in bester Gesellschaft, aber immerhin bleibt es ein Unfug und hat mich mehr geärgert, als ich sagen kann. Höchstens die pornographische Aufmachung des ›Querschnitt‹* war noch schlimmer.

[...] Dicky [versprochene Frau des Adressaten] schwimmt in Seligkeit, studiert Medizin, lernt mit Ricco zusammen beim geisteskranken Grafen Thun reiten, wird - ohne daß es ihr Spaß macht - von Hakenkreuzlern und Zionisten angeschwärmt. Im übrigen erzieht sie May Keller, die wieder ganz hergestellt ist, so gut wie die noch nie erzogen war [...]«

Grundlsee, 5. Juli 1932, an Hans Deichmann
»Der Titel einer der schönsten Novellen von Tolstoi lautet: ›Wovon leben die Menschen?‹ Ich antworte: davon, daß Einer, den sie lieben, dreißig Stunden reist, um 48 Stunden mit ihnen zusammen zu sein [...] Die Liebe, das Opfer, der Einfall, die Intensität, die Fähigkeit, unerhörtes Erlebnis in kürzeste Zeit und engsten Raum zu verlegen, das heißt menschenwürdiges Dasein, das tröstet über Not, über Lebensangst, über Tod und Vernichtung.

Wie glücklich bin ich, daß mir die Natur Kraft und Eigenschaft solcher Empfindungen verliehen hat, und wie herrlich ist es, daß ich, von der gleichen Natur ungerechterweise zu kinderlosem Hinsterben verurteilt, spät,

---

* Beides Zeitschriften aus dem Ullstein-Verlag.

aber nicht zu spät, Wesen gefunden habe, denen ich meine ganze mütterliche Kraft zu lieben widmen darf.

Du weißt, ich werde oft ausgelacht, daß es so viele Menschen sind, die ich liebe. Aber Du kannst mir glauben, daß die wenigen, die meines Lebens Hauptinhalt bilden, deshalb nicht zu kurz kommen. Meine scheinbare Untreue ist treuer als anderer Leute Treue.«

Grundlsee, 9. Juli 1932, an Adolf Loos

»Mein lieber Freund Loos, jetzt habe ich endlich einmal Wien hinter mir mit aller Arbeit, mit allen Unannehmlichkeiten, die diese Stadt seit dreißig Jahren für mich bereit hat.

Das einzige Nette in Wien war, daß alle Leute übereinstimmend aussagten, von der ganzen Werkbundausstellung seien Ihre Sachen die einzig sehenswerten. Da ich mir denken kann, mit welcher Unlust Sie sich da beteiligt haben mögen, und daß Sie sicher nur den linken Fuß zur Ausführung der Aufgabe benutzt haben, so hat es mich amüsiert zu merken, wie glücklich die heutige Welt ist, wenn sie nur einem Funken Ihres Geistes begegnet.

Das paßt besonders auf die Jugend aus aller Herren Länder, die mich hier in Grundlsee umgibt. Ob ein Bursche aus Hamburg, aus Köln, aus Paris, aus London oder aus Kopenhagen eintrifft, immer hat er als Reiselektüre entweder ›Trotzdem!‹ oder ›Ins Leere gesprochen!‹ bei sich. Es hat sich allmählich so heraus gebildet, daß ich nur mit solcher Jugend verkehre, die durch Dick und Dünn zu Ihnen hält. Loos ist in meinen Kreisen eine Art von Schibboleth.

Ich habe noch zu danken, daß Sie mir den Grafen Wickenburg geschickt haben. Das ist ein wirklicher Künstler, ein ausgezeichneter Mensch und ein wahrer Verehrer von Ihnen. Wir waren viel zusammen und haben uns sehr gut verstanden.

Mit großer Freude habe ich von Herrn Wolf-Knize gehört, daß es Ihnen viel besser geht. Wie glücklich mich das macht, können Sie sich denken. Hoffentlich trifft Sie mein Brief gut gelaunt. In alter Treue Ihre Genia«

Grundlsee, 9. August 1932, an Karin Michaelis

»Es ist ein sehr merkwürdiger Sommer. Die schmerzliche Spannung, die in der Welt existiert, hat alle alten und jungen Menschen, die mir nahe stehen, hierher getrieben. Aus ihnen ist eine Prozession geworden und Grundlsee ein Wallfahrtsort, zu dem alle eilen, die mühselig und beladen sind. Ich hätte alle Ursache, mich meiner Beliebtheit zu freuen, und der Wichtigkeit, die man meiner Existenz beilegt. Aber ich empfinde bei all dem Getriebe nichts als Trauer. Wie schlecht muß es den Menschen gehen, wenn das bißchen Liebe, das ich ihnen zu schenken vermag, sie zu solcher Exaltation bringt. Arme irre geleitete Welt! Nie hab ich das Wort: ›Die Welt ist herrlich überall, wo der Mensch nicht hinkommt mit seiner Qual‹ so genau verstanden wie gegenwärtig.

Ich selbst fühle anders. Ich kann nicht ganz verzweifeln, solange der Bach so schön rauscht, solange die Aussicht von meiner Terrasse schöner ist als jede Theaterdekoration, und solange wir jede Woche ein Konzert haben, bei dem Lotte Leonard Schubert singt, oder Rudi Serkin Bach spielt. Manchmal hab ich ganz deutlich das Gefühl, daß wir uns von der Welt absolut frei machen müssen, daß es besser wäre, keine Zeitungen zu lesen und seine Zeit lieber auf seine Freunde und die Natur zu verwenden. Ist es eine Alterserscheinung: mir kommen alle irdischen Güter geradezu komisch vor. Dagegen finde ich es wichtig, daß der vierjährige Tommy sich allergrößte Mühe gibt, den anwesenden Franzosen und Engländern Deutsch beizubringen. ›Das sind arme Leute‹, sagte er, ›die können kein Deutsch‹. Letzthin wies er dem jungen Pariser Claude Vacher eine Eierschale auf dem Frühstückstisch und gab dazu die Erklärung: ›Dieses war einmal ein Ei.‹ ›Warum sagst Du nicht, das ist eine Eierschale?‹ fragte ein vorwitziger Erwachsener; ›Soweit ist er noch nicht‹, erklärte Tommy.

Ich fürchte, wir sind alle noch nicht so weit, um die Dinge genau zu verstehen, die uns umgeben. Sonst gäbe es keine politischen Parteien, keinen Unfrieden, der alle zerstört, keine Taktlosigkeit, keine Herzlosigkeit, kurz, alle wären wie meine Freundin Karin Michaelis, die das beste, feinste Instrument ist, welches jemals ein Künstler gemacht hat.«

Potstejn (C.S.R.), Ende November 1932, an Hans Deichmann
»In Berlin* hab' ich durchschnittlich vier Stunden von vierundzwanzig geschlafen. Trotzdem war ich frisch und froh, als ich Berlin verließ, da mir beinahe alles, was ich mir vorgenommen hatte, gelungen war.

Dann aber war ich einen halben Tag lang in Prag, um den kranken Loos zu besuchen und erhielt dabei einen Schock, der wochenlang nachwirken wird. Ich hatte die größte Lust, den Ärmsten umzubringen, so verzweifelt und würdelos fand ich seine Lage. Die Pflegerin schlägt ihn, und er kann weder sprechen noch schreiben, sondern ging nur mühsam auf Krücken zum Schreibtisch und holte das große Buch, das voriges Jahr über ihn geschrieben wurde, schlug darauf und sah mich mit einem herzzerreißenden Ausdruck an: das bin ich und so geht man mit mir um. Das Einzige, was ich aus ihm herauskriegen konnte, war sein einziger Wunsch: mit mir nach Paris zu fahren.

Ich landete gestern abend bei Mary [Dobjinski] ganz vernichtet. Nach vierundzwanzig Stunden zärtlichster Pflege bin ich soweit, um morgen früh nachhause zu fahren. Dort erwartet mich viel Arbeit und die Ordnung von Loosens Angelegenheiten [...]

---

* Es war Genia Schwarzwalds letzter Besuch in Berlin.

P.S.: Hofrat Drucker schreibt mir, die I.G. Farben hätte die Wiener Chemosangesellschaft gekauft. Ob da nicht eine passende Stellung für Dich wäre, fragt er. Es handle sich um eine bedeutende Sache.«

März 1933, an Karin Michaelis
»[...] von lieben Kindern umringt, die herbeigeeilt sind, um uns zu trösten, wirklich nötig nach diesem abscheulichen Winter. Aber jetzt ist mir schon viel besser. Du wirst sehen: Alles wird sich beruhigen und es wird eine neue Lebensform gefunden werden. Die derzeitigen Vorfälle kann man nur mit Zähneknirschen zur Kenntnis nehmen. Da wir aber das alles schon in Rußland und Italien überstanden haben, werden wir es auch diesmal überstehen [...]«

4. Über Faschismus in Deutschland und Austrofaschismus in Österreich

7. Mai 1933, an Karin Michaelis
»[...] Ich bin sehr fleißig. In diesem Augenblick such ich Wohnungen, Essen, Kleider, Geld für Leute, die aus Deutschland geflüchtet sind. Das sind nicht nur Juden oder Marxisten, sondern vor allen Dingen Kriegsgegner. Wer einen kriegsfeindlichen Artikel in seinem Leben geschrieben hat, hat seine Stelle als Regierungspräsident, Stadtarzt oder Professor verloren. Wer Schriftsteller ist, wird nirgends mehr gedruckt.
Ich trage mich mit dem Gedanken, irgendwo Geld zu borgen und Grundlsee für den Winter bewohnbar zu machen, damit die armen Leute solcher Art eine Zuflucht haben. Ob es mir gelingen wird? Sehr fraglich.
Leb wohl, meine gute und sehr geliebte, sehr kleine Karin. Genia«

21. November 1933, an Karin Michaelis
»[...] Die Krankheit konnte sich nur deshalb bei mir einnisten, weil ich ohnehin nicht leben wollte. Die Lektüre der Zeitungen, das rasende Radio, der Niedergang aller meiner Freunde, meine Abtrennung von Deutschland für ewig, meine großen Geldsorgen, eine Reihe tragischer Vorfälle im engsten Kreise, waren geeignet, selbst eine Natur wie die meine zu brechen [...]
Jetzt suche ich Wohnungen, Geld und Kleider für deutsche Flüchtlinge, die merkwürdigerweise nach Wien gekommen sind. Karl Kraus sagt: ›Die Ratten betreten das sinkende Schiff‹. Diese Charakterisierung Wiens ist nicht ganz unberechtigt, obgleich ich weniger pessimistisch denke. Das ist eine merkwürdige Stadt, und es wäre sogar möglich, daß sie sich - passiv, wie sie ist - mitten im Sturm der Welt, aufrechtstehend erhielte. Sie hätte dann

die Chance, die einzige deutschsprechende Stadt zu sein, die kultiviert, gewaltlos und anständig existiert. Aber wer kann heute etwas voraussagen! [...]

Ist Wien ein sinkendes Schiff, so habe ich mich zu benehmen wie der Kapitän. Der bleibt ja auch auf der Kommandobrücke.

Viel zu kommandieren habe ich ja nicht mehr, aber immer noch mehr, als ein einzelner Mensch bewältigen kann. Ich könnte auch täglich neue Arbeit auf mich nehmen - sie wird mir von allen Seiten angeboten - wenn ich nicht ganz mittellos wäre. Sogar mein bißchen Journalistik muß ich einstellen, da ja sowohl die deutschen als auch die schweizerischen Blätter nur heitere, optimistische, menschenfreundliche Artikel von mir verlangen, kurz solche, zu denen es mir an Lust und Stimmung durchaus fehlt.

In einer Zeit, die dem Verstand abgeschworen hat und nur noch Zauberer, wie Zeileis, Hitler und Hanussen, gelten läßt, hat ein logischer, verständiger und gefühlvoller Mensch höchstens zu sterben. Oder wenn er leben muß, so still zu schweigen, daß das Schweigen ordentlich hörbar ist. Das tue ich.

Dieser Brief kommt mir plötzlich zu melancholisch vor. Er ist der Niederschlag eines Arbeitstages im November, mit sechzehn Immigrantenbesuchen an einem Vormittag. Deshalb will ich Dir noch zum Schluß eine kleine Geschichte erzählen, die ich heute gehört habe, die auch traurig ist, aber wenigstens menschlich. Vor sieben Jahren heiratete ein junger, sehr hübscher und sehr begabter Wiener aus bester christlicher Familie ein sehr schönes und talentiertes Mädchen aus guter jüdischer Familie. Da sie ein bißchen Vermögen besaß, machte sie es ihm möglich, einen Beruf zu ergreifen, den die Eltern ihm nicht leisten konnten: er wurde Kapellmeister. Er bekam eine Stelle in einer kleinen deutschen Stadt, und dort lebten sie glücklich und fühlten sich so sicher, daß sie vor drei Jahren ein erstes, vor zehn Monaten ein zweites Kind bekamen.

Kaum war dieses Kind da, als der junge Vater den ominösen Bogen bekam, auf dem er sein Ariertum bekunden sollte. Er schrieb wahrheitsgemäß, daß seine Frau eine Jüdin sei. Die Theaterdirektion bot ihm an, ihn zu behalten, wenn er die Scheidung sofort einreichte. Er lehnte dies natürlich ab. Inzwischen hatte sich folgendes zugetragen: die junge Frau hatte besonders viel Milch, und im gleichen Krankenhaus lag eine arme Frau, deren Kind mit Darmkatarrh geboren war und ohne Muttermilch nicht leben konnte. Da legte der Arzt der jungen Kapellmeisterfrau nahe, beide Kinder zu stillen. Sie tat es mit tausend Freuden und bestem Erfolg. Gerade als sich die Sachen in der Stadt zuspitzten, erschien der Vater des geretteten Kindes im Kapellmeisterhause, um sich zu bedanken, und zwar in SS-Uniform. Noch ehe er sich gesetzt hatte, teilte ihm die junge Frau mit, daß sie Jüdin wäre. Der Mann wurde gelb und grün, geriet in eine unbeschreibliche Aufregung, faßte sich aber bald und sagte: ›Ich habe Ihnen also doppelt zu danken; aber das muß ich schon sagen, ich hätte nie gedacht, daß sich eine jüdische Frau so gut benehmen könnte.‹ Die Frau stillte das Kind weiter, bis sie eines Tages gezwungen war, von Freunden gewarnt, die Stadt mit ihren Kindern fluchtartig zu verlassen. Eine der ersten Nachrichten, die sie in Wien empfing, war, daß ihr Pflegekind, ob infolge von Mangel oder infolge vom Wechsel der Milch weiß man nicht, gestorben sei. Jetzt ist die junge Frau über die Tatsache, daß das deutsche Kind gestorben ist, trostloser als über ihre eigene unsichere Lage. Die Menschlichkeit läßt sich eben nicht ganz mit der Harke austreiben.

In dieser Hoffnung umarmt Dich Deine Genia.«

7. Januar 1934, an Dorothy Thompson
»Wie Du Dir denken kannst, hat mich Wassermanns Tod ganz niedergedrückt. Ein tragisches Leben, ein tragischeres Ende. Immer mit sich selbst im Kampfe, immer nach dem Recht suchend, von allen Leuten materiell ausgepreßt, bis zur letzten Minute mit Arbeit überlastet, so hat er gelebt. Und dann ist er an der Tatsache, daß er ein Deutscher u n d ein Jude war, an gebrochenem Herzen gestorben. Er mochte nicht leugnen, daß er ein Jude ist, er konnte nicht leben, ohne ein Deutscher zu sein. So ist er in der Silvesternacht gestorben, nachdem er vorher wie ein braver Schüler alle seine Arbeit vollendet hat. Er hat gerade noch einen letzten Roman, ein Essaybuch und einen Novellenband fertiggestellt.

Mitten in meinem Schmerz um den Entschlafenen traf mich Deine Teilnahme und erregte neuen Schmerz. Acht Monate lang habe ich mich heiß um eine Nachricht von Dir gesehnt. Jetzt hat mein toter Freund mir das Glück verschafft, Deine Stimme wieder zu hören. Ich freue mich darüber, daß Du mich noch nicht ganz vergessen hast.

Es sind erst acht Monate, seit ich Dich zuletzt gesehen habe, aber mir ist, als lägen ebensoviele Jahre dazwischen. Alles Mögliche ist geschehen, und was die Zukunft bringt, wissen nicht einmal die Götter, sondern höchstens die Dämonen. Noch herrscht hier bei uns völlige Stille, aber die Eingeweihten wissen, daß es rund herum um uns von Waffen starrt, daß niemand Hitlers Friedensbeteuerungen glaubt. Die Einzelschicksale sind tragisch. In meiner Freundschaft sind am wenigsten die Juden betroffen, am schlimmsten geht es den Nationalen und den Zentrumsleuten, schlimmer als schlimm den Pazifisten. Ein Stadtarzt, urdeutsch und urarisch, wird ohne Pension enthoben, weil er in einer medizinischen Wochenschrift einen Artikel geschrieben hat, ›Der Arzt und der Friede‹. Ein junger Schauspieler wird ermordet, weil er, obgleich am Staatstheater, gewagt hat, gegen den Nationalsozialismus zu sein. Er hieß Hans Otto und sein Tod trifft mich, weil er der Freund meiner kleinen Maria Schanda war, die Du ja kennst. Diese zwei Beispiele für Tausend [...]

Durch die 1000 Mark-Sperre bin ich auch von meinen deutschen Kindern getrennt. Rolf Brandt und Esther sind nach England emigriert, ohne daß ich sie vorher gesehen hätte. Helmuth und Freya [Moltke] gehen nächste Woche - wer weiß, ob nicht für immer - nach Kapstadt, ohne daß wir uns Lebewohl sagen können.

Grundlsee, vorher der Rendezvousplatz aller Menschen, die mich lieben, war in diesem Sommer ein Erholungsplatz wie andere in Österreich.

In der Schule geht es laut zu. Zu meinen Wiener Schützlingen kommen jetzt noch eine Menge deutscher Emigranten dazu, aller Konfessionen und aller Farben. Ich muß staunen, daß ich noch immer die Kraft und Geduld habe, diese Menschen etwas zu trösten und ihnen ein klein wenig zu helfen.«

24. Februar 1934, an Dorothy Thompson (Austrofaschismus, nach den Straßenkämpfen in Wien)
»[...] Unsere Körper sind unverwundet geblieben. Was es für unsere Herzen bedeutet hat, daß am 13. Februar, Hemmes Geburtstag, vierundzwanzig Stunden lang Kanonendonner jedes Wort begleitete, kannst Du Dir denken. Wir sind alle so müd und ausgehöhlt, als ob wir zwanzig Tage gefastet hätten. Ich habe mich bis heute noch nicht einmal entschlossen, welche Hilfsaktion ich leiten soll, und Du weißt doch, daß Helfen mein erster Gedanke ist.

So entsetzlich mir alles ist, was mit Gewalt zusammenhängt, so kann ich doch begreifen, daß ein Volk zu den Waffen greift, um seine unerträgliche Lage zu verbessern. Unschuldige haben auf Unschuldige geschossen, niemand war im Ernst auf den andern erzürnt. Jeder wußte, daß nichts dabei für ihn herauskommen konnte. Es ist absolut nicht zu erfahren, wer das Kommandowort gesprochen hat. Ich glaube, es war die Not. Hirne und Herzen, von Hunger und Verzweiflung umnebelt, konnten Hände nicht mehr regieren. Diese griffen nach Waffen, und so geschah das Unglück, welches so garnicht zu Wien paßt. Dabei haben sich alle Teile - im Rahmen der entsetzlichen Geschehnisse - so anständig benommen wie möglich. Überall Mut, Pflichterfüllung, letzte Hingabe, aber das Ganze ein furchtbares Mißverständnis, unfruchtbar und vielleicht sogar für gemeinsame Gegner nützlich.

Noch stecke ich zu tief drin, um die Dinge richtig zu sehen. Vielleicht kommt auch meine Unsicherheit daher, daß ich keiner Partei angehöre, meiner Natur nach keiner Partei angehören kann. Was diese Parteien trennt, ist ja gesehen cum spezie aeternitatis, mit freiem Auge kaum sichtbar. Nur eins bleibt: alle sind Wiener, alle menschlich fühlende Wesen, alle arm, elend, verzweifelt, dem Blutvergießen abgeneigt und doch Blut vergießend. Was soll man dazu theoretisch noch sagen [...]«

14. März 1934, an Dorothy Thompson
»Josef und Grete sagte ich, es sei noch durchaus nicht sicher, aber es könnte immerhin sein, daß Du es ermöglichtest, sie nach Amerika mitzuneh-

men. Der Glückssturm, den ich damit entfacht habe, war unbeschreiblich. Sie umarmten einander und mich, immer reihum. Für sie bedeutet es eine Lebensrettung, denn als Czechoslowaken haben sie in Wien keine Arbeitsbewilligung und als Wiener in der Czechoslowakei keine Aussichten. Nicht nur die Völker, sondern auch die Einzelindividuen sitzen gegenwärtig zwischen zwei Stühlen.«

5. Mai 1934, an Karin Michaelis
»[...] Es ist keine Rede davon, daß Lisl Neumann im nächsten Herbst ein Engagement in Wien bekommt. Tausende von Schauspielern sind bei uns arbeitslos, und die ganz großen Leute aus Deutschland, wie Bassermann, Valetti, Klöpfer sind darunter.

Nun möchte ich Dich bitten: Könntest Du ein ernstes Wort mit Bert Brecht sprechen? Er kennt Lisl (die von meiner Intervention nichts weiß) und ist ihr sicher auch gut. Frage ihn, ob er nicht Verbindungen mit dem französischen, dänischen oder englischen Film hat. Nur beim Film gibt es jetzt für Lisl Möglichkeiten. Da hat sie sich auch schon oft bewährt. Einmal mit Elisabeth Bergner, mit der sie sehr befreundet ist und die ihr helfen könnte, wenn man nur schon ein Mittel gefunden hätte, arrivierte Freunde für die nicht arrivierten in Bewegung zu setzen. Lisl ist eminent verwendbar, ein ganz moderner Mensch, völlig ohne Eitelkeit [...]«

17. Dezember 1935, an Lajos Hatvany, Budapest, damals bekannter Kunstmäzen
»[...] um Ihnen zu sagen, wie dankbar ich Ihre freundschaftliche Aufnahme empfunden habe. Ich glaube, ich kann für Karin mitsprechen, wenn ich sage, daß wir alles auf das intensivste genossen haben: die erbitterte Süßigkeit Ihres Wesens, Ihr tiefgegründetes Europäertum ebenso wie die Harmonie Ihres Bibliothekssaales. Die schöne äußere Umwelt, in der Sie leben, empfindet man als selbstverständlich zu Ihnen passend, von Ihnen nicht wegzudenken, und wünschte nur, daß auch alles Menschliche, das von außen auf Sie eindringt, dazu paßte.

Es ist mir erfreulich zu wissen, daß Sie eine Frau haben, die Sie vor der bösen Umwelt schützt und Ihnen nicht gestattet, sich materiell und moralisch gänzlich ausbeuten zu lassen, wozu Sie ja besonders neigen [...]

Nur eines bedrückt mein Gemüt in der Erinnerung: daß wir Sie aus Ihrer schönen Wohnung so gänzlich verdrängt haben. Das ist echt ungarische Gastfreundschaft - wie Sie mir überhaupt der letzte Ungar zu sein scheinen. Sie haben unsertwegen ein paar Tage schlecht gelebt, aber es machte den Eindruck, als hätten Sie Freude daran [...] und Freude ist die Hauptsache.

Ich wollte, Sie hätten mehr von diesem Artikel. So sehr ich Ihre Leidenschaft für die Vaterstadt und das Interesse für die eigene Vergangenheit achte, ich wollte doch, Sie hätten mehr ausländischen Besuch, der Ihren

Geist und Ihre Bildung zu schätzen wüßte, und Sie kämen mehr in die Welt hinaus. Dann würden Sie bald nicht mehr wissen, wer Sie in Pest grüßt oder nicht, oder würden es vielleicht amüsant finden, daß es Leute gibt, die sich des Vergnügens berauben, Sie zu grüßen.«

13. Januar 1936, an Karin Michaelis (25 Jahre Freundschaft mit Karin Michaelis)
»Dein größtes Werk ist nicht das Mutterbuch, sondern Du selbst. Du hast aus Dir herausgeholt, was drin war, alles verschönt, alle Liebe ausströmen lassen, bist immer strenger gegen Dich und nachsichtiger gegen Andere geworden, hast Deine Bildung verhundertfacht, Deine Anteilnahme, die schon immer immens war, noch geschärft und bist so zu einem Erziehungsresultat gelangt, um das Dich Deine Freundin, die Pädagogin, beneidet. Alles, was Du tust, was Du sagst, was Du verschweigst, was Du ahnst (auch wenn es falsch ist) ist mir lieb und teuer, und wenn ich mich auch im Dreibund mit Deiner armen geplagten Mutter und mit Herdis oft genug über impulsive Unvernunft in bezug auf Geld und Menschen ärgern muß, immer weiß ich in meinem Innern, daß auch diese scheinbare Wahllosigkeit mit zu dem wunderbaren Bilde gehört, welches Du der Welt und Deinen Freunden mit Deiner Person geschenkt hast. Ich möchte Dich gar nicht anders! Schreib Du nur ruhig an Ivo weiter Liebesbriefe, finde Du immer weiter gutsituierte Leute arm, schenke Deine Zeit und Dein Geld an Unwürdige. Das ist mir alles gleich. Es paßt organisch zu Dir, und Du kannst nicht anders, als alles tun, was Du mußt, auch wenn es ›unvernünftig‹ ist. Du gehörst eben zu jenen Naturen, die selbst das Unglück herbeizwingen würden, wenn sie dessen zu ihrer Entwicklung bedürften. Da Du aber glücklicherweise einen Schutzengel hast wie jedes Kind, oder viele Schutzengel, so geschieht Dir ja ohnehin nichts, und was erzeugt wird, ist eine harmonische Atmosphäre voll Wärme und Leben, wo Du bist. Ich wollte, ich könnte Dich vertausendfachen! Eine Zeit wie die unsere kann gar nicht genug Karins haben [...]«

31. März 1936, an Karin Michaelis, nach Familiennachrichten schließt der Brief:
»Die Zahl der Menschen, die hier Hilfe brauchen, hat sich noch vermehrt, und die Mittel, die ich aus Zürich als Erlös meiner Vorträge mitgebracht habe, sind ein Tropfen auf einen heißen Stein. Trotzdem arbeite ich entschlossen weiter, denn man kann den Menschen doch ein wenig helfen, auch wenn man sich nur um sie kümmert. Schon das empfinden sie als Wohltat, und etwas kommt ja immer dabei heraus. Gute Karin, paß auf Dich auf, überarbeite Dich nicht. Ich sage nicht: kränk' Dich nicht über fremdes

Leid, denn das kannst Du nicht; Du müßtest mir antworten wie C. F. Meyers Held Ulrich Hutten: ›Mein Freund, was Du mir rätst, ist wundervoll: nicht leben soll ich, wenn ich leben soll!‹ Also leb! Sei möglichst glücklich! Genia«

23. Juni 1936, an Karin Michaelis, am Schluß eines langen Berichtbriefs:
»[...] Du kannst Dir denken, daß mir der Tod von Karl Kraus sehr nahe gegangen ist. So selten ich ihn sah, es war mir doch ein Trost zu wissen, daß es ihn gibt. Aber ich tröste mich mit dem Gedanken, daß es für ihn eine Erlösung war. Er wußte keinen Weg mehr, und so ging er schon seit Jahren hinter seiner eigenen Leiche. Für eine geistige Persönlichkeit von solchem Rang ist der Tod wesentlich besser als Vegetieren [...] ich bin fest davon überzeugt, daß er an gebrochenem Herzen gestorben ist. Daß Hemme noch lebt, ist darauf zurückzuführen, daß wir uns an seine Rockschöße klammern.«

7. Januar 1938, an Pat Coates
»Ich habe Dir bis heute nicht geschrieben, weil mir der Gedanke, Dich so fern in China zu wissen, unerträglich ist. Mein Gefühl kann die Entfernung nicht überbrücken. Ich kann wohl verstehen, wie schlecht einer Mutter zumute ist, wenn sie ihr heißgeliebtes junges Kind in Gegenden weiß, von deren gegenwärtiger Lage sie sich gar keine Vorstellung machen kann.

Ich beginne damit, Dir für Deinen schönen Reisebericht herzlich zu danken. Man bekam daraus ein Bild Deiner Lebensform und Deiner Gesellschaft und darf hoffen, auch künftighin wenigstens die äußeren Umstände Deiner Existenz zu erfahren. Was in einem Menschen innerlich vorgeht, erfährt man ja nur, wenn man mit ihm zusammenlebt. Was sind schon Worte, und nun erst gar geschriebene Worte, gegenüber einem Händedruck, einem Blick, einem gemeinsamen Lachen, einer miteinander geteilten kleinen Traurigkeit. Auf alles dies muß ich für ein paar Jahre verzichten, vielleicht für immer.

Wer sich mit der Jugend befreundet, muß darauf gefaßt sein, sie nur kurze Zeit zu besitzen.

Wir hören schreckliche Dinge durchs Radio, lesen Schmerzliches in der Zeitung, lügenhaft aufgemacht, je nach Parteirichtung. Man arbeitet den ganzen Tag und hat die Vorstellung, der Teil eines Ameisenhaufens zu sein. Mark Twain behauptet von der Ameise, sie schleppe ein Stückchen Holz mit äußerster Anstrengung an eine Stelle, wo sie nicht hingehört. Ungefähr so wichtig und ergebnisreich erscheint mir auch meine Tätigkeit, wenngleich sie natürlich immer dazu bestimmt ist, irgendeinem Menschen zu helfen oder ihm mindestens das Leben etwas zu verschönern. Aber mein Ehrgeiz geht eben erheblich weiter. Ich wäre bereit, mein Leben zu opfern, wenn ich irgendetwas erfinden könnte, was die Menschheit gegenwärtig zur Vernunft bringt.

Denn die momentanen Vorgänge machen den Eindruck eines Selbstmordversuchs der zivilisierten Welt. Alles ist danach angetan, das zu zerstören, was Genies und Menschenfreunde in Jahrtausenden aufgebaut haben. Es ist schon beinahe keine Frage mehr, wer den Sieg davontragen wird: die Brutalität, die Rücksichtslosigkeit, die Hemmungslosigkeit. Mein Lieblingsbegriff: fair play hat für niemanden mehr einen Sinn. Die, für die er einen Sinn hätte, schauen staunend und tatenlos zu, wie die Lawine über die zivilisierte Welt hinweg geht.«

7. 1938-1940: Im Exil

1938: Vortragsreise nach Dänemark Anfang März - Hitlers Besitzergreifung von Österreich am 13. März - Emigration in die Schweiz

Die Briefe in diesem Kapitel ergänzen und vertiefen die hauptsächlich auf anderen Dokumenten fußende Darstellung von Genia Schwarzwalds Leben und Wirken bis zum Ende des Jahres 1937. Derartige Dokumente - abgesehen von einigen NS-Verfügungen - fehlen naturgemäß ab Beginn des Jahres 1938, und so müssen allein Briefe die Aufgabe übernehmen, das tragische Ende des bis dahin überreichen Lebens von Genia Schwarzwald bildhaft zu machen.

Aus der Zeit vom 1. Januar bis zum 13. März 1938 besitzt das Archiv nur wenige Briefe; vier von diesen, an Aage Dons gerichtet, dienten der Vorbereitung der Reise nach Kopenhagen ab 3. März.

Nachdem am 13. März das NS-Unglück, willkommen geheißen von der Mehrheit der österreichischen Bevölkerung, über ihr Land gekommen war, eilten Helmuth Moltke und der Chronist, unabhängig und ohne Wissen voneinander, nach Dänemark, um Genia Schwarzwald anzuflehen, auf eine Rückkehr nach Wien, zu den Ihrigen, zu verzichten; nur das Argument, dort würde ihre Gegenwart nicht nur sie selbst, sondern auch Hermann Schwarzwald gefährden, fruchtete!

1. Vorbereitung der Vortragsreise nach Dänemark

21. Januar 1938 an Aage Dons
»[...] ich bin geradezu erschüttert, daß Du Dir solche Mühe gibst, mich nach Kopenhagen zu bringen. Mach mit mir, was Du willst. Ich bin bereit, in der Friedensliga der Frauen zu sprechen, und zwar würde ich dafür vorschlagen: ›Der Friede beginnt in der Kinderstube‹. Im Leseverein möchte ich am liebsten eigene Sachen vorlesen, die sich mit Frauen und Kindern beschäftigen [...] Ich freue mich schon auf einen stillen Nachmittag mit Dir, Maria [Lazar] und Merete [Bonnesen]. Da werde ich für Euch allein meinen besten Vortrag halten.«

29. Januar 1938, an Aage Dons, Kopenhagen
»Ich danke Dir hocherfreut für Deine so erfolgreichen Bemühungen. Also ich spreche im Radio am neunten März (Thema noch unbekannt) und am elften März in der Liga über ›Der Friede beginnt in der Kinderstube‹. Wenn Du noch was Drittes willst, so wäre ich nur dann dafür, wenn ich vorlesen dürfte, eigene oder fremde Sachen. Einen weiteren Vortrag auszuarbeiten, hätte ich keine Zeit, da ich gegenwärtig außerordentlich beschäftigt bin. Ich lerne - neben Schule und Wohlfahrtswerk, Briefeschreiben und Artikelverfassen - Englisch, weil ich nämlich Ende Mai im Broadcast in London sprechen soll. So unternehmend bin ich! Ach, wäre ich doch in meiner Schulzeit so fleißig gewesen! Was wäre da aus mir geworden!«

Klarsichtig, unsentimental, fast nüchtern die Vorwegnahme des Endes ihrer Existenz im Brief an Karin Michaelis (nach New York):

2. Vorahnen des Zusammenbruchs: Ein Brief an Karin Michaelis

2. Februar 1938
»Meine liebste Karin,
wenn ich Dir nicht so viel und so ausführlich schreibe, als Du möchtest und als ich mich gedrängt fühle, so hat das seinen Grund darin, daß ich kein

Talent zum Unglück habe. Ich habe in meinem Leben nie klagen gelernt; ich war wirklich immer begeistert und geneigt, alle Dinge so lange zu drehen, bis ein Rosenschimmer von ihnen ausging. Aber was soll ich jetzt machen? Ich bin zur Selbsttäuschung unfähig und es widerstrebt mir, da ich mein Lebtag keine Beichternatur war, mein tieftrauriges Herz meinen Freunden bloß und zuckend darzulegen. Du fragst, ob Du mir helfen kannst. Nein, meine liebe Karin, das kannst Du nicht und das kann niemand. Niemand kann dem Völkerbund Energie einflößen, niemand verhindern, daß letzten Sonntag in Barcelona dreihundert Nicht-Kombattanten ermordet worden sind; nichts kannst Du tun, um die deutsche Sprache zu retten, die jetzt das schmutzige Gewand geworden ist, in das sich Schmähungen und Lügen kleiden; niemand kann die vielen hundert Wiener jungen Menschen, die in heller Begeisterung nach Rußland gegangen sind, um dort gute Spezialistenarbeit zu leisten, aus dem Dunkel der Gefängnisse befreien, worin sie schmachten, ohne daß wir wissen warum; niemand kann mir die Sicherheit zurückgeben, die ich einmal zu haben glaubte, daß man die Welt durch Erziehung vorwärts bringen kann, daß es aus dem Wald heraustönt wie man hereinruft, daß jeder Konflikt zu lösen ist, wenn man nur das rechte Wort findet. Es wird gerüstet, es wird gemordet, es wird verbrecherisch gelogen, es wird gehetzt, es nimmt immer größere Dimensionen an, es werden immer weitere Kreise davon ergriffen, und wenn man gefragt wird, wie es einem geht, so kann man nur sagen: danke, besser als im nächsten Jahr.

Dazu kommt die Lage Österreichs und damit die meines Hauses und meiner Freunde. Wir leben auf einem Vulkan. Es ist als ein österreichisches Wunder zu bezeichnen, daß wir noch nicht in die Tasche gesteckt worden sind, um in einem Regime gleichgeschaltet zu werden, das die besseren Menschen unter uns von ganzem Herzen verachten. Man weiß nicht, was man tun soll. Soll man hier liquidieren? Alles, was man geschaffen hat, im Stich lassen? Die Menschen, die an einem hängen, enttäuschen? Die Jugend, der man so viel versprochen hat, schutzlos lassen? Und wenn man fort könnte, wohin? Wo ist das Land, das einen will, das einem Arbeit gibt, das einen auch nur duldet?

Dazu kommen noch meine eigenen Verhältnisse. Für den Fall, ich selbst könnte den Rest meines Lebens noch irgendwie retten: Du glaubst doch nicht, daß man Hemme, der schon in frühester Jugend ein zaudernder, abwartender Mensch war, still in sich ruhend wie ein echter Philosoph, zu irgendeiner Änderung bewegen kann? Er würde, wenn SA-Männer ins Zimmer drängten, noch immer nicht daran glauben, daß die Welt ganz ohne Raison ist.

Und weiter: wie kann ich aus meiner Umwelt Heiterkeit schöpfen, wenn Walther [Schneider] für eine große Arbeit monatlich hundert Schilling bekommt, so daß er ohne unsere Hilfe gar nicht zu leben vermöchte; wenn Mieze froh ist, wenn zwei Frauen am Tag zu ihr kommen, um sich schön machen zu lassen, was ihr zusammen drei Schilling trägt; wenn Mariedl das ganze Jahr acht bis zehn Stunden täglich in der Schule hockt, um dann in den Ferien zwölf bis sechzehn Stunden täglich Grundlsee zu leiten, und erst meine Sprechstunde!

Auch sonst kommt einem nichts Gutes zu. Helmuth [Moltke] war hier, wahnsinnig traurig wie jeder gute Deutsche. Dann Merete [Bonnesen], so schwer nervenkrank, daß sie gezwungen war, schon nach 8 Tagen wieder abzureisen. Kaum war sie fort, kam Maria [Lazar]. Ich habe in den sechs Wochen, die sie hier war, alle Qualen des Mitleidens mitgemacht: krank, körperlich überhaupt unzulänglich, von Sorgen gequält und zerfressen, und zugleich fiebernd von ungestilltem Ehrgeiz.

Am Weihnachtsabend waren einige wenige traurige Menschen hier; am Silvesterabend waren Hemme und ich so verstimmt, daß wir ganz allein blieben.

In Wien ist nichts mehr zu machen. Es ziehen sehr viele Leute fort, insbesondere die, die noch etwas Vermögen haben und sich bewegen können.

Auch allen meinen Freunden in Deutschland geht es sehr schlecht. Hans und Dicky [Deichmann] sind so unglücklich über die Vorgänge in ihrem Vaterland, daß sie nicht zum Bewußtsein ihres eigenen häuslichen Glückes kommen, obgleich sie ein wunderbares Kind haben und ein weiteres erwarten. Aber wen kann es freuen, Kinder in eine Welt hineinzustellen, die so irrsinnig ist? Ich wäre sehr froh, wenn Du ihnen ein paar freundliche Zeilen über ihr Kind schriebest, welches ihr einziger Stolz ist.

Emmy Heim [intime Freundin von Genia Schwarzwald, hochgeschätzte Sängerin] vermisse ich sehr. Sie würde für ihr Leben gern in Wien wohnen, wenn sie sich hier ernähren könnte, aber sie bekommt hier nicht einen einzigen Schüler, während sie in Toronto nicht nur an der Musikakademie, sondern auch privat außerordentlich geschätzt ist.

Liebe Karin! Was soll mich freuen? Wenn man am Morgen erwacht und liest, Carola Neher, die meines Freundes Klabund Heißgeliebte war, sei hingerichtet worden, so braucht das nicht einmal wahr zu sein, um einem einige schlaflose Nächte einzutragen.

Alles, was ich Dir erzählt habe, ist ein winziger Teil von dem, was mich wirklich bewegt. Trotzdem ist die Schilderung zu dunkel, denn so, wie die menschliche Natur nun einmal beschaffen ist, sitzt man ja nicht immer unter einer Wolkendecke, und mein Temperament insbesondere ist nicht danach angetan, permanent Trübsal zu blasen. Also, ich bin manchmal einen Augenblick glücklich, wenn ich merke, daß Hemme gesünder ist als sonst; wenn die zahllosen Liebesbriefe junger Menschen an mich aus aller Herren Länder ankommen; als es mir gelang, mit Hilfe von Vicki Zuckerkandl Walthers Schopenhauerbuch bei Bermann-Fischer in Verlag zu geben, wo es höchst erfolgreich, wenn auch für ihn nicht ertragreich herauskam; ich freue mich, wenn ein guter Witz gemacht wird, wenn jemand für einen Gedanken die letzte und beste Form findet; wenn ich Hemme an einer wissenschaftlichen Arbeit sehe; wenn mir selbst etwas, was ich für andere tue, gelingt: eine gefundene Stelle, ein erfolgreicher Brief, ein wirksamer telephonischer Anruf. Solche Dinge lassen mich manchmal merken, daß meine Kraft noch nicht geschwunden ist.

Du darfst Dich nicht beklagen, daß Du diesen Brief bekommst. Du hast ihn oft genug provoziert, und ich verspreche Dir, daß er der letzte seiner Gattung ist.

Es ist süß von Dir, daß Du mich immer nach Amerika locken willst. Aber es versteht sich von selbst, daß ich dieser Lockung nicht Folge leisten kann. Ich kann Hemme nicht allein lassen. Ich mache mir schon Gedanken darüber, ob ich Anfang März für ein paar Tage nach Kopenhagen soll, wo mir der junge Aage Dons liebenswürdigerweise einen Vortrag im Radio und einen in der Friedensliga verschafft hat. Der Gedanke, mein Haus zu verlassen und es vielleicht nicht ganz ebenso wieder zu finden, ist es, der mich lähmt.

Daß ich hier nicht fort kann, hat auch noch einen anderen Grund: ich muß ununterbrochen arbeiten, wenn ich das bißchen Geld verdienen will, welches das Wohlfahrtswerk braucht, denn ich bekomme von keiner Seite die geringste Hilfe. Hier gibt es keine reichen Leute mehr oder sie halten sich verborgen, und das Ausland hat sich von Österreich zurückgezogen und hat auch eigene Sorgen genug.

Ich würde gerne für meine Zwecke eine Stelle annehmen, aber es gibt keine; oder ein Geschäft gründen, aber dazu habe ich keine Mittel. So bleibt mir nichts übrig, als weiter ›fortzuwurschteln‹, wie man das bei uns nennt, wenn man mit ganzer Kraft halbe Arbeit tut.

Ich habe jetzt zehn Minuten nachgedacht, ob mir noch etwas Angenehmes einfällt. Da das aber nicht der Fall ist, schließe ich. Da fällt mir eben auch ein, was Du für mich tun könntest: Dich schonen! Der Gedanke, daß Du einen Knax bekommen könntest, veranlaßt schon einen Knax bei mir. Ich habe mich nämlich seit dem vorigen Frühjahr, als Du den Schiffsunfall hattest, noch nicht erholt.

Liebe Karin!«

Genia

9. Februar, an Aage Dons
»Mein liebster Aage,
das süßeste lyrische Gedicht von Dir könnte mich nicht tiefer bewegen als Deine Geschäftsbriefe. Mein Gott, warum bist Du für Dich selbst nicht so tüchtig: Du würdest ja so berühmt werden wie Lord Byron. Ich schicke Dir das gewünschte kleine Resumé und bin auch bereit, von allem anderen Resumés zu schicken [...] Das Einzige, das mich tröstet, sind kleine Liebestaten; eine solche zu tun, bist Du gerade dran, indem Du mir Gelegenheit gibst, nach Kopenhagen zu kommen. Dafür sei herzlichst bedankt. Es umarmt Dich Deine treue Genia«

(Nur 32 Tage später bewahrte die »kleine Liebestat« Genia Schwarzwald vor dem Nazi-Terror in Wien.)

9. Februar 1938, an Erika Kühtreiber, geb. Goldschmidt
»Meine liebe Erika,
Dein mir sehr lieber neuer Name - ich begriff nie, warum ein Herr Kühtreiber sich den Namen Paris von Gütersloh zulegte - sowie die Tatsache, daß Du im Dom zu Salzburg getraut worden bist, ist für mich bereits eine kleine österreichische Novelle mit einem glücklichen Ausgang. Es gibt in diesem Augenblick nichts Besseres, als wenn junge Menschen sich in Liebe finden. Möge es Dir glücken, aus dieser Verbindung alle Freude zu gewinnen, die Menschen einander bereiten können.
Es umarmt Dich glückwünschend Deine ›Fraudoktor‹«

16. Februar 1938, an Helene Weigl, emigriert
»Uns geht es, wie es eben gehen kann, wenn man auf einem Vulkan lebt (nicht tanzt). Gerade die letzte Nacht, die wir schlaflos - auf das Ergebnis der Unterredung Schuschnigg-Hitler wartend - zugebracht haben, hat uns gezeigt, in welch kritischer politischer Lage wir leben. Dazu das unabsehbare Elend der Andern, die sich um mich drängen, wie in alter Zeit, und denen ich täglich weniger helfen kann. Es ist nur ein Glück, daß unser persönliches Leben so sanft und harmonisch verläuft wie immer, und daß Hemme - etwas gesünder als in früheren Jahren - all den Attacken gewachsen ist. Wenn man in der Josefstädterstraße die Türe schließt, liegt die kalte, grausame und gefährliche Welt draußen.

Aber es ist ja kein Wunder, daß die Welt immer weniger taugt. Lauter Fehlbesetzungen, deren sich eine Schmiere schämen müßte: Künstler machen Geschäfte, Geschäftsleute treiben Kunst und Irrsinnige sitzen auf Thronen. Wehe uns, daß wir das Publikum dieses Schauspieles sind! Ich bin, wenn ich an Dich denke - und das tue ich oft und gern - immer außerordentlich froh, Dich dem unerfreulichen Getümmel Europas entrückt zu sehen, bei guter produktiver Arbeit und großem Ansehen, denn ich liebe Dich sehr. Sei zärtlich umarmt von Deiner treuen Genia«

1. März 1938, an Aage Dons (letzte Karte aus Wien!)
»Liebster Aage, natürlich bin ich bereit, Montag, den 7. schon um drei Uhr Tee zu trinken, was ich noch nie getan habe, seit ich lebe, weil bei uns um fünf Uhr Teestunde ist. Aber was täte ich nicht, um mit Dir beisammen zu sein.

Was mir gegenwärtig am meisten auf der Seele liegt, ist daß ich über Frieden sprechen soll, in einer so unfriedlichen, häßlichen Zeit. Ich weiß buchstäblich nicht, was ich sagen werde. Dabei war ich von dem Thema begeistert, als ich es wählte. Aber es liegen eben für mich schreckliche vierzehn Tage dazwischen.

Also auf Wiedersehen Sonntag in Kopenhagen!

Herzlichst Deine Genia«

3. Im Exil

Kopenhagen (Tourist Hotel), 17. März 1938, an Aage Dons (4 Tage nach dem Verlust ihrer Heimat, ihres Wirkungskreises, ihres Vermögens, und ganz besonders voller Ungewißheit über die Ihrigen!)

»Mein liebes, geliebtes, herzensgutes Agerl, ich habe gestern mein Zimmer nicht verlassen, und so habe ich nur von Deinem Ingwer gelebt, für den ich innigst danke, und vom Anblick eines roten Rosenstraußes, den mir ein anderer gutherziger Däne geschenkt hat.

Ich hoffe von Herzen, daß Du nach den aufregenden und sehr anstrengenden Tagen bald wieder ins Gleichgewicht und zu Deiner Arbeit kommst. Von dieser verspreche ich mir sehr viel. So aufgeschlossen und flott, wie Du diesmal warst, bist Du sicher fähig, Dein Bestes zu geben. Auf das aber, was in Dir ist, hält große Stücke Deine Freundin Genia. Danke!«

Kopenhagen, 19. März 1938, Karte an Aage Dons
»[...] nur ein Sonntagsgruß und die Mitteilung, daß soeben ein gutes Telegramm über Hemme bei Merete eingelaufen ist, worüber ich sehr glücklich bin.

Gestern war ich von Unruhe ganz krank und mußte im Bett bleiben. Heute bin ich voll von Kraft und Tatendrang, aber wohin damit? So schreibe ich Dir eine Karte als Äußerung meines starken Lebenswillens. Sei umarmt von G.«

Kopenhagen, 19. März 1938, an Alice Herdan-Zuckmayer nach Zürich
»Geliebte Liccie, ich bin ein stehengebliebener Regenschirm. Am 8. und 10. hielt ich hier Vorträge. Jetzt bin ich noch da - von den Freunden zurückgehalten und von Hemme nicht reklamiert. Ich spreche am 13. im Radio, dann in verschiedenen kleinen Städten.

Bitte gehe zu Frau Lily Reiff, meiner Freundin, und sage ihr, daß ich nicht nach Zürich kommen kann. Dagegen wäre ich ihr sehr dankbar, wenn sie Hemme ein dringendes Einladungstelegramm senden könnte. Es würde ihn freuen und aufmuntern.

Hoffentlich sehen wir uns bald; ich liebe Dich und Dein Kind sehr. Deine FrDr.«

Kopenhagen, 11. April 1938, an Alice Herdan-Zuckmayer
»Die zitternde Angst in Deinem lieben, guten und klugen Brief hat mich erschüttert. Wenn schon meine lebensfähige Liccie so verzweifelt ist, wie muß es Anderen, vom Leben weniger gut Ausgestatteten, gehen!

Aber mir sagst Du nichts Neues! Alles, was geschehen ist - ich bin großartig informiert - habe ich schon im Dezember gewußt und immer wieder versucht, Hemme und Mariedl zur Liquidierung unserer dortigen Existenz zu bewegen. Seit dem 12. 2. habe ich für diese keinen Heller mehr gegeben. Aber die Meinen blickten gutgläubig und unbeweglich.

Ich beschäftige mich inzwischen hier - wenn ich nicht gerade krank bin - ich bin erst heute wieder von einem schweren Bronchialkatarrh auferstanden, mit dem Verdienen meines Lebensunterhalts durch Vorträge und Artikel, mit der Suche nach Wegen zu Hemmes Ausreise und mit einer Verdienstmöglichkeit, wenn ich ihn erst wieder habe. Ob es mir gegönnt sein wird, Hilfsaktionen für Andere zu leisten oder zu fördern, ist sehr fraglich. Ich glaube, Mariedl und ich werden Mühe haben, unseren Lebensunterhalt zu verdienen. Ich rechne eigentlich damit, daß Haus, Schule, Pension, Küb, Grundlsee und Semmeringschulplatz verloren sind - also alles, was Hemme und ich in 35jähriger Arbeit verdient haben, abgesehen davon, was wir für Andere verausgabten. Jetzt heißt es: noch einmal anfangen.«

4. Die Auflösung der Schule

Am 22. April 1938 wurde der vor 1938 NS-Parteigenosse Oberbaurat Konstantin Peller zum Kommissar der Schwarzwaldschen Schulanstalten bestellt. Bereits 12 Tage später war er offensichtlich so beeindruckt von der Besonderheit dieser Schule, daß er als Schlußfolgerung seines Berichts an den Stadtschulrat vom 3. Mai 1938 beim Unterrichtsministerium den Antrag stellte, die Schule nur ja nicht aufzulösen, sondern sie zu einer »arischen Mädchenschule umzugestalten«. Dieser Bericht, inhaltlich und formal bemerkenswert, beginnt mit den Worten: »[...] daß es nur im Interesse der Behörden liegen könne, diesen wirklich ausgezeichneten Schulbetrieb der zukünftigen Erziehung und Ausbildung arischer Mädchen zu sichern.«

»Lage: die Schulräume befinden sich in den beiden obersten Stockwerken des Häuserblocks Herrengasse/Regierungsgasse/Wallnerstraße [...] sehr hell, luftig, staubfrei und sonnig, dem Straßenlärm entzogen.
Größe: Im ersten Stockwerk: 16 Klassenzimmer mit 20 - 42 Plätzen, Lehrerzimmer und Direktionskanzlei und ein großer Festsaal (zugleich als Turnsaal eingerichtet); im Stockwerk darunter der mit aufsteigenden Bankreihen versehene Lehrsaal für Physik und Chemie, versehen mit allen notwendigen technischen Einrichtungen [...]
Außer diesen genannten Innenräumen verfügt die Schule auch noch über das große freie Terrassendach, das während der warmen Jahreszeit als Erholungsplatz in den Zwischenpausen, aber auch für Unterrichtsstunden im Freien zur Verfügung steht.
Mitglieder des Schulvereins von 1921 (aus dem Privatbesitz der Gründerin der Schule, Frau Dr. Eugenie Schwarzwald, übernommen) waren immer die Eltern der jeweiligen Schülerinnen, während der Vorstand, dem auch Frau Dr. Schwarzwald angehört hat, jeweils durch die Hauptversammlung gewählt wurde.
Nachdem auch Frau Dr. Schwarzwald durch ihren Berliner Rechtsanwalt, Graf Helmuth von Moltke, ausdrücklich ihren Austritt aus dem Vorstand erklärt hat, ist die Schule ganz dem neuen Vorstand, d. i. dem kommissarischen Leiter unterstellt, der somit auch ein besonderes Interesse an der künftigen Gestaltung der Schule nimmt.
Nach der Ansicht des komm. Verwalters verdient die Schule gerade wegen ihrer guten Ausstattung, wegen aller vorhandenen Behelfe für den Betrieb einer Frauenoberschule, sowie insbesondere wegen der für den künftigen Lehrplan so unentbehrlichen Turnsäle und des Dachgartens das Interesse und die Aufmerksamkeit der Behörden in dieser Zeit der Neuordnung. Es wäre ganz besonders bedauerlich, wenn dieser seit so vielen Jahren durch staatliche Zuwendungen und durch die Zuteilung von staatlichen Lehrern erhaltene und ausgebaute Schulbetrieb jetzt der sehr unsicheren Zukunft einer

jüdischen Schule überlassen werden sollte [...] richtet daher die dringende Bitte, dem hiesigen Schulbetrieb in Würdigung aller hier vorhandenen und geschilderten Werte die Möglichkeit zu geben, im Rahmen der großen Aufbaupläne ebenfalls positiv mitarbeiten zu können, zum Besten deutscher Wiener Jugend.«

Kopenhagen, 1. Mai 1938, an Aage Dons
»Ich bin sehr traurig, daß Du zu Pfingsten nicht kommen kannst, denn ich fühle mich hier mehr als verlassen. Aber ich verstehe es sehr gut, Dein Buch und die Übersetzung sind Grund genug.
Meine Krankheit verläuft in Folge meiner starken Gesundheit objektiv vollkommen zufriedenstellend. Wie lange ich aber dies Leben noch ertragen werde, weiß ich nicht. Man ist ja im Augenblick der Erkrankung nicht mehr Subjekt, sondern Objekt. Das Verhalten der Leute im Krankenhaus ist übrigens über jeden Zweifel erhaben.
Liebster Aage, verzeih, daß ich Deiner Jugend und Sensibilität dieses tragische Erlebnis angetan habe. Ich hatte erstens keine Ahnung, daß es so schlimm ausfallen würde, und hatte auch zweitens nicht den leisesten Verdacht, daß Du lauschen könntest; das sieht Dir nämlich gar nicht ähnlich. Hoffentlich werde ich noch einmal so weit gesund, um Dir auch Freude machen zu können, wozu die allergrößte Lust hat Deine G.«

Kopenhagen, 14. Mai 1938, an Franticek Langer
»Hochverehrter Franticek Langer, meine verehrte und verehrungswürdige Prager Freundin, Frau Isa Strauß, die ich bei Taten wahrer Menschenliebe kennengelernt und in weiterer Folge lieben gelernt habe, bittet mich, bei Ihnen - unter Berufung auf mich - vorsprechen zu dürfen, weil sie einen Wunsch hat, dessen Erfüllung bei Ihnen liegt. Bitte empfangen Sie sie, wie sie es verdient.
Ich bin gerade auf der Suche nach einem Lande, welches mir gestattet, mein Lebenswerk neu aufzubauen, da ich meinen Wirkungskreis, meine Schule, mein Wohlfahrtswerk, meine Heime, mein Vermögen, kurz alles verloren habe und überdies von meinem Manne fern bin, durch den unglücklichen Zufall, daß ich am 3. März eine Vortragsreise antrat, von der ich nicht mehr heimkehren sollte. Halber Tod.
Aber die andere Hälfte von mir, die noch lebt, will den Versuch machen, irgendwo Fuß zu fassen für den Rest der Tage. Meine ständige Adresse ist c/o Frau Merete Bonnesen, Redaktion Politiken Kopenhagen. Alles Schöne und Gute von Ihrer treuen Genia Schwarzwald.«

20. Mai 1938 (bei Karin Michaelis in Thurö), an Lajos Hatvany
»Lieber und verehrter Freund, Karin, bei der ich gerade bin, will Ihnen nicht ein Kärtchen, sondern einen Brief schreiben. So sende ich ein solches voraus, nur um Ihre Fragen zu beantworten.
1. Ich habe noch keine Pläne, sondern nur allerlei schlummerraubende Sorgen.
2. Meinem Mann geht es leidlich. Er lebt traurig, aber in philosophischer Ruhe in unserem Hause.
3. Natürlich sorge ich für andere, so gut ich kann: die Katze läßt das Mausen nicht.
4. Habe ich Ihnen zwei Karten geschrieben, während Karin eine von Ihnen erhalten hat.
Mein Haus in Küb ist weg, das am Grundlsee muß schleunigst verkauft werden. Gerettet wird nichts, aber das macht mich nicht so traurig als der Verlust meines Lebenswerkes und die gegenwärtige Trennung. Bitte, lassen Sie auch Christa von meinem Ergehen wissen: sie interessiert sich für mich. Ich liebe Sie sehr, Laczi!«

Zürich, 27. Juli 1938, an Pat Coates (in China)
»Du kannst Dir keine Vorstellung machen, wie sehr mich Deine Zuschriften erfreuen, insbesondere jetzt, da ich von allem getrennt bin, was ich liebe. Ich sitze hier in Zürich und warte, daß man Herrn Doktor die Ausreise gestattet, was sich immer noch verzögert, obgleich er und ich auf alles verzichtet haben, was wir in W. besaßen; das muß man nämlich tun, ehe man auswandern darf. Unsere Angelegenheiten besorgt mein Sohn Helmuth [Moltke], der mir ungefähr so teuer und ergeben ist wie mein Sohn Pat.
[...] Auch den alten Wilhelm Busch liebe ich sehr. Melancholisch wie alle Humoristen, hat er die Welt verzerrt und brutalisiert dargestellt, aber hinter seinem Spott und seiner Schärfe steckt eine unendliche Herzensgüte und eine tiefe Sehnsucht nach einer schöneren Welt. Ich habe als junger Mensch beinahe den ganzen Busch auswendig gekonnt und fand, daß alles, was er sagte, in alle Situationen paßte. [...]
Wenn es endlich gelungen sein wird, die Meinen hier zu haben, so denke ich sehr stark daran, in Frankreich ein österreichisches Sporthotel zu gründen. Die Schweiz hat zu viele solche Institutionen, und außerdem habe ich in Frankreich noch bessere Verbindungen als hier. Mein Freund, der Minister Pierre Comert vom Quai d'Orsay, hat mich sehr animiert, wenn ich etwas mache, Frankreich zu wählen, aber natürlich kann ich nichts entscheiden, ehe Herr Doktor hier ist, umsomehr als unsere amerikanischen Freunde mich bestürmen, wir sollten nach Amerika kommen. Aber auf das letztere wird Herr Doktor bestimmt nicht eingehen.«

Zürich, 30. Juli 1938, an Karin Michaelis
»[...] Grete Kraus habe ich in Paris getroffen. Sie fuhr als Sekretärin eines Vetters, der durchaus kein Kanadier ist, sondern der berühmte Wiener Universitätsprofessor Marck, von dem kein Mensch wußte, daß er eine jüdische Großmutter hat, und der nun weggejagt wurde, worauf mehrere Universitäten sich seiner Person zu bemächtigen bestrebt waren; er wählt Kanada. Grete soll dann dort zur Musik, von der sie (mit Recht) nicht lassen will, hinüberwechseln.

Heute habe ich drei gute Nachrichten. Ich war gestern beim Arzt und er findet, daß die Heilung fortschreitet. Daß ich Schmerzen habe und nicht schlafen kann, macht ihm gar nichts. Die gräßliche Narbe findet er wunderschön. Kurz, er ist ein bedeutender Arzt und ich bin eine Patientin. Die zweite positive Nachricht ist, daß die ausländische Bank, bei der Hemme angestellt war, fest entschlossen ist, seinen Pensionsrest weiter nur an ihn zu zahlen; hoffentlich kommt nichts dazwischen. Das Dritte ist, daß ich für die Meinen ein Einreise-Visum hierher besorgt habe. Weniger günstig steht es um die Ausreise, so lange mein Erholungsheim noch nicht verkauft ist; und der Verkauf zieht sich hin. Muß ich Dir, meiner besten Freundin, erst sagen, daß meine Geduld bis zum Reißen angespannt ist? Unter diesen Verhältnissen kann ich noch nichts über unsere Zukunft sagen. Die Schweizer Freunde sind dafür, daß wir in der Schweiz bleiben, die französischen für Frankreich, die amerikanischen für Amerika.«

Der NS-Kommissar für die Schwarzwaldschen Schulanstalten hatte auf seinen Antrag vom 4. Mai nur hinhaltende Bescheide von den Schulbehörden erhalten. So stellte er am 16. August 1938 einen Antrag auf Wiederverleihung des Öffentlichkeitsrechts, der jedoch sofort abgelehnt wurde. Kommissar Peller bat deshalb am 3. September 1938 den »Stillhaltekommissar für Vereine« um die Genehmigung zur Selbstauflösung des schulerhaltenden Vereins, um mittels Liquidierung des Vermögens »die nötigen Abfertigungen für die entlassenen Lehrer und Angestellten zu sichern«.

Formell wurde der Verein erst am 12. April 1939 behördlicherseits aufgelöst.

Zürich, 30. August 1938, an Karin Michaelis
»Ich schreibe nicht, weil nichts passiert. Die meisten meiner Briefe gehen an Leute, von denen ich mir einbilde, sie könnten meinem Hemme zur Ausreise verhelfen. Bis jetzt konnte es keiner.

Die Tage verlaufen grau in grau, nur manchmal hebt sich ein schwarzer Fleck ab. So gestern, als ich erfuhr, daß meine Schule von ihren gegenwärtigen Besitzern aufgelöst wird. Das schöne Stück Pädagogik, das hier zu

Hause war, hat ja schon am 11. März sein Leben beschlossen, aber nun sind durch die Schließung auch noch 50 Menschen arbeitslos geworden. So ein Erlebnis bringt es dann mit sich, daß meine Narbe heißer brennt und meine Füße den Dienst versagen. Es ist viel zu viel, was mir das Schicksal auferlegt hat, und ich darf ruhig sagen, daß ich es nicht verdient habe.

Der Verkauf von Grundlsee steht wieder in Frage, weil irgendwelche Formalitäten nicht in Ordnung sind. So bewege ich mich zwischen Fremdenpolizei, Notaren und schweizerischer Staatskanzlei hin und her und versuche, alles in Ordnung zu bringen, um Grundlsee loszuwerden. Das hätte wohl niemand gedacht.

Das Einzige, was mir hier gut tut, ist die relative Einsamkeit in einem kleinen Hotelzimmer. Hier teilt wenigstens niemand mein Leid. Das deutsche Sprichwort ist wie alle Sprichwörter falsch: geteiltes Leid ist nicht halbes Leid, sondern tausendfaches Leid. Wenn ich schreiben könnte, würde ich darüber schreiben. Grüß mir alle Menschen und sonstigen Lebewesen, die das Glück haben, in Deiner Nähe zu atmen, und sei umarmt.«

5. Hermann Schwarzwald endlich in der Schweiz

Zürich, 29. September 1938

Inniggeliebte Karin,

Also heute ist der grosse Tag. In Buchs habe ich mir Maridl u. Hemme geholt u. jetzt kommt mir alles, was ich in den letzten sieben Monaten erlebt habe, wie ein böser dunkler Traum vor. Von diesem düstern Hintergrund hebt sich Dein lichtes Bild ab, ich danke Dir für alles, was Du für mich getan hast und bleibe für alle Zeiten ganz Deine

Genia

Schönen Gruss an Frau Inge

Zürich, 1.Oktober 1938

Mein liebster Aage,

Da Du so viel und so intensiv mit mir gelitten hast, ist es nicht mehr als billig, dass ich Dir mitteile, _wie_ glücklich ich bin. Maridl u. Hemme sind hier. Dieser Satz ist das erste lyrische Gedicht.

Deiner getreuen Freundin *Genia*

Zürich, 17. Oktober 1938, an Pat Coates
»Hemme ist nun bei mir und damit ein großer Teil meiner Sorgen behoben.

Hemme ist noch immer sehr niedergeschlagen und traurig, aber sein körperliches Befinden bessert sich von Tag zu Tag. Wenn es so weitergeht, werde ich wohl bald in der Lage sein, an die Ausführung meines neuen Planes zu gehen. Ich möchte gern ein österreichisches Sporthotel in Frankreich gründen. Zahlreiche Freunde haben sich angetragen, mir dabei materiell behilflich zu sein. Zu einer anderen Arbeit habe ich kaum Lust. Mit Schule möchte ich nichts mehr zu tun haben. In einer Welt der Ungerechtigkeit, von Kampf und Gewalt kann ein Erzieher wie ich nicht mehr die Heiterkeit und Seelenkraft aufbringen, die man braucht, um die Jugend glücklich zu machen und sie mit Schwingen zu versehen. Das konnte ich früher.

Eine journalistische Arbeit aber kann ich nicht finden, weil es sozusagen keine deutsche Zeitung mehr gibt. Jetzt habe ich nur noch zwei schweizerische, da nunmehr auch die tschechischen dahin sind.

Aber ein Heim zu leiten, in welchem hauptsächlich junge Freunde von mir Erholung und Vergnügen suchen, fühle ich mich noch immer in der Lage.

Von Wien ist nichts zu retten. Unser Haus haben wir gekündigt. Da die meisten Möbel eingebaut waren, können wir nur sehr wenig Hausrat mitnehmen. Geld, Schmuck und Pelze hatten wir nie. Mein Kinderheim in Küb ist beschlagnahmt worden, ohne daß man mir davon Mitteilung gemacht hatte; Grundlsee ist um den zehnten Teil des Preises verkauft worden, um die Umzugskosten und Steuern zu decken.

Meine Schule, die fünfhundert Schüler hatte, wurde am 15. September 1938, an jenem Tag, an welchem sie 37 Jahre bestand, gesperrt, ohne mich davon zu verständigen. Die Schuleinrichtung, die Einrichtung des Festsaales, unsere kostbarsten Sammlungen wurden verkauft, ohne daß ich vorher auch nur ein Wort davon gehört hätte. Geld habe ich keines davon bekommen.

Meine Lehrer sind über ganz Deutschland verstreut; glücklicherweise haben die meisten Stellen bekommen. Es waren ja auch die besten Lehrer von ganz Wien.

Jetzt besitze ich noch einen kostbaren Bauplatz auf dem Semmering, aber die Leute sagen, das ist kein Bauplatz, sondern ein Platz für Ackerbau und sie könnten ihn auch, wenn sie wollten, beschlagnahmen.

Es blieb uns nichts übrig als ein kleiner Zuschuß, den Hemme von der Zeit, als er Chairman der Anglobank war, aus England bekam. Dieses Geld ist das Einzige, was zwischen uns und dem Hungertod steht, aber ich mach mir natürlich gar nichts daraus. Ich weiß bestimmt, daß ich bald genügend Geld verdienen werde, um uns alle zu erhalten.

Wenn ich Dir alles doch schreibe, so geschieht es nur, weil ich weiß, daß Du es wissen willst, und weil ich finde, daß Du als einer meiner treuesten Freunde ein Recht hast, die Wahrheit zu wissen, wie übel mir mitgespielt worden ist.

Du weißt, daß ich niemals mit meinen Taten aufgeschnitten habe, aber heute darf ich es sagen, es gibt in Wien mindestens 200.000 und in Berlin etwa 50.000 Menschen, die nicht mehr am Leben wären, wenn ich ihnen nicht geholfen hätte, und daß Hemme durch seinen Geist und seine tiefen Kenntnisse Österreich saniert, die Nationalbank aufgebaut und den Schilling gehalten hat, das weißt Du ja auch.

Angesichts solcher Ungerechtigkeit verstummt man, wirft die Vergangenheit hinter sich und denkt an die Zukunft.«

Zürich, 8. Januar 1939, an Pat Coates
»[...] Keine Leistung meines Lebens kam mir so bedeutend vor, wie die Geduld, die ich jetzt im Ertragen bitterer Nachrichten und im Erleiden immer neuer Stöße an den Tag lege. Seltener Fall, daß etwas Negatives einem bedeutender dünkt als die positive Leistung. Darum darfst Du Dir nicht vorstellen, ich läge weinend auf einem Sofa. Im Gegenteil, ich bin äußerst aktiv, wälze fortwährend Pläne, wo Hemme, Mariedl und ich eine Zuflucht suchen sollen und tue auch vieles dafür. Noch erfolgreicher bin ich aber in der Hilfe für andere. Ich habe Emigranten aller Art zu Weihnachten mit Lebensmitteln versehen, Geld zur Ausreise verschafft, Kinder adoptieren lassen und vieles andere mehr. Zeitgemäße Arbeit: Flickschusterarbeit. Von Aufbau keine Rede.«

31. Januar 1939, an Pat Coates

»Von Deiner Mutter höre ich heute zu meinem großen Schmerz, daß Dir irgendein indiskreter Mensch meine Krankheit verraten hat.

[...] Am 1. Mai konstatierte ein Kopenhagener Arzt, ich hätte den Brustkrebs und müßte mich bald operieren lassen. Ich fing an, mich um Visa und Einreisebewilligung zu bewerben, und das dauerte volle 3 Wochen. Erst am 21. Mai war ich so weit, die Reise in die Schweiz, wo ich die Operation vornehmen lassen wollte, anzutreten. Natürlich war diese Zeit auch noch voll von Arbeit. Zweimal kam Helmuth [Moltke], um mit mir über unsere Wiener Verhältnisse zu konferieren. Ich hielt noch 5 Vorträge in Vereinen und zwei im Radio. Dann erst konnte ich mich in Bewegung setzen. Das geschah am 21. Mai. Meine erste Station war bei Karin in Thurö. Aber schon in der Nacht fühlte ich mich krank. Ich ging am nächsten Tag zu Karins beliebtem und sehr bewundertem Arzt. Er sagte, ich müsse auf der Stelle operiert werden. Drei Tage vor der Operation schrieb ich mit der Hand 24 Briefe an Herrn Doktor, und zwar vordatierte, für den Fall, daß ich die Operation überleben würde, außerdem 50 Briefe an meine Freunde, darunter auch einen an Dich natürlich, für den Fall meines Todes. Auch ein Testament verfaßte ich, da ich ja damals nicht wußte, daß mir alles, was ich besitze, gestohlen werden würde.

Am 24. Mai wurde ich operiert und die Sache ging ziemlich glatt vorbei, da ich ja sehr gesund bin und gar keiner Pflege bedurfte. Die Leute dort waren liebevoll und diskret mit mir, was ich sehr schätze, gespenstisch war nur die Tatsache, daß im ganzen Heim kein Mensch ein Wort Deutsch, Französisch oder Englisch konnte, während ich kein Dänisch kann. Ich konnte mich nur durch Zeigen verständigen.

Inzwischen erkrankte Karin und erst am 4. Juli, meinem Geburtstag, kehrte sie aus dem Spital nach Hause zurück. An diesem Tag bekam ich einen Brief von Hemme, er habe sich nunmehr entschlossen, Wien zu verlassen, was er bis dahin absolut nicht wollte, und ich müßte dafür Sorge tragen, daß seine Auswanderung in Fluß käme. Das konnte ich nur in Paris machen. Ohne mich zu besinnen, in dicke Verbände gehüllt, zog ich bei glühender Sommerhitze, die plötzlich ausgebrochen war, mit einem Emigrantenschiff III. Klasse über Antwerpen und Brüssel nach Paris und versuchte dort mein Glück; wie sich nachher erwies, war alles, was ich tat, vollkommen vergebens gewesen. Als ich im Juli in Zürich ankam, waren alle meine Freunde weg in den Ferien, und ich habe mit Ausnahme des einen Tages, an dem mich Deine lieben Eltern besuchten, eine überaus traurige und einsame Zeit verlebt.

Der August und der September waren ganz ausgefüllt von der Verzweiflung um Hemmes Ausreise und von der scheinbaren Unmöglichkeit, diese durchzusetzen. Es würde zu weit führen, wenn ich Dir erzählen wollte, wie ich dann am 22. September in letzter Stunde die Ausreise aus Wien und die Einreise in Zürich von Hemme möglich gemacht habe. Am

Tage vor seiner Ankunft war ich zum ersten Mal wieder glücklich und, um nun alles hinter mir zu haben, ging ich zur Kontrolle meiner Krankheit zu einem berühmten Züricher Arzt, Prof. Clairmont. Als Prof. Clairmont meiner Brustwunde ansichtig wurde, wurde sein vorher heiteres Gesicht (er hatte in jungen Jahren auf Bällen mit mir getanzt) sehr ernst, und er sagte: ›Sie müssen sich sofort noch einmal operieren lassen‹. Ich versuchte zunächst, meiner Krankheit durch Bestrahlungen beizukommen. Als mir aber Prof. Clairmont durch einen gemeinsamen Freund sagen ließ, die Sache hätte die größte Eile, habe ich mich am 24. November noch einmal operieren lassen. Das zweite Mal ist mir die Sache wirklich sehr sauer geworden, obwohl man auch hier äußerst lieb mit mir war. In den ersten Dezembertagen bin ich dann nach Hause gekommen, und seither lebe ich in Erwartung voller Gesundheit so den Tag dahin.

Höre, Pat, jetzt weißt Du alles, wenn auch keine Details. Laß Dich nicht durch andere Leute erschrecken. Hätte ich das Gefühl gehabt, daß ich lebensgefährlich krank bin und bald sterben muß, so hätte ich Dich nicht getäuscht, sondern wäre mit Dir vollkommen aufrichtig gewesen. Es hat aber gar keinen Sinn, Dinge, die eventuell gut werden können, auf solche Entfernung zu berichten.«

Ascona, 24. Februar 1939, an Pat Coates
»Heute muß ich eine große Freude mit Dir teilen. Hans u. Dicky [Deichmann] sind bei mir und so glaube ich, daß die Sonne scheint, obgleich es schneit.«

Ascona, 14. März 1939, an Karin Michaelis
»Daß Du Dir auch um mich Sorgen machst, tut mir sehr leid. Es ist richtig, daß die geheimnisvolle Krankheit, die mich so zur unrechten Zeit ergriff, noch nicht ganz vorbei ist. Meine Narbe schmerzt mehr als sie von Rechts wegen darf. Mein rechter Arm ist geschwollen und mein rechter Fuß versagt den Dienst. Aber ich bin trotzdem fest überzeugt, daß Dr. Reinsholms Diagnose, ich würde genesen, stimmt.

Ich fühle nämlich neben allen Schmerzen und aller Unbequemlichkeit einen immensen Lebensdrang, schreibe unaufhörlich Briefe, um uns den Aufenthalt in irgend einem Lande zu ermöglichen, verfasse Artikelchen, beantworte Briefe, kurz, ich tue so, als ob ich gesund wäre. So bin ich an das Kranksein nur durch die Tatsache erinnert, daß ich beinahe immer zu Bette bleiben muß.«

Ascona, 23. März 1939, an Karin Michaelis
»Vorläufig hängen wir in der Luft, da unsere Aufenthaltsbewilligung in der Schweiz am 30. März abläuft. Da wir aber in der Schweiz ausgezeichnete und mächtige Freunde haben und auch persönlich sehr beliebt sind, besteht

die Wahrscheinlichkeit, daß man uns hier dulden wird, wenn nicht irgendwelche politisch-dramatischen Zwischenfälle kommen. Das Recht, sich in der Schweiz aufhalten zu dürfen, erregt aber in meinem Herzen durchaus keine ungetrübte Freude. Unsere Mittel, die ausschließlich aus Hemmes englischer Pension bestehen, reichen nicht aus, um drei Personen zu erhalten, insbesondere, wenn zwei davon krank sind und ein Drittel der Einnahmen zu Ärzten und Apotheken wandert. Also Mariedl und ich müssen in einem Lande leben, wo man arbeiten darf. So haben wir an Frankreich gedacht*, aber die Politik vom September** hat alles vernichtet. Sogar die Einreise nach Frankreich macht nun große Schwierigkeiten.

Das einzige Vernünftige, was wir tun könnten, wäre eine Übersiedlung nach Amerika, aber davon will Hemme nichts hören, und überdies gibt es für unsereinen kaum einen Weg, ohne das normale Visum herein zu kommen. So ist das mit uns noch ein großes X. Wir wissen weder wo noch wovon wir in der nächsten Zeit leben werden. Vorläufig ergänzen wir Hemmes Einkommen durch die kleinen Beträge, die ich mit meiner bescheidenen Journalistik verdiene.

Deine Furcht, ich könnte mein Leiden dazu benutzen, um die ›Flucht in die Krankheit‹ zu ergreifen, ist ganz unbegründet. Ich habe von altersher das bißchen Psychologie, das ich besitze, hauptsächlich an meine eigene Person gewendet. Gegenwärtig ist es so: Ich denke bei den heftigsten Schmerzen nur an meine nächste Bergtour; ich bin fest entschlossen, ein neues Leben für mich und andere zu beginnen. Wien, Grundlsee und die Josefstädterstraße liegen weit hinter mir. Und daß ich es bin, die zwei Operationen durchgemacht hat, glaube ich nicht. Du siehst, es ist keine große Gefahr, daß ich bei Gelegenheit körperlichen Unwohlseins meine geistige Gesundheit verlöre. Im Gegenteil! Ich habe das Gefühl, als könnte ich, wenn mein rechter Fuß es erlaubt, Berge voll von Alpenveilchen ausreißen und sie Dir zu Füßen legen.«

Ascona, 4. April 1939, an Felix Braun in England
»Mein lieber und hochverehrter Freund, wie gut war es doch, von Dir zu hören und noch dazu aus einem Lande, das so gut zu Dir paßt!

Da ich noch immer nicht ganz gesund bin - man erwartet meine Genesung von der Sonne, aber die kommt nicht - so brauche ich dringend Trost. Dein Brief war ein solcher. Erstens denke ich, daß Deine englischen Freunde es zustande bringen werden, Dich in ihrem menschenwürdigen Lande festzuhalten; zweitens war ich froh überrascht, daß die Deinen nicht

---

* Zwei Projekte schon angeboten.
** Westeuropa schenkt Hitler das Sudetenland.

mehr in der Hölle Wien sind. Das war Dir ja das Schlimmste, sie dort zu wissen. Aber ich war auch sonst froh über jedes Deiner Worte: es tut wohl, sich so beschrieben zu hören und nicht ›nein‹ sagen zu müssen. Du sagst, meine Arbeit hätte Dank verdient. Nun wohl: ich bin belohnt genug! Was ist das, wenn zehntausend Wiener, deren Kindern ich das Leben gerettet habe: Heil Hitler! rufen, wenn Felix Braun: Evoe Genia! sagt. Es macht mir Mut zu neuer Arbeit, wenn ein Mensch wie Du meine bisher getane anerkennt. Ich danke Dir.

Von unseren Freunden willst Du hören. Also schreibe ich das Wenige, was ich weiß. Von Eugen [Antoine] hatte ich kürzlich Nachricht, in sehr traurigem Ton. Sein Leben ist gegenwärtig eine Versammlung von Herrlichkeiten, die nicht da sind. Ich kann mir kaum denken, wie dieser ohnehin so einsame Mensch lebt.«

Genia Schwarzwald informiert Felix Braun dann über verschiedene Freunde und ihre eigenen Auswanderungsaussichten hinsichtlich Frankreich und USA:

»[...] dann beginnt erst die größte Schwierigkeit: wie bringt man Hemme dazu, diesen Continent zu wechseln! Daß auch ich keine begeisterte Auswanderin bin, wirst Du verstehen. Aber ich könnte mir vorstellen, daß ich in Amerika nicht nur den Meinen und mir gute Lebensmöglichkeiten verschaffen könnte, sondern vielleicht auch viele wertvolle Freunde nachziehen. Jedenfalls könnte ich ein Zentrum für gutgesinnte Menschen schaffen. Als Ersatz für Grundlsee will mir ein Freund eine Farm in Vermont anbieten.

So, jetzt habe ich so viel geschrieben, um Dich, den Gewissenhaften, zu gleich ausführlicher Berichterstattung anzuregen.

Herzlichst umarmt Dich Deine dankbare Genia«

In einem langen, liebevollen Brief vom 31. Mai 1939 beschreibt Dorothy Thompson alle Schwierigkeiten und Möglichkeiten für eine von vielen Freunden befürwortete Immigration in die USA, ihre bisherigen fast erfolgreichen Hilfeleistungen hierzu und die materiellen Opfer, zu denen sie bereit ist, falls Genia Schwarzwald sich für die USA entschließen sollte, um zum Schluß doch von einer Übersiedlung abzuraten.

Darauf antwortet Genia Schwarzwald am 27. Juni 1939:

»Und nun zu der von Dir so klar und lichtvoll dargestellten Sachlage. Ich rechne es Dir umso höher an, daß Du Dich in unseren Angelegenheiten bemüht hast und sogar beträchtliche materielle Opfer dafür bringen willst, als Du im Herzen den Wunsch hegst, uns in Europa zu wissen [...] Alles, was

Du schreibst, hat mir eingeleuchtet und mich gerührt. Was Du von Amerika sagst, schreckt mich nicht in allen Punkten. Ich bin nie arm, fühle mich nie einsam, bin nie gelangweilt, finde mich in jeder Lage und bin jeder gewachsen. Nur eine Deiner Äußerungen muß ich auch für mich gelten lassen: der Verlust der Muttersprache ist tatsächlich eine Tragödie [...]«

Im zweiten Teil ihres Briefs spricht Dorothy Thompson von der bedrängten materiellen Lage der Schwarzwalds, weswegen sie ihrer Bank Anweisung gegeben hat, monatlich $ 100,- an Genia Schwarzwald zu überweisen, und bittet sie, diesen Beitrag zu Genia Schwarzwalds und zu ihrem eigenen Seelenfrieden anzunehmen.

»Du hast Dein ganzes Leben für andere verschwendet und mußt dabei gelernt haben, daß Dankbarkeit die seltenste aller menschlichen Tugenden ist. Aber, Genia, eine Tugend ist es auch, etwas anzunehmen, wenn man weiß, daß es aus tiefster Zuneigung und Dankbarkeit kommt. - Trotz allem, ich beneide Dich irgendwie um Deinen Schlupfwinkel in der Schweiz. Du lebst wenigstens unter Menschen, die wissen, was in der Welt los ist. Was hier am schwersten zu ertragen ist, ist die Gleichgültigkeit allem Geschehen gegenüber [...]«

Genia Schwarzwald nahm die Hilfe an:
»[...] Ich selbst habe mir bisher in meinem ganzen Leben von keinem Menschen helfen lassen. Aber Deine Art, mir Deine Hilfe anzubieten, war so warm, so überzeugend, so voll Verständnis für meine Hemmungen, daß ich keinen Moment zögere sie anzunehmen.«

6. *Hermann Schwarzwald stirbt am 17. August 1939*

Am 17. August 1939 starb Hermann Schwarzwald in Zürich.

Flims, 22. August 1939, Dicki Deichmann an Pat Coates in China
»Lieber Pat, Frau Doktor bittet mich Dir zu schreiben, daß Herr Doktor am 17. August in Zürich gestorben ist. Seine Krankheit dauerte verhältnismäßig kurz. Sie brachte eine so große Schwäche mit sich; wir hoffen deshalb, daß er wenig gelitten hat. Wie es Frau Doktor geht, brauche ich Dir nicht zu sagen. Aber wieviel Fassung ein Mensch bei tiefem Leid haben kann, habe ich zum ersten Mal erfahren. Es ist ihr ein besonderer Kummer, Dir diese traurige Botschaft senden zu müssen und Dich so weit fort zu wis-

sen. Hans und ich empfinden es als ein großes Glück, daß wir hier Fraudoktor nahe sein können.

In 10 Tagen [Kriegsbeginn] müssen wir zurück [...]«

In den gleichen Tagen, August 1939, Rudolf Serkin an Karin Michaelis
»Liebste Karin, Fraudoktor bittet mich, Dir zu schreiben. Hemme ist Freitag nachts in Zürich gestorben. Er erkrankte in Flims; man fuhr ihn im Krankenwagen nach Zürich, wo der Arzt viel Hoffnung machte, aber am selben Abend starb er. Sein Herz war zu schwach. Ich weiß das nur von Hans Deichmann, der mit Dickie und den beiden Kindern in Flims zu Besuch ist. Ich kam zu spät. Genia ist außerstande, Dir schon zu schreiben, Mariedl auch. Geliebte Karin, ich kann es nicht ausdrücken, wie traurig und jammervoll alles ist [...]

Hans und Dickie bleiben bis zum 30. August bei Genia, dann wollen sie versuchen, dafür zu sorgen, daß Fraudoktor nie ohne Besuch sein wird [...]«

7. Briefe des letzten Jahres

Zürich, 3. November 1939, an Pat Coates in China
»[...] Wie mir zumute ist, weißt Du. Ich habe meinen besten Freund verloren, ja mehr, den Antrieb zum Leben, meinen Lebensinhalt, mein Lebensziel. Ich weiß absolut nicht, wie ich weiterleben soll, und vor allen Dingen nicht, ob ich weiterwirken kann. Alles, was ich tat, geschah ihm zu Ehren, ihm zuliebe. Er war so gut gegen mich, so nachsichtig, so dankbar. Nichts auf der Welt war schlimm, solange man hoffen durfte, daß er durch die Türe eintritt, daß er einem einen zärtlichen, besorgten, diskreten Blick zuwirft. Das Einzige, was mich in den beiden letzten Monaten hie und da Vergessen finden ließ, ist die Tatsache, daß ich selbst sehr krank bin. Ich habe, nachdem ich meine erste Todeskrankheit voriges Jahr überwunden hatte, eine neue Erkrankung. Ich liege seit Hemmes Kremation mit unsäglichen Schmerzen und beinahe bewegungslos zu Bette an einer Krankheit, welche arthritis deformans genannt wird.

Wenn ich meine Existenz aus der Ferne betrachten könnte, so würde ich objektiv sagen: es kann einem Menschen, mitten im Krieg, nach dem Verlust des geliebtesten Menschen, der Heimat, der Lebensstellung, des Vermögens, in der Fremde, wenn er überdies noch schwer krank ist, überhaupt nicht besser gehen. Dieses intellektuelle Bewußtsein hilft mir aber nicht über die Tatsache hinweg, daß es mir persönlich außerordentlich schlecht geht und daß ich nicht recht weiß, wie ich mich den Rest des Lebens noch auf den Beinen halten soll [...]«

Zürich, 25. Dezember 1939, an Dorothy Thompson
»[...] Das letzte Halbjahr hat mir die beiden tragischesten Erlebnisse meines Lebens gebracht: Hemmes Tod und meine - leider nicht tödliche - Erkrankung. Zugleich mußte ich die niederdrückende Erfahrung machen, daß man nicht Herr seines Lebens ist. Immer hatte ich mir fest vorgenommen, Hemme und den neuen Weltkrieg nicht zu überleben.

Ich liege im Bett und lasse meine Gedanken schweifen. Äußerlich geht es mir nicht einmal schlecht, und das ist Dein Verdienst. Als ich Mitte Juli Deine so geschwisterlich angebotene Hilfe annahm, tat ich es mit dem Selbstbewußtsein eines Arbeiters, der bald wieder arbeitsfähig sein wird. Es sollte anders kommen. Ich kann nicht arbeiten und die winzige englische Pension Hemmes reicht nicht weiter als zur Bezahlung von Wohnung, Heizung und Steuer.

Zu den wenigen Freuden, die mir noch blühen, gehören Deine wohlverdienten Erfolge. Ich hörte letzthin im BBC London einen Artikel von Dir, der an Verstand, Einsicht, Gemüt und Niveau alles überragte, was man sonst da zu hören bekommt. Darauf schlief ich die ganze Nacht wie ein gesunder Säugling. Dann bekam ich eines Tages Deinen überzeugend-sozialen Artikel über Anton und Anna und war den ganzen Tag vergnügt.

Um meinen Kummer zu erhöhen, kommen jede Woche neue Arbeitsangebote: ich soll in Stockholm für finnische Kinder was organisieren, in Canada bei einer Siedelung helfen, in London eine Emigrantenküche eröffnen. Ich aber habe ein gebrochenes Herz und eine morsche Hüfte.

Nur so viel Kraft habe ich noch, Dir und den Gleichgesinnten, die wir haben, für ihre harte Arbeit alles Glück in 1940 zu wünschen.«

Anfang 1940 - das genaue Datum ist nicht bekannt - notierte Robert Musil, mit dem eine langjährige, wenn auch nicht enge Verbindung bestand und der sich zu dieser Zeit ebenfalls in Zürich aufhielt, in sein Tagebuch: »Beobachteter Gedankengang: ohne daß ich noch den Zusammenhang wußte, habe ich an den armen Zeus von Tarnopolis [gemeint ist Genia Schwarzwald] gedacht, der jetzt in Zürich, und wahrscheinlich sehr reduziert, lebt. Die Neugründungspläne vorbei, der Mann plötzlich gestorben, sie selbst tödlich krank. Ich fragte sie im Geiste, ob sie denn gläubig sei, und da ich mir das nicht vorstelle, wie sie es mache, ihr Schicksal zu tragen und noch dem nahen Tode entgegenzusehen [...]«

Zürich, 15. Februar 1940, an Else Siegle
»Meine liebste Elsie, na, ich habe mich ja nicht gewundert! Wenn man an zehn Personen mit einer Bitte herantritt, so funktioniert nur ein einziger, und der einzige bist Du. Die Glücksnachricht für Mieze, daß Du ein Affidavit für

sie hast und noch dazu aus so wertvoller Hand, kam gerade an ihrem Geburtstag und hat uns allen große Freude gemacht. Mein Zustand nämlich läßt mir jede Schwierigkeit berghoch erscheinen, und ein Affidavit ist wirklich ein unübersteiglicher Berg, wenn nicht gerade Siegles da sind, um einen hinaufzugeleiten. Ich beneide Mieze, die in ein paar Monaten nach Amerika kommt, während ich froh sein muß, wenn ich bis ins Badezimmer gelange. Daß ich sehr verwöhnt werde, könnt Ihr Euch vorstellen. Glücklicherweise hat mein Charakter noch nicht darunter gelitten. Kommt Ihr oft nach New York? In diesem Falle grüßt alle meine Freunde. Ich schreibe ihnen nämlich sehr wenig, da es mir an Kraft und Lust fehlt. Aber Euch für den neuen Liebesdienst zu danken, war mir ein Herzensbedürfnis. Ich liebe Euch! FrDr.«

Zürich, 8. April 1940, an Pat Coates
»[...] Ich bin nämlich immer noch gleich krank. Du darfst nicht denken, daß ich ganz verzweifle. Ich werde alles tun, was es gibt, um am Leben zu bleiben. Sollte es aber nicht möglich sein, so will ich mich auch bei dieser Gelegenheit geduldig und freundschaftlich benehmen. Auch großes Mitleid habe ich nicht mit mir. Wenn ich nur daran denke, wie viele junge Menschen, gesund und lebensfähig, jetzt sterben müssen! Ich hatte ja wenigstens schon etwas getan und etwas Freude erlebt, ihnen aber wird die Existenz abgeschnitten, ehe sie begonnen hat.«

Zürich, 12. April 1940, an Hanna Gärtner, zur Emigration in die USA, (handschriftlich, kaum noch leserlich)
»Liebe, geliebte tapfere Frauen, mein Herz zieht mit Euch übers Meer. Möge Euch der neue Erdteil so empfangen, wie Ihr es verdient. In Liebe Genia«

Zürich, 14. Mai 1940, an Dorothy Thompson
»Die hiesigen Freunde wollen mich beinahe zwingen, die Schweiz zu verlassen. Aber kein Mensch sagt mir, wie ich das beginnen soll. Wir haben kein Visum nach Frankreich, kein Geld und keine Ahnung, welche Orte in Betracht kommen, und so muß ich mich wieder an Dich wenden, was ich so ungern tue, da ich weiß, daß Du mit Kopf und Herz aufs Äußerste beschäftigt bist.
Geliebte Dorothy, daß ich einmal genötigt sein würde, Dich zu plagen, hat mir nicht geträumt. Wenn ich nicht so krank wäre, täte ich es nicht.«

Kurz danach kam Dorothy Thompson zu einem dreitägigen Besuch nach Zürich.

Zürich, 13. Juli 1940, an Karin Michaelis, New York
»Schmerzlich ist mir auch die Nachricht, daß das Bombenattentat in der Ausstellung sich in der Nähe von Almas Arbeit abgespielt hat. Ich war auch verstimmt, daß Du noch immer Hoffnungen in meine Arbeit setztest. Ich ersehe daraus, daß Du keine Ahnung hast, wie schlecht es mir geht. Wäre das nicht der Fall, so läge ich nicht untätig zu Bette. Frage nur Dorothy, die ein paar Tage bei mir war, wie wenig geeignet ich bin, etwas zu tun. Ich möchte nicht, daß Du denkst, daß ich mich aufgegeben habe. Die Natur hat mich aufgegeben.

Trotzdem hat sich diese Natur nicht geändert. So hat es mich außerordentlich erschreckt, als Du mir von der Gründung eines Comités schriebst, dem Du angehörst, welches sich die Aufgabe stellt, den europäischen Freunden zu helfen. Ich bitte Dich auf den Knien, laß mich nicht einer von Euren Schützlingen sein. Solange ich nicht am Hungertode bin, und das ist dank Dorothys Hilfe nicht der Fall, will ich von keinem Menschen Hilfe haben. Ich gedenke so korrekt zu sterben, wie ich gelebt habe.

Süße, unendlich liebe Karin! Ich wollte, ich wäre gesund, nur um Dir schreiben zu können, wie tief und gründlich ich Dich liebe. Deine Genia«

Das war der letzte Brief an Karin Michaelis.

Zürich, 23. Juli 1940, an Aage Dons (die letzte Karte von Genia Schwarzwald im Archiv)
»Ich habe eine Bitte: Schreibe unserer gemeinsamen Freundin [gemeint ist Karin Michaelis] einen kurzen Bericht über unseren Freundeskreis. Sie sehnt sich kolossal nach einer Nachricht und wird die eines jungen Mannes besonders zu schätzen wissen.

Meine Gesundheit bessert sich nicht, wohlwollende Leute behaupten, das hinge mit dem sehr schlechten Wetter zusammen. Du weißt ja, was für Wetter es in Zürich gibt, Du hast es ja im vorigen Jahr selbst erlebt. Mariedl grüßt Dich herzlich, Mieze behauptet, du hättest ihr einen Brief versprochen.

Von Herzen umarmt Dich Deine

8. Genia Schwarzwald stirbt am 7. August 1940

Von Karin Michaelis (»Das Mädchen aus den ukrainischen Wäldern«) an die Hand genommen, haben wir den Gang durch Eugenie Schwarzwalds Leben begonnen, und nun will es die Fügung, daß es wieder Karin Michaelis ist, die ihn mit und für uns beendet. Mit den wenigen Worten, die sie Freunden einige Tage nach Eugenie Schwarzwalds Tod schrieb, sagte sie das, was alle damals - und heute noch - empfanden.

»New York, den 17. August 1940
Liebste Freunde,
Die Unentbehrliche ist eingeschlafen, wir werden Genia nie mehr hören noch sehen, außer mit inneren Ohren und Augen. Es ist schon drei Tage her, als Mariedl zu mir den Kabel schickte, und ich wollte sofort an Euch schreiben, aber jedesmal, wo ich mich hinsetzte, wurde ich wieder durch den Verlust überwältigt. Es muß ja geschehen.
›Schmerzlos eingeschlafen‹, ja hoffen wir [...]
Und heute bekam ich, mit 13. Juli datiert, einen Brief, welchen Genia an Maridl diktiert und sogar selbst den Nachschrift zugefügt hat. Worte über das Grab hinaus.
Ich fürchte daß von Tag zu Tag es wird schlimmer sein in einer Welt, ohne Genia zu leben, nie mehr an Genia sich wenden können mit den Worten: ›Was soll ich jetzt tun? Rate mich!‹ Ach Genia war für uns alle [...]«

Zürich, den 7. August 1940
Grütlistrasse 96

Unsere geliebte Frau

Dr. phil. Eugenie Schwarzwald

ist heute nacht schmerzlos entschlafen.

Marie Stiasny

Abdankung im Krematorium Zürich Freitag, den 9. August, 9 Uhr

8. Chronik des Buches und des Chronisten

Der Chronist, Hans Deichmann, kommt nur zögernd der Aufforderung seiner Freunde nach, über sich und das Entstehen dieses Buchs Auskunft zu geben, nicht weil er etwas zu verbergen hat, sondern weil er als Hilfsarbeiter - er ist nur einer von vielen - vermeiden möchte, durch eigene Wertungen die Autorin und ihre Zeitgenossen bei ihrer Selbstdarstellung zu stören. Wo er beim Fortschreiten der Chronik selbst zum »Zeitgenossen« wurde, hat er sich ohnehin schon geäußert.

Zunächst: der Chronist leidet an einem akuten Mangel an Vorstellungsvermögen: er vermag sich nämlich beim besten Willen nicht vorzustellen, wie sich sein Leben gestaltet hätte, wäre er in den ersten Julitagen des Jahres 1927 Eugenie Schwarzwald n i c h t begegnet. Und dann: wenn jemand über das Wie und Warum seiner Verbundenheit mit Eugenie Schwarzwald Auskunft geben soll, läuft er Gefahr des Selbstlobs. Nun trotzt der Chronist beiden Einwänden.

1927, zwanzigjährig, beschloß er zusammen mit seinem Freund Rolf Brandt, ein Semester in Wien zu studieren; es war das dritte Semester seines Jura-Studiums, das man damals erst mit dem »Repetitor« ernst zu nehmen pflegte. Rolf Brandt kam aus Berlin, wo er ein regelmäßiger Besucher der »Schloßküche« (Österreichische Freundeshilfe) gewesen war, und so hatte er eine Empfehlung der Berliner Leiterin an Frau Doktor in der Tasche, zog diese jedoch erst Ende Juni hervor (der Chronist später: »Zwei Monate meines Lebens sind mir entgangen!«). Kurzum, über ein von Fraudoktor Rolf Brandt verordnetes Schwimmen in der Donau mit zwei Schwarzwaldschülerinnen - die Freundschaft dauert an -, an dem teilzunehmen der Chronist, Gutes ahnend, bestanden hatte, gelangte er zwei Tage später in die »Josefstädterstraße« ..., die er 13 Jahre lang nicht mehr verließ, genau: 11 Jahre in Wien und 2 Jahre in Zürich (dem Zufluchtsort von Hermann und Eugenie Schwarzwald nach Hitlers Einfall in Österreich).

Bei Fraudoktor begann der Chronist als eines der vielen »Kinder« gleichen Alters, aber schon bald vertiefte sich die Beziehung, ungeachtet des großen Altersunterschieds, über dessen Bedeutungslosigkeit sie beide, ohne es auszusprechen, einig waren. Am 26. April 1930 - nach Ablegung seiner ersten juristischen Staatsprüfung in Köln war der Chronist zweieinhalb Monate Gast im Hause Schwarzwald gewesen - schrieb Dr. Eugenie Schwarzwald an Hans Deichmann:

»... ich will nichts weiter als Dir danken, daß Du da warst und so da warst ... Deine junge, bedingungslose und auf den gleichen Hitzegrad eingestellte Freundschaft erscheint mir nun als unerhörtes Glück. Viele, die mich ohnehin zerflossen finden in Mitleid und Liebe, werden über die Wendung lachen. Du weißt, daß alles, was ich gegenwärtig bin und tue, nichts ist im Vergleich zu dem, was ich unter mir gemäßeren Verhältnissen hätte sein und tun können. Kaum je im Leben war ich zu jemand so freimütig, aber gegen Dich bin ich es zum Dank für 72 in kindlicher Heiterkeit und tiefer Seelenruhe verbrachte Tage.«

Nach dem Tode ihrer Mutter (Ende 1932) schrieb Karin Michaelis an Hans Deichmann: »... Lieber Hans, von Genias sämtlichen jungen Freunden bist du der Einzige, der m i t uns Älteren ohne Zeit-Unterschied fühlen kann. Ich begreife, daß Genia Dich von allen als wahren Freund erkoren hat. Sei glücklich, Hans, halte jedes Glücksmoment mit beiden Händen fest. Deine Karin«.

An der Freude des Briefempfängers hat sich in 55 Jahren nichts geändert.

Im Mai 1977, vor einem Abflug aus Milano, mit Hans Deichmann am Flughafen in der Sonne auf- und abgehend, machte Rudolf Serkin den Vorschlag, die »Kinder«, er ist das älteste unter ihnen, sollten aufschreiben, was in ihrem Leben »Fraudoktor« bedeutet hat, und der Chronist solle die Sammlung betreuen. So geschah's, und 24 von 27 Aufgeforderten beteiligten sich!! Nach der Verteilung der Sammlung (1978), ausschließlich »unter uns«, waren alle davon überzeugt, das Mögliche »in memoriam Dr. Eugenie Schwarzwald« sei damit getan worden.

Das Schicksal wollte es anders! 1981 tagten die Musilfreunde in Rom, und jemand erwähnte den Chronisten als »besten über Dr. Eugenie Schwarzwald Bewanderten«. Die Folge davon war ein Brief von Karl Corino, dem umfassenden Musilkenner, mit dem ein freundschaftlicher Disput über die Frage begann, ob Dr. Eugenie Schwarzwald die Modellfigur für die Diotima im »Mann ohne Eigenschaften« sei oder nicht. Die Heftigkeit, mit der der Chronist dies bestritt, führte zu Karl Corinos dringender Empfehlung, endlich ein vollständiges Bild dieser merkwürdigen Frau und ihres vielseitigen Wirkens in Wien bis zu Hitlers Einfall aus D o k u m e n t e n erstehen zu lassen; der Chronist sei dank seiner langjährigen Verbundenheit mit Frau und Herrn Dr. Schwarzwald, folglich auch als einer ihrer letzten Zeitgenossen, der hierfür Geeignetste. So entstand in vieljähriger Arbeit das »Dr. Eugenie Schwarzwald-Archiv«, dessen gewichtigste und bildhafteste Dokumente das Wesentliche dieses Buches sind.

Nie ausreichender Dank gebührt Karl Corino von all denen, die schon glaubten, auf eine Dokumentation zu »Fraudoktor« endgültig verzichten zu müssen, und ihm gilt der ganz besondere Dank des Chronisten für die stetige Ermutigung, das nicht erlahmende Interesse am Fortgang dieser Arbeit, manche Anregungen und, nicht zuletzt, für wertvolle Beiträge zum Archiv.

»Hilfsarbeiter« an diesem Buch waren zusammen mit dem Chronisten: 34 Bibliotheken, Institute und Archive - weitere 24 erklärten ihr Unvermögen - in Wien, in Linz, in Salzburg, in Berlin (West und Ost), in Kopenhagen, in Los Angeles, in Washington, in Zürich und anderen Orten, dazu mehr als hundert über die Welt verstreute Einzelpersonen; alle haben entweder mit Dokumenten, oder mit schriftlichen oder mündlichen Erinnerungen, oder Ratschlägen oder Auskünften zum Entstehen des heute umfang- und inhaltsreichen »Dr. Eugenie Schwarzwald-Archivs« beigetragen. Als Sprecher der Autorin und ihrer zeitgenössischen Mitautoren wiederholt der Chronist all diesen Helfern den wärmsten Dank für ihre Teilnahme an dem »Unterfangen«, wie es eine der Helferinnen, eine Schwarzwaldschülerin, nannte. Unvergessen werden die fast ausnahmslos erfreuenden Begegnungen mit so vielen bereitwilligen Menschen bleiben; dabei entstanden sogar neue Freundschaften. Auch diese Erfahrung verdankt der Chronist Eugenie Schwarzwald.

Ergänzung zum Lebenslauf von Hans Deichmann: Nach dem Referendarexamen begann er am 1. Januar 1931 eine kaufmännische Lehre bei den I.G. Farben in Frankfurt (Sektor Farbstoffe), promovierte im Mai 1931 zum Dr. jur. und setzte seine Arbeit bei den I.G. Farben, zuletzt als Prokurist für den Verkauf Italien, fort. Im März 1942 wurde er vom Rüstungsministerium dienstverpflichtet und als Beauftragter für die Zusammenarbeit mit der italienischen Bauindustrie (3 Baustellen in Oberschlesien, darunter Auschwitz) nach Rom entsandt. Ab Juli 1943 (Sturz Mussolinis) unterstützte er aktiv, wo immer es ihm möglich war, die italienische Widerstandsgruppe »Giustizia e Libertà«. Seit November 1948 hat er seinen Wohnsitz in Italien, wo er bis 1976 einer kaufmännischen Tätigkeit nachging; er wanderte aus, weil ihm das Um-jeden-Preis-die-Vergangenheit-vergessen-Wollen - in der BRD und in Österreich - unerträglich war.

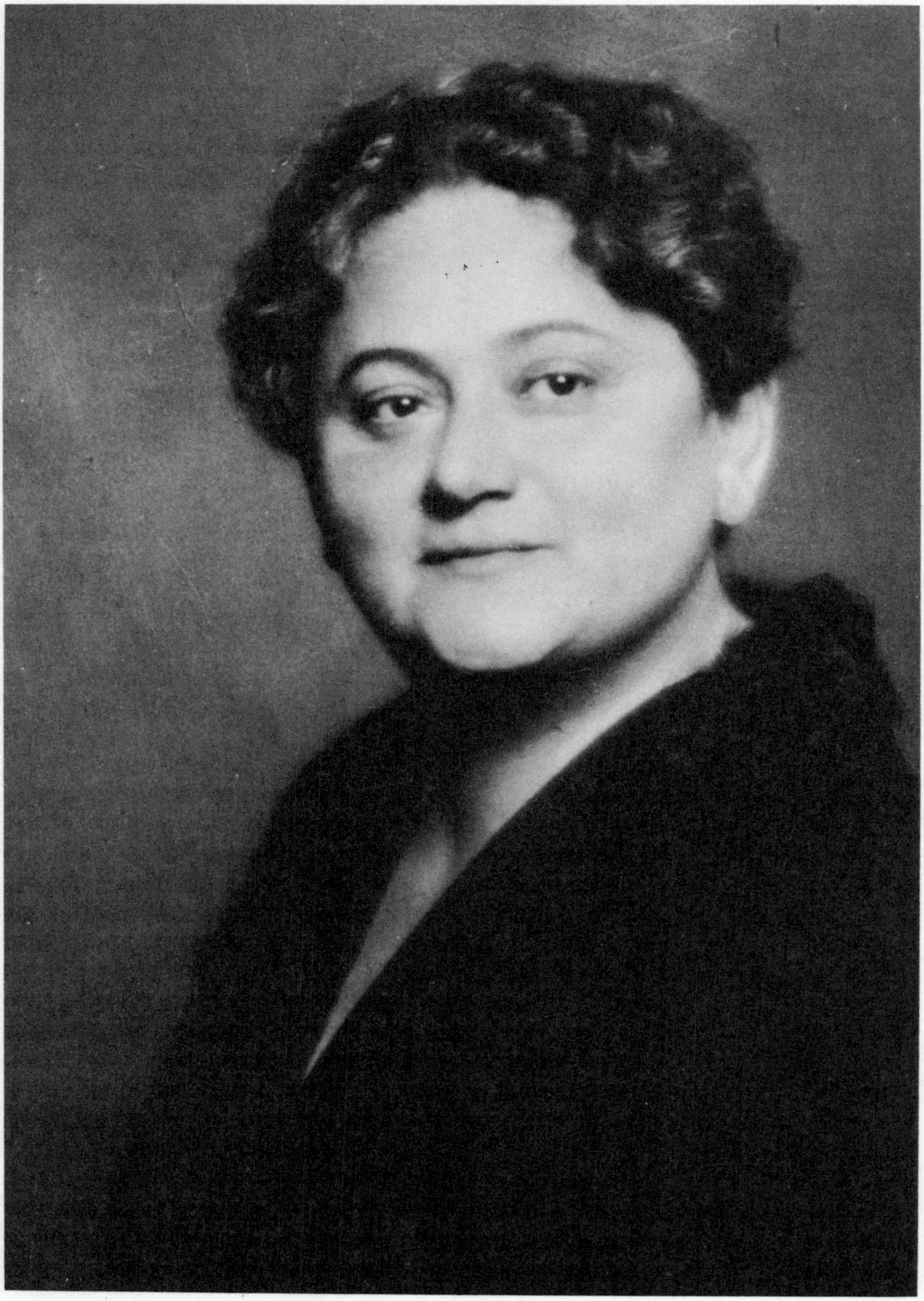

Teil II

Artikel von Genia Schwarzwald

Bei der Wahl der Artikel - 30 von 154 im Archiv vorhandenen - begegnete der Chronist den gleichen Schwierigkeiten wie bei der Auswahl der Briefe (siehe Erster Teil: Genia Schwarzwalds Briefe), galt es doch wieder, den Versuchungen zu widerstehen und gleichzeitig ihnen nachzugeben; gewählt wurden die schönsten, natürlich, und die möglichst beispielhaften für die vielen Themen, die Genia Schwarzwald während ihres reichen Wirkens beschäftigt haben: autobiographischen (1), pädagogischen (2), ihre Sozialarbeit angehenden (3), gesellschaftskritischen (4), erzieherischen für Groß und Klein (5), zeitgeschichtlichen (6) und schließlich »verschiedenen« Inhalts (7).

Auf jedwede Chronologie mußte verzichtet werden, denn Inhalte zum gleichen Themenkomplex - Beispiel: die Artikel mit autobiographischem Inhalt - gibt es aus den verschiedensten Jahren und Anlässen.

Ihre schriftstellerische Tätigkeit begann Genia Schwarzwald 1916 anläßlich der ersten großen Sozialaktion, der »Wiener Kinder aufs Land«, dabei handelte es sich in erster Linie um Unterrichtung der Öffentlichkeit und um Aufrufe zur Mitarbeit. Aber auch die hier folgenden Artikel hatten immer einen »Zweck«, sie sind Teil und sogar ein gewichtiger Teil von Genia Schwarzwalds Arbeit, selbst dann, wenn sie damit nur Mittel für die Sprechstunde zu beschaffen trachtete.

1. Autobiographisches

»Der Ukrainische Liebesbrief«
Neue Freie Presse, 29. August 1926

Marynia war ein ukrainisches Dienstmädchen von 28 Jahren, hatte eine schöne, schlanke Gestalt, ein blasses sommersprossiges Gesicht, eine spitze Nase, fahlblondes Haar, graue Augen, die an den Rändern leicht gerötet waren, und ein heißes Herz. Dieses gehörte dem Forstarbeiter Antek. Jeden Abend kam er zum nahe gelegenen Teich und dann verschwand Marynia für eine Stunde oder so, und wenn sie zurückkam, hatte sie etwas mehr Farbe als sonst und alle Leute im Hause blickten sie scheel an. Der Haß nämlich ist in der Welt sehr beliebt, aber gegen die Liebe sind alle Menschen eingenommen. Insbesondere für eine Hausgehilfin gilt Liebe als ein Luxus, noch schlimmer als Seidenstrümpfe.

Marynia hatte ein Herz; was alle Hausgenossen von verschiedenen Gesichtspunkten aus übel nahmen. Nur eine sympathisierende Seele gab es: die neunjährige Tochter des Hauses: mich. Ich wußte viel von Liebe; erstens hatte ich heimlich das »Käthchen von Heilbronn« und die »Jungfrau von Orleans« gelesen, und außerdem noch den »Schatz der Himmelpfortgasse«, einen Roman, den die Köchin in Lieferungen bezog. Vor allem aber liebte ich selbst mit aller Inbrunst Georg von der Sturmfeder, den Helden von Hauffs »Lichtenstein«. Aber, obgleich ich meine eigenen Gefühle hoch einschätzte, empfand ich doch, daß Marynias Liebe aus Seelentiefen kam, die mir noch verschlossen waren. Mit Marynia war ich eng befreundet. Mit Antek als Liebesobjekt war ich nicht einverstanden. Er war entschieden ein Mißgriff. Wenn ich damals gewußt hätte, daß es das gibt, hätte ich sogar von Mesalliance gesprochen. Denn Antek war um einen halben Kopf kleiner als Marynia und nicht besonders schön gewachsen. Auch war er nur mit einem blauen Auge davongekommen, denn sein zweites war mißfarben und schaute mit Vorliebe nach einwärts. Auf keinen Fall konnte er es mit Georg von der Sturmfeder aufnehmen. Aber der Geschmack der Menschen war eben verschieden. Wenn man es recht überlegte, war ja Wetter vom Strahl auch ein altes eingebildetes Ekel, und Lyonel war ein Zieraffe, und sie wurden doch von Käthchen und Johanna so sehr geliebt. Also warum sollte Marynia Antek nicht lieben? Aus allen diesen Erwägungen heraus war ich stillschweigend die Protektorin dieser Liebe, und wenn meine Mutter fragte, wo Marynia sei, so wußte ich eine Menge anderer Orte zu nennen, nur der Teich fiel mir nie ein.

Eines Sommers aber fand ich nicht die Zeit, mich um die Umwelt zu kümmern. Ein eigenes großes Erlebnis hinderte mich daran. Ich hatte im Juli zum Geburtstag den »Robinson« geschenkt bekommen. Nicht so eine dumme Kinderbearbeitung, sondern den richtigen Original-Robinson. Kaum hatte ich ihn fertig gelesen, als ich tagsüber Quartier in einer vom Elternhause fernab gelegenen Laube nahm, um dort Robinsons Leben in Wirklichkeit umzusetzen. Vor allem handelte es sich darum, Glas zu machen, bei welcher Beschäftigung ich mich von Zeit zu Zeit durch einen Biß in eine Zitrone stärkte, die ich in der Küche gestohlen hatte. Zitrone war gut gegen Fieber, und wenn ich auch keines hatte, schaden konnte es auf keinen Fall; was Robinson tat, nachzumachen, war ehrenvoll. Es fiel mir nicht auf, daß ich trotz ungeheuren Salzverbrauches mit der Glasfabrikation nicht recht weiterkam, und ich war nicht einmal darüber enttäuscht, daß es mir noch kein einzigesmal gelungen war, durch Aneinanderreiben von trockenen Hölzern Feuer zu erzeugen. Versunken in die Robinsonade hatte ich also nicht einmal so viel Zeit, um Marynias Liebesgeschichte zu verfolgen.

An einem heißen Augustnachmittag aber hörte ich von meiner Laube aus heftiges Schluchzen. Ich trat heraus. Im Gras vor der Laube lag Marynia wie abgemäht. »Was hast du?« fragte ich erschrocken. »Antek, Antek!« - »Ist er tot?« - »Nein, wegen Kasia, gestern abend ist er nicht gekommen ... er war mit ihr tanzen ... oh, ich geh ins Wasser!« »Tu das nicht«, sagte ich ernst, »der Teich ist schmutzig, und vielleicht liebt er diese Kasia gar nicht. Sie ist ja so dick. Und überhaupt wegen einem einzigen Mal kannst du doch nicht so eine Geschichte machen! Weißt du was? Schreib ihm einen Brief.« - »Ach Gott, wie du dir das vorstellst«, sagte Marynia, »ich kann doch gar nicht schreiben, das ist nur für Stadtleute.« - »Nein«, sagte ich, »du mußt schreiben. Wenn man etwas aufschreibt, so kann es jeder lesen und dann wird alles wieder gut. Wenn du willst, so schreibe ich ihm.« Marynia hörte augenblicklich zu weinen auf. »Ja, das ist was anderes; schreib du nur.«

Rasch wurde ein wunderschöner Briefbogen aus der Kassette der großen Schwester gestohlen, und nun saß ich an dem weiß gehobelten Tisch, der vor der Laube auf der Wiese stand. Mir war furchtbar bang. Vor meinen Augen tanzten die gelben Malven und die roten Glaskugeln des Bauerngartens, der aus der Ferne zu sehen war. Alles war so schwer und heiß und gelb und rot. Es war ja entsetzlich genug, wenn man eigene Briefe schreiben mußte, nun erst gar fremde! Das war eine Aufgabe, noch viel schwerer als dividieren mit Brüchen. Was sollte ich jetzt tun, damit mir das Richtige einfiel? Vielleicht sollte man beten? Nein, das ging nicht. Ich hatte noch von der vorigen Woche her eine Differenz mit dem lieben Gott: er hatte mich in einer wichtigen Sache im Stich gelassen: Diese Geschichte jetzt mußte man ganz allein erledigen. Man hatte einfach Worte zu finden, die so zwingend waren, daß dieser Mensch zu Marynia zurückkehrte. Er war ja grauslich, und es mußte schrecklich sein, ihm einen Kuß zu geben. Aber Marynia wünschte sich ihn eben. Warum, das konnte kein Mensch wissen. Was empfand Marynia überhaupt? Nun, wahrscheinlich genau das gleiche wie Johanna und Käthchen; man mußte also schreiben, wie sie alle drei zusammen schreiben würden. So, jetzt hatte ich es. Jetzt konnte ich plötzlich, als ob man einen Zapfen aus der

Tonne gezogen hätte. Das heißt, zuerst mußte ich noch den großen Tintenfleck auflecken, der mir, als ich energisch ins Tintenfaß tauchte, auf das prachtvolle hellila Papier gefallen war. Aber dann ging es wie Sturmwind, jeden Strich mit der herausgestreckten Zungenspitze begleitend, schrieb ich: »Lieber Antek! Ich grüße Dich viele tausend Male und teile Dir ergebenst mit, daß mein Herz sich verblutet, weil Du mich wegwerfen konntest für eine gewisse Kasia. Wegen dieser Kasia muß ich fort von dieser Welt ins kalte, unbarmherzige, schmutzige Wasser. Oh mein hoher Herr, Du duldest ja die Nachtigall im Hag, warum duldest Du nicht die Liebe Deiner Marynia? Nie früher habe ich eines Mannes Bild in meinem reinen Busen getragen, und jetzt, und jetzt! Hast Du denn gar kein Mitleid mit Deiner bis in den Tod Getreuen? Meine Liebe ist glühend und tötend. Ich bin ja nicht schön genug für Dich, aber wenigstens habe ich keine dicke Nase und keine schiefe Hüfte, wie eine gewisse andere. Mein heißgeliebter Endloser, ich sage Dir Lebewohl im Namen des Vaters, des Sohnes und des Heiligen Geistes. In Ewigkeit Amen. Möge sich die Dreifaltigkeit Deiner erbarmen und Deiner armen Marynia. Nachschrift: Heut abend bin ich am Teich und warte auf Dich.«

Kaum war das letzte Wort geschrieben, da griff eine rauhe Hand über meine Schulter nach dem Blatt: »Was machst du hier, nichtsnutziger Fratz?« fragte die scharfe Stimme der Tante Albine. Das war jene Tante, die ich am wenigsten leiden konnte, denn sie hatte mich, als ich noch ganz klein war, einmal in den Hals gebissen. Diese Frau las jetzt mit bösen Augen den Brief und tiefste Abscheu malte sich auf ihre ohnehin unlieblichen Züge. »Nein, dieses Kind! Sowas Verdorbenes! Wo hast du das alles her? Schäm dich! Im ganzen Dorf ist kein Kind, welches so einen Brief schreiben könnte! Marsch ins Haus! Vierzehn Tage darfst du jetzt zur Strafe nicht in die Laube.« Wütend warf sie den Brief zu Boden und schritt hoheitsvoll voraus. Ich folgte ihr gebrochen; nur so viel Geistesgegenwart hatte ich gerade noch, Marynia zuzuflüstern: »Nimm den Brief und schick ihn dem Antek.«

Zu Abend essen mußte ich auf meiner Stube ganz allein und bekam auch keinen Apfel zum Dessert. Aber um neun Uhr kam Marynia auf den Zehenspitzen ins dunkle Kinderzimmer und legte mir eine große Birne aufs Bettchen: »Das schickt dir der Antek. Am St. Michaelstag ist unsere Hochzeit.«

»Erste Begegnung mit dem Tode.«
Eine Allerseelengeschichte

Das kleine Mädchen war mit der Vorstellung aufgewachsen: Der alte Pan Lewiski, der Großvater der Nachbarkinder, ist eine komische Figur. Er hatte zwar ein schönes Gesicht und einen schneeweißen Bart und war lang und ganz dünn, das alles gefiel ihr gut, aber es war nun einmal Sitte, über ihn zu lächeln; Anlaß gab er schon. Er machte wirklich zu wenig Gebrauch von seinem Taschentuch. Wenn er aber gar anfing, Schwarzbrot in den großen Kaffeetopf, den er auf dem Schoße hielt, einzubrocken, wurde einem übel. Einmal hatte er gefragt: »Wozu brauchst Du einen neuen Hut? Ist der alte schon zerrissen?« Da mußte man lachen.

Aber sonst war eigentlich nichts Komisches an ihm. Eher alles ein bißchen traurig. Zu seinen silbernen Haaren hätte ein Wams aus schwarzem flamländischem Samt gepaßt, dann hätte er ausgeschaut wie ein Bild von einem großen Maler. Aber er trug immer den gleichen schwarzen Kittel aus Lüster, der schon ganz altersgrün war. Manchmal erzählte er vom polnischen Aufstand. Seine Mutter habe um den gefallenen Bruder Trauerkleider getragen aus schwarzen Stoffen, blutrot umsäumt, das habe »blutige Trauer« geheißen. Wenn er so etwas sagte, so fror man am heißesten Tage. Aber das hinderte nicht, daß man fünf Minuten später, wenn er etwas fragte, sich stellte, als höre man nicht, weil man sich im Spiel nicht stören lassen wollte, oder, daß man unachtsam an seinem Stuhl, der mitten im Hofe stand, vorbeirannte und ihn anstieß. Bei solchen Gelegenheiten schämte man sich höchstens ein bißchen.

Aber seine eigenen Enkelkinder Jan, Mania und der kleine Vitus sagten, das sei gar nicht nötig. Der Großvater sei nun einmal komisch, und man brauche auf ihn gar nicht zu achten. Es waren keine bösen Kinder. Nie hätten sie dem alten Mann einen Schabernack gespielt. Aber eine dunkle Wolke von Nichtachtung umgab ihn. Er war so wertlos wie Bodenkram, nur nicht so interessant.

Befreundet war der Großvater mit keinem, vielleicht ein bißchen mit ihr. Er streichelte ihre Haare, zupfte an ihrem Schürzenband, nahm es nicht übel, daß sie ihn immer so forschend anstarrte und wurde nie ungeduldig, wenn sie ihn ausfragte, wie andere Leute mit ihr immer waren, denn sie war ein Fragekind. Vorigen Sommer, am Tage der Zeugnisverteilung, hatte er ihr sogar etwas geschenkt: eine dicke, schwarze Seidenschnur, an der ein Schlüsselchen hing. Ein sehr schönes Schlüsselchen. Er sagte dabei, es habe zu einer französischen Pendüle gehört, die seiner Mutter während des polnischen Aufstandes abhanden gekommen sei.

An einem Spätnachmittag im November - das kleine Mädchen war etwa acht Jahre alt - stürzte eine Schulkameradin in ihr Zimmer. Diese war das dreizehnte Kind des griechisch-orientalischen Pfarrers und hieß Messalina, während ihr Bruder mit gleichem Unrecht in der Taufe den Namen Aristides empfangen hatte. »Komm mit«, sagte sie hurtig, »wir müssen zu Lewiskis, dort ist der Großvater gestorben. Tote muß man anschauen, das ist fromm.« Dem kleinen Mädchen blieb vor Schreck beinahe das Herz stehen. Was war das? Sollte das heißen, daß der Großvater nicht mehr auf dem Hof sitzen würde? Oder wollten sie ihn gar in die Erde stecken, wie sie letzthin die Parfumschachtel, in der ihr Kanarienvogel lag? Sie ging mit.

Bei Lewiskis roch es nicht nach Sauerkraut wie sonst, sondern nach Weihrauch. Alles war hübsch ordentlich aufgeräumt und auf dem Bette lag der Großvater, milchweiß angezogen, ein Kruzifix in beiden Händen und war so wunderbar schön, wie sie ihn nie gesehen hatte. Er sah so würdig aus und so reinlich. Zu seinen Füßen lag ein Immortellenkranz. Stumm und aufrecht stand das Kind in der Tür, bis ins Herz hinein erhoben. Ihre Hände falteten sich von selbst so heftig, daß sie Angst hatte, sie könne sie nie wieder auseinanderbringen. Im ersten Augenblick hatte sie im matten Kerzenschein nur den Toten gesehen, jetzt blickte sie sich um. Vor dem Bett lagen auf den Knien die Nachbarsfrau und ihre drei Kinder. Tiefe Stille herrschte. Alle hatten den Kopf gesenkt. Wie andächtig das aussah, wie bedeutungsvoll. Dicke, süße Tränen rannen lautlos über des Kindes Wangen.

Da schaute Mania auf. Sie erblickte die beiden Freundinnen. Sofort brach sie in ein furchtbares Lamento aus, in das die Ihren einstimmten, und plötzlich war der Raum mit wüstem Lärm erfüllt. Am liebsten hätte man sich die Ohren zugestopft. Wenn nur der Großvater nicht erwachte! Sie weinten immer weiter. Es war nicht rührend, sondern peinlich. Gut, daß sie wenigstens nichts sagen, dachte das Kind. Aber auch das kam. Jan warf sich jäh über den Toten und rief: »Großväterchen, verlaß uns nicht!« Und Mania setzte hinzu: »Wie sollen wir armen Waisen ohne Dich leben!«

Und da geschah es: das Kind lachte laut auf. Es erschrak zu Tode. So herzlos klang das, so teilnahmslos, beinahe gemein. Und der Großvater war so still und hatte sie - jetzt wußte sie es bestimmt - so lieb gehabt. Alle taten, als hätten sie nichts gehört. Aber das half ihr nicht. Sie hatten es gehört. Sie raste zur Tür hinaus, hastete über den Hofraum, flog die Treppe hinauf und sperrte sich im Bodenzimmer ein, wo die Äpfel aufbewahrt waren. Es war kalt und roch etwas muffig. Sie schob den Riegel vor und setzte sich aufatmend auf die große, grüne, rosenbemalte Truhe, die das Brautgut der Mutter enthalten hatte.

Auf dem Kirchturm schlug es halb acht. Um diese Zeit ging ihr kleiner Bruder Willy - er war drei Jahre alt und sie liebte ihn über alles - schlafen. Heute durfte sie ihm keinen Gutenachtkuß geben, denn sie war eine Verbrecherin.

Großvater Lewiski war tot, und Jan und Mania hatten recht, wenn sie so jammerten. Jetzt mußten sie nämlich noch vierzig Jahre oder länger leben und würden den Großvater nie mehr sehen. Nie wiedersehen war das Schlimmste. Das wußte sie am besten. Als sie noch klein war, blieb sie manchmal vor einem Stein auf der Straße stehen und war nicht wegzubringen, weil sie fürchtete, sie werde diesem Stein nie mehr im Leben begegnen. Und nun erst ein Großvater? Eben war er noch da und nun nie, nie!

Wie schwierig das alles war. Willy war ja noch viel süßer als der Großvater, und die Mutter hatte sechsunddreißig Jahre ohne ihn leben müssen. Wenn man um solche weinte, die nicht mehr da waren, so könnte man ebenso gut um die weinen, die noch nicht da sind. Woher die Menschen wohl kamen und wohin sie gingen? Mit Willy war nicht vernünftig zu reden, der behauptete, er könne sich an gar nichts erinnern, als daß er durch den Plafond aufs Bett gefallen sei. Aber den Großvater könnte man fragen, wenn er wiederkäme. Aber das wäre ja entsetzlich. Wer tot war, mußte tot bleiben. Jetzt wußte sie plötzlich, weshalb Lewiskis so furchtbar geschrien hatten. Sie fürchteten sich einfach. Erstens hatten sie ein schlechtes Gewissen, und dann war es doch auch wirklich ungemütlich, wenn Tote wiederkamen. Sie konnten sogar einen mitnehmen, wenn sie wollten. Deshalb suchte man sie zu bestechen. Die alten Ägypter hatten ihnen Schmucksachen mitgegeben, die alten Römer Speisen, und manche hatten sogar feinen Wein übers Grab gegossen. Nur damit sie still blieben. Nur deshalb machten alle Leute solche Geschichten mit ihnen.

Sie selbst würde natürlich nie sterben. Die Welt konnte ja nicht ohne sie weitergehen. Sie versuchte, sich eine Welt ohne sich vorzustellen. Unmöglich. Also sie blieb am Leben. Aber das war auch abscheulich, denn dann wurde sie ja steinalt, und ihre Eltern starben vor ihr. Das konnte vorkommen. Voriges Jahr, als der Vater vom Pferd gefallen war, hatte der Doktor gesagt: »Na, der ist fertig.« Er hatte nicht gemerkt, daß sie zuhörte. Damals hatte sich der Doktor geirrt und der Vater war nicht »fertig« gewesen. Aber seit damals erwachte sie öfter in der Nacht, weil sie deutlich hörte, wie einer laut sagte: »Er ist fertig.«

Eltern konnten sterben. Ihr war jetzt unendlich kalt und bange. Sie zog beide Beine hoch. Immer mußte man in Gefahren die Füße zuerst in Sicherheit bringen. Auch Willy konnte sterben. Immer war Diphterie im Dorf; dem Müller sein Pawel war auch gestorben, vorigen Winter. Wie gezogen sank sie auf die Steinfliesen, das Gesicht zum Boden gekehrt, lag sie wie leblos. Das Herz war ein Eisklumpen, von dem es langsam abtropfte. Lewiskis hatten recht, so zu schreien; der Tod war furchtbar.

Vor der Tür raschelte ein Frauenkleid. Die Mutter. »Sag mal, Kind, was machst Du da drinnen?« - »Ich steh am Fenster.« - »Warum hast Du die Tür versperrt?« - »Damit keiner rein kann.« - »Warum mußt Du allein sein?« - »Weil der Großvater Lewiski gestorben ist.« - »Bist Du traurig?« - »Nein.« - »Also warum?« - »Ich weiß nicht.« - »Frierst Du?« - »Ein bißchen.« - »Willst Du essen?« - »Nein.« - »Also was willst Du machen?« - »Nachdenken.« Die Mutter ging fort.

Also jetzt konnte sie wirklich ungestört nachdenken. Es war ja schade, daß sie nicht zum Essen in die warme Stube durfte, denn es gab ihre Lieblingsspeise, Mohnnudeln. Aber heut war nicht wie ein anderer Tag. Der Großvater Lewiski war tot. Und sie hatte gelacht.

Warum hatte sie gelacht? Tat es ihr nicht leid? Doch. Es war beinahe unerträglich zu denken, daß er nie mehr ihren Namen rufen würde. Er hatte eine so liebe Stimme. Riesengroß stieg ihr Verlust vor ihr auf. Die Hände, die sie gestreichelt hatten, der Mund, der ihr zugelächelt hatte, das Herz, das sie geliebt hatte, das Auge, das ihr bei ihren Spielen gefolgt war. Das alles war vernichtet.

Aber vielleicht war es für ihn gut, daß er gestorben war. Entweder war er ganz tot und wußte nichts mehr; das wäre ihr am liebsten gewesen. Oder er kam irgendwo hin, und es geschah etwas mit ihm. Wo immer er hinkam, würde er es besser haben als bei Frau Lewiski, die immer so schlampig ausfegte und nicht einmal Mamaliga richtig kochen konnte. Sollte er wirklich weiße Flügel bekommen, wie der Herr Katechet sagte, so wäre das nicht mehr als billig, aber auch wenn er bis zur Auferstehung so in weißem Hemd bliebe, wäre es ihr auch recht. Nur nicht den altersgrünen Kittel.

Schön war es, daß er jetzt Blumen hatte. Nie hätten ihm Lewiskis Blumen gegeben, wenn er noch gelebt hätte. Und plötzlich wurde ihr warm vor Freude. Richtig, heuer zu Majalis hatte sie ihm ja einen selbst gepflückten Maiglockenstrauß mitgebracht. Sie hatte ihn heimlich übergeben und er hatte ihn sofort in die Tasche gesteckt. Aber gefreut hatte er sich doch. Sie hatte solche Angst, Lewiskis würden jetzt einen Stein auf ihn draufstellen, das war so schwer und drückte sicher. Und dann würde sie auch aufpassen, daß die Lewiskikinder sich anständig benähmen und sprächen, damit sich der Großvater nicht im Grab umdrehen müßte. Onkel Franz sagte, das müßten die Toten, wenn ihre Nachkommen einen schlechten Ruf hätten.

Jetzt tat es ihr gar nicht mehr leid, daß der Großvater gestorben war. Er war ja so müd gewesen. In der letzten Zeit war er auch am Vormittag schon eingeschlafen. Er hatte augenscheinlich genug gelebt. Es war gut, daß er tot war. Er war viel zu schade für Lewiskis, gar nicht ein bißchen komisch war er, und über ihn hätte sie auch gar nicht gelacht. Nur über Lewiskis, die taten, als ob sie den Großvater im Leben wert gehalten hätten. »Großväterchen ... Wir armen Waisen ...« So dumm! Und da mußte sie herzlich lachen. Dann weinte sie ein bißchen, und dann lachte sie wie toll, und plötzlich ertappte sie sich auf dem Wunsch: wenn mich Großvater Lewiski hören könnte; er würde sich so freuen, daß ich lustig bin.

Vom Turm schlug es halb neun. So! Sie trocknete sich die Augen, putzte sich energisch die Nase, ging nach unten, öffnete die Türe zum Speisezimmer, steckte den Kopf hinein und fragte: »Mutter, kann ich noch ein bissel Mohnnudeln haben?«

»Die Fleißkarte«
Neue Freie Presse, 5. September 1926

Mit neun Jahren hatte ich Georg von der Sturmfeder geliebt. Der war nun überwunden. Jetzt war ich nämlich schon zehn Jahre alt und kein Dorfkind mehr, sondern ein Schulmädchen der vierten Klasse der Volksschule im achten Bezirk in Wien. Nur kleine Kinder interessierten sich für Bücherhelden; große Mädchen mußten jemanden lieben, der wirklich existierte. Aber woher nehmen?

So dachte ich noch zu Weihnachten. Am 12. Januar aber bekam ich meine erste Fleißkarte. Die Lehrerin selbst überreichte sie mir und sagte dazu: »Du kommst zwar aus dem Wald, aber du bist kein Hinterwäldler.« Dieser Ausspruch berauschte mich umsomehr, als ich keine Ahnung hatte, was ein Hinterwäldler ist. Ich fühlte nur, daß es ein verdientes Lob war. Das genügte.

C. F. Meyer hat nicht recht, wenn er sagt: »Süßres gibt es auf der Erde nicht, als ersten Ruhmes zartes Morgenlicht.« Noch süßer ist es nämlich, seinen jungen Ruhm in weitesten Kreisen persönlich zu verbreiten. Ich rannte nachhause wie gejagt. Atemlos und puterrot brach ich in das Wohnzimmer meiner verheirateten Schwester, deren Dauergast ich war, und keuchte abgebrochen: »Eine Fleißkarte ... nur ich ... erst acht Wochen in der Schule ... Fräulein Weber hat gesagt ...« Die Erwachsenen unterbrachen nur ungern einen Streit über Richard Wagner als Dramatiker. Einer jener Leute, die Kinder immer scherzhaft zu nehmen belieben, sagte neckisch: »Ach, eine Fleißkarte hast du dir gekauft? Bravo! Ich habe sie vorige Woche in der Auslage bei Hochhaltinger in der Laudongasse gesehen. Sie hat zwölf Kreuzer gekostet. Na, zeig mal her.« Einen Augenblick stand ich sprachlos vor Zorn und Demütigung. Dann ein Riß mitten durch, die geliebte, sauer verdiente Karte war entzwei. »Unartiges Kind!« grollte der Schwager. Alle anderen schwiegen. Da erhob sich plötzlich eine Stimme. »Weißt Du, was du bist? Ein ekelhafter Spaßverderber bist du! Nicht wert, mit einem Kind in einem Zimmer zu sein!« Die Ansprache galt dem Witzbold. Der Sprecher war ein Freund meines Schwagers, Onkel Otto genannt. Das war ein heiter blikkender, behaglich-lebensfroher Mann, nahe den Vierzig; also in meinen Augen nahe dem Grabe. Ich hatte ihn eigentlich nie recht leiden mögen, denn er hatte hochrote Lippen und einen blonden Bart, der seidig glänzte. Der Held meiner Träume aber war bartlos, kränklich, beinahe schwindsüchtig. Aber jetzt, als diese himmlischen Worte aus seinem Munde drangen, vergaß ich alles, was ich je gegen Onkel Otto einzuwenden hatte. Er war ein Held, ein Ritter, so merkwürdig und rührend wie Don Quichotte, nur mit mehr Verstand und einem besseren Geschmack in bezug auf Frauen.

Fortan liebte ich Otto – den »Onkel« hatte ich sofort fallen lassen – mit fanatischer Liebe. In den nächsten Wochen war mein ganzes Leben nichts als ein Warten, bis er käme; obgleich ich genau wußte, daß er nur Donnerstag um acht Uhr zum Abendbrot zu kommen pflegte. Aber es hätte ja doch immerhin geschehen können, und da hieß es bereit sein. Meinen weißen Matrosenkragen wusch ich jeden Tag, meine Hände jede Stunde. Ich setzte es durch, das Sonntagskleid (es war rot und grün kariert und hatte eine tegethoffblaue Borte) auch wochentags zu tragen. Meine Hefte wurden unwahrscheinlich schön, für den Fall, daß sich eine Gelegenheit böte, sie einmal zu zeigen. Einen Höhepunkt aber erreichte meine Liebe in einer Mittwochnacht, in der ich vielleicht zum erstenmal im Leben nicht schlafen konnte. Beim Kerzenschein schrieb ich ein Akrostichon:

Oh, lieber Mensch, sei mir nur immer gut,
Treu und vertrauend geb' ich mich in deine Hut;
Tosend überstürzt sich meiner Liebe Flut,
Oger von dir fernzuhalten, hab' ich Mut.

Dann schlief ich tief ein. Dieses Gedicht legte ich Donnerstag abend auf die Treppe. Dort fand es Freitag morgen die Milchfrau und sagte: »Ich will der gnädigen Frau Schwester lieber nicht erzählen, wie du alles auf der Treppe herumstreust. Aber du darfst deine Schulsachen nicht so verschlampen, Kind.« An diesem Tag war ich in der Schule so zerstreut, daß ich nicht nur keine Fleißkarte bekam, sondern sogar von Loko 1 (man saß nach Leistungen) auf Loko 16 abrutschte. Ich konnte nicht aufpassen. Ich mußte immerfort zeichnen, ihn zeichnen: mit schmalen Lippen, düsterfanatischem Blick und immer weniger Bart.

Ich war entschlossen, ihn zu heiraten. Was waren dreißig Jahre Altersunterschied bei solcher Übereinstimmung der Charaktere und Gefühle! Denn er liebte mich auch. Donnerstag vor acht Tagen hatte er gesagt und mich dabei so gewiß angesehen: »Darf ich mir an deinen Augen meine Zigarette anzünden?« Er tat mir ja leid, aber er mußte eben noch acht Jahre warten. Dann war ich achtzehn. Dafür aber sollte er belohnt werden, denn ich hatte vor, so groß, klug und tüchtig zu werden, daß alle Welt staunen sollte. Ich wollte sogar lernen, seine Lieblingsspeise, Schlesisches Himmelreich, zuzubereiten, obgleich es mir lieber gewesen wäre, wenn er Spargel vorgezogen hätte.

Er war Journalist. Ich begann die Zeitung zu lesen, obgleich es mir sehr sauer wurde. Da standen ganz langweilige Sachen drin, und sogar abscheuliche. Nur die Ankündigungen waren interessant, die aber waren gar nicht von ihm.

Am 13. Februar war Abendgesellschaft zur Erinnerung an Richard Wagners Todestag. Ich durfte das weiße Kleid anziehn und bei Tisch servieren helfen. Otto war auch da, das heißt, die andern waren auch da. Neben ihm saß Fräulein Elise. Die war furchtbar komisch. Immer lachte sie, wenn nichts zu lachen war, und machte ein trauriges Gesicht, wenn man erzählte, daß jemand gestorben sei, auch wenn sie der Tote gar nichts anging. Am wenigsten konnte ich leiden, wenn Fräulein Elise sich mit mir beschäftigte, denn sie hatte die Gewohnheit, mich mit einem Finger leicht, zu leicht, unters Kinn zu greifen und zu sagen: »Du bist ein kleiner Liebling.« Dann lief ich jedesmal aus dem Zimmer und kratzte mich so lange am Kinn, bis beinahe Blut kam.

Fräulein Elise war schon alt. Mindestens vierundzwanzig Jahre. Trotzdem puderte sie sich die Nase und hatte an ihrem Hut rückwärts zwei Hängebänder. Sie sagte, die nenne man in Paris »Suivez-moi, jeune homme« und dazu lachte sie so, daß man ihren schwarzen Eckzahn sah.

Mir tat Otto leid, daß er neben Fräulein Elise sitzen mußte. Bei ihm hätte Aschenbrödel sitzen müssen, oder Elsa von Brabant oder Charlotte Corday. Am liebsten ich selbst. Aber Elise!

Als ich die Sauce zum Kalbsbraten herumreichte, wurde ich beinahe ohnmächtig. Ich konnte nämlich ganz deutlich sehen, daß Otto unter dem Tisch Elisens Hand gefaßt hatte und streichelte. Da kippte die Sauciere und der Bratensaft floß hinter Ottos untadeligen Kragen. »Wer serviert denn da?« Er drehte sich heftig um. »Ich«, sagte ich, todesmutig. »Na, dann macht es nix. Du bist eben noch ein kleines Schaf.« Er lächelte nachsichtig. Ich sah ihn mit einem Blick an, der ihn aller Hoheit und Vollkommenheit entkleidete. »Verzeih, Onkel Otto«, sagte ich und betonte den »Onkel« so, daß alle Leute erstaunt aufblickten. Ein Schicksal war durchs Zimmer geschritten.

»Auf allerlei Straßen«

Ein Straßenerlebnis zu erzählen, ist nicht leicht. Man hat zu viele gehabt. Soll ich berichten, daß ich mich als vierjähriges Mädchen von der Hand meiner Mutter losriß, um einem wildfremden Kinde die Nase zu putzen, weil das augenscheinlich sehr notwendig war? Oder soll ich den freudigen Schreck schildern, den man als Siebzehnjährige empfand, wenn einen ein bewundernder Blick traf? Oder soll ich gar die Verzweiflung darstellen, die einen zur Kriegszeit ergriff, wenn man Mütter um einen Viertelliter Milch für ihre Kinder in langer Polonäse angestellt sah?

Auf der Straße erlebt man viel. Jede Begegnung, jedes Wort, jeder Geruch bestürmt unser Herz und unsere Sinne. In der Erinnerung drängen sich tausend Gestalten zu, tausend Worte fliegen auf. Ein grüner Geruch, was riecht da so? Aha, der Marktplatz von Verona. Und wo kommt denn das Lied her? Das habe ich in Dinkelsbühl gehört. Nein, so geht es nicht. Ich will unter meinen Erlebnissen in verschiedenen Städten eine strenge Auswahl treffen.

Aber ich muß mit einer Stadt anfangen, die ich letzthin sah, nur im Traume sah. Ein Armenviertel war es, vielleicht in der Wiener Brigittenau, vielleicht am Wedding in Berlin. Schöne Kinder, Knaben und Mädchen, tanzten auf offener Straße einen Reigen und sangen dazu, aber ohne die Lippen zu bewegen, eine Melodie, die wir alle aus unserer Kindheit kennen. Ich trat näher, um das reizende Schauspiel zu besehen, da ließen sie plötzlich die Melodie fallen und sagten im Sprechchor, taktmäßig einen Satz, den ich nie vorher gehört hatte, und immer wieder den gleichen Satz: »Es ließ ein jeder Frontsoldat ein Stückchen Herz im Stacheldraht«. Als ich erwachte und mich fragte, was das wohl für eine Stadt gewesen sei, wurde es mir klar, daß das die Stadt des Friedens war, die es nicht gibt, jene, in der schon die kleinen Kinder wissen, was Krieg ist, um ihn künftig meiden zu können.

So bezeichnend dieser Traum für eine Friedensstadt war, so charakteristisch sind meine wirklichen Erlebnisse in verschiedenen Städten.

Berlin. Schöner Maivormittag. Potsdamer Platz. Ich bleibe bei einem Zeitungsstand stehen, um eine »Vossische« zu kaufen. Ein Herr neben mir hat andere Wünsche. Er verlangt Zeitungen, die merkwürdige Namen haben, die ich aber alle leider nicht mehr weiß. Sie hießen so ungefähr »Sünde und Schande« oder »Die Schlange im Paradies« oder »Er, sie und es«. Seine Wißbegierde scheint unbegrenzt, er kann gar nicht genug kriegen von dieser Literatur. Als er etwa zwanzig von den zweideutigen Käseblättchen beisammen hat, fragt er nach dem Preis. »Fünf Mark«, sagt der Zeitungsmann kurz. »Na, das ist aber viel Geld«, meint der Käufer. »Ja«, antwortet der Verkäufer mit einem strengen Blick, »Schweinerei ist nie billig«.

Trübe Novembernacht zur Inflationszeit. Wir haben bis weit nach Mitternacht in der Schloßküche gearbeitet, und nun soll ich nach Hause. Ein feiner Regen macht die Sache noch ungemütlicher. Ich bin ganz fremd in der Stadt. Endlich entschließe ich mich, einen Mann nach dem Weg zu fragen. Da sagt er: »Laufen Sie mal links, dann kommen Sie in die Charlottenstraße, dann gehen Sie durch die Passage zu den Linden, die Linden entlang, durch das Brandenburger Tor, laufen dann die Budapester Straße, da ist gleich der Potsdamer Platz. Dann durchqueren Sie die Königgrätzer Straße, und schon sind Sie am Anhalter Bahnhof. So. Und jetzt wiederholen Sie das Ganze«. Plötzlich fühlt man sich acht Jahre alt und wiederholt errötend und stotternd seine Lektion. Nun ist man zu Hause in der fremden großen Stadt. Solange man noch geprüft wird, kann einem nichts Ernstliches geschehen.

Bologna. April 1900. Da war es, wo ich als Zürcher Studentin bei einer Straßenhändlerin einige Orangen erstand. Zur Zahlung reichte ich meinen letzten Fünfziglireschein hin und bekam neunundvierzig Lire heraus, in wahrhaft phantastischen Formen: falsches Geld, zerrissenes Geld, außer Kurs gekommenes Geld, durchlöchertes Geld. Die alte Verkäuferin schob mir den kleinen Haufen Kehricht mit unbefangener Miene zu. Ich stand verlegen und suchte nach einer Form, um die Wahrheit zu sagen, ohne zu verletzen.

Endlich hatte ich sie: »Die Leute in Zürich, liebe Frau, sind sehr pedantisch; dieses Geld werden sie nicht nehmen wollen. Ich möchte lieber solche Lire, die man auch dort schätzt«. Jetzt machte ich mich gefaßt auf einen Sturm, wie er bei uns in Wien auf dem Naschmarkt bei Differenzen zu entstehen pflegt. Aber siehe da, die alte Frau schlug die Hände so zärtlich zusammen wie eine Correggio-Madonna, wenn sie vor ihrem Bambino kniet, ganz außer sich vor Staunen und Stolz. »Signorina«, sagte sie zu mir, »so jung und schon so klug, zu wissen, daß das alles Mist ist. Glückliche Mutter, die ein solches Kind geboren hat«. Und sie tauschte mir das ganze Geld in Schweizer Franken um.

Auf der Straße in Siena war es, vor Jahren, als mir ein französischer Kunsthistoriker von Duccios »Majestas«, der triumphierenden Madonna vom Hochaltar des Domes, so begeistert vorschwärmte, daß er im Eifer übersah, daß ein kleines Mädchen energisch an seinem Ulster zupfte, um ihn auf ihre berechtigte Forderung nach einem Soldino aufmerksam zu machen. Als er es endlich merkte, war er (wahrscheinlich über sich selbst) so ärgerlich, daß er mit schroffer Stimme sagte: »Passa via!« Da traf ihn ein lodernder Blick des Kindes: »Non sono un cane«. Beschämt reichte er dem Kinde eine Lira. Sie nahm das Geldstück ohne Dank und sagte mit einer tragischen Verachtung, der Duse würdig: »Tanto ricco e tanto cattivo!«

Zürich, Hotel Baur en ville, Poststraße. In einem Schaufenster sind Damenkorsetts in der bekannten unappetitlichen Art auf Puppen aufgemacht. Davor steht in Gedanken versunken ein Mann mittleren Alters, entweder von Horgen oder von Rapperswyl. Lange sagt er nichts. Dann sprudelt's aus ihm heraus: »Potz Chaib!« Nur Grock wäre imstande, in zwei kurze Worte so viel Geniertheit, Bewunderung, Wohlgefallen und Mißbilligung hineinzulegen.

London: Auf der Cheapside. Ins Gespräch mit einer Freundin vertieft, verliere ich eine wundervolle rosa Nelke. Da springt, ehe man sich's versieht, ein junger Arbeiter von einem hochbepackten Wagen, läuft hinter mir her und überreicht mir die Nelke. »Tausend Dank«, sage ich, »wie galant Sie sind«. - »Galant?« sagt er, »ich kann doch eine so schöne Nelke nicht im Staub liegen lassen.«

Paris. Bei einer Plätterin im offenen Straßenladen. Es entsteht ein Gespräch wie in Paris überall, denn wie alle Leute, die viel zu tun haben, haben die Pariser kolossal viel Zeit übrig. Ich erfahre, daß es nichts Schöneres gibt als repasser. Nur muß man es auch wirklich können. Sie, Madame Renée, kann es. Denn, erzählt sie mit Stolz, schon ihre Mutter und ihre Großmutter seien Repasseusen gewesen. »Ach, Madame«, sagt sie, »wenn einem so der Stoff unter dem Bügeleisen allmählich glatt wird - nicht einmal Eisessen ist ein größeres Vergnügen«. Nie werde ich ihr genießerisches Lächeln vergessen.

Wien. Ein vierjähriger Junge schleppt auf der Favoritenstraße einen großen englischen Schäferhund, der durchaus anders will. Der ungleiche Kampf dauert an. Da stellt sich das Kind vor den Hund hin und sagt mit großem Ernst: »Was zahrst du denn so? Du hast hinzugehn, wo ich will. Denn du bist der Hund«.

Alles, was auf der Straße geschieht, ist einmalig, rührend, komisch und bewegt: denn hier sehen wir das Schauspiel des Lebens - glücklicherweise ohne Regie.

2. Pädagogisches

»Erziehung zum Glück«
Neue Freie Presse, 5. April 1931

Da es kaum so etwas wie Erziehung und kaum so etwas wie Glück gibt, muß ein Titel »Erziehung zum Glück« befremden. Es sei also gleich gesagt, daß jedesmal, wenn das Wort »Erziehung« kommt, natürlich nur jener latente Einfluß gemeint ist, den die Umwelt, Eltern, Lehrer und Freunde, auf das Kind ausüben. Unter »Glück« aber ist der erreichbare Grad von Schmerzbefreitheit, Zufriedenheit, Heiterkeit und Beschwingtheit zu verstehen, den wir im Alltag Glück zu nennen pflegen. Zu jenem höchsten Glück, welches ausschließlich Höhenmomenten vorbehalten bleibt, braucht man ja nicht erzogen zu werden.

Im letzten Jahrhundert war das Ziel der Erziehung: Der nützliche Mensch! Der gute Staatsbürger. Infolgedessen war die Jugend nichts anderes als ein Mittel zur Erreichung des reiferen Lebens, eine Art von Übergangszeit, die an sich keinen Wert hat. Nur wenige Denker sagten schon damals, daß die Jugend ein selbständiges Recht auf Existenz hat und daß es ein Verbrechen ist, sie um diese kostbare Lebenszeit zu bringen.

Diese Meinung ist in letzter Zeit pädagogisch Gemeingut geworden. Niemand darf mehr wagen, einem Kinde die Jugend zu verderben, um es für spätere Zeiten, die es vielleicht nicht einmal erlebt, brauchbar zu machen. Die Eltern sind mit dieser Wendung der Dinge sehr zufrieden, denn sie wollten ja nie etwas anderes, als ihr Kind glücklich machen.

Wie aber macht man sein Kind glücklich? Wir können ihm keine unverrückbaren äußeren Verhältnisse verschaffen; Geld können wir ihm nicht sicherstellen: Der nächste törichte Krieg kann es entwerten. Wir können es nicht in ein harmonisch geordnetes und gerechtes Staatswesen hineingebären, weil es derzeit ein solches überhaupt nicht gibt. Wir können unser Kind nur schwer vor falscher Berufswahl bewahren und noch seltener von schädlicher Gattenwahl abhalten. Wir können ihm nicht jeden Ehrgeiz stillen und es nicht vor unglücklicher Liebe schützen. Wir wissen ihm kein sicheres Mittel gegen Tuberkulose und Krebs. Wir können ihm keinen Weltfrieden versprechen. Wir können ihm nicht verbürgen, daß es vor Hungersnot und

Seuchen bewahrt bleibt. Von den tausend feineren Gründen zu menschlichem Leiden sei hier geschwiegen.

Was können wir also tun, damit unser Kind doch sein Glück macht? Schon in diesem Wort ist die Antwort beschlossen. Die tiefschürfende deutsche Sprache sagt, man müsse »sein Glück machen«. Also, es ist nicht fertig zu kaufen, es muß persönlich angefertigt werden. Um das zu können, muß man aber wer sein. Natürlich wäre man am liebsten die Persönlichkeit, die an sich »höchstes Glück der Erdenkinder« ist. Aber die ist selten. Doch auch dem Durchschnittsmenschen sind Glücksmöglichkeiten gegeben, nur muß er sie sich selber schaffen. Dazu braucht er Hilfe. Die Eltern, die ihm das Leben geschenkt haben, sind verpflichtet, es ihm zum zweitenmal zu schenken, indem sie ihn lehren, es zu leben.

Sie können für das Glück ihres Kindes das Fundament bauen. Schon durch die Gesundheit, die sie ihm mitgeben. In dieser Sache sind wir gegenwärtig auf guten Wegen. Die alte Vorstellung, man müsse rotes Fleisch essen und roten Wein trinken, um rotes Blut zu bekommen, ist verschwunden. Das Kind ist reich geworden, seit man ihm die Sonne, das Wasser und den Schnee geschenkt hat, seit man seinen Gliedern Freiheit läßt. Was aber gar die Ernährung anlangt, so bringt uns jeder Tag neue Erkenntnisse. In solchen Dingen ist es eine Lust, jetzt zu leben. Trotz aller herrschenden Not und Großstadthast werden künftige Generationen über bessere Körper und Nerven verfügen als irgendein Zeitalter bisher. Was gesund ist, weiß jetzt jeder. Übung und Luftzutritt und Wasser werden mit der Zeit zu einer Vollkommenheit des menschlichen Körpers führen, die vielleicht das Ideal, das uns die Griechen überliefert haben, in den Schatten stellen wird.

Jedenfalls gibt es kaum mehr Eltern, die ihrem Kinde gestatten, mit vorstehenden Zähnen, einer Hasenscharte, mit Schielaugen, mit abstehenden Ohren, mit krummem Rücken, mit mißfarbenen Haaren oder gar mit einem Sprachfehler aufzuwachsen. Wer das noch tut, hat sein Kind um das größte Glück betrogen: um das Glück, sich selbst zu gefallen. Der Trost, jeder Mensch gefiele sich ohnehin selbst, verfängt nicht mehr. Mit fortschreitender Erkenntnis wächst die Zahl der Menschen, die sich nicht gefallen. »Das kann doch nicht mein Ernst sein?« sagte letzthin bestürzt meine Freundin Emmy, als sie sich im Spiegel sah. Die Schönheit, seit Jahrhunderten ein Aschenbrödel, galt bis vor kurzem als verdächtig, als machte sie eitel, selbstsüchtig und oberflächlich. Heute weiß man, dank der Forschung, dank den Dichtern und eigener Einsicht, daß nur jener Mensch, aus dem das Leben alle Schönheit herausgeholt hat, mit sich selbst im Einklang ist, gut, nachsichtig, neidlos und begeisterungsfähig sein kann. Allerdings gehört dazu nicht nur, daß man gut aussieht, sondern auch, daß man sich von der Umwelt bestätigt fühlt. Auch darin wurde früher gesündigt. Nie hörte ein Kind ein aufmunterndes Wort über seine äußere Erscheinung. Noch im Grabe werde ich das Wort hören: »Wenn du nur brav bist.« Jetzt weiß man, daß aller Narzißmus, alle

Koketterie, alle Skalpsammelei der Frauen, aller Donjuanismus der Männer daher rührt, daß die Menschen in der Jugend entweder gar nicht oder auf eine falsche Art gelobt wurden.

Wer in seiner Jugend erfahren hat, über welche Vorzüge er wirklich verfügt, wird Lebensmut haben und nicht unter Menschenfurcht leiden. Man betritt mit ganz anderer Sicherheit einen Raum, wenn man ein für allemal weiß: Ich bin kein unangenehmer Anblick. Wer sich im Besitze einer angenehmen Sprechstimme weiß, der wird es wagen, eine eigene Meinung zu haben und zu äußern.

Natürlich muß dazu auch sein Geist turnen gelernt haben wie sein Körper. Eltern, die ihrem Kinde von Geburt an helfen, die Welt zu entdecken, die jede Frage nach bestem Wissen beantworten; Lehrer, die jede selbständige Regung unterstützen, die freie Meinungsäußerung verlangen, Abhängigkeit vom Lehrbuch nicht dulden, die nicht gestatten, daß man auf ihre Worte schwöre, sind Glücksbringer ersten Ranges. Denn geistige Selbständigkeit führt zur Beschäftigung mit den geistigen Erzeugnissen der Großen, und so ist eine der tiefsten und reinsten Glücksquellen eröffnet.

Ein noch wichtigeres Mittel zum Glück ist die Gemütsbildung. Sie ist es auch, die einer größeren Menge zugute kommt. Denn der Mensch ist, bis auf wenige Wesen, die gemütsverrückt zur Welt kommen, allem Guten in hohem Grade zugänglich. Das Kind kommt menschenfreundlich zur Welt. Es gehört schon eine lange und sorgfältige Erziehung durch Schule und Haus dazu, um es so böse, unfreundlich und streitsüchtig zu machen, wie es die Menschen gegenwärtig sind. Das Kind kommt ohne Mißtrauen zur Welt. Wenn man es lehrte, an Mensch und Tier das Gute zu genießen, das Böse zu übersehen, wenn man ihm gestattete, in eine warme und wirkliche Beziehung zu allen Lebewesen zu treten, so wäre sein Glück gemacht. Hedwig Heyl sagte bei der Feier ihres achtzigsten Geburtstages, von den Mitteln, die ihr zu einem so langen, fruchtbaren und glücklichen Leben verholfen hätten, wolle sie uns das Beste verraten: »Ich habe mir nie meine Freude am Menschen nehmen lassen.«

Eine weitere Vorbedingung für künftiges Glück ist Gemütsruhe. Es versteht sich von selbst, daß in einem Hause, in dem Kinder leben, weder Streit noch Unrast herrschen darf. Leute, die Katastrophenpolitiker sind, deren Wesen zum Kurzschluß neigt, für die Materialschaden eine Bedeutung hat, die sich nicht beherrschen können, dürfen mit Kindern nichts zu tun haben.

Um die Gemütsruhe des Kindes zu befestigen, ist es auch notwendig, daß es das Recht habe, mit seiner Umwelt vollkommen aufrichtig zu sein. Es darf sich seiner Fehler nicht schämen. Es muß wissen, daß es ein Mensch ist und daß es heiliges Menschenrecht ist, Fehler zu haben. Wir sind als Kinder gelehrt worden, daß man vollkommen zu sein hat. Infolgedessen hatten wir immer ein schlechtes Gewissen. Aber vollkommen sind wir deshalb doch nicht geworden.

Um dauernde Seelenruhe zu gewinnen, muß das Kind gelehrt werden, mit Vergangenheit, Gegenwart und Zukunft richtig zu hantieren. Unangenehme Erinnerungen an die Vergangenheit dürfen nie aus der Versenkung hervorgeholt werden; angenehme müssen wunderbar frisch gehalten werden. Das Kind muß lernen, die Gegenwart mit allen Sinnen zu genießen, sonst geht es ihm wie jenem Kinde, dessen Eltern einen wunderbaren Christbaum aufgeschmückt hatten und um zitternd vor Erwartung, die Freude ihres Kindes zu sehen, fragten: »Gefällt es dir?« »Ich kann gar nicht sagen, wie ich mich auf Ostern freue.« Wenn Kinder sich zu Weihnachten auf Ostern freuen, so stimmt etwas nicht.

Eine der wirksamsten Glücksmöglichkeiten ist beim Kinde leicht zu erschließen, wenn man es in eine anständige Beziehung zur Arbeit bringt. Kinder wollen ja, wie schon ihr Spieltrieb zeigt, nichts als arbeiten. Jedenfalls ist die Vorstellung, Arbeit sei die Strafe für die Erbsünde, keinem Menschen angeboren. Arbeit ist ein Glück und eine Ehre. Das kann man am besten sehen, wenn man Arbeitslose kennt. Arbeiten muß man nicht: Arbeiten darf man. Essen muß man auch, wenn man nicht arbeitet, aber wie schmeckt das Essen nach der Arbeit! Und wie die Ruhe! Kant sagt: »Der größte Sinnengenuß, der gar keine Einmischung von Ekel bei sich führt, ist Ruhe nach der Arbeit.«

Das Glück der Arbeit ist um so viel wichtiger für den Menschen, als das Glück, das ihm das Vergnügen bereitet, wie der Alltag schöner ist als der Sonntag. Immerhin haben Eltern auch dem Vergnügen ihre Aufmerksamkeit zuzuwenden. Hier ist der Geschmack des Kindes maßgebend. Ob man arbeiten soll, darüber gibt es keine Debatte, aber ob man sich vergnügen muß, auch wenn man nicht will, das ist noch sehr die Frage. Die immer wiederkehrende Äußerung von Erwachsenen: »Ein Kind hat lustig zu sein«, ist geeignet, ganze Generationen dem Trübsinn verfallen zu lassen. Natürlich muß man versuchen, den Kindern an allerlei Dingen Freude beizubringen: Am Alleinsein, an der Geselligkeit, an der Natur, am Buch, am Sport, am Handwerk, am Briefschreiben, an Hausmusik, an Tanz, am Spiel; aber da muß man sie wählen lassen, was sie freut. Jedenfalls wird es ihnen dann besser gehen als mir, die ich als kleines Mädchen gezwungen war, eine affige, geputzte Kindergesellschaft aufzusuchen, um dort Schokolade mit Schlagsahne (ich verabscheue beides) zu mir zu nehmen. Ich nahm Rache an der Welt, indem ich die Schlagsahne in der Tasche meines einzigen Sonntagskleides verschwinden ließ. Ich habe einen Freund, der sich von der bürgerlichen Gesellschaft deshalb endgültig abgewendet hat, weil er als Kind genötigt war, jeden Sonntag in der Hauptallee des Praters mit seinen Eltern in einem Zweispänner auf- und abzufahren.

Das Allerwichtigste für künftiges Glück bleibt aber die Lebenslust, in der man aufgewachsen ist: die muß mit Heiterkeit gesättigt sein. Wie Eltern ihren Kindern Brot schuldig sind, so sind sie ihnen Lachen schuldig. Wer einmal seine Lebensbejahung so weit getrieben hat, sein Dasein im Kinde fortzusetzen, der hat jedes Recht verloren, übelgelaunt, nörglerisch, verstimmt oder gar weltschmerzlich zu sein. Ist er es doch, so muß er es kunstreich verbergen. Den Giftschrank, worin er seinen Pessimismus eingeschlossen hat, muß er vor seinem Kinde sorgfältig absperren. Vor allen Dingen ist es seine Pflicht, die kleinen Betriebsunfälle des Lebens mit aller ihnen gebührenden Nichtachtung zu behandeln. Wer den Unterschied zwischen Preis und Wert nicht versteht, wer Wesentliches von Unwesentlichem nicht zu unterscheiden vermag, wer den Alltag nicht zu organisieren weiß, der versage sich das Kinderkriegen.

Durch die Geburt sind die Eltern dem Kinde viel schuldig geworden. Vor allen Dingen, ihnen das Leben lebenswert zu machen. Zum Glück erzogene Kinder werden nichts von außen erwarten, denn sie werden wissen, nicht was wir erleben, sondern wie wir es erleben, macht unser Glück aus. Für den einen ist es kein Erlebnis, über den Ozean zu fliegen, kein Erlebnis, Chaplin kennen zu lernen (»Wie kommt ein Clown auf die englische Gesandtschaft?« fragte letzte Woche ein Herr aus der sogenannten Gesellschaft); dem andern ist es ein Erlebnis, auf einer blumigen Wiese zu liegen und ein Gedicht von Erich Kästner zu lesen. Wer seinem Kinde beigebracht hat, aus dem Alltag alles herauszuholen, was drin ist, wer ihm Gelegenheit gegeben hat, die »Märchen des Lebens«, wie Peter Altenberg sie nennt, zu erleben; wer es das Lied hat hören lassen, welches, wie Eichendorff sagt, in allen Dingen schläft, der hat seinem Kinde zum Glück verholfen. Sein Leben wird von tausend Freuden erfüllt sein und es wird nicht genötigt sein, von Weihnachten auf Ostern zu warten. Freude ist in Blumenkelchen zu riechen, ist im Regenbogen zu sehen, zerfließt als Erdbeere auf unserer Zunge, strömt im Rhythmus eines Tanzes durch unsere Glieder, steckt in der Lösung einer Schachaufgabe. Vor allem aber ist sie zu finden in der Freude, die wir andern machen.

Aus dieser letzteren Tatsache ist zu schließen, daß der glückliche Mensch von übermorgen nützlicher sein wird als der nützliche Mensch von vorgestern.

»Frau Rat erzieht ihren Sohn.«
Aus einem Rundfunkvortrag bei der Südwestdeutschen Rundfunk AG
in Frankfurt am Main
Neue Freie Presse, 22. Februar 1931

Goethes Mutter! Wir alle glauben, diese prachtvolle Frankfurterin gekannt zu haben: groß, behaglich, schönäugig, stattlich angetan, unverbildet, gut gelaunt, voll überlegen-schalkhafter Menschlichkeit steht sie vor uns, herzlich, herzvoll, herzhaft.

Viele Bilder aus ihrem Leben sind uns so vertraut, als hätten sie die Wände unserer Kinderstube geziert: sie kniet, selbst noch ein halbes Kind, wie die ihren Bambino anbetende Madonna des Correggio, vor ihrem Knaben, das Herz von Begeisterung erfüllt, staunend, daß solches Werk ihr gelungen. Wir sehen sie, kühn und verlegen, vor dem raffinierten Grafen Thoranc stehen, ihn mit ihrem bißchen Französisch zugunsten des unvorsichtigen Gatten umzustimmen. Wir bewundern sie als Märchenerzählerin im Kreise ihrer und fremder Kinder, von denen Wolfgang am aufmerksamsten zuhört, weil er weiß, daß das Märchen so ausgehen wird, wie er es sich vorher gedacht hat. Oder sie nimmt den prachtvollen farbigen Mantel von ihren Schultern, um ihn dem schönen Sohne umzuhängen und ihm beglückt nachzusehen, wenn er wie ein junger Gott über das Eis fliegt. Wie anheimelnd muß sie ausgesehen haben, als sie den bramarbasierenden Stolbergs, um die immer heftiger werdenden Äußerungen gegen die Tyrannen ins Heitere zu wenden, ihren besten, hochfarbenen alten Wein vorsetzt: »Da habt Ihr Tyrannenblut!« Wir hören sie lachen, wenn sie, auf einem steifbeinigen Sofa sitzend, ihren Samstagsmädels, sie, die Jüngste unter ihnen, von dem geliebten Weimar erzählt. Wir sind anwesend bei dem drolligen Toast, mit dem sie als Ehrengast den Fürstprimas erschreckt, der sicher noch nie vorher eine Frau hat eine Tischrede halten hören. Ein andermal prangt sie in der Loge, prächtig geputzt, und flennt und lacht und ärgert sich über die Lauen und über die Geschmacklosen und über alle jene, die nicht verstehen, daß das Theater eine herrliche Täuschung ist. Staunend lesen wir die wunderbar gelenkigen überströmend ausdrucksvollen Briefe an Hohe und Geringe, an Fromme und Zöllner und Sünder, aber alle sind gleich echt und gleich liebreich. Erfreulich ist es auch, sich die kleine Bettina auf dem Schemel zu ihren Füßen sitzend zu denken. Alles, was diese ihr abgelauscht oder auch nur in den Mund gelegt hat - uns ist es lieb und wert.

Schöne Bilder sind das und uns so vertraut. Wir sind froh, daß es ihr alle ihre Tage so gut gegangen ist. Selbst das Alter, mit soviel Verstand getragen, mit so viel geistiger Hygiene gelebt, daß sie im letzten Winter ihres Lebens dem Enkel noch sagen kann: »Die Großmutter sei ganz Allegro«, verliert alle Schrecken für uns. Ebenso der Tod, der so rechtzeitig, so rasch und so wohl aufgenommen kommt. Sie zwingt den Arzt, ihr zu verraten, wie viele

Stunden sie noch zu leben habe. Sie bestimmt die Weinsorte und die Größe der Brezeln, mit denen ihr Totengeleite erquickt werden soll. Ihre Sorge ist nur, daß die Mägde zu wenig Rosinen in den Kuchen nehmen könnten, denn das habe sie ihr Lebtag nicht leiden können und darüber würde sie sich noch im Grabe ärgern. Sie entschuldigt sich bei Freunden, die sie zu einer Gesellschaft einladen, sie müsse alleweil sterben. Wer möchte nicht so aus der Welt scheiden? Deshalb sind wir alle in der Vorstellung aufgewachsen, Frau Rat war ein Sonntagskind.

War Frau Rat ein Sonntagskind?

War sie das wirklich? Sehen wir mal näher hin. Ein schönes, heiteres, lebensdurstiges Mädchen von siebzehn Jahren heiratet im Auftrag des Vaters einen um einundzwanzig Jahre älteren Mann, den sie nicht liebt. Aber der Altersunterschied ist nicht das schlimmste. Schlimmer ist: der Gatte hat kein Talent zum Glück. Von feinem und zartem Innern hat er sich, die eigene Weichheit zu bekämpfen, in die Würde hineingerettet. Er glaubt nicht an sich, infolgedessen verlangt er nach Autorität. Er hat keine Berufsarbeit, so wendet er alle seine Tatkraft an seine Familie. Nicht gewohnt, Geld zu erwerben, gelangt er zu einer Überschätzung des Geldes, die sich in Geiz ausdrückt, so daß weder Frau noch Kinder je zum Bewußtsein des tatsächlichen Wohlstandes kommen. Diesen schwierigen, wertvollen Mann zu behandeln, wird eine Kunst, in der es die Frau zur höchsten Vollendung bringt. Zuerst spielt sie seine Tochter, läßt sich von ihm brav zum Sprachenlernen und Klavierüben anhalten, dann, mit jähem Übergang, ist sie seine Mutter. Sie trifft Entscheidungen für den Unentschlossenen, von dem der Sohn so bezeichnend sagte: »Er stimmte die Laute länger als er sie spielte.« Wie eine Mauer steht sie zwischen ihm und der Welt und ihren Konflikten. Sie schafft ihm Freunde ins Haus. Zuletzt ist sie in langjähriger Krankheit seine getreue und geduldige Pflegerin. Wie man sieht, kein ganz leichtes Frauenschicksal. Aber ein noch schwereres war ihr als Mutter beschieden. Sie bringt in zarter Jugend innerhalb eines Jahrzehnts sechs Kinder zur Welt. Vier davon welken ihr hin. Nur zwei bleiben am Leben. Aber auch von diesen zeigt sich nur eines zum Leben geeignet. Die Tochter Cornelia, ein hochbegabtes und hochgestimmtes Wesen, lebt, wie der Bruder sagt, »ohne Glaube, Liebe und Hoffnung«. Hier liegt vielleicht die tiefste Tragik der Mutter. Wie gern möchte sie der Tochter von der eigenen überschäumenden Lebenskraft und Lebensfreude abgeben. Aber das geht nicht. Sie sind zu verschieden. So muß sie ihr Kind leiden sehen, ohne es aufrichten zu können. Sie kann der Tochter keine Freude an sich selbst verschaffen; sie kann ihr keine natürliche Einstellung zu Ehe und Mutterschaft geben. Zuletzt muß sie sie früh und verzweifelt sterben sehen. Nun hat sie ja noch immer den Sohn. Aber auch dieses einzige wirkliche Glück ihres Lebens ist nichts weniger als wolkenlos. Eigentlich eine unglückliche Liebe. Schon mit sechzehn Jahren muß sie ihn hergeben. Krank und schiffbrüchig kehrt er ihr nach Jahren heim. Kaum hat sie ihn gesund gepflegt, treibt ihn die Sehnsucht, der Enge des Vaterhauses zu entfliehen, wieder in die Welt. Ihr ganzes Glück ist in jene wenigen Jahre zusammengedrängt, in denen er, äußerlich ein junger Rechtsanwalt, innerlich ein junger Dichter, bei ihr in Frankfurt lebt. In dieser Zeit genießt sie seine Gegenwart, sein Ansehen, seine Freunde. Was will es dagegen verschlagen, daß sie auch in diesen Glückstagen fortwährend ausgleichen, vertuschen, verheimlichen, versöhnen muß? Dann geht er einmal an einem trüben Novembertag aus Frankfurt weg und kommt nie wieder. Ihre Lebenssonne ist untergegangen. Einige karge Besuche, hie und da ein langerwarteter Brief, Angst um seine Gesundheit, und zuletzt ein einsames Alter, denn hundert Leute, die sie umgaben, vermochten nicht ihr den einen zu ersetzen. Den Sohn aber hat sie in den letzten elf Jahren ihres Lebens überhaupt nicht gesehen. Auch sonst geht durch diese strahlende Beziehung viel unausgesprochenes Leid. Der heiße Wunsch nach einer Frankfurter Schwiegertochter geht nicht in Erfüllung. Das Kind, das ihm seine spätgewählte Lebensgefährtin schenkt, darf die stolze Großmutter aus guten Gründen nicht ins »Anzeigblättgen« setzen.

Die letzten Jahrzehnte ihres Lebens sind überdies von Krieg und Kriegsgeschrei erfüllt. Man lebt in täglicher Angst und Gefahr. Die tapfere Frau flieht nicht und am wenigsten nach Weimar, wo sie vielleicht nicht ganz gelegen käme. Ihre häusliche Ruhe ist gestört, die Einquartierung kocht in ihrer Küche, braucht ihre Mägde. Sie läßt keinen Trübsinn bei sich aufkommen, arbeitet, musiziert, geht spazieren, kümmert sich erfolgreich um das Geschick der Freunde. Aber manchmal verrät ein Wort ihre wahren Empfindungen. »Was ich mache? So wenig als möglich, und das Wenige noch obendrauf von Herzen schlecht. Einsam, ganz allein mir selbst überlassen. Wenn die Quellen abgeleitet oder verstopft sind, wird der tiefste Brunnen leer.« Dann stirbt sie. Nicht ungern. Das sind die äußeren Umrisse des Lebens der lustigen Frau Aja.

Selbsterziehung zum Glück

Wie mag es also kommen, daß sie nicht nur der Mit- und Nachwelt als ein Glückskind galt, sondern auch tatsächlich sich an jeder guten Stunde ihres Lebens zu freuen wußte? Das ist ganz einfach: Frau Rat war eine große Erzieherin, und was hier als Lebensresultat vorliegt, ist ein bemerkenswerter Fall von Selbsterziehung. Elisabeth Textor war ein kluges Mädchen. So hat sie unter ungünstigen Verhältnissen aus dem wunderbaren Rohmaterial, das ihr ihre Natur bot, ein Kunstwerk geschaffen: Frau Rat Goethe.

Vor allen Dingen ist sie eine Lobrednerin des heiligen Lebens. Sie fragt nicht, was ist das Leben uns schuldig, sondern was bin ich dem Leben schuldig, und so lebt sie. Vor allen Dingen in Frieden mit sich und der Welt. Sich selbst klar sehen, ist ihre Forderung. Ohne Verkleinerung, ohne Vergrößerung, ohne Verzerrung. Ihre Vorzüge wertet sie als Glücksfälle: ihre Menschenliebe, ihre Anspruchslosigkeit, ihre Entschlossenheit. Deshalb überhebt sie sich nicht und moralisiert sich. Zwischen Nord und Süd geboren, hat sie die pedantische Ordnungsliebe des Nordens, die sie zwingt, alles gleich frisch weg von der Hand zu tun, das Unangenehmste immer zuerst. Sie verschluckt den Teufel, ohne ihn zu begucken. Aber weil sie auch vom Süden ist, aufgewachsen in der milden Luft, die vom Taunus herüberweht, hascht sie die kleinen Freuden, bückt sich bereitwillig, wenn Türen niedrig sind, und geht um Steine herum, wenn sie zu schwer sind, um weggeschafft zu werden.

Nicht nur für sich selbst, auch für andere ist Frau Aja eine vortreffliche Erzieherin. Wie genau weiß sie, daß man Kinder wie Erwachsene und Erwachsene wie Kinder behandeln muß. Wenn sie den jungen Fritz v. Stein bittet, er möchte für sie ein Tagebuch führen, so tut sie das wie eine Dame zu einem Herrn. Schreibt sie an Erwachsene, so sind sie alle ihre Buben. Sie kennt auch den hohen Erziehungswert des Lobes. Große und kleine Menschen erquickt sie, erhebt sie, ermuntert sie durch die Anerkennung, die sie ihnen spendet. Bezeichnend ist auch, daß sie genau weiß, daß der Frieden in der Kinderstube beginnt. Sie, die Milde, wird nur ein einziges Mal scharf, als ihr der Sohn zumutet, dem kleinen August eine Guillotine als Spielzeug zu kaufen. Sie gerät über diesen unpädagogischen Gedanken völlig außer sich und lehnt schroff ab.

Frankfurter Brenten als Erziehungsmittel

Alles, was Frau Rat tut und unterläßt, ist eigentlich heimliche Pädagogik. Nur an einem hat sie ihre Erziehungskünste nie versucht: an ihrem Sohn. Was also hat nun diese Mutter für ihren Sohn getan? Für den doch beinahe nichts zu tun war, weil die Natur alles für ihn getan hatte. Sie hat ihn nicht gehindert, das Genie, das er nun einmal war, zu bleiben. Sie wußte: Kinder brauchen Liebe. Ihr Wolfgang lebte, lernte, wuchs, sie sah begeistert zu. Sie schuf ihm lieben Verkehr. Sie förderte seine Interessen. Wenn er fragt, ob ihm die Sterne Wort halten würden, erkundigt sie sich: »Wozu brauchst du den Beistand der Sterne, da wir andern doch ohne sie fertig werden müssen?« - »Was andern Leuten genügt«, sagt der Knirps, »mit dem kann ich nicht fertig werden«. Die Mutter lacht nicht. Sie glaubt ihm.

Wenn der Vater versucht, durch Schrecken dem Sohn die Furcht vor Dunkelheit und Einsamkeit auszutreiben, Frau Rat weiß ein besseres Mittel: Frankfurter Brenten.

Großartig wird Frau Rat in dem Augenblick, den die meisten Eltern zu ihrem Schreck verschlafen: in dem die Kinder erwachsene Menschen werden. Sie tritt ohne weiteres Aufsehen in die Reihe der Freunde des Sohnes.

Diese Freunde macht sie zu den ihren. Jeder Mensch, den er ihr bringt, ist ihr willkommen. Auch die Mädchen, die er liebt, bleiben ihr wert. Anna Sybilla und Maxe und Lili und vor allem Christiane, die sie zu seiner Zeit schon Tochter nennt, als der Sohn noch nicht im entferntesten daran denkt, ihr Frau Rat zur Mutter zu geben. Wenn er Freunde fallen läßt, wie den armen närrischen Lenz oder den unaufrichtigen Lavater oder die unvorsichtige Bettina: sie bleibt ihnen und damit ihm treu. Ihre eigenen menschlichen Beziehungen aufrecht zu erhalten, ist ihr selbstverständlich. Wie ihr Christiane die Tochter ist, so sind die Schlosserkinder aus Schlossers zweiter, sehr kurz nach dem Tode Corneliens eingegangener Verbindung mit Johanna Fahlmer, dem kindlichen Gemüt der Frau Rat ihre »Enkeleins«. Auf kindlich reimt sich eben unüberwindlich.

Frau Rat hat ihrem Sohne geholfen, zu sich selbst und zu der Welt die richtige Stellung zu gewinnen. Aber vor allem ist es seine Beziehung zu den Frauen, die durch sie festgelegt ist. Er liebt die guten, wahren und wertvollen. Wenn er das Naturell der Frauen der Kunst nahe verwandt findet, so ist seine Mutter diese nahe Verwandte der Kunst. Und wenn er zuletzt trotz glühender Liebe nicht die Staatsdame Lili, sondern das Naturkind Christiane wählt, so tut er das, weil in dieser ein Fünkchen von seiner Mutter lebt. Eigentlich gefiel ihm keine Frau, die anders war als seine Mutter.

»Kind und Genie.«
Zu Hans Christian Andersens 125. Geburtstag.
Was verdankt das europäische Kind H. C. A.?
Neue Freie Presse, 2. April 1930

In Odense liegt in einer engen Gasse ein winziges Haus. Aus der ganzen Welt strömen Menschen herbei, alte und junge, um das Haus zu sehen, wo Hans Christian Andersen geboren wurde. Nun ist es so, daß nach und nach niemand mehr wirklich weiß, ob er in diesem Hause geboren wurde. Macht nichts. Die enge Gasse ist doch da. So ausgetreten waren wohl auch damals schon die Pflastersteine, so klein und schief und bucklig die Häuser. Über die Gasse laufen noch immer Katzen, in versteckten, kleinen Gärten singen noch immer Vögel und in der Nähe fließt noch heute jenes schmale Wasser mit überhängenden Weiden, wo er als Kind gegangen ist. Dort hatte er das Erlebnis der Armut, von der sich nachmals seine Phantasie genährt hat: Dort hat er geträumt, künftig einmal werde die Stadt Odense zu seiner Ehre illuminieren. Es kann auch ganz gut sein, daß noch dieselbe Storchfamilie dort nistet, deren Ahnherrn der kleine Hans Christian in der Dämmerung gefolgt ist, wenn der auf seinen roten Beinen durch die frühlingsnasse Wiese eilte, um sich seine Abendfrösche zu holen. Dort klapperten die kleinen Holzschuhe des Knaben aus dem Schusterhause, dort wurde er zum erstenmal vom dummstolzen, provinziellen Übermut ausgelacht seiner vermeintlichen Häßlichkeit wegen, die uns allergrößte Schönheit ist. Aus der Enge der Vaterstadt wandert sein Geist sehnsüchtig in die lockende Ferne, die sich ihm rührend bescheidenerweise zum Namen Augsburg verdichtet. Vorläufig müssen eine Schere und ein Stück Papier als Material für seine Kunst dienen. In Scherenschnitten findet er seine Erfüllung. Und doch ist er schon damals alles, was er später noch werden soll. Mit königlicher Gebärde verstreut er überallhin sein Mitleid: an einen ausgehöhlten Baum, der krank und nutzlos ist, an ein verfaultes Rinnsteinbrett, an einen Geisteskranken, an eine Raupe. Nichts ist ihm zu klein und zu gering, um es zu bemerken, und nichts so hoch und zu fern, um sich davon einschüchtern zu lassen. Ihm standen schon damals alle sieben Himmel offen, und er schaute neugierig, aber nicht geblendet, hinein. Was er da sah, hat er dann mit ein paar dänischen Worten, die sich ihrer reinen Menschlichkeit wegen so leicht in alle Sprachen übersetzen lassen, mit Ewigkeitsschrift in unsere Herzen eingegraben.

So kommt es, daß, wenn wir Erwachsenen von heute an unsere Kindheit zurückdenken, nicht das eigene Erlebnis aufsteigt, sondern was wir mit glühenden Wangen, Eltern und Umwelt vergessend, in Andersens Märchen erlebten. Seine Dichterwelt war eben wirklicher als unsere Kindheitswelt und ist infolgedessen unverändert geblieben. Die reale Welt wurde anders; man fuhr weiter, die Landschaften flogen vorbei, die Menschen wurden älter und starben. Städte und Häuser wurden merklich kleiner, der Hausrat verwitterte, die Blumen verwelkten. Aber immer noch sitzt das Mädchen mit den Streichhölzern zusammengekauert in seiner Ecke und läßt ein Hölzchen nach dem andern aufflammen. Noch immer hat der standhafte Zinnsoldat nur ein einziges Bein und der Kreisel hat noch nichts von seiner Vergoldung eingebüßt.

Unsere ganze Umwelt wurde durch Andersen bestimmt. Da wir die Stopfnadel kannten, die stolz ist, weil sie glaubt, eine Nähnadel zu sein, so wußten wir auch ganz genau, daß die Fabrikantenfrau, die sich mehr dünkte als Frau Müller, weil deren Mann nur ein Ladengeschäft hatte, eine alberne Person war. Sie eine dumme Gans zu nennen, wäre uns nie eingefallen, dazu war uns die Gans zu lieb. Ohne Tendenz und ohne Predigen, in heimlicher Pädagogik hat Andersen uns gelehrt, daß Klassenunterschiede eine Erfindung der Menschen sind und nicht gerade ihre geistreichste. »Es gibt keinen Unterschied!« ruft er emphatisch, und wir Kinder empfanden jubelnd: es gibt keinen Unterschied. Das war Andersens Meinung und wir glaubten ihm alles, weil er unser Gesinnungsgenosse war, die gleichen Sympathien und Antipathien besaß. Wir liebten mit ihm die Mutter, die sich um ihres Kindes willen die Augen ausweint, die Waschfrau, von der die Welt behauptet, sie taugte nichts, die alte Straßenlaterne, die pensioniert wird, vor allen Dingen aber die greise Margareta, die ihr Bett und Haus als Flammenzeichen emporzüngeln läßt, um die Dorfbewohner vor der Springflut zu retten.

Die gezierte Prinzessin auf der Erbse und die snobistische, die die Nachtigall ablehnt, weil sie nicht künstlich ist; der Verschwender, der Papierdrachen aus Talerscheinen auffliegen läßt, die Kobolde erster Klasse mit Schwänzen, sie alle waren Gegenstand unserer mitleidlosen Heiterkeit. Wer stolz darauf war, aus Mahagoni zu sein und einen Kork im Leibe zu haben, der konnte es mit uns zu tun kriegen. Wie glücklich waren wir, den aufschneiderischen Don Juan, den Halskragen, bei all seinen Flammen, dem Strumpfband, dem Bügeleisen und der Schere, abfallen zu sehen. Die dicke alte Ente mit dem roten Lappen ums Bein machte uns für immer immun gegen Ordenssucht. Über den kannegießernden Marktkorb aber lächelten wir nur. Unsere Ablehnung war artig, wie unser Mitleid achtungsvoll war. Wir lernten bei Andersen ehrliche Arbeit verehren, den Räsonneur und Rezensenten dagegen komisch finden, menschliche Fehler verzeihen und üble Nachrede verabscheuen. Wir wußten ja, wie sie entsteht, denn wir hatten das Märchen »Es ist ganz gewiß!« gelesen.

Noch ein anderes Glück war uns Kindern in der Andersen-Welt gegönnt: wir wußten viel von der Liebe. Vor allem, daß man sich vor ihr in acht nehmen muß. Denn, sagte Andersen, wenn erst einmal der Kanarienvogel des Herzens zu schmettern anfängt, so steckt die Vernunft die Finger in die Ohren. In dieser wichtigsten menschlichen Angelegenheit muß man aber vernünftig bleiben. So darf man sich nicht etwa deshalb an jemand binden, weil man zufällig - wie der Ball und der Kreisel - mit ihm in die gleiche Schublade gekommen ist. Einen Schweinehirten nur deshalb zu küssen, weil er eine kunstreiche Knarre zu vergeben hat, die alle Polkas der Welt spielen kann, empfiehlt sich auch nicht. Auch muß man sich über die Echtheit und Dauerhaftigkeit seiner Empfindungen klar sein, denn das ist keine wahre Liebe, die aufhört, »wenn man seiner Angebeteten in der Kehrichttonne wieder begegnet«. Bei allem Ernst ist die Liebe bei Andersen keine larmoyante, sondern eine lustige Angelegenheit. Alle Teller rasseln vor Freude, wenn zwei sich lieben, und Liebende können, wenn sie wollen, statt Ringe auch Stiefeln wechseln, ohne daß die Sache an poetischem Reiz verliert.

Es war herrlich, in dieser schwierigen Sache mit der Liebe von Andersen so gut beraten zu sein. Aber auch sonst war der Verkehr mit ihm sehr trostreich. Er war der einzige Erwachsene, der zu einem sagte: »Freue dich des jungen Lebens, das in dir ist.« Er fand, daß auch ein Kind recht haben könnte. Gerade ein Kind. Wie jenes, welches zu sagen wagte, daß der Kaiser keine Kleider anhabe. Auch seiner Unvollkommenheit brauchte man sich nicht zu schämen. Die Uhr aus Bornholm ging ja auch zu schnell, also nicht so genau wie eine Uhr sollte. Und doch sagte Andersen zu ihrer Entschuldigung: »Besser zu schnell als zu langsam.« War man begabt, so las man mit Wonne: »Es schadet nichts, in einem Entenhofe geboren zu sein, wenn man nur in einem Schwanenei gelegen hat!« War man arm, so fiel einem gleich ein, daß auch Hans Christian Andersen nur dreizehn Reichstaler besessen hatte, als er nach Kopenhagen ging, um die Welt zu erobern. Man bekam Mut zum Leben. Nicht einmal die Masern konnten einem was anhaben, im Gegenteil, je länger sie dauerten, desto ungestörter konnte man im Andersen lesen und es wurde Feiertag. An einem gewöhnlichen Arbeitstage aber legte man abends die Schulbücher unters Kopfkissen, ganz wie der kleine Tuk, obgleich man genau wußte, daß man sich nicht zu sehr darauf verlassen könne.

So wuchs man auf in einer Welt, in der auch das Leblose beseelt war, und auch heute kann uns ein Flug quer über das Atlantische Meer nicht allzuviel bedeuten, uns, die wir seinerzeit im fliegenden Koffer, der den jungen Kaufmann zu seiner türkischen Prinzessin trug, mitfliegen durften. Und wie soll uns das Radio imponieren, welches doch nur den Raum aufhebt, wenn wir einmal die Galoschen des Glücks getragen haben, die die Zeit aufzuheben vermochten?

Wenn es wirklich eine Makrobiotik gäbe, so lebte Andersen heute noch. Welch ein Glück wäre das für uns! Seine wunderbare Heiterkeit würde uns über die Not der Zeit hinwegheben, er wüßte sicher die kurzen und geraden Wege zu wahrem Frieden. Weiß er doch so genau, wie es in jeder Kreatur aussieht und was sie braucht. Sogar das Grabschwein, das Totenpferd und den Kirchenzwerg hat er frech und vertraulich ihres Geheimnisses entkleidet. Vor allem aber hat er die Blumen am Grabenrand der Welt geschenkt. Vordem hießen sie Unkraut.

Deshalb empfiehlt es sich, in schlaflosen Nächten abwechselnd »Klumpe-Dumpe« und »Ivede-Avede« vor sich herzusagen. Alles, was von Andersen kommt, bringt Ruhe und Heilung der zerstörten Brust.

»Gottfried Keller und die jungen Mädchen«
Frauenblatt, Juli 1940

Wenn in der Zeitung von nichts anderem steht als von Krieg, Weltuntergang, Verbrechen und Unglücksfällen, gehe ich in eine Schulklasse, um vorzulesen. Denn das ist ein ausgezeichnetes Mittel gegen Lebensunlust.

Also ich lese zu meinem eigenen Vergnügen vor. Am häufigsten aus einem abgegriffenen, braunen Leinenband. Wenn die Mädchen den sehen, lächeln sie verschmitzt: »Aha, der Gottfried Keller. Für den hat sie halt eine Schwäche.«

Ich fange zu lesen an und die enge Schulstube weitet sich zur freien Welt; heitere Wonne breitet sich über uns alle und auf den klaren Mädchengesichtern sind nun schöne Dinge zu lesen. Vor allem verstehen sie merkwürdigerweise alles, auch das, was sie in ihrem Alter noch gar nicht verstehen können. Wie durch einen Zauber. In solchen Stunden denken sie eben mit dem Herzen und auf diesem Wege ist einer Frau alles beizubringen. Aus ihren Augen lese ich Vorsätze, es den Frauen nachzutun, die Keller so liebevoll schildert: den Tüchtigen, Heiteren, Guten, Liebenden, Fleißigen, Sachlichen, Herzhaften.

Keller ist überzeugt, daß die Frauen der Natur näher stehend besser sein müßten als die Männer. Darum ergreift ihn tiefer Abscheu vor jeder schlechten Frau, während er die schlechten Männer eher als Schwächlinge empfindet. Aber die Frau! Die ist gefährlich! Sie hat das gute Prinzip zu sein. Wehe der Gesellschaft, in der die Frau nicht etwas Gutes zu sagen und zu tun hat. Frauen, die, statt aufzubauen, zerstören, nennt er »die Parzen«, weil sie jeder Sache, deren sie sich annehmen, zuletzt den Lebensfaden abschneiden. Es ist auch bezeichnend für Keller, daß er den Quell der Verleumdung, die ein Gemeinwesen überflutet, auf eine Unholdin zurückführt, eine unzufriedene, boshafte, alte Kreatur, das Ölweib. Die Todsünden, die er der Frau vor allem vorhält, sind die Sucht, zu klatschen und zu verleumden, schnöde Herz- und Gefühllosigkeit, verlogene Kunst- und Literaturprotzerei und jene Salonkoketterie, die unter dem harmlosen Namen »Flirt« ein so wichtiges Lebensmittel wie die Liebe fälscht.

Auch die Geschichte von der übereifrigen Mutter Zendelwald gibt den jungen Mädchen zu denken, deren tragisches Schicksal Keller in die wenigen Worte zusammenfaßt: »In ihrer Jugend hatte sie so bald als möglich an den Mann zu kommen gesucht und mehrere Gelegenheiten so schnell und eifrig überhetzt, daß sie in der Eile gerade die schlechteste Wahl traf, in der Person eines unbedachten und tollkühnen Gesellen, der sein Erbe durchjagte, einen frühzeitigen Tod fand und ihr nichts als ein langes Witwentum, Armut und einen Sohn hinterließ, der sich nicht rühren wollte, das Glück zu erhaschen.«

Immer stehen die Kinder auf der Seite der Gerechtigkeit; so herrscht Jubel in der Klasse, wenn die falsche Züs Bünzlin den Liebesbrief nicht zu sehen bekommt, den ihr, von Tränen benetzt, ein Verehrer geschrieben hat, »in so hübschen und unbefangenen Worten, wie sie nur das wahre Gefühl findet, das sich in eine Vexiergasse verrannt hat«. Jenen feinen, jungen Menschen hat sie übrigens nie kennen gelernt, weil sie ihn nie hat zu Wort kommen lassen.

Streng sitzt die Jugend zu Gericht über die berechnende, kokette Lydia und atmet hörbar erleichtert auf, wenn der naive Pankraz, ihr falsches Spiel endlich durchschauend, ausruft: »Oh, Fräulein, Sie sind ja der größte Esel, den ich je gesehen habe!«

Man versteht, weshalb sich Kellers Heldinnen so besonders gut als Vorbilder für das Leben gebrauchen lassen: eben weil sie keine Heldinnen sind. Das junge Mädchen denkt: »Niemals kann ich so werden wie Iphigenie, Imogen oder Hermione. Das ist ja ganz hoffnungslos und lohnt keine Anstrengung. Aber Kellers Nettchen! Was die kann, kann ich erst recht.«

Sie hat als Kind nur einen Italiener oder Polen, einen großen Pianisten oder einen Räuberhauptmann mit schönen Locken heiraten wollen. Aber dann kommt das Schicksal und trifft sie dort, wo sie am empfindlichsten ist: in ihrer Hochmut, in ihrer Eitelkeit. In solche Versuchungen liebt Keller seine Gestalten zu bringen. Siegreich geht sie daraus hervor, denn sie hat den besten Erzieher gehabt: ein großes Gefühl. »Keine Romane mehr«, ruft sie ihrem verträumten Bräutigam zu, »wie du bist, ein armer Wandersmann, will ich mich zu dir bekennen und in meiner Heimat allen diesen Stolzen und Spöttern zum Trotz dein Weib sein. Wir wollen nach Seldwyla gehen und durch Tätigkeit und Klugheit die Menschen, die uns verhöhnt haben, von uns abhängig machen.« »So«, sagt in echter Spruchfreude Keller, »feierte sie erst jetzt ihre rechte Verlobung, aus tief entschlossener Seele, indem sie in süßer Leidenschaft ein Schicksal auf sich nahm und Treue hielt.«

Sie führt auch alles zu einem guten Ende. Das ist nach Keller die Aufgabe der Frau in der Ehe, und schon bei der Verlobung muß sie sich dessen bewußt sein. Das Bürgermädchen sagt zu ihrem Bräutigam: »Nun muß es aber recht hergehen bei uns! Mögen wir so lange leben, als wir brav und tüchtig sind und nicht einen Tag länger.« Fides aber, die adelige Braut des Sängers Hadlaub, legt zum Verlöbnis ihre Hand auf das Herz des Mannes und verkündet: »Hier will ich nun mein wahres Leben aus Gottes Hand empfangen, hier meine sichere Burg und Heimat bauen und in Ehren wohnen!« Jede spricht die Sprache ihres Standes und ihrer Zeit, beide aber aus dem gleichen Urquell unbeirrbarer, instinktbegabter Weiblichkeit.

Derart bringt Keller den jungen Menschen auch eine wunderbare Vorstellung von der Ehe bei. Das ist sehr notwendig in unserer Zeit, in der die Jugend immer sehender wird, und das, was sie zu sehen bekommt, immer weniger erquicklich. Eine zarte und sonst sehr zurückhaltende Fünfzehnjährige sagte mir einmal: »Wie kommt das nur, so oft bei Keller Leute Hochzeit halten, möchte man am liebsten auch gleich heiraten.« Ja, das glaube ich.

Jede nimmt sich - wenigstens im Augenblick - fest vor, eine Frau zu werden wie Lux, deren Gatte Ursache hat, die Zeit, da er sie noch nicht gekannt hat, ante lucem - vor Tagesanbruch - zu nennen, eine Frau, wie Kellers Katzenmann-Spiegel sie zeichnet: zutunlich von Sitten, treu von Herzen, sparsam im Verwalten, aber verschwenderisch in der Pflege ihres Mannes, kurzweilig in Worten, einschmeichelnd in ihren Handlungen.

Auch die Mutterliebe tritt in herrlichen und doch erreichbaren Formen in den Gesichtskreis der jungen Zuhörerinnen.

Keller glaubt nicht an die geistige Minderwertigkeit der Frauen, vielmehr gesteht er ihnen alle Gaben zu. Nur Überhebung, Wollen ohne Vermögen, männliches Gebaren und unästhetisch auftretende Rechthaberei sind ihm verhaßt.

Alle Lieblinge Kellers, Lux, Figura, Frau Salandar, sind starkgeistige, arbeitsame und leistungsfähige Frauen. Jene Liebe, die als wichtigsten Bestandteil die Achtung hat, die empfindet er nur für die Frau von hellem Verstand, von Einsicht und Tatkraft. Diese Frau allein hat auch jene Schönheit, die er am höchsten schätzt. Vor allem muß sie die freie Luft und das helle Tageslicht ertragen können. »Wenn ich an deine Schönheit glauben soll«, gibt er zu verstehen, »so laß dich bei der Arbeit sehen.«

Kein Wunder, daß alle Mädchen so sein, so leben, so lieben, arbeiten und heiraten wollen, wie Kellers Frauen!

»Wie Eltern erzogen werden.«
Neue Freue Presse, 21. November 1926

Nicht von jener Erziehung soll die Rede sein, die ein jeder sich selbst angedeihen lassen müßte, bevor er daran denkt, die Erde zu bevölkern. Wir wissen es nicht nur von Goethe, daß man erzogene Kinder gebären könnte, wenn nur die Eltern erzogen wären.

Auch an jene organische Erziehung ist nicht gedacht, die das Kind seiner Mutter schon vor seiner Geburt angedeihen läßt. Eine junge Frau, die ein unruhiger, zerstreuter und egoistischer Mensch war, erfuhr eines Tages, daß sie ein Kind haben sollte: Da ging eine Verwandlung mit ihr vor, die jeden Beobachter erstaunen ließ: Ihr Gesichtsausdruck wurde klarer, ihre wilden Haare legten sich plötzlich friedlich um den Kopf, ihre Haltung wurde bescheidener und zugleich selbstbewußter, sie bewegte sich ohne Hast, sie urteilte milder, sie dachte nicht mehr nur an sich selbst.

Ebenso unbewußt wie diese Erziehung ist jene, die die Kinder uns allen bei täglichem Umgang angedeihen lassen. Jeder, der mit ihnen zu tun hat, weiß, wie sehr man sich zusammennehmen muß, um vor diesen unbestechlichen Kritikern standzuhalten. Sie legen eben den moralischen Maßstab ihres einheitlichen, unverbildeten und unkomplizierten Daseins an alle Dinge, und da ist es nicht leicht, zu bestehen. So ist es bekanntlich ungeheuer schwer, für ein Landerziehungsheim Lehrer zu bekommen. Den Zwang, vierzehn Stunden täglich unter den Augen der Kinder zu leben, halten auf die Dauer die wenigsten Leute aus: man muß sich vor zu vielen Dingen in acht nehmen.

Unabsichtlich ist auch die harte Erziehung, welche die Jugendlichen von heute ihren armen Eltern zuteil werden lassen, indem sie vergessen, ihnen mitzuteilen, wohin ihr Ausflug geht; nicht rechtzeitig zurückkehren, sich mit ihnen in lebenswichtigen Dingen nicht beraten; ihnen die Ansichten aufdrängen; sie zwingen, ihre - meistens vorübergehenden - Götter zu ehren, sie nicht teilnehmen lassen an ihren Freuden, ihnen nicht gestatten, mit ihnen zu leiden. »Ich habe meine Eltern gut erzogen«, hört man manchmal einen jugendlichen Menschen triumphierend sagen. Aber er weiß nicht, was dieses (von ihm ursprünglich nicht beabsichtigte) Erziehungsresultat dem so erzogenen Vater für Schmerzen gekostet hat.

Heute und hier soll nur von einigen Aussprüchen die Rede sein, mit denen kleine Kinder zwar bewußt, aber noch ohne Bosheit, ausgezeichnete Erziehungsresultate bei Eltern und Lehrern erzielt haben.

In jedem Augenblick hat der Erwachsene die Möglichkeit, seine Überlegenheit zu beweisen. Die junge Mutter kann alles besser, wirklich besser. Sie hat den natürlichen Wunsch, ihr Kind zu einem mindest ebenso vollkommenen Wesen zu machen; da Lob eine Erziehungsform ist, die sich leider noch nicht ganz durchgesetzt hat, versucht sie es mit sachlichen Ermahnungen: »Das hast du nicht richtig gemacht« oder: »Das kannst du noch nicht.« Das Kind denkt nicht im geringsten daran, sich gegen diese überlegene Autorität aufzulehnen. Aber eines Tages macht der dreijährige Herbert einige waghalsige Turnkunststücke und sagt dann: »Mutter, mach' das nach, damit i siech, du kannst es nicht.« Er hat einem tiefgefühlten Bedürfnis seines Herzens abgeholfen - er will sehen, wie sich seine Mutter bissel blamiert.

In Fragen des Taktes sind die Kinder als Ratgeber einfach unentbehrlich. So sind sie schon früh dafür, daß man mit der Liebe keinen Handel treibt. Die Großmutter, die befürchtet, der vierjährige Gerhard könnte verhungern - alle Großmütter fürchten das - schaltet ihre sanftesten Flötentöne ein und sagt: »Gerhardchen, wenn du mich lieb hast, so trink' dieses Glas Milch.« Er trinkt die Hälfte und sagt: »Ich trink' das Glas halb aus, weil ich dich lieb hab' und lass' es halb steh'n, weil ich nicht gern hab', wenn du so was sagst.«

In das gleiche Kapitel gehört die fünfjährige Ulla, die ein starkes Stück Selbstgefühl und einen großen Unabhängigkeitsdrang besitzt. Sie wird wegen ihres unsozialen Eßtempos mit ihrem Mittagessen allein ins Nebenzimmer geschickt. Als sie fertig ist, sagt die Mutter: »Hast du das nötig gehabt? Ist es nicht schöner, mit uns zusammen zu sein?« Ulla lächelt zuvorkommend-überlegen: »Ich bin gern bei euch, aber ich kann auch mal ohne euch auskommen, denn ich hab' ja noch immer mich.«

Besonders übel wird es von Kindern vermerkt, wenn ihr Spiel als unwesentlich und eine Art unterhaltender Überflüssigkeit aufgefaßt wird. Das Spiel ist eben die einzige Arbeit des Kindes und daher ihm so sehr Bedürfnis, als dem Erwachsenen seine Tätigkeit. Die Kinder fühlen, daß ihre Beschäftigung ihre Fähigkeiten und Kräfte zu harmonischer Ausbildung bringt, deshalb wollen sie diese Arbeit ernst betrachtet wissen. Das Spiel ist eben ihre ernsteste Angelegenheit. Die dreijährige Brita wäscht mit einem Wattebausch voll Eau de Cologne in tiefer Versunkenheit ihr Puppengeschirr. Die Großmutter schiebt sie samt der Arbeit weg, um für das Abendbrot Platz zu schaffen. Mit einem schmerzhaften Aufschrei wehrt sie sich: »Die Großmutter glaubt mir meine Arbeit nicht!«

Ein Gelehrter sagt zu seinem kleinen Jungen, der ihn bei der Arbeit stört, indem er keinen anderen Platz für sein Bilderbuch finden kann, als den Schreibtisch des Vaters: »Geh' weg, du, mit deinem Büchel!« Das Kind schaut ihn an und sagt: »Wart' nur mal, wenn ich groß bin, werd' ich zu deinen Büchern Büchel sagen.«

Kinder wünschen, daß man einfach und natürlich mit ihnen spricht: ihr Todfeind ist die Phrase. »Du mußt mir ein Opfer bringen«, sagt die Mutter. »Was ist das, Opfer?« fragt der Bub. »Opfer bringen heißt, etwas, was man ungern tut, einem anderen zuliebe tun.« – »Das ist 'was für Erwachsene«, sagt das Kind.

Bei Kriegsausbruch hielt eine junge Mutter ihrem vierjährigen Sohn, der seinen Kaffee verschüttet hatte, aufgeregt, wie man zu jener Zeit war, eine donnernde Standrede. Sie setzte ihm auseinander, wie schlecht die Zeit für die Erwachsenen wäre und wie die Kinder verpflichtet seien, sich aus Schonung für diese einwandfrei zu benehmen. »Wie kannst du deine Mutter so kränken, wenn du doch weißt, daß Krieg ist.« Der Bub, der aufmerksam zugehört hatte, sagte einfach: »Dös kann a Kind net versteh'n.«

Manchmal bekommt auch die Schule die Wahrheit zu hören. Die österreichische Volksschule hatte bekanntlich vor dem Kriege nächst den Babenbergern nur noch ein Steckenpferd: die Türkenkriege. Ach was, die Schule! Schon in der Wiege erfuhr man, daß die Türken unsere Feinde sind, daß wir das Bollwerk des Abendlandes sind, weil wir sie nämlich mit Hilfe des guten Sobieski besiegt haben, daß das ein Glück für die ganze Welt ist, und daß wir uns damals so angestrengt haben, daß wir jetzt nie mehr etwas zu tun brauchen, obgleich »alles Erdreich Oesterreich untertan ist«. Nun war es im Winter 1915, da fragte der Michel aus der dritten Volksschulklasse seinen Lehrer im Schulkorridor: »Bitt' schön, warum kommt der Herr Schulinspektor nicht mehr zu uns?« Diese Kinder lieben nichts so sehr als den Besuch von Inspektoren. »Er wird schon kommen«, sagte ich tröstend, »er hat sicher nur keine Zeit gehabt bisher.« Franz lächelte so schlau, wie nur ein Wiener Volksschulkind lächeln kann. Er näherte sich vertraulich meinem Ohr und sagte: »Ich weiß, warum er nicht kommt, der Herr Inspektor. Er schämt sich, weil die Türken jetzt unsere Freunde und Bundesgenossen sind.«

Der Vater in Jeromes reizendem Büchlein »Sie und ich« beschließt, mit seiner neunjährigen Tochter Veronika gemeinsam ein Buch zu schreiben. »In diesem Werk werden die Kinder«, sagt er, »weise und gut sein und die Erwachsenen ordentlich erziehen. Und alles, was die Erwachsenen tun oder unterlassen, wird immer falsch sein. Das Buch werden wir ›Eine moralische Erzählung für Eltern‹ nennen. Alle Kinder werden das Werk kaufen, ihren Vätern, Müttern und Tanten zum Geburtstag schenken und auf das Titelblatt schreiben: ›Von Johnny oder Jenny dem lieben Papa oder dem lieben Tantchen mit dem innigen Wunsch, daß er oder sie sich bessern mögen.‹« – »Glaubst du, daß sie das Buch lesen werden?« fragt Veronika zweifelnd. Der

Vater beruhigt sie: »Wir werden irgend etwas Chokantes hineinschreiben, damit eine Zeitung das Werk angreift und es eine Schande für die englische Literatur nennt. Genügt das nicht, so werden wir sagen, es handle sich um eine Übersetzung aus dem Russischen.«

Veronika tut dann wirklich ihr Bestes und liefert ihren Beitrag, denn Kinder haben es leicht mit dem Erziehen. Erstens haben sie noch nicht so viel Böses getan und zweitens haben sie das unerhörte Glück, keine Erfahrung zu besitzen. Deshalb kann es geschehen, daß Brita, die obenerwähnte junge Wäscherin, zu ihrer überaus exakten Mutter, die ausnahmsweise einmal etwas getan hat, was des Kindes Mißfallen erregte, sagt: »Mutter, das darfst du nie wieder tun!« Die Mutter senkt reuig den Kopf und sagt: »Ich werde es nie wieder tun«. Noch immer ist das Kind nicht zufrieden. »Du sollst es aber«, sagt sie, »auch das eine Mal nicht getan haben.« Wie gerne möchten wir das alle versprechen! Da wir das nicht können und da die Kinder gerade das verlangen, besteht zwischen ihnen und uns eine Kluft, die nur durch zärtlichste Nachsicht auf beiden Seiten überbrückt werden kann. Denn, wie sagte doch der dreijährige Kurt, nachdem ihn für das gleiche Versehen sowohl Vater als Mutter ausgezankt hatten, zu seinem Hunde: »Sven, gelt, man braucht viel Geduld gegen die ganze Welt?!«

3. Sozialarbeit

»Die Ochsen von Topolschitz.«
Eine Geschichte aus Alt-Österreich

Es war in Wien im Juni 1918. Rastlose, hastige Arbeit ohne Hoffnung, vor den Türen der Läden Mütter, vierundzwanzig Stunden lang um ein bißchen Milch für ihre Kinder angestellt, gespielte Zuversicht auf allen Gesichtern, und in allen Herzen die unausgesprochene Furcht: verloren, besiegt.

Es gab nur eine einzige tröstliche Beschäftigung: die Versendung von Kindern aufs Land. Und so habe ich in jenem Sommer 72 Kinderkolonien eingerichtet. Nur durch die Lungen von zehntausend Kindern war es mir möglich zu atmen. Von einem dieser Kinderparadiese will ich erzählen - es ist eine Geschichte von den unmerklichen und unbemerkten Todesboten Alt-Österreichs.

Ein Badeort im Süden der Monarchie wurde gepachtet, dort sollten Kinder und Erwachsene in Lufthütten wohnen. Alles war höchst verlockend, nur ein Hindernis gab es: die slawische Bevölkerung weigerte sich, Deutsch sprechenden Kindern irgend etwas zu verkaufen. Mit der Energie der Verzweiflung, die man damals hatte, schickte man Waggon um Waggon mit Lebensmitteln nach dem Süden, um die 250 Menschen drei Monate lang ernähren zu können. Um Fleischbelieferung wandte man sich an das Volksernährungsamt. »Machen S' an Eingab!« sagte der Beamte. Das geschieht, und nach wenigen Tagen schon bekommt man den Bescheid, das Fleischamt einer nahegelegenen Stadt werde der Ferienkolonie lebende kroatische Ochsen zuweisen ...

Am 20. Juni fahren die Kinder ab, und bald kommen wahre Jubelhymnen nach Wien. »Wie märchenhaft schön es sei, so möge etwa die Stimmung im Paradies gewesen sein, als Menschen und wilde Tiere noch zusammen lebten.

Die Gesellschaft wäre auf das beste zusammengesetzt. Die Erwachsenen seien wahre Freunde der Jugend, die anwesenden Künstler freigebig mit ihrer Kunst, die reizenden Mädchen und die lieben Kinder das beste Publikum. Es werde erzählt und diskutiert und getanzt und im Freien getafelt und zur Laute gesungen. Die Luft schmecke wie ein kostbarer Trank, und es gebe unzählige Pilzarten, und die Blumen dufteten so stark, daß man sie schon drei Minuten vorher röche. Nur eines sei unangenehm: es sei bisher noch kein Fleisch gekommen.« Ich reklamierte sofort und bat um Zusendung der versprochenen Ochsen. Zwei wären genug, wir hätten nicht das Geld, um mehr zu kaufen, schrieb ich.

Der nächste Bericht enthielt eine Steigerung: »Das Sommerleben habe sich noch verschönt und vertieft. Sei es die warme Therme, in der die Menschen badeten, das Morgenluftbad auf der Wiese oder der Dauerlauf über Waldpfade, jedenfalls seien alle besser und schöner geworden. Nur die Köchin sei mürrisch, sie könne sich nicht daran gewöhnen, vegetarisch zu kochen. Tatsächlich böte die Nahrung wenig Abwechslung, da noch kein Fleisch gekommen sei.« Das Fleischamt bekam nun von Wien aus einen dringenden Brief.

Im nächsten Wochenbericht heißt es, »das Heim sei das Wunder der Gegend; unsere Proletarierkinder wären auf allen Schlössern rings umher wie zu Hause, die Leute aus der kleinen Stadt in der Nähe kämen oft am Nachmittag, weil sie hofften, den kleinen Rudi Serkin zu hören, der, mit nichts als einer russischen Bluse und einer Schwimmhose bekleidet, täglich die schönsten Bach- und Mozart-Konzerte gäbe. Karin Michaelis habe schon mit allen Hunden weit und breit Freundschaft geschlossen, und einen, der räudig sei, besuche sie täglich. Kurz, alles gedeihe wie durch einen Zauber, nur eines sei schade, es gäbe, obwohl die ganze Gegend im üppigsten Reichtum blühe, kein Gemüse und kein Obst zu kaufen. Auch das Fleisch sei bisher ausgeblieben.«

Es war Ende Juli. Ich reiste zur Inspektion dieser unserer südlichsten Ferienkolonie. Nie werde ich den Zug von Nymphen, Dryaden, Elfen, Trollen und anderen Waldgeistern vergessen, die aus dem geheimnisvoll-dunklen Walde zu meinem Empfange hervorbrachen. Hier war einmal eine Gemeinschaft, die Ansätze zur Vollkommenheit in sich trug, also durfte nichts unerfüllt bleiben, auch wenn es nur ein nicht gerade geistiges Bedürfnis nach Rindsuppe war.

So drahtete ich am Dienstag an das Fleischamt: »Erbitte dringend Zusendung versprochener Ochsen.« Am Donnerstag schon kam die Antwort: »Zwei kroatische Ochsen auf Ihre Gefahr unterwegs.«

Alle Kinder wollten die Ochsen von dem weit entlegenen Bahnhofe abholen, und ich ließ sie gewähren, obwohl ich fühlte, daß dies eine unpädagogische Handlung sei: Kinder dürfen niemand zum Fressen lieb haben. Mit Blumen und Bändern geschmückt wurden sie eingebracht, und nun schien auch die letzte Wolke vom Ferienhimmel gewichen zu sein. Es verging eine Woche, von der ich nichts mehr weiß als die Melodie des Liedes: »Indianer, Japaner und Eskimos, die Welt gehört uns allen, und die Welt ist groß.« Tagsüber hörte man mit Wonne diesen Triumphgesang des Lebens. In der Nacht aber - allmählich ging ein furchtbares Gewitter nieder - dachte man daran, daß für diese Kinder die Welt jedenfalls nicht sehr groß sein werde. Wie klein, konnte man damals noch nicht wissen.

Am nächsten Donnerstag bekam ich ein Telegramm: »Zwei kroatische Ochsen auf Ihre Gefahr unterwegs.« Um Gottes willen, was war geschehen? Wir sollten ja nur zwei kriegen, und wie wollte ich vier bezahlen! Aber das nützte nun nichts, sie waren da, einige Freiwillige meldeten sich, die Ochsen von der Bahn zu holen und zugleich ein Telegramm an das Fleischamt aufzugeben, welches lautete: »Haben statt zwei Ochsen vier erhalten, warum?« Darauf kam nie eine Antwort.

Dafür aber am nächsten Donnerstag ein Telegramm: »Zwei kroatische Ochsen auf Ihre Gefahr unterwegs.« Ich geriet in gelinde Verzweiflung. Das war bereits materieller Ruin für die Kolonie. Aber was tun? Man konnte die Tiere unmöglich auf dem Bahnhof verkommen lassen. Kinder zum Einholen fanden sich diesmal nicht, und so schickten wir den nicht sehr anmutigen slawischen Hausverwalter, nennen wir ihn kurzweg Jurtz, denn er hieß wirklich so, auf die Bahn. Es war kein sehr glanzvolles Empfangskomitee, denn er hatte eine Beule hinterm Ohr, oder, wie unsere Kinder sagten, er hatte es »faustdick hinter einem Ohr« und sah infolgedessen ziemlich verwegen aus. Jetzt wurde die Sache ernst. Ich telegraphierte ans Fleischamt: »Bitte inständigst, weitere Zusendung von Ochsen zu unterlassen.« Die Kolonie war gefährdet. Wir mußten Futter kaufen, Unterkünfte suchen. Glücklicherweise reiste am gleichen Tag ein Lehrer nach Wien. »Bitte, lieber Freund«, sagte ich, »machen Sie Aufenthalt in der Stadt, wo das Fleischamt zu Hause ist, und bitten Sie die Herren auf den Knien, uns nichts mehr zu schicken.« Er versprach es, und ich bekam ein Telegramm von ihm: »Sie werden künftig von den Ochsen unbelästigt bleiben.«

Aber er hatte sich geirrt. Am Mittwoch kam die Schreckensnachricht: »Zwei kroatische Ochsen auf Ihre Gefahr unterwegs.« Ich holte sie diesmal selbst ab und versuchte auf dem Bahnhof einen kleinen Viehhandel anzufangen. Mein Mißerfolg war katastrophal: die Leute lachten mir ins Gesicht. Nur eine Wiener Kinderkolonie, sagten sie, ließe sich kroatische Ochsen senden, sie hätten mehr Fleisch, als sie zu essen vermöchten. Gebrochen kam ich nach Topolschitz zurück und wälzte nun in zwei schlaflosen Nächten die Frage: Welche Erlässe verbieten die Versendung von Ochsen aus Cilli? Welche Erlässe untersagen die Einfuhr von Ochsen nach Wien? Was kann mir geschehen, wenn ich sie dennoch versende? Zu fragen wagte ich niemanden, weil bei dem labilen Gleichgewicht aller Menschen um jene Zeit jede Beunruhigung vermieden werden mußte. Endlich war ich mit mir selbst einig. Mehr als vier Wochen Gefängnis würde ich nicht bekommen, da ich mit dem Finanzministerium durch verwandtschaftliche Bande eng verknüpft war. Nun ja. Ob aber die Erlaubnis von diesem ausging und nicht etwa gar vom Kriegsministerium? Wer konnte das wissen? Wer hatte damals eine Ahnung, was er durfte, konnte, sollte, mußte? Kurz entschlossen bestellte ich für Sonntag einen Waggon, der sechs Ochsen nach Wien bringen sollte, um sie meinen dortigen Gemeinschaftsküchen zuzuführen, geschehe was da wolle! Aber schlafen konnte ich nicht.

Schon um sechs Uhr morgens ließ ich meinen Freund, den Hofrat, wecken. Er war ein gelernter Österreicher, er mußte wissen, was da zu tun sei. Zuerst fragte ich ihn: »Kannst Du mir eine Erklärung geben, warum man mir immer Ochsen schickt?« Er sagte: »O ja, sogar zwei Erklärungen. Entweder sagt der Direktor des Fleischamtes jedesmal, wenn ein Telegramm von Dir einläuft und er nach der Unterschrift gesehen hat, ohne es zu lesen, zu seiner Sekretärin: ›Ich bitt' Sie, schicken Sie der Querulantin wieder einmal zwei Ochsen, damit sie eine Ruh gibt. Die Person hat nämlich hohe Verbindungen in Wien‹, oder der Direktor telegraphiert fortwährend nach Kroatien an den Viehaufkäufer Absagen, die diesen nicht erreichen. Darf ich Dir sagen, was ich glaube?« »Bitte«, sprach ich, »ich kann alles hören.« »Die Zusendung von Ochsen wird nie aufhören. In Österreich hat noch nie etwas aufgehört. Höchstens, daß Österreich selbst aufhört.«

»Bitte«, sagte ich, »mach keine Witze. Ich lasse einspannen, und du fährst bei allen Fabrikanten und Gutsbesitzern in der Nachbarschaft herum und schaust, daß sie dir die Ochsen zu unserm Selbstkostenpreis abkaufen. Schildere ihnen die Schönheit der Ochsen und die Not unserer Kolonie. Ich glaube, ich glaube, du wirst es können. Du hast so ein gewisses Etwas.«

Strahlend vor Siegerfreude fuhr er morgens weg, völlig erledigt kam er abends heim. »Die Leute haben mich ausgelacht«, sagte er, die Preise haben sie »echt österreichisch« gefunden – das schlimmste Schimpfwort, das die Gegend kennt.

Ein strahlend schöner Sonntag brach an, der Tag der Abreise der Ochsen. Auf dem wunderbaren Platz vor dem Haupthause versammelten sich Tiere, Kinder und Erwachsene; es war ein schmerzlicher Moment. Gerade läuteten die Mittagsglocken. Die äußerste Spannung lag auf allen Mienen, als plötzlich ein Jüngling auf einem weißen Zelter heransprengte. Seine Haltung war so, daß man nur das weiße Taschentuch des Parlamentärs vermißte. Für mich aber war er einer. Es war der Sohn eines reichen Fabriksbesitzers aus der Gegend, der sich bereit erklärte, der Kinderkolonie die Ochsen abzukaufen, wenn er sie um den halben Preis bekommen könne. Noch einmal gingen mir alle Fährlichkeiten durch den Kopf: werden sie lebend in Wien ankommen, wird man mir erlauben, sie für unsere Gemeinschaftsküchen zu verwenden, oder wird man mich einsperren? Und ich sagte bebend vor Aufregung: Ja.

Als ob ein geliebter Kranker vom Arzt plötzlich als genesen erklärt worden wäre, solche Stimmung entstand mit einem Schlag. Die Kinder jauchzten, sangen und sprangen; die Erwachsenen lustwandelten durch die Laubengänge; das Mittagessen, das an diesem Tag aus Kartoffeln und Karotten als Hauptgericht, Haferreis mit Himbeersaft als Mehlspeise bestand, wandelte sich zu einem lukullischen Mahl. Es war einer jener Tage, wie es sie nur in Büchern gibt. Am Nachmittag entfaltete sich ein besonders festliches Leben. Da spielten die Kinder und jungen Menschen auf dem Freilufttheater, welches uns die Natur bot, den »Sommernachtstraum« mit einer Liebenswürdigkeit und Eindringlichkeit, die keine künstlerische Regie zu erreichen vermag. Stundenweit waren die Menschen hergereist, dieser Aufführung anzuwohnen, und helle Festesfreude lagerte über allen. Und gar als es Abend wurde! Die langen Tafeln konnten die Gäste nicht fassen.

Fortwährend wurde das Wasserglas der Freundschaft gehoben, um irgendjemand leben zu lassen; das dürftige Essen wurde gepriesen, ich selbst hatte alle Sorgen vergessen. Da wurde mir gemeldet, ein neuer Gast sei angekommen. Ich ging ihn empfangen, es war ein Freund von mir, einer jener Menschen, die durch besondere Zartheit der Empfindung und Höflichkeit des Herzens alle Dinge um sich herum heillos verwirren und durchkreuzen. Er war um acht Tage zu spät gekommen, wie immer. Seine Miene verriet nichts Gutes. »Ist bei Dir zu Hause etwas geschehen?« fragte ich erschrocken.- »Nein, aber du hast etwas getan, was ich nie für möglich gehalten hätte«, sagte er. »Auf dem Bahnhof haben sie mir erzählt, daß du seit Donnerstag zwei Ochsen stehen hast, um die du dich nicht kümmerst. Ist das deine berühmte Organisationsgabe? Und bist du deshalb Ehrenmitglied des Tierschutzvereins?« - »Ich werde gleich um sie schicken«, sagte ich kreideweiß. Aber es war einer jener Abende, an denen Trauer einfach nicht aufkommt. So muß Menschen zumute sein, die, vor einem Erdbeben oder sonst einer Katastrophe stehend, noch ein letztes Mal froh sein wollen um jeden Preis.

Da fiel mein Blick auf meine treue Sekretärin. Sie saß da, in sich zusammengesunken, völlig vernichtet. Tragische Seelenzustände junger Frauen auf Liebe zurückzuführen, ist mir selbstverständlich. Sie war verlobt; der Mann, den sie liebte, war hier, das konnte nichts anderes zu bedeuten haben als Bruch, Schluß. »Komm mit mir«, sagte ich und begab mich mit ihr abseits. »Bitte, sag', was du hast?« - »Nichts.« - »Ich flehe dich an, sag' mir, was du hast.« - »Niemals«, sagte sie mit einem Ausdruck, der der Duse Ehre gemacht hätte.- »Ich befehle dir, mir die Wahrheit zu sagen.« - »Jedem Menschen, Frau Doktor, nur dir nicht. Du darfst es einfach nicht wissen.« Die Verzweiflung verlieh meiner Stimme Eiseskälte. »Ich spreche in meinem Leben kein Wort mehr mit dir, wenn du mir nicht die Wahrheit sagst.« Sie zog ein Telegramm aus der Tasche und überreichte es mir schweigend. Ich öffnete es und las: »Sieben kroatische Ochsen auf Ihre Gefahr unterwegs.« - »Aber«, sagte ich, »was geht das dich an? Das Telegramm ist ja an die Lederfabrik in Schönstein gerichtet.« Erlösungstränen tropften aus ihren Augen. »Aber Frau Doktor«, sagte sie, »du begreifst doch, daß ich nicht weiterlesen konnte, als ich sah, daß wir wieder sieben Ochsen bekommen. Ich kann doch nichts dafür, daß die Post alles, was mit Ochsen zusammenhängt, uns zustellt.« - »Nun, diese Ochsen sind an uns glücklich vorübergegangen«, sagte ich heiter, und wir gesellten uns zu der Gesellschaft, die gerade unter Bäumen den Reigen tanzte: »Wir sind zwei Musikanten und kommen aus Neuwaldegg.«

Am nächsten Morgen reiste ich nach Wien ab. Die Honoratioren der Gegend und meine ganze Kolonie waren zum Abschied auf dem Bahnhofe versammelt. Lieder, Tränen, Wünsche, Rede, schwere Trennung, als wenn man wüßte, daß man zum letztenmal im weiteren Vaterland sei. Endlich ein Ruck, der Zug setzt sich in Bewegung. Da kommt ein menschliches Wesen herangesaust - unser alter Schuldiener, der Herr Wonderlik, ein Original, läuft ein paar Schritte mit dem Zuge mit und schwingt hysterisch ein Telegramm: »Frau Doktor, bitte schön, zwei kroatische Ochsen auf unsere Gefahr ...« Den Rest verwehte der südslawische Wind.

Ich fürchte, auch jetzt kommen noch immer kroatische Ochsen nach Topolschitz. Aber das ist keine österreichische Angelegenheit mehr. Topolschitz liegt jetzt in Jugoslawien.

»Es lebe die Protektion«
Vossische Zeitung, 12. Mai 1929

Wir leben in einer Zeit, wo alles dem Zufall überlassen ist. Es ist notwendig, daß wir diesem Zufall so viel von seiner Beute entreißen, als irgend möglich.

Um nur eines herauszugreifen: wenn in unserer durch den andauernden Krieg aller gegen alle zerstörten Welt irgendeine Stelle mit dem richtigen Menschen besetzt wäre, so hieße das wahre Rationalisierung und bedeutete moralisch und materiell die Rettung eines Teiles des Nationalvermögens. Wer also in unseren Tagen einem Menschen zu einer Stelle, vor allem aber einer Stelle zu einem Menschen verhelfen kann, der täte gut, sich zu beeilen.

Aber er tut es nicht. Denn wir sind alle mit dem Satz aufgewachsen: »Und wer den Papst zum Vetter hat, kann Kardinal noch werden.« Daraus haben wir den Trugschluß gezogen, daß, wer den Papst nicht zum Vetter hat, überhaupt nicht Kardinal werden kann, oder wer als Vetter des Papstes Kardinal wird, es nicht verdient hat. Keinesfalls aber will ein besserer Mensch der Papst sein, der seinem eigenen Neffen zum Kardinal verhilft. Das überläßt er den minderen Leuten, die ja ohnehin alles Gute sich und ihrer Familie zuschanzen. Der Begriff Nepotismus und Protektionswirtschaft ist uns so in Fleisch und Blut übergegangen, daß wir alle Unbefangenheit im Empfehlen verloren haben.

Gründe zum Nichtempfehlen gibt es wie Brombeeren. Der Gewissenhafte zittert davor, einen Mißgriff zu tun; der Schüchterne will nicht anmaßend erscheinen; der Eitle fürchtet sich vor einer Blamage; der Berechnende hat Angst, sein Guthaben bei dem zu verringern, an den er empfiehlt; der Vorsichtige will sich nicht zu Gegendiensten verpflichten; der Mann von Grundsatz verkündet mit Stolz: ich protegiere niemand. Ist er Minister, sagt er: ich halte mich prinzipiell von Personalfragen fern.

Aus all dieser Reserve, sei sie nun von Anständigkeit oder auch nur von Trägheit des Herzens diktiert, ergibt sich unabsehbarer Schaden. Ausgezeichnete Leute sind arbeitslos. Wertlose versehen wichtige Stellen. Leute, die Geschäftssinn haben, betätigen sich in der Kunst. Schönheiten sitzen in der Telefonzelle, Geisteskranke regieren Länder. Die Welt ist voll von Fehlbesetzungen, die keine Schmiere wagen dürfte. Und das alles nur, weil niemand zur rechten Zeit das rechte Wort spricht. Nur weil niemand hellwach ist, wenn es sich nicht gerade um seine eigenen Angelegenheiten handelt.

Höchstens noch lassen sich die Menschen durch das Mitleid bestimmen, für jemand ein gutes Wort einzulegen. Und gerade das ist es, was alles Empfehlungswesen kompromittiert und entwertet. Wer mit einem Empfehlungsbrief erscheint, wird schon als Bittsteller empfangen und behandelt.

Das müßte anders vor sich gehen. Jeder Mensch, der von einer Arbeit hört, sollte sich besinnen, ob er nicht für diese Arbeit einen Menschen weiß.

Niemand ist so ohnmächtig, daß er nicht irgend eine Wirkung üben könnte. Die Geschichte von der Protektion, die die Maus dem Löwen angedeihen ließ, ist uns allen bekannt.

Bei der allgemein herrschenden Indolenz darf man nicht hoffen, daß man durch gutes Zureden irgend jemand bewegen kann, sich für einen andern von ganzem Herzen und mit aller Kraft einzusetzen. Das höchste, was man erreicht, ist ein Empfehlungsbrief. Die Empfehlungsbriefe, die geschrieben werden, sind ein Kapitel für sich. Ein Meer von Langeweile strömt von ihnen aus. Schon ihr Anblick erweckt in dem Empfänger die Sehnsucht nach ungestörter Bettruhe, sodaß er nur noch gerade so viel Kraft hat, den Empfehlungsbrief dem Papierkorb zu überantworten.

Ob ein Empfehlungsbrief klug oder dumm, anziehend ist oder nicht, eines muß er an sich haben: er muß irgendwie striking sein. Ein Wort muß darin vorkommen, welches zwingt, weiterzulesen.

In unserer ungeduldigen Zeit Empfehlungsbriefe zu schreiben, die wirklich gelesen werden, ist nicht leicht. Ein Hilfsmittel scheint nicht überflüssig. So habe ich mich entschlossen, einen Briefsteller für Empfehlungsbriefe herauszugeben. Hier einige Proben.

An Frau Else Schmitt in Godesberg. - Von unserem kleinen Hans höre ich, daß Sie eine Reinmachefrau suchen. Ich habe das dringende Bedürfnis, Ihnen einen Dienst zu erweisen und empfehle Ihnen deshalb Frau Mariken Tönnies. Sie hat eine leidenschaftliche Liebe zur Ordnung, und zwar nicht, wie die meisten Frauen, anfallsweise, sondern beständig. Ordnung aufrechtzuerhalten, ist ihr Lebensprinzip, Ordnung zu machen, ihre Lebensaufgabe. Von gebrauchter Wäsche, die sie mit zarter Sorgfalt behandelt, es dunkel abfließen zu sehen, erweckt ihr Wollustempfindungen. Da zwischen ihr und der Ordnung eine wirkliche Liebe besteht, ist diese Liebe still und zurückhaltend. Der fatale Lärm des Großreinemachens liegt ihr ganz fern. Nicht Scheuerfeste sind ihr Ziel, sondern der selbstverständlich-blinkende Alltag.

An die Direktion des Josefstädtertheaters in Wien. - Ob Fräulein Marie Pfenninger zum Theaterspielen Talent hat, werden Sie besser erkennen als ich. Daß sie schön, schmal, braun und äußerst beweglich ist, sehen Sie selbst. Ich kann Ihnen nur sagen, aus welchen Gründen ich sie Ihrem Theater gönne. Sie ist herrlich unintellektuell, hat keinen Schimmer von Literatur, spricht wie ihr der Schnabel gewachsen ist, singt unbefangen wie ein tschechisches Dienstmädchen beim Schuhputzen; kann, wenn man sie erschreckt, durchdringend aufschreien und lacht geradezu ansteckend. Was mich besonders für sie einnimmt: sie will um keinen Preis einen Künstlernamen annehmen.

An die Universität in Tübingen. - Ich glaube, Sie würden, hochverehrte Herren, eine sehr glückliche Wahl treffen, wenn Sie Herrn Merkinger zum Bibliothekar machten. Von jung an hat er eine große und achtungsvolle Liebe zum Buch. Schon als Schulknabe hatte er seine eigene kleine Bücherei in eine Leihbibliothek für seine Kameraden verwandelt. Er drängte ihnen gute Bücher zum Lesen auf. Bekam ein Schulkollege ein Thema zu behandeln, so war er es, der ihm mit größter Genauigkeit das Material hiezu sammelte. Auch führte er Kataloge und hielt streng an dem Datum der Ablieferung fest. Mit vierzehn Jahren hatte er eine Krisis zu bestehen; da hätte er nämlich um ein Haar mit seinem besten Freunde gebrochen, weil dieser in das Reclambändchen »Goethes Briefwechsel mit einem Kinde« ein Eselsohr hineingemacht hatte.

An die Filmschauspielerin Miss Daisy Harrison, Hollywood. - Fräulein Maria Gössler aus Mondsee sehnt sich, bei Ihnen Kammerjungfer zu werden. Sie hat eine große Vorliebe für schöne Menschen und schöne Sachen, mit beiden versteht sie auch ausgezeichnet umzugehen. Ihre Stimme klingt am Telephon selbst bei Ausreden überzeugend. Mit einem Hündchen kann sie, wenn sie sich unbeobachtet glaubt, die längste und freundlichste Konversation führen. Geht sie mit einem Arm voll von Kleidern durchs Zimmer, so kann kein Besucher umhin, an Figeros Susannchen zu denken. Notabene: sie will nicht zum Film, und ihr Schönheitstypus ist dem Ihrigen geradezu entgegengesetzt.

An Herrn Nationalrat E. in Salzburg. - Frau Bollmann, die ich gut und gern kenne, bewirbt sich um die Stelle einer Sekretärin bei Ihnen. Sie werden sie wunderbar brauchen können. Die Briefe, die sie schreibt, sehen so aus, daß man von vornherein annimmt, sie enthielten nur angenehme Nachrichten. Nie stolpert sie über ein Fremdwort, nie schreibt sie einen Eigennamen falsch, bei jeder Unverständlichkeit im Diktat stockt sie. Vor allem aber hat sie die Fähigkeit, bei einem sonst vollkommen zuverlässigen Gedächtnis Geheimnisse, die man ihr anvertraut, sofort zu vergessen.

An die Schulbehörde in Hannover. - Ich kann Ihnen Herrn Brander als Lehrer sehr empfehlen. Ich kenne ihn zwar nicht persönlich, wohl aber seine Schüler. Die Kinder in seiner Klasse halten den Sonntag für eine Fehleinrichtung. Täglich kommen sie gespannt in die Schule, was er wohl Neues an Wissen und Spaß für sie vorbereitet haben mag. Seine Singstimme finden sie schöner als die Carusos im Grammophon und sie sind fest überzeugt, daß er, wenn er nur wollte, schneller laufen könnte als Nurmi. Deshalb halte ich ihn für einen guten Lehrer.

An die Zentrale für Fürsorge in Berlin. - Was mich veranlaßt, Ihnen Fräulein Vollmar als Fürsorgerin zu empfehlen, ist nichts als eine kleine Geschichte, die man sich aus ihrer frühesten Kindheit erzählt. Kaum vier Jahre alt, riß sie sich einmal auf der Straße von der Hand ihrer Mutter los. Ehe diese es verhindern konnte, zog sie ihr Taschentüchlein und putzte damit einem gerade vorübergehenden wildfremden Kind die Nase. Auf die Frage: »Warum hast du das getan?« antwortete das Kind, strahlend vor Freude über den Erfolg, mit sachlichem Ernst: »Bitte, es war sehr nötig.« Genau so ist sie noch heute.

An das Verlagshaus X. in Leipzig. - Den jungen Helmuth Werner sollten Sie, verehrte Herren, als Reporter nehmen. Er eignet sich vorzüglich dazu. Schon als Kind wußte er alles, was bei allen Parteien im Hause Wien, Ottakringerstraße 131, in dem seine Eltern lebten, passierte. Er wußte alles, traf aber beim Weiterverbreiten eine merkwürdige Auswahl. Er erzählte nämlich nur solche Dinge, die niemandem zur Unehre gereichten und doch für alle interessant waren. Als Gymnasiast hat er einmal ein großes Brandunglück verhindert. Er ging nachts an einem geschlossenen Straßenladen vorbei und wollte um jeden Preis erfahren, warum unten Licht durchschimmerte. Zu diesem Zweck begab er sich in die Wohnung des Ladenbesitzers, und so wurde die Tatsache, daß Hobelspäne in Brand geraten waren, aufgedeckt. Für Verkehrsmittel hat er eine leidenschaftliche Vorliebe, nicht nur für Auto und Flugzeug, sondern auch für die Untergrund-, ja sogar für die Straßenbahn. Bekanntschaften zu machen, ist seine höchste Freude, Bahnhöfe sind sein liebster Aufenthalt. Noch eins: herausgeworfen wird er nirgends. Er ist hübsch und treuherzig und funkelt von wohlwollender Neugierde.

An die Theaterdirektion von Zittau. - In Fräulein Anna Wartleff bekämen Sie, sehr geehrte Herren, eine getreue, dem Beruf innig ergebene Souffleuse. Sie ist gegenwärtig an einem Theater in Böhmen angestellt. Letzthin schrieb sie mir: »Sie können sich mein Glück vorstellen, wenn ich Ihnen sage, daß ich nun zum erstenmal in meinem Leben auch in einer Oper soufflieren darf, und sogar in einer Wagner-Oper. In ›Lohengrin‹! Vorigen Freitag hatten wir keine Probe, da bin ich in den Wald gegangen, habe ich mich auf eine Bank gesetzt und habe mir alle die wunderschönen Texte vorgesungen, mit einer selbstgemachten Melodie. Wie herrlich wird es erst sein, wenn ich die wirkliche Musik dazu höre und dabei soufflieren darf.«

Diese Beispiele sind erfunden, daher fehlt ihnen das Beste, was Empfehlungsbriefe haben müssen: die zitternde Angst, sie könnten nicht wirken. Die muß nämlich dabei sein.

»Menschenkenntnis«

(Aus einem von mehreren Menschen zusammengestellten Artikel »Ein bißchen Menschen-Kenntnis von Leuten, die es wissen müssen« im »Uhu«, Juli 1929, Verlag Ullstein)

Alle jene, die wirklich arbeiten wollen, tragen in Haltung, Gebärde und Wort ihr Zeichen. Entschlossen treten sie ein. Sie sind wortkarg, ungefragt sagen sie nichts. Sie geben sich nicht als vielseitig aus, sie verkünden nicht emphatisch: »Ich bin zu jeder Arbeit bereit.« Sie versprechen keine besondere Leistung, sie verlangen kein besonderes Honorar. »Arbeit!« lechzt ihr ganzes Wesen. »Arbeit, damit ich von mir selbst wegkomme, damit ich wieder was nütze und was vorstelle. Arbeit!« Der Anblick dieser Menschen ist wahrhaft tragisch, und wenn ihre Erlösung gelingt, ist man so glücklich, wie wenn sich im Kunstwerk das Schicksal des Helden zum Guten wendet.

Aber neben dem Drama fehlt auch die Operette nicht. Da kommt einer, der will nicht deshalb arbeiten, um seinen Lebensunterhalt zu verdienen, nicht um sich zu zerstreuen, nicht um seine gesellschaftliche Lage zu verbessern. Der Menschheit will er dienen. Eine rein geistige Tätigkeit ist es, die er anstrebt. Wenn man diesen Mann direkt fragt: »Sind Sie in ungekündigter Stellung?«, so empfindet er das als eine Brutalität. Komisch war auch einmal eine Turnlehrerin, die bei mir erschien. Kurse wollte sie halten, um, wie sie sagte, »der Schönheit zu ihrem Recht zu verhelfen«. Sie hatte eine Brille, war - das arme Kind! - gewachsen wie ein Fragezeichen, trug drei warme gestrickte Jacken übereinander und setzte sich mit aggressiver Ungrazie. Ich dachte: »Eine Turnlehrerin muß doch so aussehen, daß jedes Kind denkt, wenn ich die äußersten Anstrengungen mache, werde ich ihr gleichen.« Und laut sagte ich: »Darf ich Ihnen nicht lieber eine Stelle in einem Archiv verschaffen?« »Nein«, sagte sie, »mich interessiert nur das Menschenmaterial.« Dieses konnte ich ihr nicht verschaffen.

Eine besondere Qual in der Sprechstunde sind alle jene, die früher »gute Tage« gesehen haben. »Ich bin zu meinem Bedauern gezwungen, eine Arbeit zu ergreifen.« Ihr, sagt sie, sei es nicht an der Wiege gesungen worden. Ihr Mann habe immer »schön« verdient. Aber jetzt sei sie so weit, daß sie nicht einmal vor Arbeit mehr zurückschrecke. Zaghaft erkundigt man sich, was sie könne. Beherzt zählt sie eine Menge von Fertigkeiten auf, die zu verlernen es mehrerer Generationen bedürfen wird: sie versteht herrliche Seidenstoffe mit idiotischen Ornamenten zu batiken; sie kann Jacken stricken, an denen (brrr!) der Kragen und die Krawatte in einer abstechenden Farbe hineingestrickt sind; und sie kann französische Bücher übersetzen, weil sie nämlich einmal eine Gouvernante gehabt hat. Während ich dasitze und mein Hirn zergrübele, wo ich diese ungelernte Arbeiterin unterbringen soll, sagt sie plötzlich: »Sie werden begreifen, daß für mich nur eine leitende Stellung in Betracht kommt oder ein Vertrauensposten, Gesellschafterin oder Aufsichtsperson.« Sie ist sehr überrascht, wenn ich sie darauf aufmerksam mache, daß in unserer besiegten Zeit es nichts zum Beaufsichtigen gibt, niemand sich beaufsichtigen lassen will.

Phrasenhelden, Selbstlober, Dauerredner, Schmöcke und Snobs sind schlechte Stellungssucher. Wie kann ich einer Frau, die sich bei mir als vielseitige Renaissancenatur einführt, eine Stelle als Friseurin in Linz anbieten! Nur stotternd wage ich es, dem Herrn, der mir erzählt, daß er sich mit der Dorsch und dem Bassermann duzt, einen Posten als Filmstatist anzutragen. Oder wie kann ich das Mädchen, welches ein geschmackloses Kleid aus fetzigem Stoff nach der neuesten Mode trägt und in dem armen verbrauchten Gesicht einen pikant sein sollenden rostroten Mund sich angeschminkt hat, der Frau Meyer für ihre Kinder empfehlen? Die ist doch so eifersüchtig auf Herrn Meyer. Den Mann aber, der sagt: sein ganzes Interesse gehöre seinem Buch über die Völkerwanderung; es sei unter seinem Wasserspiegel - so verdeutscht er nämlich das Wort Niveau -, Kinder zu unterrichten, aus Not aber sei er bereit, in ein Landerziehungsheim als Lehrer zu gehen, schick ich glatt weg. Bei Kindern verstehe ich keinen Spaß.

Wer Arbeit sucht, muß es dem Arbeitsvermittler bequem machen, und er kann es auch. Denn eigentlich ist es ja eine schöne Gelegenheit, einander kennenzulernen, wenn zwei Menschen zusammenkommen, um über so was Liebes, Sachliches und Wünschenswertes wie die Arbeit zu verhandeln. Da gehört Vertrauen dazu, Mut und Aufrichtigkeit. Wie sie Frau Windbichler hatte, die sich bei mir als Wäscherin anbot. »Wissen, gnä' Frau«, sagte sie, »i hab halt a fuchtiges Temperament. Wahn mi mein Mann ärgert, glei hau i was zsamm. Drum is besser, i wasch. Denn grad wegen dem bin i a vorzügliche Wäscherin. Zan Ärgern find si ja bald was, und wann i an Zorn hab, dann wird Ihnen die Wäsch wie ein Maiglöckerl.«

4. Gesellschaftskritisches

»Eine neue Vokabel«
Neue Freie Presse, 26. Februar 1928

Nur Kinder wissen das Richtige. Der kleine Lord Byron schrieb mit acht Jahren an seine Großmutter: »Mein größter Todfeind ist die menschliche Dummheit.«

Die Erwachsenen glauben nicht an Dummheit. Da jeder sich selbst für außerordentlich klug hält, so muß er eben auch den andern eine Art von Klugheit zugestehen. Am schlimmsten aber treiben es die großen Denker. Ihnen, denen das Denken so leicht fällt wie das Atmen, kann es natürlich niemals klar werden, wie dumm die Menschen sind. Hier versagt ihre eigene Denkkraft. Aus diesem Mißverständnis heraus erwächst der ungemeine Pessimismus der meisten großen Männer. Da sie die Welt im ganzen und im einzelnen unvollkommen finden, täglich die Unsinnigkeit in allem Geschehen erkennen, so nehmen sie an, die Triebkraft sei die menschliche Bosheit, und gelangen so zu Vorstellungen von einer Dämonie, die es gar nicht gibt.

Die Natur ist von vornherein so grausam, die meisten Menschen mit beschränkter Denkfähigkeit zur Welt kommen zu lassen. Diese beinahe gänzlich zu vernichten, ist dann das Leben da: Schule, Militär, Beruf, Gesellschaft, Bücher, Zeitungen, Theater, Kino, alles.

Wer sich die Menschen mehr dumm als schlecht vorstellt, dem wird alles, was man erlebt, viel klarer.

Da habe ich letzthin eine neue Vokabel gelernt: Gasinteressent. Ein Gasinteressent, das ist ein Mensch, der sich für Gas interessiert; der sein ganzes Gehirnschmalz daran wendet, damit Giftgase erzeugt werden, mit denen man Leute massenhaft und unter grauenhaften Qualen aus der Welt schaffen kann. Überall auf der Erde sind gegenwärtig Leute tätig, die Giftigkeit der für den nächsten Krieg bestimmten Gase zu erhöhen. Wer das kann, hat sich persönlich eine Goldgrube eröffnet, denn die Regierungen werden einen Wettlauf veranstalten, daß er seine Weisheit ihnen verkaufe. Derjenige Staat, der die intensivst wirkenden Giftgase besitzen wird, wird auch in der Lage sein, den gegnerischen Kriegs- und Friedensschauplatz - vor allem das Hinterland - wenige Stunden nach der Kriegserklärung in eine Wüste zu verwandeln. Der Gasinteressent wünscht glühend den Angriff eines Flugzeuggeschwaders auf die ganze von diesem bestrichene wehrlos ausgelieferte Bevölkerung. Denn diese kann sich weder in ihrer Gesamtheit mit Gasmasken ausrüsten, noch gibt es Gasmasken, die gegen alle Gase wirksam sind, vor allem gegen solche Gase, deren Zusammensetzung und Wirkung wir ja noch gar nicht kennen.

Als Kind hat man sich solche Menschen so scheußlich vorgestellt, wie etwa den Uriah Heep in Dickens' Copperfield. Jetzt wissen wir, daß der Gasinteressent ein wohlunterrichteter, wohlanständiger Mensch ist, der vielleicht alle Sonntage in die Kirche geht und alljährlich in die Neunte Symphonie. Er erlaubt seiner Tochter keine kurzen Haare, zahlt seine Steuern, schenkt hie und da sogar etwas für die Kriegsblinden. Jedenfalls ist er nichts weniger, als ein Dämon, sondern aus Karlsruhe und Geheimrat.

Was anders kann diesem Manne als Entschuldigung dienen, als seine Dummheit, seine Gedankenlosigkeit, sein getrübter Blick? Würde er sonst, um kleiner Vorteile willen, so heilloses Unglück erringen? Und wer bürgt ihm, daß die Gasbombe nicht auf sein stattliches Palais fällt, auf seine hochgezüchtete Tochter, in sein Laboratorium? Wenn er nur so viel Phantasie besäße, als zur Erfindung eines Detektivromans gehört, würde er sofort seinen Beruf aufgeben, und wenn er Kanalräumer werden müßte.

Aber seine Torheit ist gar nicht so wichtig. Denn es gibt sicher auf der ganzen Welt nur ein paar tausend Gasinteressenten. Auf der Gegenseite aber stehen viele hunderte Millionen Menschen, die ein vitales, wirklich vitales Interesse daran haben, daß der Gasinteressent seine Tätigkeit nicht ausübe. Wenn es ihm gelingt, so kann er vielleicht reich werden. Wenn es ihm gelingt, so sind sie erledigt - wegrasiert - hin. Wie wäre es, wenn die am Weiterbestand der Menschheit interessierten Kreise hingingen und die am Gas interessierten rechtzeitig unschädlich machten? Wäre da die Sache nicht für alle günstig erledigt? Aber das geschieht nicht. Der Gasinteressent darf ruhig seine Vorbereitungen treffen. Wir glauben nicht an ihn, wie wir ja auch alle nicht an den Weltkrieg geglaubt haben, sondern an eine Internationale der Geister, der Frauen, der Arbeiter, und was weiß ich noch alles.

Ich habe 'mal als Kind einen Scherz aufführen gesehen. Ein Mann sitzt dem anderen auf dem Schoß, beide sind in ein Leintuch gehüllt, von dem einen ist nur der Kopf, vom anderen sind nur die Hände sichtbar, einer spricht, der andere agiert. So auch hier. Junge Kerle aller Völker nehmen das Maul voll, beleidigen andere Nationalitäten, glauben, sie verteidigen damit die eigene, und inzwischen lacht sich der Gasinteressent ins Fäustchen, indem er zu ihren Worten agiert.

Niemand von uns hat den Mut, zu sagen, wie sehr wir den Krieg verabscheuen, wie sehr wir ihn fürchten. Denn Shaw hat recht, wenn er meint: Wir schämen uns jeder Regung, die das Fundament unserer Selbstachtung sein sollte.

Wenn wir nicht gedankenlos wären, so müßte die Bevölkerung der ganzen bewohnten Erde durch kurzgehaltene, auffallende Plakate in Kenntnis gesetzt werden: »Es gibt Gasinteressenten! Nehmt euch in Acht! Erschlagt sie, wo ihr sie findet, denn sie wollen euch ans Leben!« Dann würde jeder wissen, was ihn erwartet. Dann wird keiner mehr sich von dem verlogenen Heuchelwort »humane Kriegführung« betören lassen.

Aber das alles wird nicht geschehen. Denn die Menschheit ist dumm und überdies intellektuell verdorben. Die heiße Sehnsucht nach Frieden gilt als Platitüde. Wir aber geben unwahren Epigrammen den Vorzug, wenn sie nur witzig sind.

»Tod im Frühling«
Neue Freie Presse, 1. März 1925

Beinahe täglich liest man: ein zehnjähriges Schulkind hat aus Furcht vor Strafe seinem Leben ein Ende gemacht; ein vierzehnjähriger Lehrling ist infolge eines Zwistes mit dem Freund ins Wasser gegangen; ein sechzehnjähriges Mädchen hat sich, weil es nicht auf den Ball durfte, vergiftet; ein siebzehnjähriger Gymnasiast ist zum Fenster hinausgesprungen, weil er aus der Schule ausgeschlossen werden sollte; eine achtzehnjährige Hausgehilfin hat aus unglücklicher Liebe Lysol getrunken.

Es ist nur gut, daß wir jedesmal die Veranlassung wissen, denn auf den Grund, den wahren Grund, werden wir nie kommen. Die Selbstmordepidemie, die unter der Jugend ausgebrochen zu sein scheint, ist so vielfältig, so undurchsichtig, so tief begründet, daß nur der große Künstler ihre tiefste Wurzel aufzudecken vermag. Warum sich Kinder umbringen, das wissen Dostojewski und Strindberg, Hamsun und Dreiser, Wassermann und Peter Altenberg. Sie wissen, warum der junge Mensch nicht leben kann, und sie verstehen zu sagen, was schuld ist daran.

Man muß sich eigentlich wundern, wie selten der Jugendselbstmord vorkommt. Dort, wo das Leben am heftigsten schäumt, liegt nämlich natürlich der Tod am nächsten. Wer schon durch die Schule des Lebens gegangen ist, der lebt automatisch weiter. Aber das Leben ist schwer zu erlernen, es gehört viel Kraft dazu, nicht auf der Strecke liegen zu bleiben. Nur diejenigen, die über eine große Lebensspannkraft und über unerschöpfliche vitale Energien verfügen, oder auch die allerdümmsten, oberflächlichsten, grobkörnigsten, bleiben ungefährdet.

Wir alle haben unsere Jugend vergessen. Das schlechte Gedächtnis der Erwachsenen ist schuld, daß die Jugend so unverstanden dahinleben muß. Aus unbekannten Gründen sehen die Menschen ihre überstandene Jugend in zauberhafter Beleuchtung. Vielleicht will das die Natur so, die ja auch die Mutter alle Schmerzen des Gebärens vergessen läßt, im Interesse der Erhaltung der Gattung.

Tatsächlich steht es so, daß es schon in normalen Zeiten unerhört schwer ist, jung zu sein, insbesondere wenn man begabt und feinfühlig ist. Ein Fettfleck, den man als Kind in ein fremdes Buch gemacht hatte, bedrückte das Gewissen mehr als der Fleck, den man als Erwachsener der Ehre eines andern zufügt. Ein Kind, das einen Löffel Gelee genascht hat, fühlt sich mehr als Dieb, als der reiche Berliner Handelsherr, der einem armen Künstler die fünfundachtzigtausend Goldmark, die ihm jener anvertraut hatte, in der Inflationszeit als Papiermark zurückzahlt. Eine kleine Aufschneiderei, die man als Kind am Tage achtlos begangen hatte, ließ einen nachts keine Ruhe finden, so heiß mußte man im Dunkel erröten. Dagegen weiß man, daß erwachsene Gründer von Schwindelbanken ausgezeichnet zu schlafen pflegen.

Das Kind hat noch eine andere Quelle unerschöpflichen Leidens: seine geniale Erkenntnis der eigenen Unzulänglichkeit. Ungeheuer viel Liebe und Lob sind das einzige Gegenmittel. Aber mit der Umwelt fertig zu werden, ist schon ganz unmöglich. Tausend Fragen bedrängen einen: warum leben die einen im Überfluß, während die andern in Not und Elend vergehen? Warum gibt es Parteien, da doch niemand als zu einer Partei gehörig geboren wird? Warum besteht ein so großer Widerspruch zwischen dem, was die Erwachsenen sagen, und dem, was sie tun? Wie können es Menschen wagen, andere ins Gefängnis zu sperren? Warum bekommen Leute, die sich nicht mögen, doch Kinder? Welche Zeitung hat nun recht, die »Freiheit« oder die »Freiheit für alle«? Warum gibt es Leute, die meinem Vater etwas zu befehlen haben? Wie soll ich es ertragen, wenn meine Eltern sterben? Warum sprechen die Leute Böses von einander? Wie können Leute, die die Bergpredigt auswendig wissen, Krieg führen?

Das haben Kinder zu allen Zeiten gefühlt. Jetzt kommen noch die besonderen Verhältnisse unserer Zeit. Im Krieg geboren oder mindestens aufgewachsen, ohne Heiterkeit, ohne Freude, ohne Milch, ohne Semmel, ohne roten Luftballon, die Gegenwart grau. Ist es wirklich der Mühe wert, um sieben Uhr morgens an einem trüben Tag aufzustehen und in die Schule zu gehen, wenn man nichts hat, worauf man sich freuen kann: einen Theaterbesuch oder auch nur die bescheidenste Geselligkeit?

Nur die Hoffnung auf die Zukunft könnte das Kind noch aufrechterhalten, es wird besser werden, ich werde meiner materiellen Not abhelfen, indem ich durch eine ordentliche Arbeit etwas erwerbe, ich werde mir ein angenehmes Leben schaffen und zugleich meinem Vaterlande dienen. Aber ringsherum jammert und raunzt die Welt, die Zeitung, der Vater, die Milchfrau, du hast kein Vaterland. Es ist zugrunde gegangen. Du hast keine Zukunft.

Man darf sich nicht vorstellen, daß sie das alles so zuende denken. Die vergiftete Atmosphäre lähmt sie und läßt ihnen nur noch so viel Widerstandskraft, sich mit einer eleganten Wendung aus dem Leben zu entfernen, das ihnen nichts verspricht. Nicht Erlösung von namenlosen Leiden suchen sie im Tod. Grund zum Sterben für die Jugend ist schon eine Versammlung von Herrlichkeiten, die nicht da sind.

Früher waren sie wenigstens neugierig auf das Leben der Erwachsenen, das hinter einem Vorhang verborgen lag. Das wollten sie alles noch gern erleben, was man immer so geheimnisvoll verbarg. Was es wohl mit der Liebe auf sich hatte, von der die Erwachsenen so viel, langweilig viel, in der Kunst und im Leben sprachen? Jetzt sind sie nicht mehr neugierig. An jeder Straßenecke können sie sich über die letzten Geheimnisse des menschlichen Lebens gedruckte Wahrheit kaufen, öfter schmutzige Wahrheit. Statt alle Dinge des Lebens selbst zu erleben, und zwar jeder so schön, wie er es verdient, wird unsere Jugend mit Aufklärich übergossen und erfährt, was sie sich sehnt, nicht zu wissen. In einer Atmosphäre, die so schlecht ist, wie die unsere, kann man dem Einzelnen keinen Vorwurf machen. Immer suchen wir nach einem Sündenbock. Die Eltern. Die Schule. Man kann ruhig sagen: Niemand ist schuldig. Alle sind schuldig.

Die Unbefangenheit, die Kinder in erträglichen Zeiten hatten, fehlt ihnen gegenwärtig gänzlich. Vor allen Dingen die Unbefangenheit gegen sich selbst. Früher hat ein Kind nach außen gelebt, jetzt lebt es hinein, verkriecht sich in sich. Einstmals hat es geglaubt, daß zwanzig Jahre und zwanzig Taler ewig dauern, jetzt singt es: »Wir sind jung und das ist schön«. Wer aber weiß, daß es schön ist, jung zu sein, der ist es nicht mehr. Das Kind von heute kennt sich nicht nur in der Welt vorzüglich aus, sondern auch in seinem eigenen Innern. Nur wenige, nur ganz große Erwachsene, können das aushalten. Nietzsche konnte es nicht. Was soll da erst ein Kind?

Im eigenen Innern gefällt es der Jugend nicht, aber draußen noch weniger. Täglich lesen und hören sie neue Skandalaffären, die ihr Herz tief verwunden. Sie fühlen: wie schlecht ist unsere Welt! Sie wissen nicht, daß es zu allen Zeiten Skandale gegeben hat und daß es vielleicht das Beste an unserer Zeit ist, daß man jetzt von ihnen weiß, daß die alten Vertuschungsmethoden fadenscheinig geworden sind.

Ruhe und Sorglosigkeit braucht der Mensch zu seiner Entwicklung. Eine Kinderseele muß wie das Veilchen unter einer dicken Schneedecke liegen, bis die Sonne sie weckt. Das Leben unserer Kinder, so langweilig es ist, ist voll von Unruhe, von gehässigem Streit, von unharmonischem Getümmel.

Es ist schier zu viel, was die Jugend zu ertragen hat. Und man ist nicht geneigt, überhaupt etwas zu ertragen, so lange einem das Blut rasch und heiß durch die Adern rinnt. Da sind sie, ohne es gewollt zu haben, in eine Welt gekommen, die einem dumm, langweilig, empörend vorkommt. Da wollen sie nicht bleiben. Noch haben sie kein Talent zum Unglück. Kaum haben sie die Ordnung der Dinge mißbilligt, so ziehen sie logisch und konsequent die Folgerung daraus: hier muß man weggehen. Sie fühlen das Recht, eine Gesellschaft zu verlassen, die ihnen mißfällt, sie laufen weg, das ist immer ihr Mittel, sich unangenehmen Situationen zu entziehen.

Also das Leben ist nichts wert, denkt das Kind. Aber wenn ich tot bin ... Wer weiß, vielleicht wird man mich vermissen, ich werde wichtig sein. Der Tod ist vielleicht nichts, aber vielleicht ist er doch etwas. Der Tod ist nämlich das einzige, worüber sie nicht informiert sind, weil wir selber nichts davon wissen. Eine letzte Neugierde gilt es zu befriedigen. Dann gehen sie hin und suchen eine Todesart; und entgeistert lesen wir am Morgen von einem neuen Fall.

Was ist da zu tun? Es wird wenig nützen, wenn man ihnen sagt, daß es eine Dummheit ist, zu sterben, daß das Leben das einzige Mittel ist, um etwas zu erleben. Aber vielleicht könnte man ihnen klar machen: daß sie alles ändern können, daß es an ihnen ist, die Schäden abzustellen, ihre Welt sich so einzurichten, daß sie ihnen paßt, oder wenigstens Vorbereitungen zu treffen, daß in einer ferneren Zukunft alles besser werde. Man müßte ihnen die Selbstsucht abgewöhnen; wenn sie lernten, sich auch um andere zu kümmern, würden sie nie bis zum Sterben verarmen. Wer auch nur für einen Kanarienvogel zu sorgen hat, wünscht keinen Weltuntergang. Vor allen Dingen aber müssen wir das, woran sie sterben, vor ihnen in den Giftschrank sperren: das Gift des Pessimismus.

Wenn wir uns selbst hoffnungsfreudiger benähmen, unsere übertägigen Sorgen nicht zu kosmischen Angelegenheiten machten, Bagatellen richtig einschätzten, wenn wir mehr Wärme entwickelten, daß die Jugend nicht an der Seele frieren würde, so würde sie nicht so leicht davonlaufen. Vorläufig sind die Kinderselbstmorde nichts anderes als die schärfste Kritik an unserer Zeit und ihren Gebrechen. Vielleicht möchten wir gern alle fort. Aber nur die Jugend, noch nicht blasiert, noch nicht resigniert, noch einer leidenschaftlichen Demonstration fähig, verläßt vorzeitig eine Gesellschaft, in der es ihr nicht gefällt. Wir können sie nicht halten, wenn es uns nicht gelingt, diese Gesellschaft gesund, einfach, aufrichtig und fröhlich zu machen.

5. Erzieherisches für Groß und Klein

**»Soll man Briefe schreiben -
Man muß Briefe schreiben!«**

Die Emanationen der menschlichen Tatkraft, die Briefe heißen, zerfallen in zwei Arten: solche, die aus den eigensüchtigen Trieben des Verfassers entstehen und die man im weitesten Sinne Geschäftsbriefe (business, alte und neue Sachlichkeit) nennt, und solche, die um des Empfängers willen entstehen. Man kann sie Liebesbriefe nennen, obwohl dieses Wort gewöhnlich in einem engeren Sinn gebraucht wird.

Die erste Kategorie wird durch die moderne Technik mehr und mehr in Telefon, Telegraf und Flugpost verflüchtigt. Bliebe also nur die zweite. Aber da in unserer Zeit der Herzmuskel immer weniger strapaziert wird, werden Briefe immer seltener.

Das ist ja sehr gut zu verstehen. Hast, Lebenskampf, Bürgerkrieg schaffen keine Atmosphäre für behagliche Briefstellerei. Der lange gemütliche Berichtbrief des Sohnes von der Universität, des Mannes von der Geschäftsreise, der Freundin aus der Stadt an die Freundin auf dem Lande existiert nicht mehr. Er hat sich überlebt. Zeitungen, Bücher, Radio sind an seine Stelle getreten.

Aber wenn auch diese Art von Briefkunst zurückgegangen ist, das Briefschreiben ist nötiger denn je, denn noch nie waren die Menschen so trostbedürftig wie gerade jetzt. Mag der reife, mitten im Leben stehende Mensch seinen Briefstoß an jedem Morgen mit Ungeduld überfliegen, immer noch gibt es Herzen, die höher schlagen beim Anblick ihres Namens auf einem Briefkuvert. Der ganz alte und der ganz junge Mensch, der ganz einfache und der ganz einsame können auf die direkte Nachricht nicht verzichten. Man braucht nur einmal einer Briefverteilung in der Sommerfrische beizuwohnen. Nicht nur Glück, auch Stolz malt sich auf den Zügen des jungen Mädchens, wenn sie den Brief und die zwei Ansichtskarten in Empfang nimmt. Und wie verzweifelt sieht der junge Mann aus, der seit acht Tagen täglich leer ausgeht. Bei Tische kann man dann am Appetit erkennen, wer erwünschte Post erhalten hat und wem sie ausgeblieben ist. Der große Menschenkenner Christian Morgenstern hat in voller Erkenntnis dieses Bedürfnisses sein Warenhaus für kleines Glück errichtet, in dem sich bescheidene Leute einige Briefe täglich bestellen können, unpersönliche, aber doch Briefe.

Es wird nicht genug geschrieben. Jeder Mensch lernt von jung auf, sich täglich zu waschen. Ganz ebenso müßte jeder lernen, täglich seine Briefe zu schreiben. Nicht waschen aber gilt als schimpflich, während nicht schreiben geradezu eine Ehre ist. »Ich habe meiner Mutter seit drei Monaten nicht geschrieben« oder »meine Freunde hören jahrelang nichts von mir« wird zwar im Ton der Klage verlautbart, aber ein Unterton von Selbstgefälligkeit klingt mit. Der Brief ist nämlich ein bürgerliches Vehikel, der Snobismus verbietet, es zu gebrauchen. Es gilt für fein, für differenziert, keine Briefe zu schreiben.

Natürlich gesteht das niemand. Andere Gründe werden vorgeschoben. Wenn die Leute alle Zeit, die sie brauchen, um Ausreden für ihr Nichtschreiben zu erfinden, zum Schreiben benutzten, so stünde es um diese Sache besser. »Ich habe keine Zeit«; »es fehlt mir an Stoff«; »ich bin für meinen Freund ohnehin zu den höchsten Opfern bereit, was soll ihm da ein trivialer Brief«; oder »wozu einem schreiben, der ohnedies weiß, daß man ihn liebt?« Das alles ist barer Unsinn. Zeit hat man immer, Stoff desgleichen; Gelegenheit, den Freund aus Tigerklauen zu befreien, hat man nie, und seiner Liebe muß man einen Menschen jede Viertelstunde versichern, sonst hat er alle Ursache, daran zu zweifeln.

Wer hat den Mut, eine Frage, die man an ihn richtet, unbeantwortet zu lassen? Einen Brief nicht zu beantworten ist eine weitverbreitete üble Gewohnheit, die manchmal zum Verbrechen wird. Wer weiß, was für entsetzliche Schmerzen Warten bereiten kann, der kann die meßbare Menge von Unglück ahnen, die Nichtbeantworten bereitet. Wenn auch die Sache nicht immer so schlimm ausgeht, wie mit der armen Mutter von Kellers »Grünem Heinrich«, so gibt es doch Millionen Mütter, deren Herz einen Sprung hat, weil ihr Sohn seinerzeit versäumt hat, eine Karte zu schreiben, auf der stand: »Liebe Mutter, meine Bergpartie war wunderschön und ist sehr gut verlaufen. Dein Dich liebender Sohn Franz.« Dieser Sohn verdient in der Hölle zu schmoren.

Wir brauchen keine langen und geistreichen Briefe zu schreiben. Eine Flut von Glück würde sich über die Welt ergießen, Selbstmorde würden seltener werden, wenn wir uns entschlössen, oft, kurz, warm und einfach zu schreiben. Aber Wichtigtuerei und Trägheit des Herzens hindern uns daran. Und dann noch eine moderne Teufelserfindung: wir haben Hemmungen.

Diese tragen die meiste Schuld. Briefe müssen nämlich dem ersten Impuls folgend geschrieben werden. Briefe müssen am gleichen Tag, an dem sie kommen, beantwortet werden. Antworten halten sich so schlecht wie rote Rosen im Juni. Die Aufgabe wird immer schwerer. Je länger man zögert, desto mehr hat man das Gefühl, daß der Brief sachlich besser fundiert, stilistisch feiner abgefaßt sein müßte. Wenn man die Nachricht von einem bevorstehenden Besuch mit einem Kärtchen beantwortet: »Wie schön, daß du kommst! Ich freue mich so sehr!«, so klingt das wie ein Jubelruf. Hat man acht Tage mit der Antwort gezögert, so genügt ein lyrisches Gedicht nicht mehr, selbst wenn es mit byronesker Glut abgefaßt ist.

Die einzige Art von Briefen, die aufgeschoben werden dürfen, sind Glückwünsche an Neuvermählte. Hier empfehlen sich als Wartezeit zehn Jahre. Sonst kann einem leicht Folgendes passieren: Man schreibt einem jungen Paare, das sich gerade auf Hochzeitsreise nach Kalkutta befindet, einen Glückwunschbrief nach London. Nach drei Monaten zurückgekehrt, in nichts einig als in dem Gedanken, sich scheiden zu lassen, finden die jungen Leute auf ihrem Tisch folgende Zuschrift: »Meine Lieben, daß Ihr Euch gefunden habt, kann einen mit der schlechten Welt versöhnen. Es ist herrlich und beruhigend, Euch beieinander zu wissen, eins das andere schützend und beglückend, und zu denken, daß Ihr die rechten Menschen seid, ein solches Glück bis ans Lebensende treu zu bewahren.«

Merkwürdig leicht drücken einem Wut und Trauer die Feder in die Hand, sehr zu unserem Schaden. Denn der Brief, den wir heute im Zorne mit »Elender Gauner« als Ansprache beginnen, würde schon am nächsten Tage die Überschrift »Sehr geehrter Herr« tragen, was nicht nur feiner, sondern auch praktischer wäre. Wut muß man ausrauchen lassen, da Zorn kein Argument ist. Ebenso verwerflich ist das Bedürfnis, schlechte Nachrichten rasch zu verbreiten. Eine Trauerkunde, die einen nicht direkt angeht, erfährt man überhaupt nie spät genug. Aber gerade solche Mitteilungen werden mit der Flugpost statt mit der Schneckenpost befördert. Für Leute, die nicht in der Welt leben, sind infolgedessen Telegramm und Trauerbotschaft geradezu identische Begriffe. Als ein Berliner letzthin in einen Gasthof im Salzburgischen kam, wo er sich vorher ein Zimmer bestellt hatte, kam ihm die kleine Tochter des Wirtes weinend entgegen. »Um Gotteswillen, Kind, was ist geschehen?« fragte der Gast. »Für Ihna is a Telegramm ankommen«, schluchzte das Kind. Wenn schon ungeschäftliche Eilbotschaften abgesendet werden sollen, so wäre es wesentlich ersprießlicher, einem Freunde zu drahten: »Habe soeben in Bonn herrliche Kalbshaxe gegessen. Hans.« oder »Nach erfrischend heißem Bade grüßt dich herzlich Bill«. Die einzige Trauerbotschaft, die auf Eilweg zu verbreiten wäre, ist: »Onkel Adolar und Tante Eulalie lassen sich wegen später Eheirrung scheiden.«

Während alle Unlustgefühle nach dem Schreibzeug drängen, ist es erstaunlich, wie stark die retardierende Wirkung ist, welche Begeisterung, Liebe und Freude auslösen. Zwanzig Jahre lang habe ich mir nach jedem Konzert von Johannes Messchaert vorgenommen, dem herrlichen Manne zu schreiben, wie glücklich ich bin, wenn er Schuberts »Macht und Träume« singt. Aber er ist früher gestorben, als mein Brief fertig war. Mit jener verständnisvollen Nachsicht aber, die man sich selbst gegenüber immer walten läßt, sage ich mir: »Ich war eben zu bescheiden. Ich wollte nicht aufdringlich sein.

Große Persönlichkeiten werden ja ohnehin mit Briefen überflutet.« Jawohl werden sie überflutet: mit Preiskatalogen aus Pelzgeschäften, mit Darlehensgesuchen, mit Manuskripten, die sie beurteilen, mit Dramen, denen sie zur Aufführung verhelfen sollen, mit fatalen Annäherungen, wenn sie Schauspieler, mit Beschimpfungen und Drohungen, wenn sie Politiker sind. Wer eine wirkliche Leistung vollbracht, wer den Menschen aus der Seele gehandelt, gesprochen, geschrieben oder musiziert hat, bekommt fast nie einen freundlichen, einfachen, dankbaren Brief.

Das hängt aber nicht nur mit der vorgenannten Trägheit des Herzens zusammen, sondern auch noch mit einem andern unausrottbaren Übel: der sogenannten Schulbildung. Je größer die, desto langweiliger die Briefe. Die »Gebildeten« benehmen sich nämlich beim Briefschreiben wie schlechte Journalisten. Nicht die Sache, die sie berichten sollen, ist ihnen wichtig, sondern nur, wie sie sich selbst bei der Darstellung ausnehmen werden. So kommt es, daß ihre Briefe häufig ledern, leer, farblos sind.

Wie anders der Brief, den letzthin eine Wiener Fabriksarbeiterin an ihre Eltern, Bauersleute in der Steiermark, schrieb: »Ich grüße Vater und Mutter, die Tante und den Poldi. Seids Ihr gesund? Ich bin gesund. In der Fabrik ist es nicht so schön zum Arbeiten wie zuhause bei Euch auf dem Feld, weil hier zu wenig Luft ist. Aber es ist viel lustiger. Seit Ostern gehe ich mit einem sehr lieben Burschen. Er heißt Otto. Vielleicht wird einmal was mit uns zwei. Aber nicht bald, weil er für seine Mutter zum Leben verdienen muß. Kann mir die Tante ihren grauen Flanellunterrock schenken? Ich zahl die Post. Möchte mir eine Hose daraus machen lassen zum Turnfest. Der Otto ist ein guter Turner. Hat die scheckete Kuh schon das Kalb? Das wird eine Freude sein. In meinem Zimmer raucht der Ofen. Die Minnerl, was meine Zimmerkameradin ist, und ich sparen schon auf den Herbst für einen neuen. Habt Ihr heuer viel Birnen? Otto ißt sie so gern. In der Stadt ist nichts mit Birnen, sie schmecken so wässerig. Der Otto ist ein sehr hübscher Mensch. Er will zu Weihnachten zu Euch kommen, damit Ihr ihn sehts. Eure Franzi.«

Alles, was Eltern zu wissen brauchen, steht in diesem Brief drin. Und wer möchte nicht gern der Franzi ihr Otto sein?

»Komplimente«
Neue Freie Presse, 14. April 1927

Kein Mensch kann behaupten, daß unsere sogenannte Kulturwelt eine Erziehungsanstalt ist. Nur in einem Punkte hält sie daran fest, pädagogische Wirkungen auszuüben: niemand darf verwöhnt werden. Es herrscht eine Todesangst, durch allzu große Freundlichkeit Größenwahnsinn zu erzeugen. Man kann sich so schön machen als man will, niemand, der nicht gerade in einen verliebt ist, bemerkt es. Wenn man die Gedankenarbeit von zwanzig Jahren in einem Buche niederlegt und das in hundert Gratisexemplaren versendet, so kann es geschehen, daß nicht ein anerkennendes Wort als Echo widerklingt. Daß eine Leistung für die Gemeinschaft einem üble Nachrede zuzieht und die Begründung einer neuen Kunstrichtung Beschimpfungen, gehört nicht hierher. Die Bejaher und Schätzer wissen sich nun einmal besser zu beherrschen als die anderen. Woher das kommen mag?

»Wir machen keine Komplimente«, sagen die Leute kurz und schlicht. Dabei machen sie ein Gesicht, als ob es sich um eine Heldentat handelte, als ob es sie den ganzen Tag drängte, der Erde, der Sonne, den Blumen, den Kindern, den Künstlern anerkennende Freundlichkeiten zu sagen! Aber sie beißen sich auf die Lippen und sagen höchstens zu jemandem, der in der Garderobe (einen Augenblick vor ihnen) seinen Mantel haben will: »Sie Lümmel, Sie!«

Kompliment ist kein schönes Wort. Aber die Sache, um die es sich handelt, ist wunderschön! Man braucht dazu ein liebenswürdiges Herz und einen anmutigen Geist. Beides hat man nicht oder man spart es auf das äußerste für Zeiten der Not. Vielleicht ist das Kompliment deshalb in Verruf, weil es ein Fremdwort ist. Dieses erscheint in der deutschen Sprache in seinem Gefühlswert ja oft herabgewürdigt. Es ist natürlich nicht dasselbe, ob man von einer »edlen Leidenschaft« ergriffen ist oder nur eine »noble Passion« hat; ein Lob, eine Anerkennung, eine Freundlichkeit oder, wie man in alter Zeit sagte: »eine Artigkeit« ist ganz etwas anderes als ein »Kompliment«. Das gilt für die Form, in der Sache ist anzunehmen, daß die meisten Menschen dem Gehege ihrer Zähne kein freundliches Wort entfliehen lassen aus Angst, für einen Schmeichler gehalten zu werden. Das Mißtrauen, welches die Welt erfüllt, ist schuld daran. Vielleicht haben alle Menschen in ihrer Jugend eine Zurechtweisung erfahren, die ihnen dauernden Schaden zugefügt hat. Ich kenne ein kleines Mädchen, welches sein Leben lang eine gewisse Scheu nicht überwinden kann, weil ihr Vater, als sie ihm, durch seine spiegelnde Glatze verlockt, auf diese einen Kuß drückte, fragte: »Was willst du eigentlich von mir?«

Auf jeder Stirn steht geschrieben: »Was willst du eigentlich von mir?« Deshalb bleiben einem heiter anerkennende Worte im Munde stecken; deshalb werden sprechende Blicke abgewendet, ehe sie ihr Ziel erreicht haben, deshalb bleiben dankbare und herzliche Briefe ungeschrieben. Deshalb ist die menschliche Gesellschaft eine Wüste!

Natürlich gehört Mut dazu, einem anderen etwas Freundliches zu sagen. Nicht jeder kann sich's erlauben; man braucht in dieser Sache Pioniere; nur Leute, die so aussehen, daß man ihnen glaubt, dürfen Komplimente machen: die so klug sind, daß man auf sie hört, und die so geschickt sind, daß sie den richtigen Ausdruck für ihre Empfindung finden. Würden oft mit fester Stimme, mit dem Klange der Wahrheit, mit wirklicher Wärme Artigkeiten ausgesprochen, die Welt würde sofort ein bißchen heiterer und bunter aussehen. Vor allem aber wäre der Schmeichelei das Handwerk gelegt. Denn jede aus dem Herzen dringende Äußerung unterscheidet sich von dem, was wir heute ein Kompliment nennen, wie ein emailliertes Damenangesicht von dem Antlitz einer holden Siebzehnjährigen.

Wer von uns hat es nicht erfahren? Man tritt unbefangen in einen Raum. Dieser ist von Kritik und Übelwollen angefüllt. Eine Viertelstunde später ist man vollkommen verwandelt. Unser Stoffwechsel verlangsamt sich. Der Teint wird käsig, die Haltung schlapp, das Lächeln eine Grimasse, die Witze haben keine Pointe. Es ist sogar schwer, ein Prädikat zu seinen Subjekten zu finden. Denn man fühlt: »Ich bin am ›Krebs der Seele‹ erkrankt.« Da fällt ein menschenfreundliches Wort und die Atmosphäre ist entgiftet.

Wer einer leidlich hübschen Frau ihr gutes Aussehen attestiert, verwandelt sie für einen Augenblick in eine transparente Schönheit. Natürlich darf es keine von jenen Gänsen sein, die, wenn man ihre kleinen Füße lobt, sagt: »Dabei sind mir die Schuhe um eine Nummer zu groß.« Wer eine nette Äußerung eines anderen mit wahrem Interesse aufnimmt, macht den Betreffenden für den ganzen Abend produktiv, beinahe geistreich. Es gibt Menschen, die so herzlich und so gern lachen, daß in ihrer Gegenwart alle Leute witzig sind.

Die ausgesprochene Anerkennung ist im höchsten Grade gesellschaftsbildend; aber sie ist sogar pädagogisch. Zu einer jungen Frau, die sich seit der Geburt ihres Kindes etwas vernachläßigt hat, sagt ein guter Freund: »Ich erinnere mich noch genau, was für eine gute Figur du hattest, weißt du, damals auf dem Gänsehäufel?« Eine Viertelstunde später kauft sie sich einen Punktroller und ist in kurzem so schön wie vorher. Wenn man zu einer Freundin sagt: »Puder läßt dein Gesicht leichenhaft aussehen«, so wird sie gelb; wenn man sagt: »Wie schön du ohne Puder aussiehst«, so wird sie rosig. »Schreie nicht am Telefon, du zerreißt mir die Ohren« hat genau den gleichen Inhalt wie das ebenso wahre: »Du kannst dir gar nicht denken, wie reizend deine Stimme klingt, wenn du am Telefon leise sprichst.«

Sehr wirksam wäre es auch, wenn man etwa sagte: »Hast du eine neue Schneiderin? Ich glaube nämlich zu bemerken, daß der Versuch, dich jünger erscheinen zu lassen, fallen gelassen wurde. Jetzt sieht man erst, wie jung du noch bist.«

Am meisten Erfolg erntet bei der außerordentlichen Empfindlichkeit der Kinderseele, wer in einer Schulklasse mit Lob operiert. Allerdings muß dieses Lob hier ganz besonders wahr empfunden sein, denn Kinder haben die feinsten Ohren. Sagt man zu einem Mädel: »Was für eine herrliche Haltung du hast!«, so setzt sich mit einem Schlage die ganze Klasse in Positur. Und sagt der Lehrer in der Klasse der sechzehnjährigen Knaben: »Wir Männer«, so ist er für die nächsten vierzehn Tage vor Bubenstreichen sicher. Die Dichter haben es schon immer gewußt, was Lob für die Kinderseele bedeutet. Läßt doch Andersen ein kleines Mädchen, welches ein neues Kleid bekommen hat, ausrufen: »Was werden wohl die kleinen Hunde sagen, wenn sie mich so sehen?«

Aber nicht nur Kinder brennen auf Lob. Ausgenommen die wirklichen Weisen, von denen ich bisher noch keinen getroffen habe, - man weiß nicht recht, wo man sie suchen soll - die ganz Stumpfen, die auch nicht so häufig sind, wie man fürchten muß, sind alle Menschen krank vor Sehnsucht nach

Anerkennung. Ich bin überzeugt, Sokrates hätte sich gefreut, wenn man in der Lage gewesen wäre, ihm etwas Nettes über seine Nase zu sagen. Wenn aber einer Gelegenheit genommen hätte, Messalina zu irgendeiner tugendhaften Handlung zu gratulieren, wer weiß, ob sie sich nicht von Stund an gebessert hätte!

Alle möchten geliebt, geehrt, gerühmt werden. Aber da das alles nicht zu haben ist, geben sich die meisten Leute mit der kleinen Unze des ausgesprochenen freundlichen Wortes zufrieden. Für die Unverwöhnten genügt schon die primitive Bestätigung, daß man sie bemerkt, die Verwöhnten muß man feiner fassen; glücklich zu machen sind alle.

Königin Viktoria von England war sicher nicht auf Lob aus; sie hatte es nicht nötig. Aber, als Disraeli einmal mit großer Selbstverständlichkeit zu ihr sagte: »We authors, Madam« (»Wir Schriftsteller, gnädige Frau«), da ist sie sicher wie ein Schulmädchen vor Freude errötet. Thackeray besaß schon Weltruhm, als ihm ein Kompliment Eindruck machte, welches ihm in einer aufgeregten Wahlzeit von seinem politischen Gegenkandidaten gemacht wurde. Dieser war ein Lord. Er traf Thackeray auf der Straße und sie sprachen einige gemessen freundliche Worte. Am Schlusse der Unterredung sagte Thackeray verbindlich: »Möge der Bessere von uns beiden Sieger bleiben.« - »Ich hoffe nicht«, sagte ebenso aufrichtig wie höflich der Gegenkandidat.

Komplimente müssen natürlich immer so wahr sein, daß man merkt, daß sie sich aus dem Herzen auf die Lippen drängen. Im übrigen aber können sie entweder geistreich sein oder naiv, oder keck, oder voller Selbstpersiflage. Nur eines dürfen sie nicht sein: boshaft. Es ist ein wahres Unglück, daß wir uns gewöhnt haben, boshafte Leute geistreich zu finden, und zwar nur deshalb, weil das die häufigste Form von Geist ist, die uns unterkommt. Wir sind an dieses schlechte Material so gewöhnt, daß uns die fürchterliche Billigkeit gar nicht mehr auffällt. Liebenswürdig geistreich zu sein, das ist furchtbar schwer. Am besten treffen es Kinder und einfache Leute. Ein sechsjähriges Mäderl suchte im Piccadilly-Zirkus einen Übergang, sie sieht sich alle Leute sehr genau an, dann geht sie auf einen Mann zu und sagt: »Bitte, führe du mich über die Straße!« Um dieses Kompliment ist der Mann zu beneiden. Ein alter Herr fragte eine ihm bekannte schöne Dame auf dem Franz-Josefs-Bahnhof in Wien, wohin sie fahre: »Nach Marienbad.« - »Um Gotteswillen«, sagt er völlig erschrocken, »da werden Sie ja abnehmen! Schad um jedes Deka!«

Wer seine Mitmenschen durch eine Artigkeit erfreuen will, muß ein Studium daraus machen, eine Methode ausbilden. Einer Schönen wird es mehr Eindruck machen, wenn man sie einmal auf einem klugen Ausspruch ertappt. Bei einer Privatdozentin der Philosophie bewährt es sich, wenn man ihren neuen Hut lobt. Ein Premierminister wünscht Anerkennung für sein Fußballspiel. Einen jungen Studenten der Jurisprudenz kann man glücklich machen, wenn man die Reife seiner politischen Ansichten rühmt.

Natürlich ist auch die Form des Komplimentes entscheidend. Der Musiker, der das Lob seiner schönen Konzertbesucherin mit den Worten zurückgibt: »Ich wollte, ich könnte so schön spielen, wie Sie aussehen!«, ist ein plumper Bursch. Der junge Franzose, der einmal sagte: »Welch wunderschönes Perlenhalsband! Ich glaube, das wäre sogar schön, wenn Sie es nicht anhätten.« ist raffiniert. Oder wenn Helmuth zu Mariedl sagt: »Wenn Sie auf Ihre Vorzüge stolz wären, hätten Sie keine Zeit, einen Beruf auszuüben.«

Einer der größten Meister des Kompliments ist der überlegen-geistvolle Wiener Kulturhistoriker, Dramatiker und Schauspieler Egon Friedell. Allerdings müssen die Opfer seiner Komplimente eine kräftige Konstitution haben. Als vor einigen Jahren auf der Neunkirchner Allee eine Autofalle Vorüberfahrende geköpft hatte, kam kurze Zeit später eine Freundin zu ihm, um ihn zu einer Autotour auf der gleichen Straße aufzufordern. »Nein, Liebste!« sagte er gelassen. »Es wäre mir zu schmerzlich, wenn ich plötzlich dein Köpfchen in meinem Schoß fühlte, anders als ich es mir schon immer erträumt hatte.« Ein anderes Mal, als ihn die gleiche Freundin genötigt hatte, eine Silvesternacht alkoholfrei zuzubringen (was er gar nicht schätzt) und sie sich deshalb am nächsten Morgen bei ihm entschuldigen wollte, brach er in die huldigenden Worte aus: »Nein, nein, lieber mit dir nüchtern als mit einer anderen besoffen.«

Die Freundin lächelte geschmeichelt.

»Der Kondolenzbrief«
1929

Vor ihr liegt eine Todesanzeige. Ein junger Mann berichtet darin mit knappen Worten, daß seine Frau im Alter von dreiundzwanzig Jahren bei der Geburt ihres ersten Kindes gestorben ist. Jetzt heißt es, auf diese Nachricht antworten.

Sie haßt es, Kondolenzbriefe zu schreiben. Sie versteht es ausgezeichnet, glaubwürdig und beschwingt ihre Mitfreude auszudrücken, für Beileid hat sie noch keine Form gefunden. Aber diesmal muß sie schreiben. Der junge Mensch gehört nämlich nicht zu ihrer nächsten Freundschaft. Sie kann also nicht hineilen, ihm die Hand drücken, mit ihm weinen und Sorge tragen, daß er Ruhe hat. Andererseits aber steht er ihr nicht fern genug, um diese Anzeige wortlos zu übergehen.

Aber sie kann nicht. Nicht nur die Worte versagen, sogar das Schreibwerkzeug. Sie versucht es mit dem Bleistift, mit der Feder, mit der Füllfeder, es geht nicht. Die Gedanken wirbeln, sie stottern. Selbst alltägliche Begriffe stellen sich nicht ein. Das einzige, was sie schreiben könnte, wäre: ich schäme mich zu leben, wenn Ihre süße kleine Frau tot ist. Aber das kann sie nicht schreiben. Denn da es wahr ist, klingt es wie eine Phrase.

Sie fängt einen neuen Briefbogen an. Jetzt kann sie's. Aber als sie diesen Brief, da er fertig ist, überliest, findet sie ihn zu literarisch, alles klingt so indiskret, als ob sie über den Tod von Viktoria schrieb, jenes Wesen, das Hamsun so lieblich erdichtet hat. Der Brief muß einfacher sein, ganz einfach. Sie schreibt ihn. Er ist beredt und verrät trotzdem nicht mehr Gefühl als sie hat.

So, jetzt wird sie ihn sofort wegschicken. Aber sie kann nicht. Wer ist denn eigentlich der Adressat? Weiß sie, an wen sie schreibt? Ist es ein Gefaßter, ein Verzweifelter, der getröstet sein will, oder ein Untröstlicher? Wer sagt ihr, daß ihr Brief morgen früh nicht einen Toten antrifft? Und wenn er noch lebt und weiter zu leben gedenkt, wer weiß, ob ihm Worte etwas bedeuten. Man könnte sich denken, er wünschte, daß die ganze Welt verstummt, da der Mund, den er geliebt hat, für immer schweigt. Im Gegenteil: je beredter ihr Brief ist, umso schmerzlicher muß er die Stummheit der Geliebten empfinden.

Sie zerreißt den Brief. Sie will etwas anderes versuchen. Ein Lobeshymnus auf die Tote entsteht. Alles Gute, was sie von dem jungen Weibe weiß, will sie nach Stefan Georges Rezept als duftende Blume auf den Sarg häufen, damit man ihn nicht sieht. Aber mitten darin hält sie inne. Wer hat ein Recht zu loben, wenn der wahre Kenner da ist? Was kann sie ihm sagen, was er nicht besser wüßte? Nein: Vom Kinde sprechen ist das Beste. Aber das erweist sich schon nach zwei Zeilen als unmöglich. Das Kind ist ja die Todesursache. Er wird es natürlich später einmal lieben müssen, dieses Kind, aber in diesem Augenblick ist es sein Feind. Es hat ihn beraubt. Augenblicklich kann er nur an sich selbst denken. Vielleicht sollte man lieber von seiner Zukunft sprechen, von dem Beruf, den er so liebt: Aussichten eröffnen, Ausblicke zeigen. Unmöglich. In diesem Augenblick muß ihn gerade alles, was ihn sonst beglückt, zur Verzweiflung treiben. Da sie nicht mehr ist, der er die Früchte der Arbeit zu Füßen legen wollte, hat diese Arbeit ihren Inhalt verloren. Nur die Zeit kann seine Beziehung zum Leben in Ordnung bringen.

Nein, sie wird ihm gar nicht schreiben. Alles, was sie sagen könnte, wäre undelikat, indiskret, schief. Aber von dem Gedanken an ihn kann sie nicht los. Wo hat sie doch die beiden jungen Menschen zum ersten Mal gesehen? Ach ja, im Juli 1919 auf einem Bahnhof. Bei Abgang des Ferienzuges einer Kindersiedlung. In der schlimmsten Zeit nach dem Kriege. Das Mädel war dreizehn, der Bub siebzehn Jahre alt. Sie hatte ein kühnes dunkles Gesicht, von Gewittern umloht, von seinen blonden Haaren ging ein Licht aus. Beide sahen schön, aufrecht und zuverlässig aus; man hatte ihnen auch eine ehrenvolle Aufgabe übertragen: beide zusammen hatten sie die Aufsicht über das Reisegepäck der kleinen Sechsjährigen. Sie zählten Gepäckstücke und lächelten dabei fortwährend. Manchmal flüsterten sie einander geheimnisvoll etwas zu. »Neunundfünfzig Stück« oder »Hundertvierunddreißig Rucksäcke«. Als der Zug aus der Halle rollte, standen sie beide am Fenster; das Glück des Zusammenseins wob einen Strahlenkranz um ihre jungen Köpfe.

Einige Jahre später erzählte ihr jemand als einen Scherz die folgende kleine Geschichte: ein junges Mädchen sei letzthin abends von einem Freunde angerufen worden. »Sind deine Eltern zuhause?« - »Sie sind in einem Vortrag.« - »Also, du bist allein?« - »Ja« - »Dann möchte ich ...« - Sie schnell: »Nein, das geht nicht«. - »Bitte, laß mich ausreden. Nimm dir einen Stuhl und setz dich ans Telefon, ich will dir was vorlesen.« Und dann las er ihr, während sie am Telefon hingebungsvoll lauschte, Thomas Mann, »Unordnung und frühes Leid«, vor, sich nur von Zeit zu Zeit vergewissernd, daß sie noch zuhöre. Als die Eltern abends um zehn Uhr heimkehrten, fanden sie ihr Kind mit glühenden Wangen am Telefon lauschend. Diese zarte Liebesgeschichte hatte für sie etwas nah Verwandtes, deshalb fragte sie nach den handelnden Personen. Es waren die beiden Kinder, die sie am Bahnhof gesehen hatte.

Dann traf sie sie beide, vor zwei Jahren war es, am Tag vor Himmelfahrt am Michaelerplatz. »Wissen Sie schon?« riefen sie ihr entgegen. »Wir heiraten am Montag!« - »Ja«, sagte das Mädchen, »und ich hab' ein neues Kleid dazu.« - »Aber eine Wohnung haben wir nicht.« - »Sind aber vorgemerkt.« - »Ich hab' eine Arbeit.« - »Und ich darf ihm helfen.« - »Und heute früh haben wir eine Kaffeemaschine geschenkt bekommen.« - »Und Dienstag abend kommen schon Freunde.« - »Und im Sommer gehen wir nach Mönichkirchen.« - Keine Jubelarie einer Koloratursängerin klingt so jubelnd wie dieser einfache Dialog klang. Aus den jungen Augen strahlte eine beinahe unirdische Seligkeit, eine überzeugende Reinheit. So haben Liebende auszusehen, dachte sie.

Das Dunkel war hereingebrochen. Sie drehte das elektrische Licht an und schrieb den Kondolenzbrief. »Mein lieber Freund, sicher sind Sie heute der unglücklichste Mensch in unserer Stadt, aber Sie sind es nur, weil Sie einmal der glücklichste waren. Das seltene unerhörte Erlebnis einer reinen feurigen Liebe, eines herrlichen Einklangs von Leib und Seele, das Ihnen zuteil geworden ist, verpflichtet Sie zu einem langen Leben. Denn wir brauchen Ohren-, Augen- und Herzenszeugen für die Tatsache, daß so etwas möglich ist. Wenn ich neidisch sein könnte, ich würde Sie beneiden.«

»Worauf sie stolz sind«
Neues Wiener Journal, 6. Juni 1926

Wir alle sind mit einem Minderwertigkeitskomplex, der uns niederdrückt, auf die Welt gekommen. Um uns aufrecht erhalten zu können, brauchen wir ein Korsett. Das Beste, was es auf diesem Gebiet gibt, ist das Muskelkorsett berechtigten Stolzes: »die feststehende Überzeugung vom eigenen überwiegenden Wert«. Nun sind aber die positiven Dinge, auf die man mit Recht stolz sein kann: Charakter, Genie, Schönheit, Güte, Taten, Werke, geratene Kinder, hohes Wissen und tiefe Erfahrung, nur schwer zu haben. Da begnügen sich die Menschen mit dem Fischbeinkorsett falschen Stolzes.

Die wohlfeilste Art von Stolz, sagt Schopenhauer, ist der Nationalstolz, »denn er verrät in dem damit Behafteten den Mangel an individuellen Eigenschaften, auf die er stolz sein könnte, indem er sonst nicht zu dem greifen würde, was er mit so vielen Millionen teilt«. Das ist heute wahrer wie ehedem. Wer heute noch an »französischer Gloire« sich berauscht, wer noch immer hofft, »am deutschen Wesen werde die Welt genesen«, wer im Namen der Kultur (beileibe nicht des Kattuns) stürmisch verlangt, daß »Britannia rules the waves«, wer fleißig dem »sacro egoismo« opfert und wer jeden Menschen schon bei der Einfahrt in New York fragt, wie ihm Amerika gefalle, ist und bleibt ein bescheidener Mensch. Er wird an Bescheidenheit nur noch übertroffen von dem, der sich schon daran genügen läßt, etwas nicht zu sein, also kein Neger, kein Jude und kein Eskimo.

Nicht von diesem Massenstolz, sondern vom Stolz des Einzelmenschen soll hier die Rede sein.

Wer kennt nicht die Familie, deren Mitglieder alle besondere und interessante Eigenheiten haben: »Mein Mann - sag' ich Ihnen - erwacht, wenn auch nur eine Zeitung raschelt«, »meine Frau ißt wie ein Vögelchen«, »mein Sohn hat sofort einen Schwips, wenn er nur ein Gläschen Likör getrunken hat«, »meine Tochter besucht in jeder ›Tristan‹-Vorstellung nur den 2. Akt«. Daß in dieser Familie niemand schwitzt, sondern sich höchstens warm fühlt, daß jeder von ihnen husten muß, wenn in seiner Gegenwart geraucht wird und daß alle einen Milchkaffee mit Haut mit Schauder zurückweisen, versteht sich von selbst. Unter diesen Umständen begreift man, daß diese Familie am Sonntag nie ausgeht. Wo sollte sie auch hin?

Nur mit Onkel Franz ist kein Staat zu machen. Denn er seinerseits ist stolz darauf, daß er auch bei Kanonendonner schlafen kann. Daß er ein »starker Esser« ist, erfährt man in der ersten Viertelstunde. Diese Tatsache ist es nämlich, die einstmals sein Lebensglück begründet hat. Er hat in Jugendtagen einmal sechsunddreißig Zwetschkenknödel auf einen Sitz gegessen und dadurch das Herz einer jungen Dame erobert, die ihm dann als seine Frau so vorzüglich kochte, daß er auf seinem letzten Krankenlager befriedigt konstatieren konnte: »Wann i amal stirb, kann i wenigstens sagen, i hab' was 'gessen.« Dieser Mann ist (bei Lebzeiten) natürlich ein Kettenraucher. Oft erzählt er, daß auf der Universität ihn in seiner Jugend kein Mensch unter den Tisch trinken konnte. Sein Lieblingsgespräch sind seine Seereisen: denn auf dem Schiff ist er immer der einzige gewesen, der nicht seekrank war - er und der Kapitän.

Vor einiger Zeit hat mir eine kleine Schneiderin aus der Favoritenstraße, die billig und geschmackvoll arbeitet, ihr Leid geklagt. Der armen Frau geht es wie dem Kaiser Josef im Volksstück: sie ist zur Anonymität verurteilt, kein Mensch wird je ihren Namen erfahren. Von den Damen, die bei ihr arbeiten lassen, erzählt nämlich die eine Hälfte jedem, der es hören will: »Ich pflege meine Kleider selbst zu entwerfen, schneide sie zu und lasse sie von der Hausschneiderin unter meiner Aufsicht anfertigen«; die andere Hälfte näht stillschweigend das Firmenband der Maison Lanvin, Paris, hinein.

Letzthin hatte ich auf einem Tanzfest Jugendlicher das Pech, im Gespräch fast überall anzustoßen. »Warum tanzt du nicht, Peter?« fragte ich einen jungen Freund. Er warf mir einen vorwurfsvollen Blick zu: »Neue Jugend tanzt nicht!« Man spielte gerade einen faszinierenden Shimmy, »Sonya« heißt er. »Warum tanzt du nicht, Gretl?« fragte ich meine reizend blondgezopfte Schülerin. »Deutsche Mädchen tanzen keine Negertänze.« Nun ertönten die unsterblichen »Rosen aus dem Süden«. Überlegen müde lehnte an der Wand ein herziger Lebemann von sechzehn Jahren. »Warum tanzt du nicht, Herbert?« »International orientierte Menschen verabscheuen veraltete Ausdrucksformen.« Jetzt traue ich mich gar nichts mehr zu fragen. Welche Komplikationen auf engem Raum! Und plötzlich fiel mir ein, daß es noch eine vierte Gruppe gebe, eine, der ich angehöre, jene, die stolz darauf ist, einen Reigen auf grüner Wiese jedem Tanz im geschlossenen Raum vorzuziehen. Also man danke: aus einer so leichten und luftigen Angelegenheit gehen vier Weltanschauungen hervor, in einer Stadt, in der es nur drei politische Parteien gibt.

Selbstverständlich ist es, daß die natürliche Anlage besonders hoch gewertet wird. Jeder Schüler behauptet (zu seinen Kollegen), er habe zu Hause kein Buch angesehen. Der Klavierspieler, der mit Vorliebe eine Phantasie aus der »Boheme« zum besten gibt, versichert, er spiele nur nach dem Gehör. Mit Skilaufen und Schwimmen sind die meisten Leute schon auf die Welt gekommen. »Ich hab' mich aufs Rad'l g'setzt und bin schon g'fahr'n.« Wesentlich weniger hoch im Kurs steht die Tugend. So behaupten unzählige Menschen, sie hätten immer geschwänzt, die schlechteste Sittennote gehabt und seien zuletzt aus der Schule hinausgeworfen worden. Kurz, jeder will einen glauben machen, er sei ein verlorener Sohn gewesen, nur um einen dunklen Hintergrund zu schaffen, von dem sich seine gegenwärtige arrivierte Persönlichkeit helleuchtend abhebt.

In verschiedenen Ländern sind natürlich die Anlässe zu Stolz verschieden. Ein alter Chinese wird sich sicher nicht so gern in bezug auf sein Alter unterschätzen lassen, wie eine Pariserin in mittleren Jahren. Auch hat jede Zeit ihren Stolz. Während das junge Mädchen im Jahre 1896 vor einer Maus flüchten mußte, muß sie 1926 vorgeben, es gelüste sie, mit einem Tiger an der Leine auf dem Ring spazieren zu gehen. Stolz unterscheidet sich auch nach Ständen. Der Schauspieler macht sich bekanntlich ganz und gar nichts aus dem Publikum und läßt sich nur äußerst ungern von Marilaun interviewen. Der Schriftsteller liest aus Grundsatz keine Rezension seiner Werke. Der Maler sagt: »Net amal eing'schickt hab' i bei dera Ausstellung.« Der Journalist verbreitet in weitesten Kreisen, er bespreche meist Bücher, ohne sie gelesen zu haben. Einen Architekten aber kenne ich, der ist auf die Tatsache, daß er nie einen Bleistift bei sich hat, so stolz, wie ein Kind auf eine Zahnlücke. Das heißt, meine Freundin Ulla (fünf Jahre alt) ist noch stolzer auf ihre zwei Plomben. Alle diese Gefühle versteht man noch. Wer möchte nicht Intuition besitzen, sich unabhängig zeigen von Menschen und Sachen? Auf sich selbst gestellt sein, ist ja alles. Weshalb wir öfter von den ödesten Menschen die Versicherung hören: »Wenn ich allein bin, langweile ich mich nie!« Nur Gott allein weiß, wie sie das machen.

Aber es gibt auch eine Menge von Stolzäußerungen, deren Wurzel ganz unauffindbar ist. Wie soll man das verstehen, warum jeder Mensch in Wien den besten Zahnarzt hat; warum die Leute so viel auf seltene Todesursachen bei ihren Verwandten halten; warum Temperaturerhöhungen beinahe ebenso hoch gewertet werden wie Standeserhöhungen. Auch in den Mann, der mit Stolz erzählt, er könne nur zwei Melodien unterscheiden: den Radetzky-Marsch und das andere Lied, welches nicht der Radetzky-Marsch ist, kann man sich nicht recht hineindenken. Mein Freund Hans aber ist mir geradezu ein Rätsel. Was die Familie im allgemeinen betrifft, so weiß ich ja schon, daß diese entweder besonders fein oder besonders unfein, fabelhaft reich oder entsetzlich arm gewesen sein muß. Hans jedoch pflegt, wenn man von irgend jemand spricht, der gerade im Landesgericht eine Strafe absitzt, freudenerregt auszurufen: »Aber das ist ja mein Onkel!« Und fast immer gelingt es ihm, eine Verwandtschaft nachzuweisen, und wenn er bis auf die Kreuzzüge zurückgreifen müßte.

Von jung an sammle ich Leute, die auf etwas Ausgefallenes stolz sind. Mindere Exemplare pflege ich mit anderen Leuten auszutauschen, meine besten behalte ich für mich. Zwei gebe ich heute zum besten:

Der Mann aus der Vorstadt

In der Wiener Straßenbahn. Ein Mann sagt zum andern: »Sie müssen nämlich wissen, i iß ka Gollasch net. I iß wirklich ka Gollasch!« Und dann noch einmal, nach einer Pause tiefer Versunkenheit: »I bin a merkwürdiger Mensch, i iß ka Gollasch!«

Interessiert blicke ich von der Zeitung auf und schaue den Sprecher an. Er strahlt von innerer Befriedigung. Geradezu siegreich sieht er aus. Er fühlt sich erhoben, herausgehoben aus der unübersehbaren Menge der Gulascheser. Jetzt steht er allein, endlich weithin sichtbar, um ihn herum luftleerer Raum. Er ist ein merkwürdiger Mensch, er ißt ka Gulasch ...

Die Dame aus dem Cottage

Ein eleganter Salon. Ich bin bei einer Dame, die mir geschrieben hat, daß sie sich für die von mir projektierte Semmeringschule interessiere und mich um meinen Besuch gebeten hat. Jetzt mühe ich mich, die Sache möglichst kurz und fesselnd vorzutragen. Das ist aber nicht ganz einfach. Sie hört nämlich nur zerstreut zu, weil sie damit beschäftigt ist, ihren Fächer immer wieder zu Boden fallen zu lassen, den ein anwesender junger Mann immer wieder aufhebt. Infolgedessen dauert die Unterredung länger, als ich beabsichtigt habe. Es wird spät, meine Augen suchen nach einer Uhr. Die Dame lächelt und sagt: »Wir haben keine Uhr.« Ich erhebe mich, um Abschied zu nehmen, da fragt sie: »Wann halten Sie Ihren nächsten Vortrag?« Und ich absichtslos: »Der Tag wird in der Zeitung stehen. Diesmal scheint sie verletzt. »Sie denken doch nicht, daß ich eine Zeitung lese.« »Nun, dann werde ich Sie einfach telephonisch anrufen«, schlage ich vor. »Anrufen? Ich besitze kein Telephon. Ich könnte mit so einem Ding nicht unter einem Dache leben.« Ich stottere: »Entschuldigen Sie« und gehe. Erst auf der Straße begreife ich ganz, wie sehr diese stolze Überlegenheit berechtigt ist. In einer Stadt, in der jedes Kind, wenn es die Verhältnisse irgend gestatten, schon zur Konfirmation eine Uhr bekommt; in einer Stadt, in der nicht nur alle Menschen eine Zeitung lesen, sondern auch die meisten für eine schreiben, und in der alle, die kein Telephon haben, um ein solches (vergeblich) petitionieren, verdient die Totalabstinenz von Uhr, Zeitung und Telephon einen Stern im Baedeker. Sie ist eine merkwürdige Frau.

»Umgang mit Büchern«
Neue Freie Presse, 7. April 1934

Täglich kommen Menschen, die über Einsamkeit klagen, ja über Vereinsamung: sie kennen zu wenig Menschen, mit den wenigen verstünden sie sich schlecht, neue kennen zu lernen, hätten sie nicht das Talent. Wie soll man da helfen? Was soll man da raten?

Natürlich drängt sich einem sofort der Hinweis auf das Buch auf, aber wer wagt es, solche Binsenwahrheiten auszusprechen? Dazu gehört Zivilcourage, und gerade diese ist ein besonders rarer Artikel. Zuletzt aber bleibt einem wirklich nichts anderes übrig, als jedem, den es nach Gesellschaft gelüstet, zu sagen: Lesen Sie!

Jedes Vergnügen, das ein Mensch sich leistet, kostet Zeit, Kraft, Geduld und Überwindung von Schwierigkeiten. Nur das Höchste nicht. Der schweigende Umgang mit den größten Geistern aller Zeiten kostet nichts. Hier tritt der eigentümliche Fall ein, daß das Beste zugleich das Billigste ist.

Der Historiker Macaulay hat einmal gesagt: »Plato ist nie schlecht gelaunt, Cervantes ist nie frech, Demosthenes kommt nie zu ungelegener Zeit, Dante hat nicht die Gewohnheit, zu lang zu bleiben.« Diese Liste kann man leicht nach Belieben ins Unendliche fortsetzen: Goethe ist nie vorurteilsvoll; Byron nie gefühllos; Schopenhauer macht keine konventionellen Redensarten; Rousseau erzählt keine zweideutigen Witze; bei Mörike ist immer Sonntag; bei Gottfried Keller trifft man die liebenswürdigsten Frauen; bei Fontane hört man reizende Dialoge; bei Dickens speist man am vergnüglichsten; Bernard Shaw ist nie fad; Jakob Wassermann nie oberflächlich; Proust nie banal; Hamsun ist nie zudringlich; die Lagerlöf nie frivol; Sinclair Lewis nie weltfremd; bei Karin Michaelis, Mechtild Lichnowsky und Colette braucht man sich nicht vor Tierquälerei zu fürchten.

Diese Dichter alle können wir zu Freunden haben, ohne viel Mühe. Friedlich und bescheiden stehen sie in Bücher gebannt an unseren Wänden! Nie ungeduldig, auch wenn wir sie monatelang vernachlässigen, nie verstimmt, wenn wir sie ermüdet beiseite legen, nie einer auf den anderen eifersüchtig. Wie wunderbar kann man seinen ganzen Sonntag mit ihnen zubringen, ohne vorherige telephonische Ansage, ohne Reisefieber, ohne Angst vor dem Wetter, ohne Hotelrechnung. Mit ihnen allein zuhause ist man nie allein. Aber auch außerhalb des Hauses sind sie unentbehrlich. Wie manchem verregneten Sonntag haben einzig sie Sonne verliehen. Sie sind wahre Tröster, denn in ihrer Gesellschaft ist das Schlimmste leicht: die weite tägliche Fahrt mit der Elektrischen; das Warten im Vorzimmer eines Mächtigen, dem man eine dringende Bitte vortragen will; des Arztes, von dem man eine lebensentscheidende Auskunft erwartet. Sogar eine schlaflose Nacht kann man sich in ihrer Gesellschaft zum Fest gestalten. Was wäre Rekonvaleszenz ohne sie?

Und wer versteht es wie sie, Bekanntschaften im Eisenbahnzug zu verhindern oder zu vermitteln?

Aber wir brauchen uns mit einem Buch gar nicht soweit einzulassen. Schon ein einzelner Satz kann bedeutungsvoll sein, den man absichtlich oder zufällig aufgeschlagen hat. Am besten zufällig. Die altmodische Methode, sich bei Büchern Rat zu erholen, ist sehr empfehlenswert - man steckt eine Stricknadel, oder wenn man weniger häuslich ist, ein Papiermesser in ein Buch, und was dann darin gedruckt steht, das tut man. In alten Zeiten wurden die Bibel und Vergil benutzt, aber auch Marc Aurel, Montaigne, Balthasar, Gracian, Larochefoucauld und Lichtenberg eignen sich dazu. In der letzten Zeit habe ich sogar Versuche mit Musils »Mann ohne Eigenschaften« und mit Hermann Brochs »Schlafwandlern« gemacht. Beides mit großem Erfolg.

Natürlich will die Kunst des Lesens gelernt sein. Welche Bücher man dann wählt, ist Geschmackssache. Die besten Freunde sind gute Bücher, aber nicht »gute Bücher«, sofern wir darunter (insbesondere wir Deutsch sprechenden Menschen) solche verstehen, die schwierig, langweilig, unverständlich oder mindestens undurchsichtig sind; wir neigen dazu, da es ist, wie Grillparzer sagt:

»Der deutsche Geist zuhöchst in Kunst und Wissen stellt hier, was er nicht versteht, dort, was ihm nicht gefällt.«

Einfache, unverbildete Menschen finden ein Buch schon dann gut, wenn es ihre Wunschträume erfüllt, wenn ihre Stimmung, wenn Ort und Stunde ihm günstig sind. Es gibt Zeiten, in denen man einen illustrierten Erfurter Katalog über Blumenzucht mit heißerer Anteilnahme liest als Thomas Manns »Unordnung und frühes Leid«. Es gibt Tage, an denen uns die Lektüre im Baedeker oder im Fahrplan aufregender erscheint als die aufschlußreichen Lebenserinnerungen eines großen Mannes. Man kann sich sogar eine Nachtstunde vorstellen, in der einem Frank Hellers »Führe uns in Versuchung« mehr Lebensweisheit zu enthalten scheint als das Werk eines chinesischen Philosophen.

Das Buch muß vielerlei können. Wir wollen daraus nicht nur Anregung, Anschauung und Kenntnisse schöpfen. Das Bucherlebnis muß auch die Fähigkeit haben, uns von der Welt abzusondern, wenn wir Lust haben, die Wirklichkeit zu übersehen, der Welt abhanden zu kommen. Viele Bücher können das. In Kriegszeiten, wie wir sie seit zwanzig Jahren haben, sind Schriftsteller, wie Cervantes, Swift, Thackerey, Jean Paul, Conrad Ferdinand Meyer, Wilhelm Raabe und Stifter, die richtigen Leute, natürlich die aufheiternden, wie Mark Twain, Jerome und Felix Timmermans, nicht zu vergessen.

Wer seine Kinder frühzeitig an diesen bildenden und billigen Umgang gewöhnt, hat ihnen ein köstliches Erbe hinterlassen. Vor dem Übermaß des Zuvielesens braucht man sie heute nicht mehr zu warnen. Kein junger Mensch wird leicht ein Bücherwurm, wo sich ihm doch im Sport ein so wunderbares Gegengewicht bietet. Eher ist zu befürchten, daß dieser, wie früher das Buch, eine zu große Rolle spielt. Erst wenn jeder Skiläufer ein lustiges Buch in der Tasche mit sich trägt, um es abends auf der Hütte zu lesen oder vorzulesen, erst wenn jeder Bergsteiger einen Gedichtband mit sich führt, für jenen Augenblick, da er im Sonnenschein auf dem Gipfel ruhend, müde geworden ist, ins Weite zu schauen, dann ist das wahre Gleichgewicht hergestellt.

Wer von jung auf gewohnt ist, das Buch zu lieben, es überall hin mitzunehmen, ihm überall Beachtung zu schenken, wird es nirgends entbehren können. Er wird in eine neue Beziehung zum Buch treten, es nicht oberflächlich überfliegen, es nicht zerstreut durchblättern, ihm nicht ungeduldig sein Ende vorwegschnappen, sondern liebreich den Gedankengängen folgen, die uns der Autor führt. Dieser aber wird sich dafür dankbar erweisen wie kein Freund sonst.

6. Zeitgeschichtliches

»Amusikalische Bemerkungen zum Salzburger Musikfest«
Neue Freie Presse, 30. August 1924

Wer etwas von Musik versteht, wird sich wohl hüten, sich zu den Salzburger Festspielen zu äußern, außer er sei beruflich dazu verpflichtet. Wir anderen haben es leichter.

Es ist nämlich schön in Salzburg, besonders für den, der die letzten zehn Jahre nicht erlebt, sondern ... erlitten hat. Menschen aus allen Ländern in einem Gedanken vereinigt zu sehen, ist ein wahres Sommervergnügen. In Salzburg gab es Deutsche, Schweizer, Franzosen, Engländer, Italiener, Dänen, Czechen, Spanier, Salzburger, Komponisten, Musiker, Kritiker und Publikum. Alle sind sie der neuen Musik zuliebe da.

Die Salzburger, von denen man immer behauptet, daß sie nicht gastfreundlich wären, zeigen sich bei dieser Gelegenheit besonders lieb und bescheiden, denn sie reden nie von sich und der Gegenwart; nicht davon, wie schön und reinlich ihre Stadt ist und wie gut verwaltet, wie geheimnisvoll reizend ihre Serenaden, wie preiswert ihre Restaurants, sondern nur von der Vergangenheit und von Mozart. In einem Hause ist er geboren, in sehr vielen hat er gelebt; es gibt Mozart-Pasta, Mozart-Kugeln, Mozart-Schnitzel, mit einem Wort, alles in Salzburg hat Bezug auf Mozart, wie in Rom alles von Michelangelo ist.

Die Komponisten sind alle 23 Jahre alt, entweder dem Taufschein nach oder doch sonstwie; alle haben sie Talent, manche sehr viel, alle sind sehr entschlossen, die Welt friedlich zu erobern, alle sind sie verbittert, auch die, die nicht den geringsten Anlaß haben, alle lieben sie Frau Musica mit Jugendfeuer und beteuern ihr, wie der Liebhaber dem Ännchen von Tharau: »Krankheit, Verfolgung, Betrübnis und Pein sollen unserer Liebe Verknotigung sein!« Alle sind sie - ob tonal oder atonal - auf seelischen Mollton gestimmt, denn sie sind Kriegskinder und haben nichts zu lachen. Kommt irgendeinmal eine helle, fröhliche Note in ihr Wesen oder in ihr Werk - rasch wird sie zugedeckt und verdunkelt. Aber dafür haben sie etwas Anderes, sehr Kostbares: Eine unendliche Sehnsucht, Sehnsucht nach Liebe, nach Freiheit, nach Fortschritt, nach Erkenntnis und vor allen Dingen nach einem Vaterlande, das nicht kleiner ist als Erde, Mars und Venus zusammen. Ob sie gewagte, mittelhochdeutsche Texte vertonen oder schwermütige Ghasele, Märsche oder Streichquartette schreiben, die Sehnsucht nach einer besseren Welt ist immer darin. Es ist so, als ob die jungen Krieger, die am Isonzo, bei Verdun und in den masurischen Sümpfen begraben liegen, ihren Altersgenossen aufgetragen hätten, nicht zu dulden, daß die Welt bleibe wie sie ist. Sie müssen sie ändern und bei sich selbst anfangen.

Auch die mitwirkenden Künstler haben etwas Gemeinsames: Einen hohepriesterlichen Zug. Sie stürzen sich in ihre unerhört schwere Arbeit mit einer wahren Todesverachtung. Keine Spur von Mimeneitelkeit; wie ein Bauarbeiter einen schweren Balken trägt, so tragen sie ihre Aufgabe. Sie sprechen nie von sich, sie befehden sich nicht untereinander, sie sind vollauf beschäftigt, dem Komponisten, dem sie dienen, gerecht zu werden; wenn er lächelt, sind sie glücklich und vernichtet, wenn er nicht ganz zufrieden ist, ob das Publikum auch vor Begeisterung tobe. Da das alles Leute sind, denen es nicht auf einen leichten Erfolg ankommt - sonst würden sie ja Schubert singen und Bach spielen - so sehen sie auch alle gut und charaktervoll aus. Mancher zeigt sogar ein wirkliches Menschenantlitz.

Die Kritiker: Das sind zumeist ältere, würdige Männer, voll von Kenntnissen, mit wirklicher Liebe zur Musik, manche sogar geistreich. Diese alle sehen überaus sorgenvoll und vergrämt aus. Was sollen sie sagen? Wie sollen sie es sagen, ohne Minderwertigkeitskomplexe zu erzeugen, ohne Größenwahnsinn zu verursachen? Was ist ihre Pflicht gegen Mit- und Nachwelt? Sie sind so froh ihres erreichten hohen musikalischen Standpunktes, sie möchten sich gern gegen alles Neue, das sie nicht ganz zu überzeugen vermag, stemmen, aber der Strom jugendlicher Schöpfungslust hat alle Dämme weggerissen und jetzt heißt es schwimmen, wenn man ans Land kommen will. So schöpfen sie tief Atem, rüsten sich mit Vorurteilslosigkeit, hören schmerzlich lächelnd zu. Kommt etwas, was sie billigen können, so erhellen sich ihre Mienen, aber das sind nur seltene Lichtblicke. Nach vierstündigem Konzert - so lange dauern unmenschlicherweise die Darbietungen - sehen sie nur mehr resigniert aus. Jeder von ihnen denkt wie der alte Fontane:

Ob unsere Jungen in ihrem Erdreisten
Wirklich was Besseres schaffen und leisten,
Ob sie dem Parnasse nähergekommen
Oder bloß einen Maulwurfshügel erklommen,
Eins läßt sie stehen auf sicherem Grunde:
Sie haben den Tag, sie haben die Stunde.
Der Mohr kann gehen - neu' Spiel hebt an,
Sie beherrschen die Szene, denn sie sind dran.

Das Publikum besteht aus vier deutlich zu unterscheidenden Gruppen: Erstens aus solchen, die wirklich begeistert sind; zweitens aus Snobs, die für alles begeistert sind, was neu ist, ohne Rücksicht auf die Qualität; drittens aus ordentlichen Leuten, die nach Gerechtigkeit streben und nicht über neue Musik schimpfen wollen, ohne sie zu kennen, und viertens aus solchen, die man sofort an der fabelhaften Verlegenheit erkennt, in der sie sich befinden. Das sind Leute, die davor zittern, sie könnten den neuen Mozart übersehen und einen Tadelstrich in der Musikgeschichte davontragen. Allem Publikum ist gemeinsam, daß es zu alt ist. Wo es sich um neue Kunst handelt, sollten billige Sonderzüge Jugendliche aus allen Ländern herbeibringen; das wäre die richtige Zuhörerschaft.

Überhaupt fürchten sich alle Leute in Salzburg: Die Komponisten treten besonders sicher auf, weil sie sich ganz besonders fürchten. Nicht nur vor der Tradition, sondern vor allen Dingen vor ihrem eigenen Urteil, dessen sie erst sicher sind, wenn sie ihr Werk wirklich hören; die Ausführenden vor den Komponisten und dem Publikum; die Kritiker vor der Nachwelt; das Publikum vor jedem. Die Salzburger aber fürchten sich, der Schauplatz des Musikfestes könnte nach Venedig verlegt werden.

Man merkt: ein solches Musikfest ist eine eminent seelische Angelegenheit. Viele aber gibt es, die es für nichts anderes halten als einen Markt oder bestenfalls für eine Verkaufsausstellung. Mag es so sein, da ist nichts Unrechtes dabei; niemand von uns glaubt ja mehr, daß die Dachkammer der einzige passende Aufenthalt für einen schaffenden Künstler ist. Aber wenn solch ein Musikfest ein Geschäft ist, so ist es eine sehr bescheidene Art, Geschäfte zu machen. Beinahe erinnert es mich an jenen Münzenfälscher, der von den Geschworenen freigesprochen wurde, weil ihn die von ihm fabrizierten Viergroschenstücke fünf Groschen kosteten. Der Verleger, die Konzertunternehmerin, die Komponisten und die ausführenden Künstler des Salzburger Musikfestes würden mit Rücksicht auf ihre moralischen und materiellen Kosten von jedem Gericht freigesprochen werden.

Der Musikfreund hat in Salzburg sicher neben schweren Stunden auch wunderschöne Momente erlebt; der Menschenfreund aber nur solche. Denn in Salzburg geht etwas Hoffnungsvolles vor: dort herrscht mitten im ewigen Weltkrieg tiefer Friede.

Italiener kommen und spielen mit Andacht ihren Pizzetti oder Malipiero, die Deutschen ihren Hindemith, die Holländer ihren Pijper, die Engländer ihren Warlock, die Ungarn ihren Zoltan Kodaly, die Czechen ihren Vomacka und ihren Jirak. Nationalstolz strahlt aus ihren Mienen. Das ist schön. Aber noch schöner ist es, wenn die prachtvoll überlegene Polin Marya Freund, die in Paris ihre wahre Heimat gefunden hat, dem Czechen Vycpalen, der Lieder des Deutschen Mombert vertont, ihre hohe Kunst leiht; wenn die wunderbare Lotte Leonard aus Berlin mit wahrer Inbrunst den jungen Kurt Weill vor die Öffentlichkeit bringt, begleitet von einer Flöte und einem Horn aus Kopenhagen, einer Viola und einer Klarinette aus Zürich, einem Fagott aus Frankfurt am Main, alles unter dem Dirigentenstabe Philipp Jarnachs, der, von spanischen Eltern in Frankreich geboren, in Berlin seine Heimat gefunden hat.

Ein schöner Internationalismus herrscht in Salzburg, jener, aus dessen Boden duftend die Blume des nationalen Gefühls sprießt, alle Sinne beglückend. Wahrhaft erhebend war der Augenblick, als jener Mann, der dieser ganzen Veranstaltung Vater ist, der englische Gelehrte Dent, in schönstem Italienisch den Nekrolog auf Busoni sprach, der ein Italiener war von Geburt und ein deutscher Künstler nach eigener Wahl.

Man kann nicht wissen, ob alle Leute, die Harmonie lieben, beim Salzburger Musikfest auf ihre Kosten gekommen sind, sicher aber jene Menschen, die gemerkt haben, daß der Grundakkord, auf dem diese Veranstaltung aufgebaut ist, heißt: »Nie wieder Krieg!«

»Österreich, der Schild des Abendlandes«
Neue Freie Presse, 12. April 1925

Jeder von uns ist als Kind durchs ganze Haus gerannt und hat alle Leute vom Vater bis zur Waschfrau angefleht: »Bitte, sag mir einen Anfang zu meiner Hausarbeit ›Österreich, der Schild des Abendlandes‹«: Hatte man den Anfang, so ging alles andere wie von selbst. Was ein Schild war, wußte man beiläufig. Vom Abendland hatte man eine dunkle Vorstellung und daß der ganze Aufsatz eine patriotische Tat zu sein hatte, war sonnenklar. Man schimpfte ein bißchen auf die Türken, zeigte sich entzückt vom Prinzen Eugen, weil er dem Kaiser Stadt und Festung Belgerad wiederkriegen wollte; versicherte, daß der Österreicher ein Vaterland habe und suchte nach Ursachen, es zu lieben. Bei alledem hatte man von der ganzen Sache keine andere Vorstellung als die, ganz Österreich sei nach dem Osten hin immer von einem Kordon von Menschen in Militärkleidung umgeben gewesen, die eine Anstellung als Helden besaßen und dafür die Aufgabe hatten, die Hunnen, Awaren, Magyaren und Türken vom Eindringen ins Abendland abzuhalten. Höchstens durften sie bis Wien kommen. Das war sogar erwünscht, denn das gab Anlaß zu Sobieski und Bischof Kollonitz und in weiterer Folge bekam man Kaffee mit Kipfel und es entstand die Kolschitzkygasse.

Der Schluß aber war dann ganz leicht zu finden. Man machte eine lange, vollkommen sinnlose, syntaktisch unmögliche Phrase und schloß sie mit den Worten »wie unser großer vaterländischer Dichter so unvergänglich schön sagt« ... Da zu jener Zeit der Lehrer direkt neben dem lieben Gott zu wohnen pflegte und wie dieser alles wissen mußte, wagte er natürlich nicht, nach dem Dichter zu fragen, und so verschaffte man sich seinen ersten kleinen literarischen Erfolg: denn der Autor war man selbst ...

Diesen Schulaufsatz, den ich einmal verpatzt habe, drängt es mich, heute noch einmal zu schreiben, so wie es den Verbrecher an die Stätte seiner Wirksamkeit zurücktreibt ...

Als Kind hat man nicht recht verstanden, warum das Abendland einen Schild brauchte und ob Österreich seine Sache gut gemacht hat. Jetzt, da das Abendland diesen Schild selbst zertrümmert hat, hat man das Gefühl, daß das letzte Restchen Österreich, das übrig gelassen wurde, noch immer ein Schild des Abendlandes sein könnte, wenn dieses es nicht verschmähte, sich ihn vorzuhalten. Weil es nämlich gerade damit beschäftigt ist, unterzugehen. Was vielleicht gar nicht notwendig ist. Wer weiß, ob es nicht zu retten wäre, wenn es diesen Schild so umschmiedete, daß er wirklich brauchbar würde.

Mit Österreich ist jetzt etwas zu machen. Jeder bessere Mensch beginnt bekanntlich jeden Montag ein neues Leben, kauft sich ein neues liniiertes Heft und viele rote Löschblätter, und beschließt, fortan keine Flecken in seine Existenz zu machen. Im Alltag ist dieser neue Anfang sehr schwer. Wesentlich leichter aber ist er bei einem neuen Zeitabschnitt, wie der ist, wenn man reich war und arm wird. Also der Fall Österreich, der Fall Wien.

Wenn reiche Leute in Not geraten, so pflegen sie zuerst die große Wohnung aufzugeben und ihr Leben in bescheidenere Form zu bringen. Sie entlassen ihre Dienstleute, richten ihre alten Kleider wieder her, verkaufen etwas überflüssigen Hausrat, veräußern einige Schmuckstücke oder Kunstwerke, die ihnen nicht zu sehr am Herzen liegen, dann besinnen sie sich auf alle ihre Talente und Fähigkeiten, die dazu dienen könnten, ihnen den Lebensunterhalt zu verschaffen und einen Lebensinhalt zu geben, und danach suchen sie sich dann eine passende Arbeit. Reich werden sie auf diese Weise nicht, aber sie sind dann wirklich saniert.

Als die Grande Dame Wien ihre jahrhundertealte glanzvolle Position verlor, hätte sie sofort das gleiche tun müssen, denn das Exekutionsgericht von Saint Germain hatte ihr Bergwerke, Badeorte, Kapitalien, Industrien abgesprochen und ihr nichts übrig gelassen als eine herrliche, für sie zu geräumige Villa mit einer prachtvollen Aussicht auf den Kahlenberg. Die aber reicht natürlich nicht zum Leben.

Das hat Wien bisher noch nicht eingesehen, wenigstens jenes, welches von sich reden macht. Denn es gibt außer diesem mit Unrecht tonangebenden auch noch ein stilles und arbeitsames Wien, für das kein Lobeswort stark genug ist. Könnte man das Ausland in die Wiener Häuser führen, in denen Mann, Frau und Kinder unermüdlich harte, ungewohnte Arbeit bei ungenügender Ernährung tun, oder könnte man sie gar in das Haus des Arbeitslosen bringen und hier das unerhörte Leid ansehen lassen, das jenen auferlegt ist, die der Arbeit, dieses wichtigsten Lebenselixiers entraten müssen, so würden wir damit sicher selbst bei jenem Ausland, welches sich zu uns verhält als ob es ein gedankenloser Knabe wäre, der mit einem Maikäfer spielt, Teilnahme und Achtung erwecken.

Das offizielle Wien macht den Eindruck, als hätten wir unsere Verarmung und die vollkommene Umgestaltung unseres Lebens nur soweit bemerkt, als sie uns neuen Stoff zum Raunzen gibt ...

(Es folgen eindrucksvolle Vorschläge, wie Wien zu einem geistigen und moralischen Zentrum werden könne. Der Chronist hat sich die Beschränkung auf das historisch eindrucksvolle einleitende Drittel des Artikels erlaubt.)

»Der Russe redet.«
Neue Freie Presse, 12. November 1926

Die Dichter haben es jetzt schwer mit uns. Kein Drama ist uns bewegt, keine Novelle spannend, kein Gedicht leise genug. Wir haben zu viel erlebt, zu viel gesehen, zu viel gelitten.

Nur noch Urlaube vermögen uns zu erschüttern, zu fesseln, zu rühren. Was Kinder reden und einfache Leute, die ihre Worte nicht zu setzen wissen, alles, was ursprünglich ist, ungelernt, unliterarisch, nur das kann uns noch interessieren. Es ist kein Zufall, daß unser feingeschultes Ohr Niggertänze verträgt.

Letzthin ist ein ganz dünnes Büchlein erschienen. Dieses enthält zahllose heftig abrollende Dramen, Novellen von zehn Zeilen, die uns in tiefer Erregung hinterlassen, Lyrik in Prosa, in der jedes Wort seinen Gefühlsinhalt hat. Alle diese Kunstwerke haben den Rhythmus unserer Zeit, sprechen unsere Sprache, gehen uns ans Herz.

Eine Schwester an der russischen Front - sie heißt so einfach als möglich Ssofia Fedortschenko - hat einen genialen Einfall gehabt. Ein ganzes Jahr lang, 1915 auf 1916, hat sie unter großrussischen Soldaten gelebt und hat in jedem freien Augenblick und manchmal sogar bei der Arbeit die Gespräche der Soldaten untereinander aufgezeichnet. Nicht einmal Gespräche; so freimütig, so aufgewühlt sind die Reden dieser Menschen, daß man sie Monologe nennen kann. Delirien ohne Fieber. Müde, uneitel, verzweifelt, krank, sterbend, vollkommen hoffnungslos, genieren sie sich nicht, machen sie sich nichts vor, wollen sie vor niemand etwas vorstellen. Wie ein leises

Schluchzen aus Kindermund, wie der Blick eines entsetzlich leidenden Tieres, so wirken diese Aussprüche. Nicht nur unser Herz, auch unsere Magennerven werden berührt. Es brennt unser Eingeweide.

Es war nicht leicht für Schwester Ssofia, diese Aufzeichnungen zu machen. Die Soldaten wußten schon, daß sie ihnen gern lauschte: »Es ist nichts Wunderliches dabei, daß du nur dem einfachen Volke gern zuhörst. Wir sind für dich wie ein fremdes Land, alles ist neu. Eurereins hat sich aber die Seele so lange mit der Vornehmheit und den Wissenschaften gewärmt, bis er sie ganz verbrannt hat - es ist nur Asche geblieben ...« Aber sie sprechen doch nicht zu ihr. Wenn sie es tun, bemühen sie sich, sich ihrem Niveau anzupassen, sie glauben, daß sie »das Einfache nicht verstehen würde«. Bedienen sie sich aber mit ihr einer, wie sie glauben, passenden Sprache, so wird es langweilig und verdient nicht aufgezeichnet zu werden. So muß sie sich auf Dinge beschränken, die nicht für ihr Ohr bestimmt sind. Manchmal kann sie die Aufzeichnungen sogar in Gegenwart der Redenden machen, da die Soldaten gewohnt sind, daß die Schwester immer etwas aufschreibt (die Temperatur, ärztliche Anordnungen), und sich unterhalten, ohne auf sie zu achten.

Die Echtheit dieser Aufzeichnungen ist über jeden Zweifel erhaben. Kein Mensch kann so etwas erdichten, es wäre denn, daß Puschkin, Gogol und Dostojewski eine Person wären.

Diese zerflatternden Gesprächsfragmente handeln von allem, was sie angeht: von der russischen Erde, von Haus und Hof, von Frau und Kind, von der Zeit vor dem Kriege, vom Kriege selbst. Mit einer ungeheuren Sparsamkeit an Worten und Gefühlen erzählen die Soldaten von der Trostlosigkeit ihrer Alltagsexistenz: die Übergriffe der herrschenden Klasse werden als naturgegebene, ja gottgewollte Fakten dargestellt. Ihre Wehrlosigkeit konstatieren sie, indem sie sie selbstverständlich finden. Preisgegeben zu sein, ist ihnen das Natürliche.

Nie haben sie etwas Gutes gehabt. Nie. Und jetzt ist Krieg, und sie zermartern ihr Hirn, um zu verstehen, warum, und kommen zuletzt zum Ergebnis:

»Es gibt eben zu viel Menschen auf der Erde, die Erde kann nicht einen jeden brauchen, darum ist der Krieg gekommen.« In einem Punkt sind sie alle einig. »Wegen fremder Sünde hat der Krieg begonnen und der Bauer muß es mit seinem Buckel zahlen.«

Jetzt aber sind sie der Maschinerie des Krieges verfallen und es ist merkwürdig, zu sehen, wie sie reagieren. Die unerträglichen körperlichen Schmerzen, die Kälte, der Typhus, das Auge, das ausgeronnen ist, das abgeschnittene Bein werden nur ganz nebenbei erwähnt. Der Hunger kommt nur einmal vor: »Ich kenne nichts Schlimmeres als ohne Brot zu sein. Unser Bauch ist von Kind auf an das Brot gewöhnt. Dem Bauernkind in der Wiege ist es ganz gleich, ob es die Mutterbrust oder eine Brotrinde zum Kauen hat.

Hier aber, als man uns mit Maisbrei zu füttern begann, begriff ich erst, daß der Krieg uns das ganze Innere gefressen hat.« Vom Ergebnis der Operation sagen sie nichts anderes als: »Wie ich aber zu mir komme, sehe ich, daß man mich um eine ganze Elle zugestutzt hat. Schön haben sie mich hergerichtet.« Aber ihr Gewissen, wesentlich lebendiger als das der Gebildeten, läßt ihnen keinen Frieden. »Wenn du hier einen tötest, so lobt man dich noch dafür ... aber man hat davon gar kein Vergnügen ... Es gibt doch nichts Schlimmeres, als eine Menschenseele umzubringen, wenn man aber schon eine umbringt, so soll es wenigstens verboten sein ... Dann wird man viel leichter mit seinem Gewissen fertig ... Man bezahlt die Sünde mit ihrem vollen Preise und ist sie los ...« Mit unendlichem Schmerz sehen sie ihr Christentum gefährdet. »Jetzt lerne ich alles um. Der Herr, der Sohn Gottes, hat gesagt: ›Du sollst nicht töten‹; das bedeutet: Hau ohne Gnade ... ›Liebe deinen Nächsten wie dich selbst‹; das bedeutet: nimm ihm die letzte Brotrinde weg ... Und wenn er sie dir nicht gutwillig gibt, so schlag ihn mit dem Beil tot.« Sie fühlen mit Schauder, wie sie zusehends von Verderbnis ergriffen werden. »Ich könnte einen Eimer Schnaps austrinken ... so furchtbar langweile ich mich hier, denn sonst habe ich immer gearbeitet ... Jetzt ist es aber ein tierisches Leben, und in Tiergestalt hätte ich es leichter.« Sie erkennen, daß der Krieg für sie eine Schule des Verbrechens ist, daß ihnen das menschliche Leben täglich weniger wert erscheint, und vergleichen diesen Zustand mit dem bei aller Not Idyllischen vor dem Kriege. »Am meisten sehne ich mich hier nach den Vögeln. Ich bin ja ein Vogelfänger und Jäger ... Aber hier gibt es keine Vögel. Ein Vöglein zwitschert hier nur ganz kurz und verliert wegen der Schießerei jede Lust an dieser Gegend. Für mich ist das Schweigen der Vögel wie ein Donner ... Ich habe nur für die Vögel ein Ohr.« Ein anderer: »Früher habe ich einen Garten gepflegt. Auch mein Vater war Gärtner, auch mein Großvater. Waren lauter tüchtige Gärtner. Der Großvater hat das Gärtnerhandwerk im Auslande erlernt. Auch meine Mutter ist eine Gärtnerstochter. Darum bin ich auch so zart. Wir alle haben seit undenklichen Zeiten kein Blut gesehen und uns nur der Blumen gefreut ... Krieg haben wir nur gegen die Würmer und Käfer geführt. Nun hat man mich aus dem Garten ausgerodet, wie einen alten Birnbaum. Was bin ich schon für ein Krieger ...«

Am meisten kränkt man sich über den Vorgesetzten. Man möchte ihn so gern lieben, man möchte sich auf ihn stützen, aber man kann nicht. »Ob der Vorgesetzte mir wirklich ein Vater ist, das darf ich nicht mal flüsternd sagen ... Ob sie treue Söhne des Vaterlandes sind, das wage ich nicht mal im Traume zu fragen ... Wozu sie aber gelernt haben, von unserer Arbeit gut leben, das werde ich nicht mal in meiner Sterbestunde sagen ...« - Nachher wurde der Vorgesetzte etwas besser und schlug mich nicht mehr. Aber ich habe wenig davon, drei Zähne fehlen mir im Munde, das Trommelfell ist durch, ich höre fast nichts. Im Kopf saust es, und es tut mir Tag und Nacht weh ...« Aber der Vorgesetzte kann auch nichts für seine Missetaten. Es ist echt russisch, daß niemand für etwas kann. Ein Fremdwort ist schuld daran: die Disziplin. »Am meisten hat mich diese Disziplin ermüdet. Wenn dabei noch irgendeine Ordnung wäre. Aber es ist nichts zu verstehen. Lauter leere Worte und eine Folter für alle Glieder. Wir machen soviel Ehrenbezeigungen, daß für uns selbst keine Ehre mehr übrig bleibt. Bin ich denn hier ein Mensch? ... Ich bin ganz fremd ...«

Aber auch der ihnen unverständliche Vorgesetzte, der die unverständliche Disziplin über ihnen schwingt, erweckt ihr Mitleid. Dieses ist nun einmal ein Zustand, eine Krankheit ihres Herzens. »Das Mitleid drückt mir zuweilen das Herz wie mit einer Hand zusammen. Alles auf Gottes Welt tut mir so leid, daß ich weinen könnte. Alles liebe ich, alles bemitleide ich, jedes Ding ist mir wie mein eigen Kind. Dann gibt es für mich weder einen Deutschen noch einen Tataren. Ob Käfer oder Katze, ob Mensch oder Stein, alles ist schön, alles ist mir lieb, alles tut mir leid. Wegen dieser zärtlichen Gefühle liebte ich ja, Schnaps zu trinken ...«

Das einzige, was ihnen hie und da ein Gefühl der Befriedigung gibt, ist das Wachsen ihrer Denkkraft. »Ich habe lange über alle menschlichen Dinge nachgedacht, besonders, warum ich arm und elend bin, manchem anderen aber der Bauch bis zu den Knien herunterhängt. Jahrelang dachte ich darüber nach und fragte auch gelehrte Menschen aus. Und ich sagte mir schließlich das eine: wir alle sind auf der Welt gleich. Was der andere zu viel hat, das habe ich zu wenig. Es kommt auf das gleiche hinaus. Jetzt lache ich noch darüber, aber einmal mache ich Ernst und spucke mir in die Fäuste ...« Aber sie fühlen auch, wie hart es ist, alles selbst erdenken zu müssen. »Es gibt nichts Ärgeres, als lange nachzudenken. Dem Ungelehrten bleibt außer der Arbeit nur noch das. Der Gelehrte weiß alles und liest im Buche, was für ihn der fremde Sinn erdacht hat. Seine Seele ist frei. Der Ungelehrte muß aber alles mit eigenem Verstande bewältigen.«

Sie sind stolz darauf, daß sie besser denken können und daß sie von fremden Völkern etwas wissen. Vom Österreicher haben sie gleich erkannt, daß er den Krieg nicht liebt, daß er nur auf Befehl Krieg führt. Der Italiener ist ein schlechter Soldat, weil dort das ganze Jahr die Sonne warm scheint und man, wenn man bloß die Hand ausstreckt, eine Apfelsine ergreift. Ihre aufgezwungene Stellung zu den Juden ist ihnen schmerzlich. »Es ist gar nicht schwer, uns zu einer bösen Sache anzustiften. Gegen die Juden läßt man uns wie die Hunde los.« Am meisten Eindruck macht ihnen der Deutsche. »Die Deutschen kennen irgendein Zauberwort. Alles gerät ihnen gut, gar nicht wie bei uns. Kleidung, Speise und Trank, die Waffen, alles ist bei ihnen tadellos. Sind auch kräftig gebaut, denn sie leben wohl mit Maß. Was mag es wohl für ein Wort sein? Vielleicht hätten wir es auch gelernt, aber man hat es uns halt nicht befohlen ...«

Ihr großes menschliches Leiden - sie vergleichen sich öfter mit Hiob - wird nur gemildert durch die Kameradschaft und den Gedanken an Frauen.

Jede besondere menschliche Erscheinung unter den Kameraden wird bemerkt und gewürdigt: »Er war ein merkwürdiger Mensch. Man fürchtete ihn und schämte sich vor ihm, aber es war nicht zu verstehen, was für eine Kraft in ihm war. Er war schwach und kränklich, trug eine Brille auf der Nase und ging immer mit einer Krücke. Aber seine Seele war licht und mitleidsvoll, und in dieser Seele lag die große Kraft ...« Jammervoll, wie einer verdirbt: »Wir nannten ihn den Schweiger. Sein Gesicht war wie bei einem jungen Mädchen, aber in den Armen hatte er eine Kraft, wie einer der alten Helden. Er konnte Deichselstangen entzwei brechen, tat aber niemand was zuleide. Nun sah ich, was unser sinnloses und schonungsloses Leben aus diesem Helden gemacht hat. Wegen Teilnahme an Unruhen hatte man ihn nach einem anderen Ort verschickt. Da kam er vor Suff ganz herunter, bekam ein schreckliches Gesicht, die Kraft in seinen Händen wurde zu einem Zittern und er vertauschte sein Schweigen mit dem gemeinsten Fluchen ...«

Die Frauen spielen eine große Rolle in ihren Vorstellungen, Liebe, Sehnsucht, Begehrlichkeit, Verachtung, Schmerz über die Minderwertigkeit und Treulosigkeit. Man kann von einer Art von Haßliebe sprechen. Dann aber steht plötzlich ein Wort, innig, wie ein Volkslied: »Ich hab' aber die Liebe erfahren. Eine zweite solche gibt es nicht in der ganzen Welt. Rührend, still, spricht kein schändliches Wort, bringt jede Arbeit fertig, und die Augen sind schwarz wie Käfer ...« Eine Frau gibt es, die alle in den höchsten Tönen preisen: die Mutter. Die einzige Jugenderinnerung ohne Bitterkeit. Sie lieben die Mutter, weil sie Kinder sind. Ist es zu glauben, daß die folgende Äußerung von einem Soldaten stammt und nicht von einem Kinde: »Es ist mir hier immer so sonderbar zumute vor dem Einschlafen, wenn ich müde bin. Als wäre ich nicht ganz bei Trost. Ich suche immer ein recht zärtliches Wort, zum Beispiel: ›Blümchen‹, oder ›Morgenrot‹ oder sonst etwas recht Freundliches. Ich sitze auf meinem Mantel und spreche das Wort an die zehnmal vor mich hin. Da wird es mir, als liebkose mich jemand, und ich schlafe ein ...« Sie fühlen es auch, daß sie Kinder sind: »Es kommt mir vor, daß ich die einfachsten Dinge nicht verstehe, als wären mir alle Worte fremd. Wenn ich ein Wort höre, sei es ›Brot‹, oder ›Tisch‹, oder ›Hund‹, stehe ich wie ein Klotz da. Das Wort kommt mir so wunderlich vor, als wenn ich ein kleines Kind wäre und das Wort zum erstenmal hörte. Ich meine, das kommt alles vom hiesigen Leben. Der Krieg ist wohl kein Traum, aber auch kein richtiges Leben ...«

Manchmal aber werden sie von der Unsinnigkeit des Krieges wie von einem wilden Tier überfallen. Man braucht kein Pazifist zu sein, damit einen diese kleine Geschichte überzeuge: »Ich klopfe ans Fenster ... Eine Frau macht mir auf, ist so ängstlich, zittert, schweigt. Ich bitte um Brot. An der Wand ist ein Schrank, sie holte von dort Brot und Käse heraus und fing an, Wein auf dem Kocher zu wärmen. Ich esse, daß mir die Kinnbacken krachen. Ich denke mir: es gibt keine solche Gewalt, die mich von der Stelle bringen könnte ... Da klopft es wieder ans Fenster. Die Frau macht genau so wie mir auf. Ich sehe: ein Österreicher kommt in die Stube ... Wir schauen einander an, der Bissen bleibt mir in der Kehle stecken, ich könnte erbrechen ... Wir wissen nicht, was wir tun sollen ... Er setzt sich, nimmt Brot und Käse. Er frißt mit dem gleichen Appetit wie ich. Die Frau brachte heißen Wein und zwei Tassen. Und wir fingen zu trinken an, als wären wir Schwäger. Wir aßen und tranken und legten uns dann auf die Bank, Kopf an Kopf ... Am Morgen gingen wir auseinander ... Es war eben niemand da, der uns hätte befehlen können.« ... Der Gedanke an die Sinnlosigkeit des Krieges ist es, der sie zuletzt so müde, so resigniert macht. »Ich bin müde zu kämpfen. Anfangs sehnte ich mich nach Hause. Dann gewöhnte ich mich und freute mich über alles Neue ... Ich erlebte manchen Schrecken, mein Herz brannte nach Kämpfen ... Jetzt ist es aber ausgebrannt, es ist nichts mehr da ... Ich will nicht mehr heim, erwarte nichts Neues mehr, fürchte nicht den Tod und freue mich nicht über den Kampf ... Ich bin halt müde.« ...

Sie ziehen ihre Schlüsse daraus. »Ich möchte gern die fremden Länder nicht als Soldat besuchen. Ich habe es furchtbar satt, um mich herum Angst wie Korn auszustreuen. Nein, friedlich möchte ich sie besuchen, als Mensch ... Wenn ich jetzt in eine Stadt komme, schäme ich mich, ich weiß selbst nicht warum. Ich fürchte den Menschen in die Augen zu schauen. Man sagt: Alles ist so, wie es sein muß ... Warum kann man dann den Menschen nicht in die Augen schauen? ... Eine böse Sache ist der Krieg« ... Und einer kommt zum Endergebnis: »Ich will nicht mehr heimkehren, was hab' ich dort zu suchen. Ich will mir hier ein Stück Land kaufen und die Einwohner gut behandeln, damit sie das Blut vergessen. Es ist hier auch nicht wenig von unserem Blut geflossen ... Der Boden ist mit dem Blut getränkt, er wird gute Früchte zeugen ... Den Krieg werden die Menschen bald vergessen.«

Wie recht hat er! Wie sehr muß man das fürchten. Aber es darf nicht geschehen! Wir dürfen den Krieg nicht vergessen! Und deshalb müssen wir mit aufgeschlossenen Ohren und Herzen hören, was »der Russe redet«.

»Wer war in Italien?«
Wiener Allgemeine Zeitung, 3. Januar 1925

Ungläubig und staunend über die Phantasie des Dichters haben wir als Kinder gelesen, wie Münchhausen behauptet, er habe sich selbst an den Haaren aus dem Sumpf gezogen.

An dieses Bild muß man denken, wenn man das Deutschland vom 18. Oktober 1923 mit dem heutigen vergleicht. Jedem Kenner deutschen Wesens war es ja im Vorjahre selbstverständlich, daß die verzweifelte Unruhe, Verwirrung, Psychose der Inflationszeit ein vorübergehendes Übel sei. Aber wie man eben am Krankenbett eines besonders schönen und kräftigen Menschen besonders tiefes Mitleid hat, war man beim Anblick der Zerrüttung des deutschen Volkskörpers völlig fassungslos. Vor allem fürchtete man eine schwierige Heilung und langwierige Rekonvaleszenz.

Alles ist anders gekommen. Die Deutschen lieben es, die Welt zu überraschen, und so taten sie es auch diesmal: sie zogen sich einfach selbst an den Haaren aus dem Sumpf der Inflation. Der Glaube, der Berge versetzen kann, hat vermocht, eine Papierflut in Gold zu verwandeln; denn Gold ist das, was wir glauben.

Dem Freunde Deutschlands bietet sich nunmehr ein wesentlich hoffnungsvolleres Bild. An die Stelle der Spekulationswut ist Sparsamkeit getreten, statt sinnlose Kauflust zeigt sich bewußte Wirtschaft. Aber heiter ist das auch noch nicht. Stabilisierung einer entwerteten Valuta heißt, sich mit einem traurigen Zustand befreunden, die letzten Konsequenzen aus Verlusten ziehen, sich aus dem größenwahnsinnigen Nullenrausch zu bescheidenen Primzahlen zurückzufinden.

Vor einem Jahr (in den allerschlimmsten Tagen gerade) ist die Österreichische Freundeshilfe nach Berlin gekommen, um eine bescheidene Hilfeleistung anzubahnen; Hungrige zu speisen, Erholungsbedürftige aufs Land, Berliner Kinder nach Wien zu bringen, kurz, überall mit der eigenen teuer erworbenen Wissenschaft von Inflationszuständen zu dienen. Die Wiener kamen, weil es sie gelüstete, diese geliebte Not in ihr Herz zu schließen, weil sie in ihrer Armut dem reichen Auslande ein Beispiel geben wollten, weil sie hofften, gerade ihre Hilfe werde tröstlich wirken. Vor allen Dingen aber wollten sie sich selbst über die schmerzliche Tatsache hinwegheben, daß der große Bruder, der tüchtiger und klüger ist als sie selbst, überhaupt einer Hilfe bedurfte. Sie beschlossen, so viele als möglich von jenen zu Tisch zu laden, die, in ihre geistige Arbeit versunken, bei der Teilung der Kriegsgewinne nicht anwesend gewesen waren. Es handelte sich also um die Besten. Diese sind immer dankbar. So wurde die Aktion auf das herzlichste aufgenommen. Die freundlichen Absichten wurden nicht nur anerkannt, sondern bis in ihre letzten Andeutungen durchschaut und durchgefühlt. Diesen Gästen Wirt zu sein, war eine Freude. Jedes gute Gericht, jedes Lächeln wurde gewürdigt. Und so kann die Aktion mitten in aller Mühe und Trübsal auf ein schönes und erfolgreiches Arbeitsjahr zurückblicken. Die Versendung der Kinder, die Erholung der deutschen Gäste in den österreichischen Heimen sind ebenso gut gelungen als die Führung der vier Gemeinschaftsküchen im Schloß, in der Kurfürstenstraße, in Schöneberg und in Pankow. Diese Küchen haben das Glück gehabt, in diesem Jahre an die deutschen Freunde 500.000 Mahlzeiten verabfolgen zu dürfen. 150.000 davon ganz unentgeltlich, die 350.000 zwei Monate hindurch um drei Pfennige pro Mittagessen, zwei Monate kostete es fünf Pfennige, zwei zehn, und erst seit dem 1. April zahlt man annähernd den Selbstkostenpreis: in den westlichen Küchen 80 Pfennige, in Pankow 50 Pfennige pro Mahlzeit.

Natürlich wurde auch an der österreichischen Arbeit, wie das in Berlin üblich ist, Kritik geübt, aber sie war nicht kränkend, denn sie richtete sich nur gegen die Vorzüge. Das weiße Tischtuch und der Blumenstrauß wurden von jenen bekämpft, die noch nicht gelernt haben, daß Gemeinschaftsarbeit schön sein muß, und nicht im entferntesten nach Wohltätigkeit riechen darf. Diese wollten am liebsten das bißchen freundlicher Aufmachung auch noch in Kartoffeln umgesetzt sehen, nicht ahnend, daß man für 24 Mark, die die Blumen im Monat kosten, nur sehr wenig Kartoffeln für tausend Personen bekommen kann. Es ist nun einmal so, daß die kostbarsten Dinge, als da sind Liebe und Schönheit, am wenigsten kosten. Aber die Leute, die die »Österreichische Freundeshilfe« »zu fein« fanden, waren überdies solche, die nur von fern davon gehört hatten. Der alte Fontane, der der klügste Berliner war, hat es ja schon gesagt, daß jene alles am besten wissen, die nicht dabei waren.

Die aber dabei waren, sind zufrieden, und so hat das Wiener Komitee beschlossen, seine Tätigkeit in Berlin um ein Jahr zu verlängern. Mit der stabilisierten Goldmark ist es nämlich »grademang so, as mit Rindfleisch un Plummen; sie smecken sehr gut, aber wir kriegen sie man nich«. Mit der Goldmark kann man viel ausrichten, besonders im Ausland, aber man muß sie haben. Und jetzt stellt es sich heraus, daß die meisten Leute von diesen guten Goldmark nur sehr wenige besitzen. Sie leben in großer Bedrängnis. Die Not springt nicht mehr so in die Augen, wie im Vorjahr, aber sie ist in die Tiefe und in die Breite gegangen. In voller Kenntnis dieser Verhältnisse findet es die »Österreichische Freundeshilfe« im Gegensatz zu den anderen ausländischen Aktionen noch nicht an der Zeit, schon jetzt mit der Arbeit aufzuhören. Im Gegenteil gedenkt sie, auf gute Erfahrungen gestützt und in tiefer Dankbarkeit für die ausgezeichnete Aufnahme, die sie in Berlin gefunden hat, ihre Tätigkeit fortzusetzen, bis sie überflüssig geworden ist, wobei sie heiß hofft, daß dies bald der Fall sein wird.

Die Mittel zur Weiterführung der Aktion haben Wiener und Berliner Freunde trotz der schlechten Zeit gern aufgebracht. Aber damit ist nicht alles getan. Im Vorjahr konnte man Menschen, denen es an Geld fehlte, unentgeltlich verpflegen, auf Kosten deutscher, österreichischer und ausländischer Spender, die gern ein Geringes opferten, um sich einen »bescheidenen Mittagsgast« in die Gemeinschaftsküche einzuladen. Im Herbst 1923 war eben ganz Europa, ja die ganze Welt von verständnisvoller Teilnahme für die deutsche Not ergriffen. Damit ist es vorbei. Wenn man jetzt einen Ausländer um die drei Dollar bittet, die ein Freiplatz kostet, so sagt er: »Die Deutschen brauchen keine Hilfe. Ich habe heuer Deutsche in Saltsjöbaden, in Eastbourne, in St. Moritz und in Neapel getroffen.« »Nun und?« fragt man unschuldig. Da stellt es sich heraus: er ist entrüstet, daß die Deutschen nicht in Sack und Asche gehen, so entrüstet, wie ich einmal einen Herrn gesehen habe, weil eine Witwe in tiefer Trauer augenscheinlich nicht ohne Behagen ein Stück Kuchen verzehrte. Es ist merkwürdig: nie ist man einem Mitmenschen traurig genug. »Wie viele Deutsche haben Sie getroffen?« frage ich. »Mindestens sechzig!« sagte er. »Es gibt aber sechzig Millionen Deutsche.« »Aber warum müssen die Deutschen gerade jetzt in die Welt fahren?« »Weil sie es zehn Jahre lang nicht konnten.« »Und wozu brauchen sie es?« »Weil sie eine unendliche Sehnsucht haben nach Weltweite, Kunst, Natur. Sie sind ja auch schon im Frieden gereist, wenn sie nur die Fahrkarte vierter Klasse, einen Lodenanzug und eine Wurst hatten.« »Aber heuer haben sie nicht von Wurst allein gelebt.« »Weil sie, berauscht von ihrer guten Valuta, das dringende Bedürfnis hatten, auch einmal irgendwo Goldausländer vorzustellen. Die Deutschen sind nämlich auch keine vollkommenen Engel.« »Ja, aber woher nehmen sie das Geld?« fragte er zuletzt. »Das hängt mit unserer schlechten Gesellschaftsordnung zusammen, die es mit sich bringt, daß es neben Millionen Armer auch einige Reiche gibt. Die haben das Geld.«

Aber der Dialog ist nicht einträglich, ich kann sagen, was ich will, es hilft nichts: niemand läßt sich die Gelegenheit entgehen, nichts zu geben. Jeder bietet ein Königreich für eine Ausrede, wenn man was von ihm will. Eine so billige Ausrede wie die »prassenden Deutschen im Ausland« hat die Welt noch nie gehabt.

Weil viele Deutsche und Österreicher im Ausland waren, bekommen die Berliner Geistes- und Handarbeiter in diesem Jahr keinen Freiplatz in der Gemeinschaftsküche, den sie doch so dringend brauchen. Und sie waren doch nicht einmal in Jüterbog zum Sommeraufenthalt. Da gibt es nur eine gerechte Lösung: Jeder Deutsche und Österreicher, der im Ausland war, sende sofort 20 Mark als Ablöse für seinen die bedürftigen Volksgenossen schädigenden Auslandstrip. Dann kann ein Berliner Schriftsteller, der gerade an einem Buch schreibt, eine junge Schauspielerin, die kein Engagement hat, ein kränklicher Student, ein greiser Rechtsanwalt, der sein Vermögen in Kriegsanleihe angelegt hat, ein arbeitsloser Arbeiter einen Monat lang warm zu Mittag essen. Ist alles deutsche Geld eingezahlt, dann werden wir an das Ausland herantreten und verlangen, daß jeder Ausländer, der über die reisenden Deutschen geschimpft hat, seinerseits etwas tut; denn, wenn er sie dort gesehen hat, so ist das ein Beweis dafür, daß auch er in Italien war.

»Die prophezeite RAVAG«
Neue Freie Presse, April 1934

Unseren heutigen Bildern können wir keinen besseren Text beigeben als einen Aufsatz, den vor zehn Jahren, im April 1924, unsere Mitarbeiterin Dr. Eugenie Schwarzwald im »Wiener Tag« veröffentlicht hat. Damals stand man am Beginn des Rundfunks. Alles Gute und - Andere, das daraus entstanden ist, war schon in dem bemerkenswerten Aufsatz prophezeit worden. Anm. d. Red.

Seit kurzem ist etwas Neues in der Welt, noch wenig bedacht. Bald aber wird es die ganze Welt wissen: die Radiosache ist sehr wichtig.

Das Unglück der Welt beruht bekanntlich auf dem Mißverständnis. Dieses erzeugt Kriege, wissenschaftlichen Streit, Parteihader, Prozesse, unglückliche Ehen. Verständigung ist alles. Im Radio wird ein gigantisches Verständigungsmittel Wirklichkeit.

Bei der Beschaffenheit unserer Welt ist das natürlich vorerst zum Erschrecken. Also, was wird geschehen? Ein neues Spielzeug und ein gefährliches Spielzeug. Alle Torheit, alle Bosheit, alle Vorurteile, alle Langeweile wird jetzt noch weitere Verbreitung finden als bisher. Die schlechteste Operettenmusik, die miserabelsten Reden werden bis in den Urwald dringen. Soll noch mehr Hast, Banalität und Betrieb in eine Welt hineingetragen werden, die daran keinen Mangel hat? Wenn man sich solchen Erwägungen hingibt, kommt man zu dem Schluß: das Radio ist eine schreckliche Erfindung! Aber warum bei so großem Ereignis so niederziehender Pessimismus? Warum nicht lieber Hoffnung auf unerhörtes neues Glück? Es wird nämlich kommen. In ein paar Jahren wird kein Großstadtmensch mehr mit der Radiosache spielen wollen. Er wird davon einfach übersättigt sein. Nur bei vollkommensten Kunstwerken wird er zuhören wollen. Naiven Hirnen und Herzen aber wird das Radio mehr sein. Im entferntesten Gebirgsdorf in Tirol wird eine junge Mutter erfahren können, wie sie ihren Säugling zu behandeln hat. In Kroatien werden die Leute lernen, die Fenster aufzumachen. In Oberhollabrunn wird ein armes junges Nähmädchen auf dem Wege des Fernunterrichtes herrliches Florentiner Italienisch lernen. Hundert nützliche Dinge werden möglich sein und tausend gute und schöne. Der Farmer im Staate Ohio wird nach Feierabend eine Mozart-Oper hören. Im Kupferbergwerk zu Falun, im Zinnwerk in Cornwall werden die Grubenarbeiter in ihrer Frühstückspause den Schluß der Neunten Symphonie vernehmen und glauben, es seien Sphärenklänge. In einem Spital in Marseille werden kranke Menschen einer Frauenstimme lauschen, die in Amerika beruhigende Worte spricht, die ein französischer Dichter zum Trost für Kranke erdacht hat. Am Weihnachtsabend wird der Leuchtturmwächter in den norwegischen Schären

Weihnachtslieder hören, die die Kinder in Eisenach singen. Das Schiff auf hoher See wird dankbar eine Sturmwarnung empfangen; der Blumengärtner in Hillegom rechtzeitig erfahren, daß eine Böe über Skandinavien geht, und daß er gut daran täte, seine Tulpen sorglich zuzudecken. Parlamentsreden wird man anhören und froh sein, den Apparat mittendrin abstellen zu dürfen, jedenfalls aber kontrollieren zu können, wieviel die Zeitungen aller Parteien am nächsten Tag daran verfälscht haben werden.

Jeder, der etwas Rechtes weiß, hätte eigentlich die Verpflichtung, es herauszuschreien in alle Welt. Aber bisher war das nicht so einfach. Sollte jetzt einmal jemand etwas wirklich Wissenswertes wissen, dann bietet sich ihm die Gelegenheit zu einem Manifest:

An Alle.

Das wird natürlich nicht bald sein. Zuerst wird sich das Geschäft der Erfindung bemächtigen, werden Leute damit zu tun haben wollen, die noch nicht von ihrer heiligen Mission erfüllt sind. Aber die Sache ist an sich zu gewaltig; sie muß siegen! Allmählich werden die Menschen Respekt bekommen, vor dem, was sie hineinsprechen oder hineinmusizieren. Niemand wird sich getrauen, zu lügen, aufzuschneiden, etwas ganz schlecht zu machen, denn er weiß, wie unerhört groß und wie heterogen der Kreis seiner Hörer ist. Wer etwas zu verkünden, zu sagen, zu vermitteln, zu lehren, zu musizieren hat, wird genötigt sein immer zuverlässiger, immer vollkommener, immer subtiler zu werden. Aber nicht nur der, der wirkt, sondern auch jener, der zuhört, wird sich freimachen müssen, wenn er jener Zuhörer werden will, welcher würdig ist, so zu heißen, wie Mozart sagt. Wird aber einer ein solcher Radiohörer, so wird er sich mit der Zeit auf seine Ohren ganz verlassen können. In hundert Jahren schon werden es die Leute zu solcher Feinheit im Hören gebracht haben, daß sie werden sagen können: »Das war ein entzückender junger Mensch, der heute den Vortrag über geniale Kinder gehalten hat. Er hatte schöne dunkle Augen und ein Gesicht, wie der Mönch aus dem Concerto von Giorgione.«

Es ist schade, daß wir die neue Kunst nicht erleben werden, die im Begriffe steht, sich hier zu entwickeln. Wir haben gesehen, wie im Kino das Drama für Taube entstanden ist, noch sehr unvollkommen, aber doch wirksam. Jetzt aber ist etwas noch viel Feineres möglich: Das avisuelle Drama für Blinde wendet sich an einen noch zarteren Sinn. Wer kann wissen, was da geschieht?

Bald werden unzählige Wellen zu den Menschen dringen. Vollkommen frei werden sie unter ihnen wählen dürfen. Auf Glück und Instinkt wird es ankommen. Mögen viele Wellen mit Geist, Wahrheit, Schönheit und Gefühl betrachtet sein, und möge es jedem gelingen, die rechte Welle zu erwischen.

7. Verschiedenes

»Kopenhagen verzichtet.«
Eine Silvestergeschichte
Neue Freie Presse, 2. Januar 1931

Sie hatte allen Silvesterlockungen widerstanden: dem Hausball bei Ameseders, der Dineeinladung ins Imperial, den Theaterkarten zu »Carmen«. Welchen Zweck hatte es auch, abgestandenen Humor ohne Lust, Punsch ohne Durst und Pfannkuchen ohne Hunger zu sich zu nehmen! Immer schon waren ihr Silvesterfeiern lärmend und unfreudig erschienen. Und jetzt gar, wo ihre Gedanken auf Reisen weilten: wie sollte sie da den Schwung und die Wärme aufbringen, um sich und andern über die letzten Stunden des alten Jahres hinwegzuhelfen?

Es war etwa neun Uhr. Sie saß im halbdunklen Raum, den Blick auf ein Portrait gerichtet, dessen Umrisse halb verwischt waren. Gerade so war es ihr recht. Da konnte ihre Phantasie dazutun, was dem Maler nicht gelungen war. Selbst der größte Maler kann nämlich nur ungeliebte Menschen vollkommen richtig darstellen.

Eigentlich war die Situation komisch. Sie war sonst nie allein. Wien hatte etwa zwei Millionen Einwohner. Tausende davon kannte sie, und viele waren ihr gut. Jetzt aber saß sie ganz allein, weil der eine, den sie wollte, nicht hier war. Er war weit weg. In -

Ein schrilles Geklingel schreckte sie auf. Telephon! »Hier Überlandszentrale«. Die Telephonistin sagte: »Sind Sie Fräulein Rieder? Kopenhagen verlangt nach Ihnen. Das ist jetzt die Voranmeldung. Wir werden Sie später rufen.«

Ein wirbliger Freudentaumel erfaßte sie. Kopenhagen verlangte nach ihr! Ihm war also ganz so zumute wie ihr. Auch ihm schien seine große schöne Vaterstadt menschenleer. Er wollte nicht im königlichen Theater sitzen, er wollte nicht bei Wivel speisen. Sicher saß auch er im halbdunklen Raum und schaute auf ihr Bild und dachte an sie; aber da er ein Mann war, hatte er mehr Initiative und kam auf den herrlichen Gedanken, sie anzurufen. Was für eine wunderbare Sache doch die Technik war!

Bald würde er am Telephon stehen und sie würde seine Stimme hören. Was sollte sie nur so rasch sagen? Wenn man doch nur die rechten Worte fände in der Eile. Sie begann sich vorzubereiten wie ein Schulkind. Wenn er sagt ... dann werde ich antworten ... oder nein: ich werde sagen ... nein. Jetzt hab' ich's.

Plötzlich fühlte sie das Bedürfnis, einen Menschen zu sehen. Sie rief nach ihrem Mädchen. »Ach, Resi. Sie wollten doch zu Ihrer Freundin. Heute kann ich ganz gut allein bleiben.« Das Mädchen wandte sich erfreut zum Gehen. »Halt, einen Augenblick. Ich glaube, Ihnen hat der Shawl von Rodick so gut gefallen, den ich zu Weihnachten bekommen habe. Wollen Sie ihn haben? Ich bin zu blaß. Ihnen wird er besser stehen.« Wirklich: er stand ihr herrlich. »Und jetzt noch einen Augenblick. Hier ist eine Schachtel Lavendelseife für Ihre Freundin.« Nun ging das Mädchen.

Aber sie blieb doch nicht allein. Ganz Kopenhagen war da. Meernahe Luft wehte durch den Raum. Wenn sie die Augen schloß, sah sie junge Mädchen wie Schmetterlinge auf ihren Rädern den Roskildevej dahinsausen. Weiche Laute einer geliebten fremden Sprache schlugen an ihr Ohr. Die behagliche Heiterkeit des Nordens, die so viel wirkliche innere Sonne hat, umfing sie.

Was er wohl sagen würde? Pläne für Ostern machen? Oder gar? Nein, das nicht. Er konnte ja nicht. Das war ganz ausgeschlossen. Vielleicht aber doch.

Der Anruf kam noch immer nicht. Sie nahm ein Buch von Knut Hamsun zur Hand. Durch alle diese Bücher ging ihr Held, der so verträumt, so schwach, so menschenfreundlich und so weltunkundig war. Merkwürdig, wie Kunst und Leben sich nicht berührten. Er, den sie im Leben liebte, war eigentlich das strikte Gegenteil des Mannes, der mit gedämpftem Saitenspiel unter Herbststernen ein Vagantendasein führte.

Sie las und wartete. Wartete und las. Es zuckte in allen Nerven. Das Herz brannte, die Pulse flogen. Aber es nützte nichts, das Telephon stand still und trotzig und gab kein Lebenszeichen von sich.

Und schon war die Mitternacht da. Die Glocken der nahen Liechtenthalerkirche begannen zu läuten. Wie schön! Mitten hinein schrillte das Telephon. Endlich! Jeder Blutstropfen in ihr tanzte vor Freude. Sie schöpfte tief Atem. Aber nur zwei Worte erklangen am Telephon: »Kopenhagen verzichtet.« Was war das? Konnte so etwas Entsetzliches geschehen? Wie grausam war doch die Technik! Sie trank ein Glas kaltes Wasser und sprach sich selbst gut zu. Das alles ist ja ganz natürlich. Er hat drei Stunden gewartet. Den ganzen Silvesterabend hat er verloren. Er konnte einfach nicht länger warten. Er war klug, daß er der Quälerei ein Ende gemacht hat. Vielleicht hatte er auch geglaubt, daß sie das Warten aufgegeben habe. Es war sehr richtig von ihm gewesen zu verzichten.

Aber hatte er wirklich nur darum verzichtet? Nein! Ein kalter Schauer überlief sie: sie wußte es besser. Drei Stunden hat er gewartet. Und in dieser Zeit hat sich seine Stellung zu ihr verändert. Mit Liebe hat es angefangen, dann hat ein Gedanke dem andern die Hand gereicht und nach drei Stunden war alles vorbei. Die intensive Beschäftigung mit ihr, in völliger Einsamkeit, hat ihm all das ins Gedächtnis gerufen, was ihn an ihr stört. Errötend erinnerte sie sich an jedes nicht ganz richtige Wort, das sie gesprochen hatte. Einmal war sie zu spät gekommen, da hatte er sie so fremd angeschaut. Einmal hatte sie einen Brief verlegt, da war er ordentlich böse gewesen. Und der Abend im Theater: da hatte sie in einem Stück von Oehlenschläger heimlich -

aber nicht heimlich genug - gegähnt. Und ihr rotes Kleid konnte er nicht leiden. Er hielt so viel auf Distinktion. Die Art, wie sie sich einhängte, fand er zu intim, und als sie einmal gesagt hatte, ihr gefiele es, daß König Edward die englischen Bergarbeiter besucht habe, war ihm das auch nicht recht gewesen. »Man muß ›ganz sein‹«, hatte er gesagt. Er war so ganz. Keinen Spalt gab es in seiner Vollkommenheit. Sie hatte viel auf dem Gewissen; immer neue Mißgriffe fielen ihr ein. Aber sie konnte so viel nachdenken als sie wollte, ihm war nichts vorzuwerfen. So vollendet, zweckbewußt und sicher, wie er war, konnte er über sie nicht froh sein, die so unfertig, so infantil, so wechselnd erschien.

Jetzt wußte sie es. Ganz bestimmt. Er hatte verzichtet, weil ihm klar geworden war, daß er sie nicht liebte. Wie konnte er auch! Sie paßte nicht in den Rhythmus seines Lebens. Sie war so stürmisch. Sie schrieb ihm ganz sicher zu viele Briefe. Täglich fragte sie, ob er sie noch liebe. Das mußte so einen Mann ungeduldig machen. Immer war sie in einer beunruhigenden Weise um sein Leben besorgt. Dann auch war sie so brennend ehrgeizig für ihn. Sie sagte ja gar nichts. Aber ihr ganzes Wesen war eine Forderung nach Leistung und Tat. Gott, wie unbequem sie doch war! Einmal hatte er gesagt: »Du tust zu viel. Vor deinem Wesen steht die Leistung und verbirgt es.«

Sie sah es ein, sie mußte sich von Grund aus ändern. Von jetzt ab wollte sie reserviert, abwartend, vielleicht sogar damenhaft sein. Jedes Wort, das sie sprach, wollte sie überlegen, nur selten lächeln und sich um alles bitten lassen. Vielleicht wäre es gut, wenn sie ihn etwas quälen könnte? Aber womit nur? Es fiel ihr gar nichts ein.

Plötzlich ließ sie mutlos den Kopf hängen und begann zu weinen. Mit solchen unausführbaren Vorsätzen hatte sie sich die ganze Jugend verdorben. Sie sah sich, vierzehn Jahre alt, vor dem Spiegel stehen, um ein »kaltes Gesicht« zu probieren. Sie hatte es fertig gebracht. Aber niemand hatte es ihr geglaubt.

Nein, sie konnte sich nicht ändern. So aber, wie sie war, konnte er sie nicht lieben. Als ob es im Zimmer eine laute Stimme aussprächen, so genau hörte sie: »Kopenhagen verzichtet.«

»Bitte, Fräulein, ein Telegramm aus Kopenhagen.« Sie schlug die Augen auf. Auf dem Sofa neben dem Telephon war sie eingeschlafen und jetzt war Neujahrsmorgen, und das war Resis Stimme. Unwahrscheinlich langsam öffnete sie das Telegramm. »Haben gestern vergeblich versucht, Ihnen zu telephonieren, daß Ihr Liederabend in Oslo schon am 12. Januar stattfinden muß. Konzertdirektion«.

Eine Stunde lang saß sie ohne ein Zeichen von Leben. Dann schrieb sie ein paar Zeilen, legte ihren Ring in ein Schächtelchen, trug beides auf die Post und gab es auf: nach Kopenhagen.

»Der Filmregisseur«
Neues Wiener Journal, 24. Februar 1929

Jahrelang habe ich geglaubt, die meiste Geduld brauche der Lehrer. Kindern etwas beibringen, wonach sie nicht fragen, sie zu einem Verhalten veranlassen, das ihnen nicht paßt, sie für eine Zukunft vorbereiten, für die sie sich nicht interessieren, schien mir sehr schwierig.

Dann war ich einmal beim Taubstummenunterricht. Da merkte ich erst, wie leicht es ist, normale Kinder zu unterrichten. Aber meine Bewunderung wuchs noch, als ich zu schwachsinnigen Kindern kam. Sie zu lehren, schien mir das Schwerste.

Seit kurzem bin ich eines Besseren belehrt. Ich war nämlich einen Vormittag in Staaken, der früheren Zeppelinhalle, die jetzt zum Teil ein großes Filmatelier ist, und sah dort einen Vormittag lang zu, wie Willy Pabst Regie führte. Jetzt weiß ich, daß der gute Filmregisseur die härteste Arbeit hat und die meiste Geduld braucht.

Den ganzen Vormittag wurde ein einziges Bild probiert, immer und immer wieder: den wievielten Teil einer Sekunde es dann auf der Leinwand ausgemacht hat, weiß ich nicht. Es handelte sich um eine Szene aus Frank Wedekinds »Büchse der Pandora«. Sie spielte in Marseille auf einem Schiff und zeigte einen verschwindenden Bruchteil der Zeit, in welcher der junge Alva herabgleitet und verdirbt. Um einen Tisch herum saßen seine Helfer, seine Ausbeuter und überdies gleichgültige, verkommene Zuschauer, Gesellschaftsabfall aus aller Welt. Diese Menschen waren nichts als Staffage für den jungen Alva. Als ich kam, waren alle schon kostümiert und geschminkt und jeder wußte, was er zu tun hatte, es war also schon unendlich viel Arbeit vorausgegangen.

Und jetzt hatte ich die Gelegenheit, den Lehrer-Regisseur an der Arbeit zu sehen. Seine Schulklasse war sehr groß und er mußte sich um alles kümmern. Keine Schleife auf einem Hut durfte seiner Aufmerksamkeit entgehen, kein roter Farbtupf zuviel auf einer Wange. Er mußte nicht nur aufpassen, daß sie nicht schwätzen, er mußte darauf sehen, sie dahin zu bringen, daß hinter jeder technischen Leistung wenn möglich ein schlagendes Herz zu fühlen war. Sein Schulgehilfe, der Operateur, war ganz sicher auch eine Persönlichkeit; denn das aus dem Zusammenhang gerissene Szenenbild machte den Eindruck, als wären sämtliche Mitwirkende gebannt.

Aber nicht nur der Regisseur schien eine gesteigerte Lehrerpersönlichkeit, auch die Schüler waren Überschüler. Wie zögernd erhebt sich sonst ein Schulkind, wenn es aufgerufen wird. Wenn aber Pabst rief: »Lederer!« (und er sprach besonders leise, wie ein guter Lehrer eben soll), durchzuckte den jungen Künstler, der den Alva gab, ein elektrischer Schlag. Bei dem zweiten Anruf: »Lederer!«, welcher mehr bittend, animierend klang, setzte er sich in

Bewegung, die wenigen Schritte zu machen, um derentwillen das ganze Bild gestellt war. Und diese Schritte machte er mit solcher Konzentration, daß in mir das Gefühl wach wurde: der Vorzugsschüler Franz Lederer wird ganz sicher Karriere machen. Es ist jetzt nämlich nicht mehr Mode, daß Vorzugsschüler zugrunde gehen. Dann trat in die Klasse die Schülerin Luise Brooks aus Hollywood. Alle wußten: was die kann, können wir nicht. »Mein Gott, ist die schön!« flüsterten hingerissen alle Mädchen um mich herum. »Wenn sie sich nur rührt, ist man schon glücklich!«

Die unbarmherzige Leinwand hatte sie gelehrt, daß, wenn sie sich rührten, niemand glücklich war. Es wird ihnen eben alles ad oculos demonstriert, daher die seltene Selbsteinsicht. In der Verzweiflung, nicht die heißersehnte erste Rolle spielen zu können, haben sie sich entschlossen, aus ihrem Neid Bewunderung zu machen. So entsteht eine Atmosphäre des gegenseitigen Dienens. Man rückt dem Kollegen die Krawatte zurecht, zieht der Nachbarin eine Haarsträhne in die Stirn, um sie reizvoller erscheinen zu lassen. Es herrscht die solidarische Gemeinschaft einer gut geleiteten Schulklasse. Aber diese kann nicht der Lehrer allein schaffen, einige maßgebende Schüler müssen ihm dabei helfen. In der Klasse des Lehrers Willi Pabst in Staaken war ein wunderbarer Schüler drin. Menschlichkeit, Güte und Hoheit sahen ihm aus den Augen, obgleich er den Schigolch spielte. Aber in den Pausen war er Karl Götz, der bürgerliche Freund der Frauen, der väterliche der Jugend; die ganze Klasse stand auf einem höheren Niveau, weil er da war.

Ich weiß nicht viel vom Film, ich ahne höchstens seine künftigen Möglichkeiten. Ich kann also auch gar nicht sagen, ob diese unerhörte Arbeit sich lohnt. Aber ihr Anblick ist ästhetisch und rührend. Unterordnung unter den Willen eines, dem man vertraut. Selbstdisziplin, die tiefe Moral, nichts anderes vorzustellen, als man in diesem Augenblick ist, Dienst aller für den, der Talent hat: nicht viele Berufe halten so rein.

Der Filmregisseur braucht aber nicht nur bei der Arbeit, sondern auch vorher, bei der Schüleraufnahme, schon große Geduld. Wenn sich Willy Pabst entschlösse, ein Büchlein zu schreiben »Wie ich meine Lulu suchte«, so wäre das eine überaus heitere Lektüre. Kaum hatte er verlauten lassen, daß er die »Büchse der Pandora« verfilmen wolle, als sich eine Flut von Briefen aus aller Welt über ihn ergoß. Diese Would-be-Lulus wußten aber auch ihren Wunsch prächtig zu motivieren. Die eine schrieb, sie habe nicht nur die »Büchse der Pandora« viermal gesehen, sondern auch die Kreise Lulus »frequentiert«. Um das Gesicht zu wahren, setzte sie erklärend dazu: »aber nur pro forma«. Eine glaubte sich besonders dadurch zu empfehlen, daß sie sagte, sie habe schon vor siebzehn Jahren in München die Lulu gespielt. Ganz sicher des Erfolges aber ist eine, der es, wie sie meint, schon urzeitlich vorgeschrieben war, die Lulu zu spielen. Sie ist nämlich Negerin.

Alle diese Schwierigkeiten aber schrecken einen wahren Regisseur nicht. Lächelnd spricht er von ihnen, und wenn man fragt: »Verlieren Sie die

Geduld nie?« so sagt er: »Nein, ich liebe den Film.« Gegen dieses Argument läßt sich nichts einwenden.

»Karin Michaelis spricht Deutsch.«
Neues Wiener Journal, 26. September 1926

Auf dem Bankett, welches die Stadt Berlin dem Klub der Poeten, Essayisten und Novellisten gab, erhob sich plötzlich Karin Michaelis aus Kopenhagen und begann deutsch zu sprechen.

Während sie, leuchtend vor Freude, mit glühendem Eifer sprach, lächelten alle Leute, wie Eltern lächeln, wenn ihr begabtes Kind das »Lied von der Glocke« aufsagt, stolz, gerührt, nachsichtig.

Was liegt hier vor? fragte ich mich, woher so viel Wohlwollen? Man denke: der Saal war mit Schriftstellern gefüllt. Und plötzlich fühlte ich: die Menschen sind so froh, daß ein Ausländer ihre Sprache so ausgezeichnet, so zärtlich, so behutsam und - so vollkommen spricht.

Man weiß ja, daß kein Eingeborener seine eigene Sprache so merkwürdig zu meistern versteht wie der gebildete, einfühlsame Fremde. Manchmal geht er darin sogar zu weit. »Ooh«, sagte meine Freundin Bessie Tyas zu einem jungen Deutschen, der nach London gekommen war, um sich eine Stelle in einer Industrie zu suchen, »ooh, wie wounderfull Sie englisch sprechen: wie Lord Byron«. Worauf der junge Mann entmutigt schleunigst nach Hannover zurückkehrte.

Ähnlich spricht Karin Michaelis deutsch. Sie reitet hohe Schule auf unserem Alltagsroß. In ihren deutschen Briefen und Reden huldigt sie dem französischen Grundsatz: »il n'y a qu'un mot qui sert«. Sie wählt, wenn ihr sieben Epitheta ornantia zur Verfügung stehen, mit größter Treffsicherheit das feinste und zweckmäßigste. Dazu paßt sie dann ein sehr seltenes Verbum an, natürlich im Konjunktiv, weil sie das, ohne Rücksicht auf die Sachlage, für die eleganteste Form hält. Dann setzt sie das Subjekt in den unrichtigen Fall und versieht es mit einem falschen Artikel: der Satz ist fertig.

Ein paar Proben. Sie kommt mit leerer Brieftasche nachhause. »Wo ist Dein Geld?« fragt die Freundin streng. »Oh, bitte sei nicht erzürnt; ich habe den Geld gegeben an ein alter Weib; sie war so milde betrübt.«

Eines Tages wird sie von einem Menschen, dem sie vertraut hat (Vertrauen ist neben Tierschutz ihr hobby), furchtbar betrogen. »Hast du ihm wenigstens gründlich deine Meinung gesagt?« fragt man sie. »Oh nein«, sagt sie, »ich habe nicht« - hier läßt sie einem die Wahl - »das Mut, die Mut, den Mut gehabt, es mit ihm böse zu machen. Er hat nämlich seine Entschuldigung zu mich so erschrocken hingehaucht.«

Ein Freund sagt ihr etwas, was sie als verletzend empfindet. »Nimm diese Beleidigung sofort wieder in dich hinein«, verlangt sie. Sie liest einen gereimten Brief eines Freundes, der weit entfernt, im Zivilberuf ein Dichter zu sein, ein sprachgewaltiger Mensch ist, und kommt zu folgender Strophe:

»Des Geistes herzblutrote Glutkarfunkeln
warf ich vor solche, die nach Trüffeln wühlen;
dem Ding an sich sich zentrisch einzufühlen,
liegt fern dem Wurm, der Dung nur schafft im Dunkeln.«

Karin ist entzückt. »Du bist ja«, sagt sie, »ein großartiger Mensch. Du hast so schöne dicke Worten. Man kann von dich sagen: du mästest der deutschen Sprache.«

Es ist unverständlich, wie sie es macht, aber eine Tatsache, daß jeder ihrer Fehler Herzlichkeit ausströmt. Vielleicht kommt das daher, daß Karin Michaelis ihr meisterliches Deutsch der Liebe und Achtung verdankt, die sie deutschem Wesen entgegenbringt, und den Schmerzen, die sie um Deutschland gelitten hat. Was verschlägt es da, daß sie »mir« und »mich« immer verwechselt! Kein Freund Deutschlands spricht schöner und ausdrucksvoller deutsch als die Dänin Karin Michaelis.

»Der Redner Kokoschka«
Neue Freie Presse, 20. Januar 1926

Wenn es je einen Künstler gegeben hat, der den Auftrag: »Bilde Künstler, rede nicht!« wörtlich genommen hat, so ist es Oskar Kokoschka.

Als junger Mensch war er so schweigsam, daß Fernerstehende ihn leicht für taubstumm hätten halten können. Sagte er dann aber plötzlich etwas, so war es so merkwürdig-abstrus in der Form, so verblüffend-hellsichtig im Inhalt, daß selbst der Stumpfste nicht umhin konnte, eine Bedeutung dahinter zu ahnen.

Gewöhnlich umhüllt ihn aber tiefes Schweigen. Wie erschraken seine Freunde, als er eines Tages kam und sagte: »Wißt's ihr, nächsten Freitag halt i an Vortrag.« - »Um Gottes willen, wie willst du das machen? Du kannst ja gar nicht sprechen!« - »Oh, wann viel Leut' da san, kann i schon«, sagte er, »nur wann net viel da san, bin i halt net animiert g'nug«. - »Ja, weißt du denn, was du überhaupt sagen willst?« - »Na, dös net, aber den Anfang hab' i schon.« - »So, was wirst du denn sagen?« - »No, einfach die Wahrheit: O mein Gott, o mein Gott, wie fürcht' i mi!« Wir alle fühlten deutlich: das ist ein guter Anfang. Seit es Redner gibt, hat es jeder empfunden, aber keiner es sich bisher auszusprechen getraut: O mein Gott, o mein Gott, wie fürcht' ich mich.

An dem festgesetzten Abend - der Saal war übervoll von Feinden, Gegnern, Spöttern - sagte er es wirklich. Und mit einem Male war die Atmosphäre des Saales gereinigt und entgiftet und in die teilnahmsvolle Stille hinein warf Kokoschka dann eine Menge unerhört tiefer Dinge über Farbe,

Liebe und Kunst. Zweimal wußte er nicht weiter. Einmal ging er unmotivierter Weise aus dem Saal. Auch war es nicht leicht, aus dem Wirrsal seiner Worte zu entnehmen, was er meinte. Nur den feinsten Köpfen, den heißesten Herzen und dem besten Willen war es gegönnt, ihn zu verstehen. Aber irgendwie betroffen war jeder.

Seither hat Kokoschka meines Wissens keine öffentlichen Reden mehr gehalten. Aber der enge Kreis, der ihn umgibt, hat schon lange ein ganzes Buch merkwürdig feinsinniger, sinnloser, geistreicher, alberner, liebenswürdiger, kritischer, aber immer menschlicher Euphorismen beisammen.

Von seiner profunden Bildung macht er so wenig Gebrauch, daß seine Umgebung nicht recht daran glaubt. Eines Tages spricht er von Atavismus. Darauf der Freund: »Aber Oskar, du weißt ja gar nicht, was das ist.« - »O doch«, beharrt Oskar, »ich weiß schon. Atavismus ist, wenn sich der tote Großvater meldet, er möchte sich sein Zeugnis verbessern.« - »Nein, was du alles weißt! Woher hast du denn deine Bildung?« - »I hab' immer in der Schul' unter der Bank Reklam-Bücheln gelesen«, sagte er, noch froh in der Erinnerung. »Aber«, fügte er melancholisch hinzu, »meine Bildung hat leider Lücken, weil mich die Lehrer fortwährend gestört haben«.

Auf allen Unterricht ist er schlecht zu sprechen. Aber auf den Literaturunterricht hat er es besonders scharf. »Du«, fragt er, »warum haben mir in der Schul' nix vom Byron g'lernt? Der war doch ganz was Großartiges. Schön und a Held und a Dichter und a Frauenverführer, da hätt' man was fürs Leben g'habt. Aber mir haben die ganze Zeit nix g'hört wie vom Anastasius Grün. Apropos, wer war denn das eigentlich, der Anastasius Grün?«

Im Zwiegespräch auf das äußerste konzentriert, lebt er, wenn das Gespräch allgemein wird, ein eigenes Leben, völlig abseits. Der Freundeskreis streitet lebhaft über die Tätigkeit der Labour Party. Da winkt Oskar Kokoschka einen Freund heran. Aha, auch er will sich zu der Sache äußern. »Ich muß dir dringend etwas sagen« und flüsternd: »weißt, was mir eing'fallen ist, der Friedrich Schiller, wenn der länger g'lebt hätt', der wär net angenehm g'wesen!«

In voller Erkenntnis der Tatsache, daß man sich nicht wichtig machen darf und daß ein feierlicher Kerl niemals groß ist, macht Oskar Kokoschka aus seinen Malsitzungen durchaus kein Wesen. Das Modell kann sitzen, stehen, knien, lesen; um seine Staffel herum kann ein Gespräch leben, das Telephon klingeln, das Grammophon spielen. Kein Kommen und Gehen stört ihn. »Du hättest«, sagt der Freund anerkennend, »ohne weiteres Schlachtenmaler werden können«. Aber am liebsten ist ihm doch harmonischer Lärm. Und als er Emmy Heim zeichnet, muß sie ihm immer vorsingen. Eines Tages, da sie Schuberts »Rastlose Liebe« besonders hinreißend gesungen hat, ist Oskar Kokoschka begeistert und äußert das, indem er sagt: »Bitt'schön, gebt's mir ein Malzzuckerl, die Emmy hat so schön g'sungen, daß ich ganz heiser geworden bin.«

Er hat überhaupt merkwürdige körperliche Zustände. Eines Tages erzählt er von der deutschen Inflation. »Da hab' ich einmal in Dresden, weil ich schon gar nichts gehabt hab', hundert Dollar wechseln müssen, und da haben sie mir einen so großen Packen deutsches Geld dafür gegeben, daß ich einen Ausschlag bekommen hab', so hab' i mi genieren müssen.«

Dagegen geniert er sich nicht, alles zu sagen, was ihm einfällt, und überläßt es den anderen, den Gefühlsinhalt herauszufinden. Unser gemeinsamer Freund, der Maler Wastl, gleitet in seiner rücksichtsvoll-anmutigen Art durchs Zimmer. Kokoschka schaut ihn bewundernd nach. »So ein reizender Mensch, der Wastl, er kommt, er verschwindet, wie Samt.«

Für Kunst interessiert er sich nicht, das heißt, für Tintoretto schon, aber nicht für sich selbst. Wer ihn mit Tadel oder Lob über seine eigenen Werke unterhalten wollte, ginge fehl. Seine Lieblingsthemen sind: Die Weltproduktion an Petroleum und Steinkohle, die Not der Menschen in Whitechapel, die Kinderversendung aufs Land. Dann wird er lebendig. Das sind die Gegenstände, die ihm wirklich nahegehen. »Über solche Sachen möcht' i amal a Buch schreiben. Aber da bin i halt nicht gescheit genug dazu. Mein Geist ist wie die tibetanischen Wüsten, nur daß die kleinen Klöster der Weisheit darin fehlen. Das tut mir leid. Ich weiß nämlich die wichtigsten Sachen, die man überhaupt zu wissen braucht und halt' es für meine Pflicht, diese allen Menschen mitzuteilen. Aber da ich keine Bücher schreiben kann, muß ich halt malen, und das tue ich so ungern.«

Es gibt aber viele, die froh sind, daß er malt, nicht nur Landschaften von wahrhaft mystischer Vertiefung, sondern auch Menschenbildnisse, voll menschlicher Beziehung. »Meine Bilder«, sagt er, »sind Stenogramme von dem vielen, was ich von diesen Menschen weiß.« Nicht immer weiß er das Beste von ihnen. Adolf Loos, der Oskar Kokoschka entdeckt und Jahre seines Lebens daran gesetzt hat, ihm zur Geltung zu verhelfen, sagte einmal aufmunternd zu einer sehr feinen, sehr preziösen alten Dame: »Gnädige Frau, hören Sie auf meinen Rat, lassen Sie Ihre junge Enkelin von Kokoschka malen. Er malt Ihnen die verborgensten Laster.«

Mindestens erkennt er sie mit sicherem Blick. Eines Tages, es war mitten im Krieg, und er gerade Rekonvaleszent nach schwerer Verwundung, da erschien im Freundeskreis, aus Kopenhagen, mit glänzenden Empfehlungen versehen, eine gezierte, modern tuende, halbgebildete, hübsche junge Person. Man trank Tee, um einen runden Tisch herumsitzend. Alle Bemühungen der Frau galten dem Zweck, den merkwürdigen jungen Künstler auf sich aufmerksam zu machen. Er aber schwieg zwei Stunden lang beharrlich. Da stieß ihn die Hausfrau an. »Oskar, ich flehe dich an, sag zu der Frau etwas Freundliches, etwas, was sie wirklich gern hört!« Er schrak aus tiefstem Traum auf und drückte beruhigend die Hand der Freundin. »Sofort«, sagte er, und sich plötzlich mit liebenswürdigstem Lächeln zu der jungen Dame wendend: »Gnädigste sind doch sicher Morphinistin!« - »Woher wissen

Sie?« fragte sie strahlend. »Man sieht es Ihnen an«, erwiderte er mit Überzeugung. Dann schwieg er wieder.

Als die Hausfrau die fremde Dame ins Vorzimmer geleitete, sagte diese: »Welch' eine Persönlichkeit! Diese Menschenkenntnis und wie er sich auszudrücken versteht. Geist mit Aufrichtigkeit vermählt.« Sie sagte es mit ihrer verlegensten Stimme und doch war es diesmal die Wahrheit.

»Ist G. B. Shaw eitel?«
Zu seinem achtzigsten Geburtstage am 26. Juli 1936
Zürcher Illustrierte 1936

Von altersher besteht die Rache der ungenialen Leute an den Genialen darin, daß sie ihnen Übertreibung, Inkonsequenz und vor allem Eitelkeit vorwerfen. Dieser letztere Vorwurf ist die Begleitmelodie zu G. B. Shaws ganzer Existenz. Ob er spricht oder schweigt, reist oder zu Hause bleibt, lacht oder trauert, alles tut er aus Eitelkeit, alles nur um sich ins rechte Licht zu setzen. Sogar sein Freund und Bewunderer Wells nennt ihn den größten lebenden Künstler der Selbstinszenierung.

Wie das Märchen vom eitlen Shaw entstanden ist, ist leicht zu verstehen. Er ist nämlich ganz frei von jenen modernen Minderwertigkeitskomplexen, mit denen uns unsere Mitmenschen so grausam zu langweilen pflegen. Damit ist er auch zugleich kein Knecht jener verschleierten Eitelkeit, die sich in eigener Herabsetzung gefällt. Nennt ihn Wells ein Reklamegenie, so faßt Shaw das als ein großes Kompliment auf. Da er nämlich seine Ware, das heißt seine originellen Gedanken, und deren unvergleichlichen Ausdruck gut findet, hält er es für seine Pflicht, ihr zu einem guten Absatz zu verhelfen.

An dieser übrigens immer geschmackvollen und wirksamen Reklame überrascht eine sonderbare Eigenschaft: sie beruht auf Wahrheit. Was er uns anbietet, ist wirklich gute, gesunde Ware, mit dem Stempel vom heutigen Tag, nicht abgelegen, nicht Stroh, nicht Papier. Man fragte ihn einmal, ob er tatsächlich ein Reklameheld sei oder eine naive, vom Erfolg unverdorbene Berühmtheit. Er ließ die Frage mit den Worten offen: »Sie sehen, ich spiele beide Rollen ungewöhnlich gut.«

Es ist ein begreifliches und verzeihliches Bedürfnis des beschränkten Menschenverstandes, sich das komplizierte Leben übersichtlich einzuteilen. Deshalb wird jeder Mensch ein für allemal in einen Kasten getan, woraus er nie den Kopf herausstrecken darf, wenn er nicht riskieren will, daß ihm der schwere Deckel darauf fällt. Nur wenn er zeitlebens brav darin bleibt, ist er ein respektabler, charaktervoller Mensch. Der Mittelmäßigkeit ist schon die Vielseitigkeit verdächtig. Was soll sie da erst mit einem Menschen wie Shaw machen, der zugleich Schriftsteller, Lebensreformer, Redner und Debatter ist, voll von Interesse an sozialen Fragen, ein Kenner der Musik und eigentlich aller Dinge, die den neuzeitlichen Menschen ausmachen? Wie sollen Menschen, denen es schwer fällt, auch nur eine Seite der Dinge richtig zu sehen, sich mit jemand abfinden, der sich herausnimmt, jede Sache unaufhörlich von allen Seiten zu besichtigen, der den Mut hat, an verschiedenen Tagen und Orten über den gleichen Gegenstand verschiedener Meinung zu sein, der es wagt, in blitzschneller Selbstwiderlegung im Nebensatz zurückzunehmen, was er im Hauptsatz behauptet hat?

Man kann sich auf ihn wirklich nicht verlassen. Er hat nämlich keinen festen Standpunkt. Er wechselt ihn so oft sein Geist oder sein Herz ihn dazu treiben. So verlangte man eines Tages von ihm, er solle sich für oder gegen Deutschland entscheiden. Seinen Grundsätzen getreu entschied er sich gegen und für Deutschland. Das Deutschland nach Sedan bezeichnet er mit dem unüberlegbaren Wort »Potsdamnation«. Als ihm aber Stresemann zum siebzigsten Geburtstag im Namen des deutschen Volkes verständnisvolle Glückwünsche sendet, quittiert er sie mit höchster Anerkennung für deutsche Überlegenheit in Sachen von Kultur und Kunst.

Nicht einmal von seinen Anhängern läßt sich Shaw abhalten, alle Dinge scherzhaft zu betrachten. So ist er ein überzeugter und fanatischer Vegetarier. Er ißt nicht nur im Leben kein Fleisch, sondern hat auch schon in diesem Sinn über sein Trauergefolge bestimmt. Er sagt: »An meinem Beerdigungstag werden keine schwarzen Kutschen voll prominenter Persönlichkeiten teilnehmen, sondern ganze Horden von Ochsen, Schafen, Schweinen, ganze Scharen von Geflügel und ein transportables Aquarium voll lebender Fische, alle schön mit weißen Schärpen geschmückt, zu Ehren des Mannes, der es vorzog, zu sterben, statt seine Mitgeschöpfe aufzufressen.« Auf solche Äußerungen hin sagen sich nun die Vegetarier der ganzen Welt: Er ist unser. Aber weh ihnen, wenn er an einer anderen Stelle schreibt: »Enthaltsamkeit vom Fleisch scheint eine gewisse Wildheit zu erzeugen, und zwar die schlimmste Art von Wildheit: tugendhafte Entrüstung.«

Das was Shaw am meisten übelgenommen wird, ist sein Mangel an Feierlichkeit. Wollte er die Umwelt oder wenigstens sich selbst ernster nehmen, dann gäben sie sich zufrieden. Aber er will nicht ernst genommen werden. Er fühlt, daß, wenn sein Publikum wüßte, wie ernst es ihm mit allem ist, was er sagt und was er tut, er schon längst gezwungen worden wäre, den Schierlingsbecher zu leeren: deshalb zieht er es vor, in der Rolle des Narren am Hofe des Königs Demos zu leben. Er sagt: »Mark Twain und ich sind in der gleichen Lage; wir müssen die Dinge so darstellen, daß die Leute, die uns sonst hängen ließen, lachen, weil sie glauben, wir machten Spaß.«

Natürlich gelingt ihm die Täuschung nicht durchwegs. Es kann geschehen, daß, während er die Massen zum Lachen kitzelt, er zugleich in manchem tiefen Denker Bewunderung für seine Geistesschärfe entzündet, manches fühlende Herz von der Reinheit seiner Absichten überzeugt und es an die subtile Aufrichtigkeit seiner Seele glauben macht. Mit dieser auseinandergehenden Beurteilung seiner Person und seines Werkes befindet sich übrigens Shaw in guter Gesellschaft. Wurde doch Voltaire von einem Kerl, der noch dazu sein eigener Biograph war, als »Genieaffe« bezeichnet, während ein anderer, weiter blickender Zeitgenosse ihn den besten Christen seiner Zeit nannte. Bei Voltaire hieß es »écrasez l'infame!« Bei Shaw heißt es »écrasez la stupidité!«

Aufreizend ist auch, daß Shaw nie eine Antwort gibt, wie man sie von einem besonnenen, ältlichen Gentleman erwarten darf. Gegen die Anschuldigung, er sei ein vaterlandsloser Geselle, wehrt er sich so: »Das ist leider sehr richtig. Wenn Sie bei mir Heimweh erwecken wollen, so brauchen Sie mich nur an das Fichtelgebirge zu erinnern, an die süße Luft Frankreichs, an die nordafrikanische Küste, an die Seen von Schweden oder an die norwegischen Fjorde. Nie bin ich dort gewesen außer in meiner Phantasie, aber nach allen diesen Plätzen empfinde ich etwa dieselbe Sehnsucht wie Leute, die dort geboren sind, im Exil empfinden mögen.«

Seine Einstellung zu Titel und Orden kann ihm nicht gut als ein Zeichen von Eitelkeit ausgelegt werden. Als die Arbeiterregierung bei ihm anklopfte, ob er geneigt sei, Peer von England zu werden, sagte er: Auf neue Titel könnte er sich nur einlassen, wenn sie besser wären, als der Name Bernard Shaw. Als man ihm den Orden of Merit antrug, erklärte er bedauernd, der Vorschlag käme leider zu spät; den hätte er sich selbst schon längst verliehen.

Aus dem Gefühl heraus, daß die Welt ihre Gaben mit vollem Unrecht erst dem Arrivierten zukommen läßt, hat er auch den Nobelpreis, als er ihn, nach einer schweren, entbehrungsreichen Jugend, schon auf der Höhe der Berühmtheit stehend, empfing, kritisch betrachtet: »Der Nobelpreis ist ein Rettungsgürtel, der einem Schwimmer immer erst dann zugeworfen wird, wenn er die Küste bereits in Sicherheit erreicht hat.« Aber so negativ er den Nobelpreis annahm, so positiv wußte er ihn zu verwerten. Er begründete bekanntlich mit diesem Gelde eine Stiftung zur Übersetzung der schwedischen Literatur ins Englische, und es ist sicher kein Zufall, daß diese Edition mit Strindbergs Werken begann.

So wenig sich Shaw aus äußeren Würden macht, so genau versteht er sich auf innere. Als jemand den Plan faßte, die besten Köpfe Europas im Interesse des Weltfriedens zu einem korporativen Besuch aller Könige zu veranlassen, antwortete Shaw: »Das ist der absurdeste Vorschlag, der mir je gemacht wurde. Wir geistigen Menschen sind doch Schwerarbeiter. Lassen Sie lieber die Könige, die weniger zu tun haben und es besser verstehen zu repräsentieren, zu uns kommen. Jeder König, den Sie mir bringen, soll mir recht sein.«

Bekanntlich leugnet Shaw alle die tausend Anekdoten, die von ihm im Umlauf sind, schroff ab. Die folgenden aber läßt er als richtig gelten. Er kommt in München an und bittet den Hotelportier, ihm eine Karte zur »Heiligen Johanna« zu besorgen. Der Portier: »Aber ich bitte Sie, gehen Sie doch lieber zur ›Schönen Hellena‹, zu Johanna geht kein Mensch.« Worauf Shaw: »Sie mißverstehen mich, ich gehe nicht zu meinem Vergnügen hin. Ich bin der Verfasser.«

Shaw ist einmal, kurz vor der Erstaufführung seiner »Johanna«, der Einladung eines Frauenvereins gefolgt, über sein Werk zu sprechen. Er sprach über Mittelalter, Feudalismus, Inquisition, die militante Kirche, die triumphierende Kirche, über Aberglauben, über Folter, kurz über alles - nur nicht über Johanna. Erst am Schlusse kamen einige Worte über sie. »Johanna war siebzehn Jahre alt und Soldat. Jedem Menschen sagte sie die Wahrheit, dem Prälaten wie dem Dauphin, mit einem Wort: sie war unausstehlich.« Eine Vorstandsdame, die ihm den üblichen Dank abzustatten hatte, sagte, der Verein wäre Shaw für seine glänzende Rede zu großem Dank verpflichtet. Nach diesem Satz folgte eine hörbare Pause. Dann schöpfte sie tief Atem und verkündete mit tiefster Überzeugung, sie glaube, den Gefühlen aller Hörer Ausdruck zu geben, wenn sie sage, nicht Johanna, sondern Mr. Shaw sei (insufferable) unausstehlich! Selten hat man Shaw heiterer gesehen als an jenem Abend.

Selbstpersiflage ist sein Lebenselement. Als ihn, dessen Posteinlauf dem der Greta Garbo gleichkommt, ein junges Mädchen letzthin fragte, ob er erlaube, daß sie ihrem neugeborenen Ferkel seinen Namen gäbe, schrieb Shaw: »Ich habe nichts dagegen, aber Sie sollten auch das Ferkel fragen.«

Shaw freut sich sicher unbändig seines Ruhmes und man kann ihm nicht ganz glauben, wenn er sich beklagt: »Mein Ruhm ist größer als für meine geistige Gesundheit gut ist.« Zugleich aber kennt er auch die Vergänglichkeit des Ruhmes. Henderson schickt ihm eine Broschüre. Shaw sendet sie, reich mit handschriftlichen Notizen versehen, diesem zurück und schreibt: »Verkaufen Sie mein Autogramm, solange noch die Preise gut sind.«

Aber der gleiche Shaw, der sich am laufenden Bande über sich und andere lustig macht, wird ganz ernst, wenn er vor jemandem steht, der nach seiner Meinung Ehre verdient. Als man ihn fragte, warum er heirate, schrieb er: »Ich heirate aus einem Grunde, den ich nicht für möglich gehalten hätte, nämlich weil ich jemand gefunden habe, von dem ich mehr halte, als von mir selbst.«

Tiefste Verehrung drückt auch sein Verhältnis zu Rodin aus, dem er bekanntlich zu einer Büste saß. Er sagt: »Ich habe schon meine Maßregeln getroffen, um meine Unsterblichkeit zu sichern, indem ich sie an die von Rodin heftete. Die biographischen Lexika einer ferneren Zukunft werden unter dem Schlagwort Bernard Shaw‹ berichten: Gegenstand einer Büste von Rodin, sonst unbekannt.«

So denkt und spricht der eitle Shaw, wenn es ihm einmal wirklich ernst ist.

Teil III

Stimmen zu Genia Schwarzwald

Es nimmt nicht wunder, daß eine so ungewöhnliche **Frau, die** ihr ganzes schöpferisches Leben lang für die Freiheit und die Rechte der Menschen, in erster Linie der Kinder und der Frauen, eingetreten ist, zu ihrer Zeit - und auch noch später - Bewunderer, Gefolgsleute, Kritiker und Gegner auf den Plan gerufen hat.

Wo die nachstehend - in alphabetischer Reihenfolge ihrer Autoren - aufgeführten Bücher, Artikel, Radiovorträge und nicht veröffentlichten Äußerungen zusätzliche Informationen gegenüber der Selbstdarstellung in diesem Buch enthalten, findet man sie in Form von Zitaten.

Von der alphabetischen Ordnung soll jedoch eine Ausnahme gemacht werden:

Weitaus besser als anderen ist dem bedeutenden Schriftsteller und langjährigen Freund **Jakob Wassermann** der Versuch gelungen, im engen Rahmen eines Artikels Eugenie Schwarzwald zu ergründen. Wohl auch dem aufmerksamen Leser werden Wassermanns Aussagen (ausgewählte Zitate) eine Hilfe zum noch tieferen Verständnis der Autorin dieses Buches sein.

Jakob Wassermann (1873-1934)

»Eugenie Schwarzwald«
Neue Freie Presse, 25. Juni 1925.

»Sie ist die eigentliche Seele einer Menschenschule, die, geführt im Geiste einer neuen Humanität, den staatlichen Gewalten, den beamteten Erziehern ein Dorn im Auge, ganze Jahrgänge von eigentümlich gefesteten, eigentümlich profilierten, unter Geschlechtsgenossen stets erkennbaren und im Wortsinn hervorragenden Frauen geformt und gebildet hat.

Ich versuche, das äußere Bild von Eugenie Schwarzwald zu geben: eine Frau von untersetzter Statur, starkhalsig, starknackig, starkblickend, kurzhaarig, dunkel von Prägung, straff von Muskeln, entschlossen in der Bewegung, mit einer Stimme, die in der Ruhe etwas verängstigt Flehendes, in der Erregung etwas von Fanfare hat, mit Gesten, in denen die eine Ungeduld die andere unterdrückt und aufzehrt.

Sie begegnet dem, der ihrer Hilfe bedarf, als eine von vornherein Verpflichtete. Kraft einer bewundernswerten psychischen Emanation ist sie befähigt, nicht nur den Bittenden von Rechten zu überzeugen, die wahrscheinlich nur sie allein ihm zugestanden hat. Sondern ihm auch die beruhigende Gewißheit einzuflößen, als sei sie über seine Umstände seit langem und in der zuverlässigsten Weise unterrichtet, ja, als sei es nur ein Mangel an Vertrauen und Geist seinerseits, sich nicht früher die Mühe genommen zu haben, sich an sie zu wenden.

Dann die Freundlichkeit. Eine Freundlichkeit gegen die Menschen, gegen die Menschen an sich, das ist, wie ich gesehen habe, so selten wie Schönheit, wie Tugend, wie Genialität. Ein solcher Freundlicher besitzt moralische Zucht und Selbstbeherrschung ...

In den greuelvollen Notjahren 1917 und 1918 wäre ein großer Teil der Wiener Bevölkerung und nicht ihr schlechtester Teil, rundweg verhungert ohne ihre unermüdliche außerordentliche Kühnheit und Konsequenz. Sie befeuerte ihre Freunde, erstickte den Widerspruch der Feinde, nahm die Trägen ins Schlepptau, daß die Ketten weithin rasselten, übersah die Ignoranz, den Neid, die Gleichgültigkeit, die Winkelzügigkeit, die Ränkesucht, ging über die Bosheit und die Ausflüchte der Immerzufriedenen hinweg wie über die Feigheit und den Dünkel der Ämter.

Mit jedem muß sie in seiner Sprache reden, den Argumenten eines jeden zuvorkommen, seine kleinen Eitelkeiten ausfindig machen und schonen, sich mit seinen Interessen vergleichen, seinen vermeintlichen Ideen auseinandersetzen und ihm seine Vorbehalte abdingen. Sie muß Briefe schreiben, Ansprachen halten, telephonieren, bitten, betteln, zürnen, lachen, weinen, danken; sie muß Beschuldigungen widerlegen, Zweifler umstimmen, Nörgler aufheitern, Ehrgeizige beschäftigen, Ängstliche beschwichtigen, Habgierige befriedigen, Heißsporne vertrösten, Machthaber vergewaltigen oder überlisten, Vordringliche zurückweisen, Gelangweilte ermuntern; sie lebt mit dem Ziffernblatt der Uhr vor Augen und ohne Zeit im Gemüt, denn sie hat keinen Tag, und sie hat keine Nacht; ihr Tun ist pausenlos.

Wer ihr zusieht, faßt nicht dies ungeheure Maß von Vitalität, von Ausdauer, von Hartnäckigkeit, von Leidenschaft, von zielender Gewalt. Ist es Güte? Nein; oder doch nicht ausschließlich. Mitleid? Nein; schon gar nicht, wo es Verlangen nach billigem Loskauf ist. Besessenheit? Nein; oder nur insoweit, als sich der Dämon der Sache unterordnet. Sichaustobende Wildheit eingeborener Kraft? Dies eher, jedoch gezügelt durch eine klare und tragische Erkenntnis der Schicksalsgewalten.«

Eugen Antoine

»Eine österreichische Sommerfrische«,
Wien 1946, (siehe »Grundlsee«, Seite 175).

Tagesneuigkeiten (Auszug)
Arbeiterzeitung, 6. März 1924

»Er geht rechts - sie geht links. Es gibt in Wien ein Ehepaar, das heißt Schwarzwald. Es ist ein Zweigespann, das notorischerweise in ungetrübter Harmonie lebt, obgleich beide Ehepartner, so wie sie in die Öffentlichkeit treten - und das geschieht alle Tage -, Wege wandeln, die in diametral entgegengesetzte Richtungen führen. Beide sind gebildete und akademisch graduierte Menschen - er ein Doktor, sie ein Doktor. Aber darüber hinaus beginnt schon eine seltsame Arbeitsteilung, die sich nicht bloß nach Fakultäten, sondern geradezu - nach Weltanschauungen vollzieht. Ihr schlägt ein warmes Herz für die leidende und sozial gedrückte Menschheit, er ist als hoher Beamter ein starrer Staatsfiskalist gewesen, so wie er jetzt als Direktor eines großen Finanzinstituts als starrer Bankfiskalist hervortritt. Ihr Ressort ist Humanität und sozialer Aufstieg der Schwachen, sein Ressort ist Autorität und Scharfmacherei. Diese Arbeitsteilung der Schwarzwald-Eheleute tritt am deutlichsten in der ›N. Fr. Pr.‹ zutage, für deren geistiges Gepräge sie ein Sinnbild bietet, Herr Dr. Schwarzwald ist ganz Leitartikel, Frau Dr. Schwarzwald dominiert in den heiteren und menschlichen Gefilden des Feuilletons und der Literaturbeilage. Er wandelt über dem Strich, sie unter dem Strich des Blattes, woraus für das Ehepaar kein moralischer

Schaden erwachsen kann, denn was auf dem Strich wandelt, ist, wenigstens in der Mehrzahl der Fälle, durch ein Kreuzel deutlich gekennzeichnet. Jedenfalls findet der Widerspruch, der zwischen dem Gebaren des scharfmacherischen Bankdirektors und seiner philanthropischen Gemahlin klafft, unter dem allumfassenden Zepter Benedikt des Zweiten seine ausgleichende Synthese und so ereignet sich dann folgendes: Während der Leitartikel der ›N. Fr. Pr.‹ seit einigen Tagen mehr oder weniger deutlich auf die Aussperrungspolitik Dr. Scharzwalds eingestellt ist, findet sich heute in den entlegeneren Gebieten des Blattes unter dem Titel: ›Auf der Laimgruben‹ eine entzückende Studie der Frau Dr. Genia Schwarzwald über ein Lehrmädchenheim, das eines ihrer vielen, mitunter wirklich nützlichen und fast immer von einem freien, jeder Muckerei abholden Geiste durchwehten pädagogischen und karitativen Schöpfungen ist. Ausführlich wird da erzählt, wie da die Mädchen unter der Devise: ›Das Moralische versteht sich von selbst‹ in durchaus zwangloser Weise - in Anbetracht der bescheidenen Mittel allerdings nicht gerade bei reichlicher Kost - zu frohen, freien, sozial empfindenden, von Gemeingeist erfüllten Menschen, zu guten Republikanern erzogen werden. Der Artikel schließt mit einem Appell an die Öffentlichkeit, diesem Institut durch Zuwendung von Spenden die fernere Existenz zu sichern, und wir können nur wünschen, daß dieser Appell nicht ungehört verhallt. Wir wünschen das, obgleich es leicht passieren kann, daß die unter der Ägide der Frau Dr. Schwarzwald erzogenen jungen Republikanerinnen später einmal in Banken unterkommen und dann gelegentlich mit ihrer auf Gemeingeist und Solidarität gerichteten Erziehung sehr das Mißfallen des Herrn Dr. Schwarzwald erregen könnten. Denn dieser ist gemäß seinem Ressort wieder mehr für Streikbrecher eingenommen als für aufrechte Republikaner, und sein Herz schlägt nicht für die sozial empfindenden, sondern für die schöpferischen Geister des Großverdienens, die »Leistungsfähigen«, die Meister der alchimistischen Kunst, aus der Papierinflation Gold zu münzen.«

Elsa Björkman-Goldschmidt (16. 4. 1888 - 6. 4. 1982)

»Sie entzündeten ein Licht«
Schwedische Zeitschrift »Idun«, Weihnachtsnummer 1939.

»Det var i Wien«,
Stockholm 1945, Seite 50 - 70.

»Es war 1919, ich hatte Schwierigkeiten bei der Verteilung der schwedischen Spende für Hilfsbedürftige. ›Wenn es sich um das elementarste Recht der Menschen handelt, Essen für die eigenen Kinder zu beschaffen - Essen, das nicht gegen ehrliche Arbeit zu haben ist -, dann hören die gewöhnlichen Rechtsbegriffe auf‹, sagte Dr. E. S. ›Es gibt eine Neunmalklugheit, deren Wesen Kälte ist, und die müssen wir beseitigen, bevor wir Sozialarbeiter werden können.‹«

Elsa Björkman, nachdem sie von vielen im Hause Schwarzwald begegneten Menschen berichtet hat, erinnert sich, »wie Thomas Mann sich 1936 mit unerwarteter Heftigkeit gegen die Mitgäste wandte; er hatte plötzlich seine gewöhnliche Maske korrekter Verschlossenheit abgelegt und stand nun da, weissagend und warnend, mit einem nackten Gesicht voll Schmerz und Erschütterung, wie ein biblischer Prophet der grauenhaften Zukunft.«

Walter Bloem

Hymne auf Grundlsee, nicht veröffentlicht (siehe Seite 182).

Elias Canetti

»Das Augenspiel, Lebensgeschichte 1931-1937«
1985, Seite 202 ff.

»Die erste Folge meines gehobenen Selbstgefühls war am 17. April 1935 die Vorlesung in der Schwarzwaldschule ... Das eher kleine Zimmer [in der Josefstädterstraße] war noch legendärer als die Frau Dr. Schwarzwald, denn wer war nicht alles schon da gesessen! Hierher kamen die eigentlichen Größen Wiens und zwar lange bevor sie zu allgemein bekannten, öffentlichen Figuren geworden waren ... Nun war es aber keineswegs so, daß auch nur ein einziger d i e s e r Besucher das Gespräch der Frau Dr. Schwarzwald besonders interessant gefunden hätte; da alles bei ihr ineinander- und durcheinanderfloß, war sie für geistige Menschen jener besonderen Art nicht nur uninteressant, sondern eher lästig. Man empfand sie als Schwätzerin.

Hans Deichmann und Dietrich Worbs

»Eine Wohnungseinrichtung von Adolf Loos: Das Haus Schwarzwald (1909 - 1938)«
Bauforum, Nr. 105/1984.

Aage Dons

»Reise nach Österreich«, o. O., 1952.

Dr. Isolde Emich

»Ein Brief an Genia Schwarzwald«
»Nachrichten am Abend«, Nr. 99, 27. April 1948.

»Eugenie Schwarzwald«
Zeitschrift »Erziehung und Unterricht«, 1949, Heft VII/VIII, Seite 444 f.

Robert Faesi

»Erlebnisse, Ergebnisse«
Atlantisverlag, Zürich 1963, Seite 220-222.

Heinz Gstrein

»Jüdisches Wien«
Herold Verlag, Wien 1984, Seite 92-95.

»Eugenie Schwarzwald - Eine Pionierin der Frauenbildung«, 1985

Murray G. Hall

»Dr. Eugenie Schwarzwald: Eine Wiener Institution«
Radiovortrag im Österreichischen Rundfunk am 13. Juni 1979

»Frau Doktor - Eugenie Schwarzwald«
Jüdisches Echo, September 1983.

Alice Herdan-Zuckmayer

»Genies sind im Lehrplan nicht vorgesehen«
Verlag S. Fischer, Frankfurt 1979 (viele eigene Erlebnisse!).

Martha Hofmann

»Maria Strindberg und Genia Schwarzwald: Die Frau Doktor«
Die Furche, Nr. 6, 5. Februar 1972, S. 13.

Martha Karlweis

»Eugenie Schwarzwald und ihr Werk«
Neue Freie Presse, Nr. 22354 vom 8. Dezember 1926, S. 10f.

Wolf Lampert

»Die Schwarzwaldschule und Frau Dr. Eugenie Schwarzwald«
Sendung im Österreichischen Rundfunk am 11. Oktober 1980.

Klara Mautner

»Zwanzig Jahre Selbsthilfe«
Wiener Journal, 7. Juni 1921.

»Eine Zürcher Studentin«
Undatiert, unveröffentlicht.

Prof. Amalie Mayer

»Gesellschaft der Schwarzwaldschen Schulanstalten, Wien (Lyceum, Frauenoberschule, Gymnasialkurse)«
In: »Geschichte der österreichischen Mädchenmittelschulen«, Wien 1952.

Karin Michaelis

»Glaeden skole« (»Die fröhliche Schule«)
Kopenhagen 1914, die deutsche Übersetzung wurde wegen des Krieges nicht mehr veröffentlicht.

»Die drei Schwestern - aus einer Wiener Schule«
Neue Freie Presse, 17. Oktober 1924.

»Das kleine Mädchen aus den ukrainischen Wäldern«
Zum 25. Jahresfest der Schwarzwaldschule, Dezember 1926 (s. S. 14).

Helene Rättig (1902-1957), Schwarzwaldschülerin

»In memoriam Dr. Eugenie Schwarzwald«
Elf Seiten, die beste, achtungsvollste, liebevollste und genaueste Kurzfassung von Dr. Eugenie Schwarzwalds Wirken; geschrieben Anfang der fünfziger Jahre, augenscheinlich nicht veröffentlicht.

Max Rostal

»Kurze Streiflichter und Erinnerungen an Frau Dr. Eugenie Schwarzwald«, 1975.

Burkhardt Rukschcio und Roland Schachel

»Adolf Loos«
Residenzverlag, Wien 1982 (an 29 Stellen kommt Dr. Eugenie Schwarzwald vor, siehe Namensverzeichnis).

Egon M. Salzer

»Dr. Eugenie Schwarzwald«
In: »Die Frau und Mutter«, Wien, 5. Juli 1926.

Dipl.-Ing. Dr. Roland Schachel

»Die erste Wiener Gemeinschaftsküche ›Akazienhof‹«
In: Mitteilungsblatt des Museumsvereins Alsergrund, September 1984.

Friedrich Scheu

»Ein Band der Freundschaft - Schwarzwald-Kreis und Entstehung der Vereinigung Sozialistischer Mittelschüler«
Böhlau-Verlag, Wien 1985.

Robert Scheu

»Hermann und Genia«
Arbeiterzeitung, 8. Oktober 1947.

Walther Schneider (17. 6. 1897 - 27. 12. 1970)

»Dr. Eugenie Schwarzwald: Ein Porträt«
Vermutlich 1926 geschrieben, aber wo es veröffentlicht wurde, war nicht mehr zu ermitteln. Dies rechtfertigt einen Auszug:

»Eugenie Schwarzwald habe ich strahlend vor Lebenslust von einer Autotour zurückkehren gesehen; ein andermal in äußerster Verzweiflung über das Bergwerksunglück in Gloggnitz; auf dem Katheder eine Schulklasse mit Knut Hamsun so bekanntmachend, wie man einen Freund vorstellt; mit kindlicher Vorsicht mit einer Kaffeemaschine hantierend; vor Zorn mit dem Fuß stampfend über eine neue österreichische Korruptionsaffäre; ich habe sie mit leidenschaftlicher Stimme Schuberts ›Gott in der Natur‹ singen gehört; mit einem Eifer, der einer besseren Sache würdig gewesen wäre, sie an vollkommen überflüssigen Wollmützen stricken, leuchtend vor Freude, einen Kinderzug in die Ferne expedieren sehen. Ich bin dabei gewesen, wie sie junge Leute über Liebeskummer, arme über Not, alte über Verlassenheit tröstete. Ich kenne ihre Freude über ein schönes neues Kleid und ihre Gleichgültigkeit bei dem Verlust eines Vermögens. Ich sah, wie sie sich vor ihrem Russisch-Lehrer, der um neun Uhr morgens kommt, fürchtet, weil sie ihre Aufgabe nicht gelernt hat, und ich merke die Aufregung, wenn sie, wie jedes Schulkind seinen Aufsatz, ihren Sonntagsartikel am Samstag spät nachmittags (zu spät) zu schreiben anfängt. Ich weiß, daß sie zu gleicher Zeit drei Briefe diktieren, telephonieren und konferieren kann, und daß sie doch bei allem mit dem Herzen dabei ist, ganz von jener Gegenwart, die nichts von Vergangenheit und Zukunft weiß. Ich weiß, daß sie bei allem, was sie tut, nie an die Wirkung denkt, und daß ihr Wirken für jeden genauen und objektiven Beschauer von überzeugender Reinheit ist. Wie sich alle diese widersprechenden Dinge zu einem höchst werktätigen und anmutigen Leben formen, weiß auch sie nicht. Ebensowenig wie sie weiß, wie es ihr gelungen ist, seinerzeit vor fünfundzwanzig Jahren eine pädagogische Insel zu gründen und dort einen auf den Grundsätzen der Freiheit und der Freude aufgebauten Erziehungsplan zu verwirklichen ...«

Werner J. Schweiger

»Genies sind im Lehrplan nicht vorgesehen«
In: »Der junge Kokoschka«, Edition Brandstätter, Wien 1983
S. 235 - 247.

Hilde Spiel

»Kein Buch über Frau Doktor«
Zu Alice Herdan Zuckmayers »Genies sind im Lehrplan nicht vorgesehen«, in: Frankfurter Allgemeine Zeitung, 4. November 1979.

Paul Stefan

»Frau Doktor - Ein Bildnis aus dem unbekannten Wien«
Dreimasken-Verlag, München 1922.

Frank Thiess

»Freiheit bis Mitternacht«
(Memoiren), Zsolnay-Verlag, Hamburg 1965, S. 417 und 418.

Dorothy Thompson

»Anton and Anna«
The Scranton Tribune, 30. September 1939.

»The most beautiful form of courage«
Ladies' Home Journal, 1955.

Elisabeth Thury

»Die fröhliche Schule - Ein Vortrag von Dr. E. S.«
Wiener Allgemeine Zeitung, 19. Dezember 1926.

Kory Towska

»Haus in der Sonne«
Neues Wiener Tagblatt, 13. Juni 1918.

Egon und Emmy Wellesz

»Egon Wellesz 1884-1974 - Leben und Werk«
Zsolnay-Verlag, 1981, Seite 48 f. und an vielen anderen Stellen des Buches.

Josefine Weissel

»Gesellschaft der Schwarzwaldschen Schulanstalten«
In: »Geschichte der österreichischen Mädchenmittelschulen«
S. 60 - 63.

Namensverzeichnis

Altenberg, Peter
(Schriftsteller) 87
Amanshauser, Lintschi
(Leiterin von Gemeinschaftsküchen) 170
Andersen, Hans Christian
296 ff.
Antoine, Eugen
(Jurist, Schriftsteller) 175, 259

Bacher, Dr. med. Agnes
(Hygienekurs in der Schwarzwaldschule) 110
Bassermann
(Schauspieler) 237
Baum, Viki
(Schriftstellerin) 132
Bergner, Elisabeth
(Schauspielerin) 237
Bernatzik, Prof. Edmund
(»Rechtsakademie der Frauen«) 105 f.
Bjoerkman-Goldschmidt, Elsa
(Schriftstellerin) 205 f.
Blau, Karl
(Oberbaurat; »Gesellschaft Schwarzwaldsche Schulanstalten«) 86, 129, 222
Bleuler, Prof.
(Psychiater) 55
Bloch, Leo
(Leiter der Gymnasialkurse) 70, 75
Bloem, Walter
(Schriftsteller) 182
Bonnesen, Merete
(Journalistin) 11, 88, 90, 140, 183 f., 242, 244, 248
Böss
(Oberbürgermeister von Berlin) 197
Brandt, Bill
(Photograph) 184
Brandt, Esther
236
Brandt, Gustus
184
Brandt, Rolf
(Maler) 184, 236, 268
Braun
(preußischer Ministerpräsident) 197

Braun, Felix
(Schriftsteller) 181, 258
Brecht, Bertold
(Schriftsteller) 237
Buchthal-Serkin, Maltschi
(Schwarzwaldschülerin) 102

Canetti, Elias
(Schriftsteller) 373
Capek, Karel
(Schriftsteller) 230
Clairmont, Prof.
(Züricher Arzt) 257
Coates, Pat
(Britischer Auswärtiger Dienst in China) 139, 212, 239, 251, 254 ff., 257, 260 f., 263
Comert, Pierre
(Französischer Minister) 251
Corino, Karl
(Schriftsteller) 269
Czokor, Theodor
(Schriftsteller) 172

Daniek, Prof.
(Chemischer Fachkurs für Frauen) 107
Deichmann, Dickie
(Als Studentin zwei Jahre im Hause Schwarzwald, dann verheiratet mit dem Chronisten.) 230, 244, 257, 260 f.
Deichmann, Freya, siehe von Moltke
(Schwester des Chronisten) 184 f., 227
Deichmann, Hans
(Chronist) 267 ff.
Dobjinski, Gräfin Mary
232
Dollfuß, Engelberth
(1892-1934; Bundeskanzler) 203
Dons, Aage
(Schriftsteller) 241 f., 244, 246 ff., 250, 254, 264
Dörfler, Prof. Ludwig
(Schulleiter) 50, 52, 65
Drucker, Adolf, Hofrat Dr.
(langjähriger Mitarbeiter von Dr. H. Schwarzwald) 18 f., 132, 233
Dühring, Eugen
(Philosoph) 25

Ebert
(Frau des deutschen Reichspräsidenten) 197
Ebner-Eschenbach, Marie
(Schriftstellerin) 89 f.,
Einem, Frau von
148
Eiselsberg
148
Emich, Dr. Isolde
(Lehrerin an der Schwarzwaldschule) 374
Enderlin
(Rektor) 48, 204
Erban, Dr. Margarethe
(Schulleiterin) 52

Faesi, Robert
(Schriftsteller) 374
Fleischmann, Gertrud
(Schwarzwaldschülerin. Das Archiv verdankt ihr einiges Material, das sie für ein Buch gesammelt hatte.) 101
Frau Fock
(Dänisches Rotes Kreuz) 174
Francos, Maria
(Übersetzerin) 218
Frank, Karl
(Journalist; Sozialistische Jugendbewegung) 220 f.
Frankenstein, Hilde
(Gruppenleiterin in Küb a. Semmering) 174, 221
Friedell, Egon
(Schriftsteller) 175, 181, 223, 329
Frischauf, Hansi
221
Froebel, Friedrich
(Pädagoge) 48
Fürth, Ernestine von
105
Fux, Manfred
(Pfadfinderbewegung) 174

Gärtner, Hanna
220, 263
Glöckel, Otto
(Präsident des Wiener Stadtschulrats) 125, 132
Goldsand
(Pianist) 175
Göllner, Renate
49
Goethe
292 f.
Grafe, Prof. Viktor
(»Chemische Fachkurse für Frauen«) 107, 119
Granitsch, Helene
105, 121
Gstrein, Heinz
(Schriftsteller) 374

Hainisch, Marianne
(Frauenbewegung, Mutter des späteren Bundespräsidenten) 105, 146, 192
Hall, Murray G.
(Schriftsteller) 374
Handl, Alfred
(Richter; Gesellschaft Schwarzwaldsche Schulanstalten) 129
Hartel, Wilhelm, Ritter von
(Unterrichtsminister 1904) 53
Hasserl-Bernatzik, Marie
(Rechtsakademie der Frauen) 105
Hatvany, Lajos
(Budapest; Kunstmäzen) 237, 251
Hauer, Josef Mathias
(Komponist) 252
Heim, Emmi
(Sängerin) 200, 221, 225, 244, 361
Hellmann
174
Hemme, siehe Schwarzwald Dr., Hermann
Hentschel, Robert
(k. k. Ministerium für Cultus und Unterricht) 39 ff., 43
Herdan-Zuckmayer, Alice (Liccie)
(Schwarzwaldschülerin. Autorin des Buchs »Genies sind im Lehrplan nicht vorgesehen!«) 90, 220 f., 248
Hochsinger, Prof.
(Kinderarzt) 148
Hoffmann, E. T. A.
26, 222
Hofmann, Martha, Dr.
(Schriftstellerin) 132, 345
Holz, Arno
(Schriftsteller) 175, 181
Huber, Martha
(Sekretärin) 181
Hull, Lily Ruth
(Schwarzwaldschülerin) 100
Hunziker, Prof.
(Pädagoge und Schriftsteller) 87
Hussarek-von Heinlein, Frieda
(»Wiener Kinder aufs Land«) 146

Isepp, Wastl
    (Maler) 211

Jahoda & Siegel, Buchdruckerei
    223
Jaszy, Prof. undJaszy, Rundt Recha
    221
Jeiteles, Eleonore
    (Gründerin des von Dr. E. S. übernommenen Lyzeums) 39 f., 44
Jodl, Margarethe
    219

Kapp
    (Landesschulinspektor) 60
Karlweis, Martha
    (Journalistin) 375
Keller, Gottfried
    32, 130, 299 f.
Keller, May
    230
Kelsen, Prof. Hans
    (Verfassungsrechtler) 222
Kienböck
    (Finanzminister) 206
Klabund
    (Schriftsteller) 244
Klöpfer
    (Schauspieler) 237
Knepler, Prof. Georg
    (Musikhochschule der DDR) 134
Kohler, Dr. Ing.
    222
Kokoschka, Oskar
    (Maler) 77, 208, 360 ff.
Kollwitz, Käthe
    (Malerin) 197
Kraus, Karl
    (Schriftsteller) 220, 223 ff., 228, 233, 239
Kraus, Grete
    (Musikerin) 252
Kühtreiber, geb. Goldschmidt, Erika
    246

Lampert, Wolfgang
    (Schriftsteller) 375
Langer, Frantisek
    (Prag; Schriftsteller) 229, 250
Langl, Josef
    (Schulinspektor) 77
Lanyi, Richard
    (Schriftsteller) 224
Lau, Ingeborg
    (Schwarzwaldschülerin) 101

Lazar, Maria
    (Schwarzwaldschülerin, Schriftstellerin) 221, 242, 244
Leonard, Lotte
    (Oratorien- und Liedersängerin) 175, 184, 232, 341
Lewis, Sinclair
    (Schriftsteller; verheiratet mit Dorothy Thompson) 228
Lifcis, Annie
    (Schwarzwaldschülerin) 102
Lindberg, Helge
    (Sänger) 132
Loos, Adolf
    (Architekt) 32, 84, 102, 110, 113, 155, 210, 220, 223, 226, 230 ff., 361

Mac Callum
    (Radiosprecher) 181
Mancza, Prof.
    (Lehrer an der Schwarzwaldschule) 132
Marck
    (Universitätsprofessor) 252
Mariedl siehe Stiasny, Dr. Marie
Marschall, Gräfin Dr.
    164
Marx, Josef
    (Staatsakademie für Musik) 202
Mautner, Klara
    (Journalistin) 375
Mautner-Markhof, Editha von
    105
Mayer, Prof. Amalie
    (Schuldirektorin) 52, 128, 130, 375
Michaelis, Karin
    (Schriftstellerin) 13, 79, 136, 142, 174, 181, 184 f., 202 f., 218 ff., 223, 226 f., 230 ff., 237 f., 251 ff., 256 f., 261, 264 f., 268, 306, 359 f.
Mieze, siehe Schneider, Maria
Moltke
    Helmuth James von
        (Rechtsanwalt) 184 f., 227, 236, 242, 244, 249, 251, 256, 329
    Carl Berndt, Bruder
        227
    Dorothy, Mutter
        227
    Freya, geb. Deichmann, Frau
        185, 227, 236
    Jowo (Joachim Wolfgang), Bruder
        (Kunsthistoriker) 184
    Willo (Wilhelm Viggo), Bruder
        (Architekt) 227

Montagu, Norman
  (Gouverneur der Bank of England) 207
Montessori, Maria, Dr.
  (Pädagogin) 48, 91
Mowrer, Edgar
  (Journalist) 184
Mowrer, Lillian
  (seine Frau) 184
Mozart
  111
Müller, Anita
  (Fortschrittlicher Bürgerverein) 121
Musil, Robert
  (Schriftsteller) 172, 201, 260

Neher, Carola
  (Schauspielerin) 244
Nehresheimer, Frau Dr.
  (Leiterin der Schloßküche; Österreichische Freundeshilfe, Berlin) 194, 198
Neumann-Viertel, Liesl
  (Schwarzwaldschülerin, Schauspielerin) 237
Nielsen, Birgit
  (Germanistin, Karin Michaelis-Archiv) 100
Nußbaum, Annina
  (Nichte von Genia Schwarzwald) 22, 217
Nußbaum, Eugenie
  (Mädchenname von Genia Schwarzwald)
Nußbaum
  (Familie) 22
Nußbaum, Hedwig
  (Großkusine von Genia Schwarzwald) 22, 216
Nußbaum, Viktor
  (Schwager von Genia Schwarzwald) 22, 217

Odermatt, Esther
  (Pädagogin, Studienfreundin von Genia Schwarzwald) 32, 65, 74
Orkine, Polja
  223
Ortner, Hofrat
  (Pädagoge) 132
Österreich, Axel von (Ambesser)
  (Schauspieler, Schriftsteller) 184
Otto, Hans
  (Schauspieler) 235

Pabst, Willy
  (Regisseur) 357 ff.
Packeny, Freiherr Friedrich von
  (Generalmajor, Obmann des Vereins Gemeinschaftsküchen) 156, 160
Packeny, Mäsi
  (Schwarzwaldschülerin, später Mitarbeiterin von Dr. Eugenie Schwarzwald) 221
Peller, Konstantin, Oberbaurat
  (1938 NS-Kommissar für die Schwarzwaldschule) 249 f., 252
Pestalozzi, Johann Heinrich
  (Pädagoge) 87
Pohl
  (Sektionschef für Schulwesen im Unterrichtsministerium) 132

Radermacher, Lilli
  (Mitarbeiterin von Genia Schwarzwald; Enkelin von Luise Jessen) 146, 174
Radermacher, Susie
  184
Rättig, Helene
  146, 376
Reiff, Lily
  (Freundin von Genia Schwarzwald in Zürich) 248
Reiss, Elsa
  (Lehrerin) 100 ff.
Riedl, Dr.
  (Österreichischer Gesandter in Berlin 1923) 197
Rommel, Dr. Otto
  (Schuldirektor, Gesellschaft Schwarzwaldsche Schulanstalten) 51 f., 102, 129
Rossmanith, Frieda, geb. Krisch
  (Schwarzwaldschülerin) 104, 107
Rostal, Max
  (Violinist) 132
Rukschcio, Burkhardt
  (Architekt) 376

Salzer, Egon M.
  (Journalist) 88, 376
Schachel, Roland
  (Schriftsteller) 376
Schanda Maria (Mutz)
  (Schauspielerin) 184, 235
Schenk, Tita von
  223
Scheu-Riess, Helene
  (Mitarbeiterin von Dr. Eugenie

Schwarzwald) 153
Scheu, Friedrich
  (Journalist) 153, 186, 376
Scheu, Robert
  377
Schneider, Walther
  (Schriftsteller) 181, 222, 243 f., 377
Schneider, Maria (Mieze)
  222, 243, 262 ff.
Schönberg, Arnold
  (Komponist) 110 f., 191
Schuschnigg, Kurt
  (Österreichischer Bundeskanzler) 246
Schwarz-Braham, Hedy
  (Schwarzwaldschülerin) 202
Schwarzwald, Dr. Hermann
  13, 22, 32, 205 ff., 220 ff. 227, 230, 239,
  242 ff. 248, 251, 253 f., 255 f., 259 ff.
Schweiger, Werner J.
  (Schriftsteller) 378
Seipel, Ignaz
  (Bundeskanzler) 192
Serkin, Rudolf
  (Pianist) 175, 200, 221, 227, 233, 261,
  269, 306
Shaw, George Bernhard
  363
Siegle, Else
  (Viele Jahre Sektretärin von Dr.
  Eugenie Schwarzwald.) 262
Simon, Dr. Hans
  (Generalrat der Anglo-Austrian-Bank,
  Gesellschaft Schwarzwaldsche
  Schulanstalten) 129, 134
Sperber, Prof. Hans
  (Germanist, Gesellschaft Schwarzwald-
  sche Schulanstalten) 129, 222, 229
Spiel, Hilde
  (Schriftstellerin) 378
Stefan, Paul
  (Schriftsteller) 174, 200, 378
Stiasny, Dr. Marie (Mariedl)
  (Sekretärin der Schwarzwaldschule)
  181, 223, 248, 255, 261, 264 f., 329
Strauß
  (Prager Freundin) 250
Stresemann, Gustaf
  (Außenminister, Ministerpräsident) 192
Strindberg, Friedl
  (Schriftsteller) 221

Tagger, Theodor (Ferdinand Bruckner)
  (Schriftsteller) 228
Thiess, Frank
  (Schriftsteller) 378
Thompson, Dorothy
  (Journalistin) 203, 226, 235 f., 259 f.,
  262 ff.
Thury, Elisabeth
  (Journalistin) 140, 378
Towska, Kory
  (Journalistin) 163, 379
Tschamler
  (Schwarzwald-Sekretärin) 181

Vogelweide, Walter von der
  72
Vraba
  (Landesschulinspektor) 66

Waser, Hedwig, verh. Bleuler
  (Lehrerin, Studienkollegin) 55
Wassermann, Jakob
  (Schriftsteller) 175, 184, 235, 369
Weigl, Helene
  (Schwarzwaldschülerin, Schauspielerin)
  246
Weiskirchner, Bertha
  (»Wiener Kinder aufs Land«) 146, 148
Weiskirchner, Dr. Richard
  (Bürgermeister von Wien) 148
Weissel, Prof. Josefine
  (Schuldirektorin) 52, 86, 101, 130, 379
Wellesz, Egon
  (Komponist) 174, 379
Wellesz, Emmy
  (Gesellschaft Schwarzwaldsche
  Schulanstalten) 101, 129, 131, 379
Wenckebach
  (Organisatorin der Kinderverschickung
  nach Holland) 148
Wickenburg, Graf
  231
Windischgraetz, Prinzessin Alexandrine
  (»Wiener Kinder aufs Land«) 147 f.
Worbs, Dietrich
  (Architekt) 373
Wyneken
  (Pädagoge) 181

Zuckerkandl, Vicki
  244
Zuckmayer, Karl
  (Schriftsteller) 181